MANAGEMENT
INNOVATION
AND
PRACTICE
OF CONSTRUCTION ENTERPRISES

建筑企业管理创新与实践

邓 勇 著

人民交通出版社股份有限公司
北 京

图书在版编目（CIP）数据

建筑企业管理创新与实践 / 邓勇著 . — 北京：人民交通出版社股份有限公司 , 2021.12
ISBN 978-7-114-17748-4

Ⅰ . ①建… Ⅱ . ①邓… Ⅲ . ①建筑企业－工业企业管理 Ⅳ . ① F407.96

中国版本图书馆 CIP 数据核字 (2021) 第 256614 号

Jianzhu Qiye Guanli Chuangxin yu Shijian

书　　名：	建筑企业管理创新与实践
著 作 者：	邓　勇
责任编辑：	吴燕伶
责任校对：	孙国靖　宋佳时
责任印制：	刘高彤
出版发行：	人民交通出版社股份有限公司
地　　址：	（100011）北京市朝阳区安定门外外馆斜街3号
网　　址：	http://www.ccpcl.com.cn
销售电话：	（010）59757973
总 经 销：	人民交通出版社股份有限公司发行部
经　　销：	各地新华书店
印　　刷：	北京印匠彩色印刷有限公司
开　　本：	787×1092　1/16
印　　张：	20
字　　数：	426 千
版　　次：	2021年12月　第 1 版
印　　次：	2022年7月　第 4 次印刷
书　　号：	ISBN 978-7-114-17748-4
定　　价：	128.00元

（有印刷、装订质量问题的图书由本公司负责调换）

内容提要

本书通过分析建筑企业的国际、国内形势与政策,以及行业发展面临的机遇与挑战,基于作者在建筑业的亲身经历和管理实践,分别从战略谋划、企业经营、科技创新、项目管理、国际视野、财务管理、中国特色、企业文化等方面,阐述了建筑企业可持续发展的管理创新思路、理念、方法和路径。本书植根于作者从理论到实践的深入思考与积极探索,系统阐述了推进新时期建筑企业管理创新的核心观点,即建筑企业在新的历史时期要适应新形势,面对新挑战,注入新理念,抓好新项目,谋划新业务,开辟新领域,掌握新技术,巧用新机遇,开创新格局,落实新举措。

本书可为大型建筑企业管理人员和关注建筑企业发展的各界同仁的管理创新构思、项目经营优化提供借鉴和参考。

By analyzing the international and domestic situations and policies that the construction enterprises are involved into, as well as the opportunities and challenges the construction industry is faced with in its development, according to the personal experiences and management practice that the author has got in the construction industry, this book is to expound the management innovation thoughts, ideas, methods and paths for the sustainable development of the construction enterprises, ranging from strategic planning, business operation, science and technology innovation, project management, international vision, financial management, Chinese characteristics to the enterprise culture, etc. This book is rooted in the author's in-depth thinking and active exploration from management theory to practice, and systematically expounds the core point of promoting the management innovation of construction enterprises in the new era, that is, the construction enterprises in the new historical period should adapt to the new situation, face new challenges, infuse new ideas, pay special attention to new projects, explore new businesses, open up new areas, master new technologies, well apply new opportunities, create new patterns and implement new measures.

This book can provide references for the management innovation ideas and project management optimization to the managers of large construction enterprises and colleagues from all walks of life who are concerned about the development of construction enterprises.

MANAGEMENT
INNOVATION AND PRACTICE
OF CONSTRUCTION ENTERPRISES

前言

　　伴随改革开放的深入推进，中国建筑业与快速发展的中国一起走过了筚路蓝缕、光辉灿烂的四十多年。基础设施的建设提高了民生福祉，超级工程的建成彰显了中国力量，中国建筑业在建设富强、民主、美丽、文明、和谐的社会主义现代化强国的征程中，扮演着至关重要的角色。然而，建筑业作为受服务终端直接驱动的产业，其行业增长主要取决于市场需求。由此，建筑企业必须适应乃至引领市场节奏，才能以奋斗者姿态勇立时代潮头，以贡献者姿态服务业主，回馈社会。新常态背景下的中国建筑企业，既要面对国内外形势复杂而深刻的变化考验，又要承受力克同质化竞争对手、赢取可持续发展的重重压力，企业经营战略面临着重大的决策选择。持续深入推进市场扩张、抓牢站稳国内国际市场、锤炼培育自身竞争优势、立足提升价值创造、反哺凝聚更高价值等，都聚焦于建筑企业如何进一步提质增效，实现高质量跨越式发展，这是摆在建筑企业面前亟待解决的课题。

With the deepening promotion of reform and opening up, accompanying the fast developing China, China's construction industry has gone through more than 40 brilliant years filled with hardships. The construction of infrastructure improves people's well-being, and the completion of super projects demonstrates China's strength. China's construction industry plays a crucial role in the journey of building a prosperous, democratic, beautiful, civilized and harmonious modern socialist country. However, as an industry directly driven by the service terminal, the growth of the construction industry mainly depends on the market demand. Therefore, the construction enterprises must adapt to and even lead the pace of the market in order to strongly stand at the forefront of the times with the striver's attitude, serving the owners and repaying the society with a contributor's attitude. Under the background of the new normal, Chinese construction enterprises not only face the test of complex and profound changes at home and abroad, but also bear the heavy pressure of beating homogeneous competitors and winning sustainable development, and our business strategies are also facing significant decision-making choices. All such points as continuous and deepening promotion of the market expansion, firm and steady grasp of the domestic and international market, deep refinement and cultivation of their own competitive advantages, reverse feeding and cohesion of the higher value based on the promotion of value creation are focused on how to further improve the quality and efficiency of construction enterprises to achieve high-quality leapfrog development, which is an urgent problem placed in front of the construction enterprises and needed to be solved.

《中华人民共和国国民经济和社会发展第十四个五年规划和2035年远景目标纲要》中明确提出的"加快发展现代产业体系，巩固壮大实体经济根基""坚持农业农村优先发展，全面推进乡村振兴""优化国土空间开发保护格局"以及"完善新型城镇化战略，提升城镇化发展质量"等举措，引领建筑企业在"百年未有之大变局"中迈向下一个更加辉煌灿烂的激荡舞台。在此背景下，直面困境与挑战造就的新形势，从中挖掘新的发展机会，把握新的发展机遇，填补未竟的价值洼地，成为中国建筑业破茧而出的关键环节。

The construction enterprises in the "unprecedented changes in a century" would step forward to the next more brilliant stage of agitation with the leading of such strategic measures as "accelerating the development of modern industry system, consolidating and strengthening the foundation of the real economy""persisting in the priority to the development of agriculture and rural areas and comprehensively promoting rural revitalization", "optimizing the pattern of territorial development and protection" and "improving the new urbanization strategy and raising the quality of urbanization development", which are clearly stated in the *Outline of the 14th Five-Year Plan for National Economic and Social Development and Vision 2035 of the People's Republic of China*. In this context, facing the new situation created by difficulties and challenges, digging out new opportunities for development, grasping new opportunities for development and filling up the unfinished value depression have become the key links for China's construction industry to break out of the cocoon.

本人在近30年的工作生涯中，从事过测量、试验、施工技术、安全质量、项目管理、区域经营、企业管理等一系列与建筑相关的实际工作；经历过从技术员、工程师、项目经理、工程公司总经理到集团公司总经理、董事长、党委书记以及中国铁建股份有限公司华南区域总部党委书记、总经理等不同层级岗位的摔打锤炼；深度接触过机械制造、设备租赁、钢结构加工、投资融资等多种与建筑业上下游衔接的相关产业；熟悉包括新奥法施工、盾构施工、全断面硬岩隧道掘进机（TBM）掘进在内的多种施工工艺和工法；参加过工程施工总承包，建设—移交（BT）、建设—经营—移交（BOT）、工程总承包（EPC）、政府和社会资本合作（PPP）等投融资及产融一体项目经营承揽和施工建设；所在企业业务领域涵盖国内工程承包、海外经营，以及房地产开发、工业制造、物流贸易、铁路运输、环保生态、城市驻车、工程检测、设计咨询、教育培训。从30年来不断的思考—学习—实践—再思考—再学习—再实践来看，建筑企业管理的创新是实现企业大格局跨越式发展的关键，创新实践则是当前的中国建筑业探索下一片价值蓝海的风向标、开拓新一片广阔天地的强引擎、制胜新市场格局的金钥匙。

In my career of nearly 30 years, I have been engaged in a series of practical works related to construction, such as measurement, experiment, construction technology, safety and quality, project management, regional operation and enterprise management. I have experienced the blowing and refining of various posts in different levels, such as technician, engineer, project manager, general manager of engineering company, and general manager of group, chairman as well a secretary of the Party committee, and secretary of the Party committee and general manager of China Railway Construction South China Regional Headquarters. I have had in-depth contact with diversified concerned industries connected with the upstream and downstream of the construction industry, such as machinery manufacturing, equipment leasing, steel structure processing and investment and financing. I have been familiar with many construction technologies and techniques including the new Austrian Tunneling method, shield construction, TBM tunneling. I have participated in the general contracting of engineering construction, and also in the business contracting and construction of the investment and financing projects integrating industry and finance, such as Build - Transfer (BT), Build - Operate Transfer (BOT), Engineering - Procurement - Constraction (EPC) and Public - Prirate - Partnership (PPP). The fields of the enterprises that I have participated in cover domestic project contracting, overseas operation and real estate development, industrial manufacturing, logistics trade, railway transportation, environmental protection and ecology, urban parking, engineering testing, design consulting, education and training. Judged from the process of 30 years' continuous thinking - learning - practice - thinking more - learning more - practice more, the innovation of construction enterprise management is the key to realize the leapfrog development of the enterprise with a grand pattern. Innovation practice is the wind indicator to explore the next blue ocean of value, a strong engine to open up a broad new world and the golden key to win the new market pattern for current Chinese construction industry.

坚守建筑初心，企业才能把准未来方向；引领建筑创新，企业才能走向辉煌未来。从宏观层面来看，首先，战略是企业行动和发展的目标与地图，需要有优质的战略规划牵引，以形成合力，统一企业系统各要素矢量方向。其次，建筑业集中度持续提升，形成了多层次的竞争格局，不同所有制建筑企业盈利能力及波动差异较大，对此，建筑企业亟须更新理念，找准、找好自己在市场和行业中的定位。再次，放眼国内建筑市场，新老基建共同发力，社会在构建系统完备、高效实用、智能绿色、安全可靠的现代化基础设施体系方面有高度需求，特别是乡村振兴战略的实施，与区域协调发展形成双轮驱动，旧改新市场空间广阔。此外，面对高度不确定的国际环境，作为"一带一路"建设的排头兵，中国企业"走出去"的步履坚定；中国建筑企业在基础设施建设、能源资源开发、国际产能合作和装备制造合作等重点领域，承担了一大批具有示范带动性的重大项目和标志性工程，国际市场不断拓展。国内国际双循环拓展的广阔市场，所蕴含的价值增长空间，成为企业向前发展的效益聚焦点和发掘点。

Only by sticking to the original intention of construction can the enterprises grasp the direction for the future accurately; only by leading the construction innovation can the enterprises move forward to the brilliant future. From the macro perspective, firstly, strategy is the target and map of enterprise action and development, which needs the traction of high-quality strategic planning, so as to form a resultant force and a tool to unify vector direction of various elements in the enterprise system. Secondly, the concentration of the construction industry continues to rise, forming a multi-level competition pattern, construction enterprises with different ownership vary greatly in their profitability and fluctuations. In this regard, construction enterprises need to update their ideas urgently and to find a good and precise position in the market and industry for themselves. Thirdly, with a looking at the domestic construction market, the old and new infrastructure work together, the society has a high demand in the construction of a completely systematic, efficient and practical, intelligent and green, safe and reliable modern infrastructure system. In particular, the implementation of the rural revitalization strategy and coordinated regional development form a two-wheel drive, and there is a broad market space for replacing the old with the new. In addition, facing a highly uncertain international environment, China's enterprises, as pacesetters of the Belt and Road Initiative, are taking firm steps in their "going global" strategy. China's construction enterprises have undertaken a large number of demonstrative major projects and landmark projects in key areas such as infrastructure construction, energy and resources development, international cooperation on production capacity and equipment manufacturing, and the international market is increasingly expanding. The broad market, with a double circulation of international and domestic expansion, contains a space for value growth, which has become the focus and exploration point of the benefit of the enterprise to develop forward.

创新的动力来自市场的高度肯定，创新的实力依托于人才的有力支撑。从微观层面看，建筑企业内部人、财、物的管理需要从顶至下全盘调整乃至重构。首先，从经营管理来看，建筑企业应走出目前的舒适圈，真正走进经营领域，更新理念、定好标准、明确纪律。其次，从项目管理来看，建筑企业要熟悉各种新型项目模式，理解数字化内核，把准企业供应链和价值链的内涵、外延以及相互衔接的脉搏。再次，从工程技术来看，以青藏铁路、中国高铁、粤港澳大湾区桥隧、火神山医院、雷神山医院等为代表的高难工程甚至极限技术的展现，在昭示中国速度、中国质量的同时，也对中国工程技术的可持续发展提出了更高的要求。此外，从管理人员来看，做好人才规划，设置培养人、选聘人和评价人的合理机制，确保措施可行，路径可达，人才能上升且能留得住。最后，从财务管理来看，明确财务管理核心任务，建立内部控制体系和风险控制体系，区分内外资金并实施针对性管控与审计，对涉及跨区域、跨国家的财务管理实施属地化、本土化管理。

  The power of innovation comes from the high recognition of the market, and the strength of innovation depends on the strong support of talents. From the micro perspective, the management of the personnel, finance and materials all inside the construction enterprises needs to be adjusted and even reconstructed from top to bottom. Firstly, from the perspective of operation and management, the construction enterprises should walk out of the current comfort zone, truly enter the business field, update the concept, set up the standards and clarify the discipline well. Secondly, from the perspective of project management, the construction enterprises should be familiar with all kinds of new project models, understand the core of digitization, as well as grasp accurately the connotation, extension and the connected pulses of the enterprise supply chain and value chain. Thirdly, from the perspective of engineering technology, the exhibitions of Qinghai-Tibet Railway, China's High-speed Railway, the Guangdong-Hong Kong-Macao Greater Bay Area Tunnel, Huoshenshan (Fire God Mountain) Hospital, Leishenshan (Thunder God Mountain) Hospital and other difficult Projects and even extreme technologies have not only revealed China's speed and quality, but also put forward higher requirements for the sustainable development of China's engineering technology. In addition, from the perspective of managers, it is necessary to do a good job in talent planning, set up a reasonable mechanism for training, hiring and evaluating people, and ensure that measures are feasible, paths are accessible, and then number of talents can rise and they would stay. Finally, from the perspective of financial management, the core tasks of financial management should be clarified, internal control system and risk control system should be established, internal and external funds should be distinguished with which targeted control and audit should be carried out, and annexed and localized management should be implemented for trans-regional and trans-national financial management.

综上，建筑企业在新的历史时期需要探索创新、实践开辟新的利润增长点和新的市场占有点。建筑企业创新，要适应新形势，面对新挑战，注入新理念，抓好新项目，谋划新业务，开辟新领域，掌握新技术，巧用新机遇，开创新格局，落实新举措。目前市面上有关企业管理的书籍汗牛充栋，但有关建筑企业创新实践的书籍却较为鲜见。我们常年奔波于建筑企业管理实践的第一线，对建筑企业如何做大、做强、做优有深刻理解和认识，对当今建筑行业的第一手材料有深入接触和了解，这为本书的编写提供了逻辑框架和组织内容。本书共分为8章，分别从战略谋划、企业经营、科技创新、项目管理、国际视野、财务管理、中国特色、企业文化8个方面对建筑企业的管理与创新实践展开论述。每章均以"论道—度势—谋定—施策"铺陈，分别对每章主题的管理框架之道、创新面临的情势、创新实践的谋划与创新实践的可实施战术进行论述。本书对当今建筑企业尤其是大型建筑国企管理人员创新思维、优化工作具有一定的参考价值，期望对建筑企业以及热爱建筑行业希冀进入建筑行业的同行有所裨益。

To sum up, the construction enterprises, in the new historical period, need to explore innovation and practice to open up new profit growth point as well as new market share. The innovation of construction enterprise need to adapt to the new situation, face the new challenges, inject the new ideas, pay attention to the new projects, plan the new business, open up the new fields, master the new technology, skillfully use the new opportunities, create a new pattern and implement the new measures. At present, there are many books about enterprise management in the market, but there are few books about innovation practice of construction enterprises. We are always rushing about in the front line of management practice for the construction enterprises, and we have a deep understanding and recognition of how to make the construction enterprises bigger, stronger and better, and we also have an in-depth contact and understanding of the first-hand materials of today's construction industry, which provides a logical framework and organizational content for the compilation of this book. This book is divided into eight chapters respectively. It discusses the management and innovation practice of construction enterprises from such aspects as the strategic planning, the enterprise management, the scientific and technological innovation, the project management, the international vision, the financial management, the Chinese characteristics and the enterprise culture. Each chapter is presented in the form of "discussion - sizing up the situation - planning - implementation", which respectively discusses the management framework of each chapter, the situation faced by innovation, the planning of innovation practice and the implementable tactics of innovation practice. This book has certain reference value for the innovative thinking and optimized working of the managers of today's construction enterprises, especially large state-owned construction enterprises. It is expected to be of benefit to the construction enterprises and those who love the construction industry and hope to enter the construction industry.

在本书的撰写过程中，得到了人民交通出版社股份有限公司的大力支持，感谢各位编辑同志！感谢与我一起工作和奋斗过的中铁二十局集团有限公司的同事和战友，他们为我实现独立撰写提供了资料和素材！感谢为本书提出宝贵意见和修改建议的专家和学者们！感谢为本书出版付出辛勤劳动的全体人员！初生之物，形丑神旺，因水平所限而生的不足之处，恳请各位同仁批评指正！

In the process of writing this book, I have received great support from the China communications Press Co., Ltd, and I'd like to thank the editors. Thanks to my colleagues and co-workers in China Railway 20th Bureau Group Co., Ltd, who have worked and struggled with me, they have provided me with materials and evidences for the realization of my independent writing! Thanks to the experts and scholars who put forward valuable suggestions and revision suggestions for this book! Thanks to all those who have worked hard for the publication of this book! All suggestions and corrections are welcome!

2021 年 6 月

Deng Yong

June, 2021

MANAGEMENT
INNOVATION
AND
PRACTICE
OF CONSTRUCTION ENTERPRISES

目录

第1章 战略谋划篇 ▶ 顶层设计 001

1.1 企业战略之论道 004
- 1.1.1 企业战略的设计理念 004
- 1.1.2 企业战略的设计基础 006
- 1.1.3 企业战略的设计准备 008

1.2 企业战略之度势 009
- 1.2.1 建筑企业的竞争环境分析 009
- 1.2.2 建筑企业面临的挑战与机遇 011
- 1.2.3 建筑企业内部资源和能力分析 013

1.3 企业战略之谋定 014
- 1.3.1 建筑企业未来发展方向的选择 014
- 1.3.2 建筑企业战略创新与战略布局 016

1.4 企业战略之施策 019
- 1.4.1 建筑企业生存战略的谋划与实施 020
- 1.4.2 建筑企业强企战略的谋划与实施 021
- 1.4.3 建筑企业领先战略的谋划与实施 024

第2章 企业经营篇 ▶ 创建格局 033

2.1 企业经营之论道 036
- 2.1.1 建筑企业经营宗旨 036
- 2.1.2 建筑企业经营目标 037
- 2.1.3 建筑企业经营原则 038

2.1.4 建筑企业的供应链 ……………………………… 038
  2.1.5 建筑企业的价值链 ……………………………… 040
 2.2 企业经营之度势 …………………………………………… 041
  2.2.1 企业经营宏观环境分析 ………………………… 042
  2.2.2 企业经营行业环境分析 ………………………… 043
  2.2.3 建筑企业的供应链分析 ………………………… 045
  2.2.4 建筑企业的价值链分析 ………………………… 045
 2.3 企业经营之谋定 …………………………………………… 047
  2.3.1 建筑企业经营模式变革之选择 ………………… 048
  2.3.2 供应链视角下建筑企业经营模式之敲定 ……… 051
  2.3.3 价值链视角下建筑企业增值提效关键点之确定 …… 053
 2.4 企业经营之施策 …………………………………………… 056
  2.4.1 基于新模式下的转型升级策略 ………………… 056
  2.4.2 基于供应链下的协同机制策略 ………………… 066
  2.4.3 基于价值链下的成本管理策略 ………………… 072

第3章 科技创新篇 ▶ 守正出奇 ……………………… 077

 3.1 科技创新之论道 …………………………………………… 080
  3.1.1 建筑企业科技创新内涵 ………………………… 080
  3.1.2 建筑企业科技创新理念 ………………………… 081
 3.2 科技创新之度势 …………………………………………… 087
  3.2.1 建筑企业科技创新的背景与问题 ……………… 087
  3.2.2 建筑企业科技创新工作任务分析 ……………… 091
 3.3 科技创新之谋定 …………………………………………… 093
  3.3.1 建筑企业科技创新体系建设 …………………… 093
  3.3.2 建筑企业数字转型及其管理 …………………… 098
 3.4 科技创新之施策 …………………………………………… 099
  3.4.1 组织措施——建设技术中心 …………………… 099
  3.4.2 技术措施——打造智慧工地 …………………… 103
  3.4.3 激励措施——建设人才高地 …………………… 108

第4章 项目管理篇 ▶ 夯基固本 111

    4.1 项目管理之论道 114
        4.1.1 项目管理之夯基 114
        4.1.2 项目管理之固本 123
    4.2 项目管理之度势 125
        4.2.1 "一带一路"倡议之势 125
        4.2.2 "十四五"规划发展之势 126
        4.2.3 建筑企业综合之势 127
    4.3 项目管理之谋定 130
        4.3.1 传统项目管理模式下的角色 130
        4.3.2 EPC+项目管理模式下的角色 132
        4.3.3 投建营一体化管理模式下的角色 136
        4.3.4 项目经理的聘任及管理 138
        4.3.5 项目总工的要求及管理 143
    4.4 项目管理之施策 146
        4.4.1 项目管理乱象归因及其治理 146
        4.4.2 投建营一体化经营策略举措 150
        4.4.3 项目过程关键环节管理策略 151
        4.4.4 项目管理落地的引导及措施 153

第5章 国际视野篇 ▶ 走向世界 155

    5.1 走向世界之论道 158
        5.1.1 建筑企业的使命驱动 158
        5.1.2 建筑企业的模式驱动 159
    5.2 走向世界之度势 161
        5.2.1 建筑企业走向世界的现实背景分析 161
        5.2.2 建筑企业走向世界面临的挑战分析 162
        5.2.3 建筑企业走向世界面临的机遇分析 164
        5.2.4 建筑企业走向世界的可行策略分析 165
    5.3 走向世界之谋定 167

5.3.1　海外项目的建设规划·················· 167
　　5.3.2　海外项目的监管应对·················· 168
　　5.3.3　海外项目的可持续发展················ 172
　　5.3.4　海外项目的人才培养·················· 173
5.4　走向世界之施策······························ 176
　　5.4.1　走向世界的策略基调·················· 176
　　5.4.2　走向世界的基本举措·················· 181
　　5.4.3　走向世界的发展策略·················· 183

第6章　财务管理篇▶资金运作·············· 185

6.1　财务管理之论道······························ 188
　　6.1.1　建筑企业财务管理体系················ 188
　　6.1.2　建筑企业内部风险控制体系············ 189
6.2　财务管理之度势······························ 190
　　6.2.1　宏观的财务管理局势·················· 190
　　6.2.2　投融资业务能力分析·················· 192
　　6.2.3　财会业务能力分析···················· 196
　　6.2.4　海外财务管理分析···················· 203
6.3　财务工作之谋定······························ 210
　　6.3.1　内部环境之确定······················ 210
　　6.3.2　风险评估之操作······················ 214
　　6.3.3　控制活动之开展······················ 215
　　6.3.4　信息沟通之共享······················ 216
　　6.3.5　内部监督之贯彻······················ 216
6.4　财务管理之施策······························ 218
　　6.4.1　财务共享中心的建设·················· 219
　　6.4.2　资金的清收清欠管理·················· 223
　　6.4.3　内部的资金管理措施·················· 227
　　6.4.4　财务管理施策的目标·················· 229

第7章 中国特色篇 ▶ *党建融合* ·················· 231

7.1 中国特色之论道·················· 234
- 7.1.1 企业特色发展与党建关系·················· 234
- 7.1.2 党的建设引领企业特色化·················· 236
- 7.1.3 中国特色的建筑企业管理特征·················· 237

7.2 中国特色之度势·················· 240
- 7.2.1 效益导向下建筑企业的市场定位·················· 241
- 7.2.2 效率导向下相关主体的担当责任·················· 242
- 7.2.3 责任导向下建筑企业的群众路线·················· 244

7.3 中国特色之谋定·················· 246
- 7.3.1 立足本行业，党建引领行业特色挖掘·················· 247
- 7.3.2 服务本区域，党建助推区域特色挖掘·················· 248
- 7.3.3 走到海外去，党建锚定中国特色展现·················· 249

7.4 中国特色之施策·················· 250
- 7.4.1 党建扎根项目，党员走进现场·················· 251
- 7.4.2 党建扎根业务，铸魂企业发展·················· 252
- 7.4.3 党建扎根文化，打造红色阵地·················· 253
- 7.4.4 党建扎根工会，基层引领未来·················· 254

第8章 企业文化篇 ▶ *理念提升* ·················· 257

8.1 企业文化之论道·················· 260
- 8.1.1 强固企业之本，培育企业之魂·················· 260
- 8.1.2 确立项目之道，助力工程建设·················· 261

8.2 企业文化之度势·················· 263
- 8.2.1 现实特点与建筑企业文化需求·················· 263
- 8.2.2 战略形势与建筑企业行业发展·················· 266
- 8.2.3 文化守正与企业文化时代内涵·················· 267

8.3 企业文化之谋定·················· 269
- 8.3.1 识别企业文化提升的建设路径·················· 270

  8.3.2 把握企业文化提升的基本规律 …………………………… 274

  8.3.3 明晰企业文化提升的主要内容 …………………………… 275

  8.3.4 拓展企业文化提升的海外战场 …………………………… 277

 8.4 **企业文化之施策** ……………………………………………… 281

  8.4.1 立足精神层面，制定完善价值理念体系 ………………… 282

  8.4.2 保障制度层面，规范化抓管理提质增效 ………………… 283

  8.4.3 监管行为层面，对标建立行为规范系统 ………………… 286

  8.4.4 体现形象层面，注重多维塑造企业形象 ………………… 288

  8.4.5 聚焦短板层面，全面推进企业文化建设 ………………… 291

参考文献 ……………………………………………………………… 293

第 1 章

战略谋划篇

顶层设计

> 建筑对于建筑人来说是活的、有温度的、有生命的、有灵魂的;是建筑人用双手捧出来的、用汗水浇出来的、用体温孵出来的、用爱爱出来的。
>
> ——邓勇

MANAGEMENT
INNOVATION AND PRACTICE
OF CONSTRUCTION ENTERPRISES

历经漫长的农业经济和新潮的工业经济双重锤锻与洗礼后，人类社会在知识经济的日渐发展下阔步迈进了新阶段。以大数据、人工智能、物联网、区块链、虚拟现实等技术应用为代表的新一代数字经济革命，推动人类社会不断向纵深发展。可以毫不夸张地说，当前，企业生存与发展的核心驱动力，已从经济视域下的提升效率，转变为系统层面的持续创新。鉴于企业所处的市场环境以竞争为基调，叠加多变、复杂、模糊等特征，这就决定了企业战略的谋划、制定与调整，不仅面临着来自外部环境的影响和内部资源与能力的约束，还受到现行战略管理框架的影响与制约。

在此框架下，我们看到，自改革开放四十年以来，中国基础设施建设取得了举世瞩目的成就，中国的建筑企业以其效率提升、技术创新和辉煌成就，逐渐从藉藉无名走向了世界建筑市场的中心位置。时代的进步，社会经济的转型，为建筑企业战略管理理论体系拓展了新的边界。新的情境孕育了新的管理实践，新的管理实践迫切需要新的战略管理理念的指引。针对新时代建筑企业经营管理面临的新问题、新挑战与新格局，基于企业战略管理发展的大趋势，依托中国传统文化中的战略思想与现代企业管理实践的融合，探索构建新型建筑企业的战略管理框架具有重要意义。为此，本章将对建筑企业的顶层亦即战略谋划进行创新设计。首先，从企业经营管理的理论探索与实践尝试方面，帮助管理者明晰企业战略相关概念与内涵，总结分析企业战略谋划之道；然后，针对建筑企业目前所处的发展形势、竞争环境和自身能力进行分析，并构思出符合企业可持续发展的方针；制定企业未来发展的整体纲领和可推行的策略。综上，本章为本书后续章节奠定铺陈实践所需遵循的基本指南与行动纲领。

1.1 企业战略之论道

企业战略之道在于企业的主要责任人、一般管理人员和基层操作人员深谙战略存在的必要性与重要性。建筑企业在战略谋划前，既要清楚理解企业战略的设计理念，准确掌握企业战略的概念、内涵和原则；又要奠实企业战略的设计基础，理顺企业所拥有的人、财、物等资源，理解战略存续的焦点与冲突，盘点企业系统运转的耦合环节与机理；明确战略谋划所依据的指导思想、所推行的方针原则，以及所依托的设计依据。

1.1.1 企业战略的设计理念

关于企业战略的设计理念，相关管理者可以从企业战略的概念界定、特点描述和内涵三个层面理解，并将该正确理解根植内心，在此后的战略设计、实施与持续改进中坚定不移地予以践行。

（1）企业战略的概念界定

关于企业战略的概念界定主要有以下两个角度。

其一，全盘考察企业战略管理的活动流程，形成了古典企业战略管理理论、新古典企业战略管理理论两种理论框架下的企业战略概念界定。

其中，古典企业战略管理理论又进一步细分为设计学派的战略概念界定和计划学派的战略概念界定。

①设计学派认为企业战略决定企业结构，企业结构追随企业战略。对于企业而言，战略形成是一个有意识的、深思熟虑的思维过程；战略形成是高层管理者的任务；战略形成的模式必须简单和易于执行；战略制定和战略执行是两个独立的阶段。

②计划学派更强调企业战略制定与执行各个环节的计划性。对于企业而言，战略制定是一个有着清晰步骤的正式、结构化的计划过程，并且这一过程是基于海量定性与定量结合的方法实现的。在战略形成的过程中，高层管理者仅仅有是否批准战略执行的权利，制定战略应当依靠专业的计划人员；而战略执行的各个环节必须有详细的目标、精准的预算、实现的程序等。

随着现代企业管理理论回归到了企业逐利的本质，推崇产业结构决定战略位置，战略位置决定企业组织结构。一系列致力于解决产业选择问题和竞争地位问题的企业战略议题应运而生。新古典企业战略管理理论关于战略的概念界定更关注企业获取收益与利润的手段以及竞争能力：企业的资源和能力是竞争优势的主要来源，企业制定其战略应当依据其最优秀的方面而非外部环境，由此，管理人员的工作需要前置于识别、定位企业区别于竞争者的核心竞争力。事实上，随着企业战略管理活动范围的扩展，战略的概念内涵也不断延展，例如将创新纳入战略考量，认为企业只有通过其动态能力的不断创新才能获得持久的竞争优势，强调开拓性创新以克服能力中的惯性和刚性是动态能力理论的灵魂。

其二，立足战略活动流程向下探，建筑企业管理人员可以从更为具象、细节的描述性说明理解企业战略的概念界定，代表性概念界定列举如下：安德鲁斯认为企业总体战略是一种决策模式，它决定和揭示企业的目的和目标，提出实现目标的重大方针与计划，确定企业从事的经营业务，明确企业的经济类型与人文组织类型，以及决定应对员工、顾客和社会做出的经济与非经济的贡献。安索夫从企业战略的构成要素着手对企业战略进行界定，指出一个完整的企业战略应该包括产品与市场范围、增长向量、协同效果和竞争优势，这些要素共同决定着企业经营活动的方向和发展目标。奎因指出企业战略是一种将一个组织的主要目的、政策与活动按照一定的顺序结合成一个紧密整体的模式或计划。迈克尔波特则认为战略的本质是选择一套与竞争对手不同的活动，提供独特价值，从而有效避免企业相互模仿导致的过度竞争。明茨伯格从一种更容易理解的层次界定了企业战略的概念，认为企业战略是一种计划、一种计策、一种模式、一种定位、一种观念。

（2）企业战略的特点

企业战略的特点主要包括以下两个层面。

①笼统来看，企业战略具有以下特点。

a. 企业战略具有长远性。这种长期性表现在企业设定的目标应当具有长期性，考虑的环境应当具有长期性，以及保障战略实现的措施应当具有长期性。

b. 企业战略具有现实性。为了避免战略成为空中楼阁，挫伤组织积极向前的锐气，企业战略必须切实可行，且易于操作。

c. 企业战略具有计划性。这一点在古典企业战略管理理论的计划学派里有清楚的论述和系统的研究。这一特点主要表现为发展部署和行动纲领，企业的环环、处处、时时、人与物皆有计划，皆被计划。

d. 企业战略具有稳定性。为了保障企业上下一心实现长期目标，切忌经常改变战略，使得人们无法及时理解和有效衔接，从而影响企业战略的最终达成。

②将战略思维继续下探，可以发现企业战略具有以下特点。

a. 企业战略具有全局性。战略既有来自个人的计划，也有来自组织的计划，个人与组织的整体利益在目标一致、激励相容下，于战略中得到尊重与体现。

b. 企业战略具有竞争性。这一特点与市场相适应。企业的生存、发展和繁荣需要市场的大浪淘沙般的检验，在市场中不具特色、没有相对优势的企业是很难立足的。因此，决定企业走向的战略必须具有竞争性。

c. 企业战略具有复杂性。这一特点是为了在一定程度上应对企业战略的长期性，这就要求企业战略制定所考虑的因素、所设计的实现过程必须具有复杂性。

d. 战略应当具有风险性与创新性。这一特点在一定程度上可以通过预案和技术更新，帮助企业克服因战略稳定性而导致的路径依赖，使得企业战略在长期执行过程中仍然能顾全大局、稳健可行。

（3）企业战略的内涵

自顶而下，从顶层设计到战略实施，建筑企业可以尝试从以下几方面理解企业战略的深刻内涵。

①战略是确定目标。建筑企业可以将目标理解为激励，也可以将其理解为约束。激励视角提供了主动向上的精神动力，约束视角产生了持续前行的外部力量。以我国社会经济发展的战略目标为例，该目标确定的具体内容表述为：到21世纪中叶，把我国建设成为富强、民主、文明、和谐、美丽的社会主义现代化国家，人均国内生产总值达到中等发达国家水平，人民生活比较富裕，基本实现现代化。这一目标的设定既包括了时间节点，也包括了目标的定性描述，还包括了目标的定量描述。这就为全体组织、个人提供了锚定的奋斗标准，产生约束也形成激励。

②战略是一种定位。找准自己的位置对于企业至关重要，这一举措能使企业清楚自己的力量，调配自己的资源，厘清自己的问题并寻求妥善的解决之道。建筑企业的战略定位可以从两个角度进行，一个角度是确定在内部组织中所处的位置，另一个角度是确定在面对竞争对手时所处的位置。由此，企业可以思考自身在行业、供应链和价值链中的位置，并在精准定位后予以设计、实施。

③在细节层面考量，战略是确定方向，它是灯塔，指引企业朝着既定目标的方向前进；战略是做出选择，在权衡机会成本的情况下，筛选诸多可达路径中最适合企业现状的路径；战略是计划，集合囊括了为达成目标所采取的一系列有意识、有步骤的行动；战略是计策，在某些情境下，其手段足以达到威慑和战胜竞争对手的目的。

1.1.2 企业战略的设计基础

战略管理不但注重目标的设定及达成，而且具有长期效应。战略面向未来，把握企业的总体发展方向，基于战略制定者的远见，聚焦于企业的长期目标，并给出实现长期目标的行动序列和管理举措。战略决定大政方针和基本方向，是企业可持续发展的纲领。战略对企业的行动通常具有制约和规范作用，表现出很强的一致性和稳定性。战略的长期效应，并不一定意味着需要长时间对战略进行决策。战略可以在某一个瞬间就果断敲定，也可以在选择与实施的往返交替中渐进形成。无论战略最终形成的时间是长还是短，战略谋划面向的始终都是企业长期发展的所需与所求。

战略是一种以企业信用背书的承诺所支持的姿态和境界。战略决策往往牵扯到大规模、不可逆转、不可撤出的资源承诺。成功，则承诺成为明智投资；失败，则承诺沦为沉没成本。这就意味着，在企业的战略决策序列中，每一步都是有约束力的，亦即通常需要朝着某个方向深入和强化。当一个企业决定选择某种战略方向时，它也自动放弃了别的选择。这一机会成本的存在，也正是战略长期效应当存在的原因。承诺帮助企业创建和确定其竞争定位，并通常是持久竞争优势存在的充分必要条件。

战略主要应用于冲突与竞争之中，有明显的互动性，必须考虑竞争双方或者多方的动机、利益、实力、行为及其后果。如果没有冲突与竞争，战略也就没有存在的必要。在现实生活中尤其是商业活动中，由于利益的不同和资源的稀缺，冲突与竞争在所难免。战略的互动性也就不言自明。一个企业如果闭门造车，不管对手的行为，只顾自己的意愿，这种所谓的战略，还不能称为真正意义上的战略，只是一种不切实际的计划。战略不可避免地要考虑对手的行为和反应，因为一个企业的行为结果，注定要受其他竞争对手的行为和反应的作用及影响。

企业在制定战略时，需要考虑其独特性、合法性、创新性，拥有鲜明的特点可以帮助企业获取和保持竞争优势，这是战略的可靠基础。合法是企业发展所必须要遵守的底线，企业的一切业务都需要符合法律规范。这种合法性不仅意味着在某种法律和道德底线之上进行经营，而且还意味着在社会和经济生活中其他有形及无形的制度安排。创新性实际上和独特性紧密相连，随着竞争对手的模仿和替代，企业在某些方面可能失去其独特性，而创新可以重建或更新战略的独特性，在竞争中领先一步。所以，创新不仅是建筑企业之必需，也是其不断发展所不可或缺的。

战略的设计离不开运营系统、组织流程和人力资源。战略和运营是企业可持续发展的重要两点：战略是头脑、是大的框架、是总体的方略；运营是手足、是细致的行动、是具体的执行方法。二者缺一不可，也不可相互替代。战略决定组织，组织传承战略。因此，组织结构服从于企业的战略，企业战略决定组织需要的能力。企业战略是人力资源战略制定的源头，必须根据企业战略制定切实可行的人力资源管理目标、管理流程等；同时，人力资源战略是企业整体战略实现的必要条件之一。上述关系直观表示如图 1-1 所示。

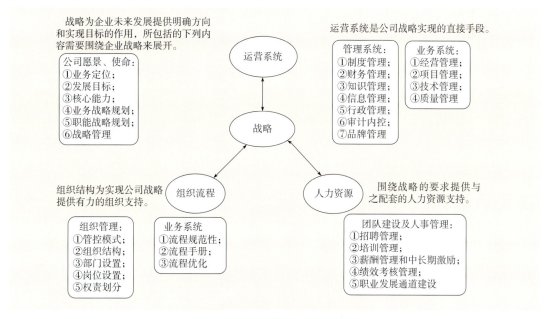

图 1-1　战略与运营组织人力资源关系图

1.1.3 企业战略的设计准备

战略谋划关系到建筑企业的前途和命运，与企业的发展密切相关，特别是一些肩负"走出去"战略的企业，更是承担代表中国形象、展示中国质量、讲好中国故事和传播中国声音的任务。因此，建筑企业在进行战略谋划前要做好充分的准备。具有中国特色的建筑企业在制定其战略时，要有高站位、大格局，要紧跟国家的形势与政策，体现中国社会主义特色，弘扬中华民族优秀传统文化。一般说来，易理解、易推行的战略谋划准备主要包括：树立正确的指导思想、确定清晰的发展方针、给出牢固的战略依据。

（1）树立正确的指导思想

高举中国特色社会主义伟大旗帜，以习近平新时代中国特色社会主义思想为指导，全面贯彻党的十九大和十九届二中、三中、四中、五中、六中全会和上级主管部门系列会议精神，增强"四个意识"，坚定"四个自信"，做到"两个维护"，坚定不移贯彻创新、协调、绿色、开放、共享的新发展理念，以高质量发展为主题，牢牢把握中央企业使命担当，紧跟总部企业发展战略，坚持问题导向、目标导向、价值导向、结果导向，坚持谋划长远与把握当前相结合，坚持夯基固本与转型升级相结合，坚持稳步增长与深化改革相结合，坚持自主发展与开放合作相结合，坚持党的建设与生产经营相结合，坚持发展企业与惠及员工相结合。

（2）确定清晰的发展方针

发展方针应结合企业业务需求的全过程链、全价值链，进行高度凝练。适宜以简洁、清晰的短句予以表述，如实事求是、守正创新、行稳致远。在此基础上可以设计一些原则予以强调，从而使相应的方针更易于贯彻执行，如更加注重党建引领、更加注重顶层设计、更加注重高质量发展、更加注重精益管理、更加注重风险防控、更加注重责任履行等。在细化说明时，需要覆盖经营、生产、经济、产业、管理等建筑企业全方面、全过程，甚或对标世界一流管理，设计提升行动实施方案。切实发挥党委把方向、管大局、保落实的领导作用，进一步加强党建引领、顶层设计；紧紧抓住市场端、生产端、供给侧、需求侧做文章；紧紧扣住做专、做精、做特、做新拓思路；致力于提升核心竞争力，紧紧盯住核心领域拓市场、强管理、防风险、铸品牌。

（3）给出牢固的战略依据

企业根据环境的变化、本身的资源和实力，选择适合的经营领域和产品，形成自己的核心竞争力，并通过差异化在竞争中取胜。随着世界经济全球化和一体化进程的加快和国际竞争的加剧，对企业战略的要求愈来愈高。战略是企业前进的方向，是企业发展的蓝图，企业据此建立其对客户的忠诚度，赢得一个相对其竞争对手持续的竞争优势。战略的目的在于建立企业在市场中的地位，成功地同竞争对手进行竞争，满足客户的需求，获得卓越的企业业绩。每一种经营都是根据某种战略来进行的，所有的营销决策都是战略性的。每个企业都必须根据自己在行业中的市场地位，以及它的市场目标、市场机会和可利用资源，确定最有意义的营销战略。营销战略和营销计划是企业总体战略制定和规划的核心所在。正如通用电气公司的战略计划经理所说，营销经理在战略制定的过程中至关重要，在确定企业任务中负有领导的责任：分析环境、竞争和企业形势；制定目标、方向和策略；拟订产品、市场、分销渠道和质量计划，从而执行企业战略；还要进一步参与同战略密切相关的方案制定和计划实施活动。综上，建筑企业的战略谋划依据，应来自市场所需、社会所急，方能焕发蓬勃生机，取得稳健经营绩效。

1.2 企业战略之度势

1.2.1 建筑企业的竞争环境分析

总体来看，我国的建筑企业的竞争情况，可根据企业性质逐一分析。一方面，建筑类中央企业规模效益继续高速增长。"十三五"以来，各大建筑类中央企业在国内外建筑市场保持全面出击、强势扩展。中国建筑集团有限公司（简称"中国建筑"）、中国电力建设集团有限公司（简称"中国电建"）、中国铁建股份有限公司（简称"中国铁建"）、中国交通建设集团有限公司（简称"中国交建"）已经连续3年包揽《工程新闻纪录（ENR）》"全球最大承包商"前4强。其中，中国建筑营收率先站上万亿元平台，新签合同额超过2.5万亿元，经营规模增长速度持续保持2位数，其基建业务各项指标增速大幅高于房建业务，在海外市场斩获了不少标志性项目，旗下的中建三局集团有限公司（简称"中建三局"）、中建八局集团有限公司（简称"中建八局"）营收规模均已达到或接近"世界500强"门槛；中国铁建、中国铁路工程集团有限公司（简称"中国中铁"）、中国冶金科工集团公司（简称"中冶集团"）、中国交建等建筑类中央企业不断向多元化发展，新业务增长势头强劲，盈利能力显著提升。另一方面，省级建筑企业密集重组，业绩飙升明显。"十三五"期间，在深化国有企业改革的大背景下，多家省级建筑企业顺势而动，借助政府的扶持政策，加大改革力度，找准突破口转型升级，挖掘增长点快速发展，以千亿元规模为目标掀起重组、并购、改制大潮。云南省建投投资股份集团有限公司、湖南建工集团、陕西建工集团有限公司分别列出进军世界500强的时间表，绿地集团在短时间内密集收购了一大批地方建筑企业，向产业链下游积极延伸。可以预见，各大型建筑企业集团维持现有行业地位的压力将加大。建筑行业的各企业之间之所以竞争激烈，主要原因在于以下五个方面。

①由于目前建筑施工企业的数量较多，而国家加大对房地产市场调控管理，建筑行业存在僧多粥少现象。一些民营企业的开发商为了追求经济利益最大化，降低工程造价，采用低价

中标、带资垫资，出现拖欠工程款等现象，使施工项目无利可图，甚至亏损。开发商取得土地权后，为了尽快回收资金，想方设法要求施工单位在未取得施工许可证的情况下提前施工，造成项目无证施工的违法现象；有些开发商对基础等工程任意指定专业分包队伍，采取先施工后招标的方式，存在挂靠、违法分包现象。一些房地产开发企业为了快速取得房屋预售许可证，在招投标及施工合同中明确并强制要求施工企业任意压缩不合理施工工期，为了抢进度而盲目赶工，造成工程安全、质量事故频发。有些项目因低价中标，施工企业由于无利可图，为了减少成本支出，利用挂证来减少项目管理人员，导致项目管理力量不足、组织管理机构不健全，造成项目管理失控。

②施工人员及管理人员的水平素质参差不齐，施工作业人员总体技术水平不高；加上建筑施工体积庞大，施工作业人员需求数量较多，这些施工作业人员大多来自农村及一些边远地区，没有经过专业培训，总体技能素质较差。此外，建筑施工项目存在流动性及阶段性等特点，造成建筑施工作业人员的不固定性，施工作业班组不稳定。

③工程企业核心竞争力不突出，主要表现为专业化、属地化、区域化程度不高。集团企业虽大体上划分了各工程企业的专业定位，但专业扶持政策不到位、考核导向偏重规模。在保生存的现实压力面前，工程企业多朝综合方向发展，而在长大隧道、地下工程、大跨径桥梁、高层建筑等传统领域，专业优势不突出、缺乏核心竞争力，同质化现象和内部竞争严重，核心市场、属地市场深耕不足，难以持续滚动发展。

④全产业链协同效能发挥不足。"十三五"期间，集团企业大力拓展相关多元板块，已具备投、建、营全产业链协同优势，但内部交易机制及利益分配机制不健全，导致内部欠款严重、合作效益低下、协同意愿不强；同时部分链点环节自身实力偏弱，影响全产业链协同作用的充分发挥，如勘察设计能力不足、尚无规划资质，物流贸易价格优势不明显、服务质量有待提升，运营业务主要集中在铁路运输和物业服务，公路、城市轨道交通、综合管廊、污水处理等运营经验不足等。"十四五"期间应完善内部协同机制，加强内外部资源整合，进行补链、强链，突出全产业链经营和轻资产运营，提高整体协同效益。

⑤建筑企业同质化严重。中国建筑企业结构将逐步由正梯形向金字塔形过渡，企业量级差距的急速扩大，导致市场分化，建筑企业的竞争态势演变为分化竞争。形成这样的趋势，既有历史的必然性又有政府的推动力。对于建筑企业而言，面临着业务趋同的挑战，相关企业情况见表1-1。企业为规模扩张都不同程度地采取了多元化扩张策略，"大而全"成为标配，既相互进入彼此优势领域，又共同进军具有市场潜力的新兴产业，比如横向多元化的轨道交通、机场、环保，纵向一体化的投资、设计、运营。

从表1-1可以看出建筑企业业务领域同质化竞争较为激烈，尤其体现在路桥、市政、铁路、房建、轨道、环保、地产、投资等领域。企业要想突出自身竞争优势，必须要守正出奇，找到创新点，才能打破僵局，提升竞争力。

建筑企业业务领域对比表　　　　　　　　　　表1-1

单位	水利工程	路桥	市政	房建	轨道交通	水电	新能源	环保	地产	投资
中建三局	√	√	√	√	√	×	√	√	√	√
中建八局	√	√	√	√	√	×	×	√	√	√
中交二航局①	√	√	√	√	√	√	√	√	√	√
中交一公局②	×	√	√	√	√	×	√	√	×	√
中铁四局③	√	√	√	√	√	√	√	×	√	√
中天建设集团④	×	√	√	√	×	×	×	√	√	√
中建五局⑤	×	√	√	√	√	×	×	√	√	√

注：①中交第二航务工程局有限公司（简称"中交二航局"）。
　　②中交一公局集团有限公司（简称"中交一公局"）。
　　③中国中铁四局集团有限公司（简称"中铁四局"）。
　　④中天建设集团有限公司（简称"中天建设集团"）。
　　⑤中国建筑第五工程局有限公司（简称"中建五局"）。

1.2.2　建筑企业面临的挑战与机遇

1）建筑企业面临的挑战分析

（1）新基建转变跨度大

从资源维度看，建筑企业总体偏于资源要素驱动、劳动密集型为主的粗放式发展。面对以信息化、数字化、智能化为核心的新基建，观念转变面临极大考验，技术、资金、体制、模式等资源支撑面临一系列挑战。从管控维度看，新基建的要素、功能、成本结构、质量控制等与传统基建有很大不同，既要防止以新基建名义做传统基建，也要防止用传统基建的套路去做新基建。对"新基建"认知不足或将导致建设成效得不到充分发挥。从竞争维度看，新基建打破甚至颠覆了传统的行业边界，在信息技术、数字化技术方面占据优势的高科技企业，跨界发力基础设施领域成为大趋势，本已呈现红海态势的建筑市场必将面临更大冲击和更多变数。因此，建筑企业必须理性客观地研究新基建，在变局中辨识"危"与"机"，主动识变、求变、应变，不断推动自身转型升级和高质量发展。

（2）建筑企业创新转型升级

以第五代移动通信技术（5G）、人工智能等新技术为驱动力的第四次工业革命正加速向社会经济各领域广泛渗透，原有的行业边界、产业链边界、专业化分工边界将被打破，平台思维和跨界融合将成为常态。建筑行业将加快向数字化、智能化和信息化转型，新型基础设施与传统基础设施的嵌套、融合发展成为必然。作为高耗能行业，建筑业的绿色健康发展成为各界重点关注的目标，坚持绿色、低碳、节能、环保的理念，开展建筑规划、设计、建造和运营将会成为新潮流。这些都将带来建筑行业经营方式、生产组织和管理模式的全面革新，给建筑企业的发展带来新挑战。

（3）降杠杆、减负债，降低投资增长速度

打赢防范化解重大风险攻坚战是中央明确的重要任务。自2017年下半年以来，多个省（区、市）叫停公私合营（PPP）项目，这意味着"降杠杆""减负债""防风险"也已成为当前中国经济工作的当务之急，正得到贯彻落实。国务院国有资产监督管理委员会制定《中央企业资产负债率分类管控工作方案》，明确国有企业资产负债率预警线为65%，降杠杆最重要的就是减负债。减负债将在较长时期内成为降杠杆的主要手段，对后续承揽业务提出了严峻考验。

（4）银根紧缩，房地产企业降速

中央政治局会议明确提出"坚决遏制房价上涨"的政策导向，中华人民共和国审计署、中国人民银行、国家发展和改革委员会（简称"国家发改委"）也在密集释放房地产融资层面的利空消息，直指银行贷款和海外发债。这意味着，已持续收紧的融资政策，将可能迎来新一轮加码。

（5）国内市场经营及成本管控风险大

拓展产业发展空间要求传统产业加快优化升级，从成本竞争转变为创新竞争、从建筑施工转变为建筑全生命周期服务。由此，对如何推进产业链、供应链、价值链和商业模式的创新，如何提高毛利润增长速度，如何继续推进效益型增长和联动协同发展，都提出了新的要求，对如何提升风险管控能力也提出了新的挑战。

2）建筑企业发展机遇的分析

（1）释放投资新增量

从决策层面看，2020年以来中央密集提及"新基建"，李克强总理所作的政府工作报告突出"两新一重"（新型基础设施，新型城镇化，交通、水利等重大工程）建设，释放出发力新基建的明确政策信号。从监管层面看，减税降费、专项债扩容、引导政策性金融债发行等积极财政政策逐步落地，交通运输部等有关部委加码推进新基建产业部署。从产业及企业层面看，我国企业数字化、智化转型升级步伐不断加快，龙头企业带头布局新基建，在此背景下，建筑企业乃至建筑产业将迎来巨大的价值增长空间。

（2）加速消费新升级

消费需求向信息化、数字化、智能化方向靠拢，与健康、快乐、美丽相关的教育、医疗康养等民生消费扩容升级，"消费型"投资将带动相关领域基础设施持续发展。新基建快速发展也会为新消费创造更多可能，在线娱乐、远程教育、远程医疗、智慧零售等新业态、新模式将释放更多市场增量。

（3）拓展产业新赛道

旧产业"生新"，我国已建成或在建的铁路、公路、桥梁、港口码头等传统基础设施存量巨大，对其进行后续运营维护或数字化、智能化升级改造，对建筑企业而言蕴含着巨大机遇。新产业拓新，从人工智能、工业互联网、5G建设，以及基于互联网化、数字化的各类新产业、新需求、新模式方面催生更多新机遇。新旧产业融新，核心是推动传统基础设施与新型基础设施交叉交融，建筑企业凭借在传统基建领域的丰富经验，具有得天独厚的优势。

（4）注入转型新动能

从要素视角看，新基建能拉动新一代信息技术、高端装备、人才和知识等高级要素的投入，为我国战略性新兴产业、现代服务业提供需求载体，也为建筑企业转型升级提供持久动力。从效率视角看，云计算、大数据、物联网、5G、工业互联网等新技术大规模应用，将重构产业生态，全面提高社会资源配置效率，为建筑企业"由大到强"、做强做优提供重要推力。

（5）抢占竞争新高地

全球进入第四次工业革命初始阶段，以新一代信息技术和以数字化为核心的新型基础设施正成为全球产业竞争和投资布局的战略高地。我国当前与发达国家基本处于第四次工业革命的同一起跑线，未来我国仍将以传统基础建设投资为主，同时新基建将成为投资重点。加大减税降费、加快开展县城城镇化补短板强弱项工作、推进基础设施信托基金试点（RETTs）等一系列相关政策，将为基础设施建设提供支持和保障，传统基础设施投资将保持稳步增长；随着5G网络、数据中心、人工智能、工业互联网以及特高压、高铁、城际交通等新型基础设施建设的推进，新基建将迎来新一轮投资高潮。推进新基建将助推我国科技水平和核心竞争力提升，为建筑企业参与全球竞争、开展国际化经营创造更多机遇。

（6）新型城镇化与乡村振兴双轮驱动，旧改等新市场空间广阔

新型城镇化与乡村振兴双轮驱动是顺应城市化发展大势、实现融合互动发展的必然选择。目前，我国仍处于加速城镇化阶段，这将为环境治理、公共服务、新型城市建设等多个领域带来更大的需求，城市群都市圈建设、城市更新、城乡公共基础设施配套成为未来建设的重点。城镇老旧小区改造、水务环保市场、固废及黑臭水体治理市场、城市综合开发市场、绿色建筑市场等将继续稳健发展，具有广阔的市场空间。这些将为建筑企业调整业务结构、完善业务布局、打造新的增长点等方面提供重要机遇。

（7）"一带一路"持续推进，对外工程承包市场前景广阔

新型冠状病毒肺炎疫情在全球蔓延，为提振经济，多国出台了通过基础设施建设投资拉动经济发展的相关政策，全球建筑市场的需求将有所增长。随着"一带一路"合作的深入推进，基础设施互联互通建设和国际产能合作的进一步加强，中国对外工程承包市场将面临广阔的市场前景。我国国际影响力的进一步提升，将助力国内工程企业承揽国际业务。东盟十国及中国、日本、韩国、新西兰、澳大利亚共15个国家，正式签署区域《全面经济伙伴关系协定》(RCEP)，标志着全球规模最大的自由贸易协定正式达成，这为中国企业开拓全球市场提供了巨大的机遇。

1.2.3 建筑企业内部资源和能力分析

企业资源是企业实际拥有或控制，能够对建筑产品的生产或服务作出贡献的所有生产要素。内部资源是企业经营的基本保障，是企业竞争力的基本要素，是企业参与市场竞争的坚强

后盾。企业在实施战略、参与市场竞争时，必须拥有足够的内部资源。概括起来说，谋划企业发展战略，必须考虑下列资源与能力。

①足够的资金资源。企业在市场中经营需要足够的资金流支撑，国际化业务中的海外投资更是资金密集型业务，因此，选择企业发展战略，首先要分析企业是否拥有足够的自有资金和较强的外部融资能力。只有具备一定资金实力的企业，才能选择更好的实施战略，走出国门，迈向世界。

②先进的技术资源。领先的专业技术，是企业核心竞争力之核心；先进的专业技术，是企业竞争力的具体体现。对于建筑企业这类具有生产属性的企业而言，技术资源主要包含生产设施建设技术和行业产品制造技术，拥有这两类先进技术是生产型企业选择发展战略的必备条件之一。

③充沛的人力资源。人力资源是价值创造的第一资源，是企业开展市场经营的基础。企业人力资源主要包括员工队伍数量、结构和素质能力，更应包括人力资源开发能力（外部吸收、内部培养）、人力资源管理和配置能力。企业的战略选择，必须充分分析、论证自身人力资源现状，只有分析证明企业拥有应对国际竞争的人力资源能力，才能选择国际化发展战略。

④丰富的行业经验。经验是企业的重要资源，丰富的行业经验可助力企业拓展国际市场，成功实施项目，有序管理跨国企业。因此，是否选择一个战略，行业经验是重要的参考因素。

⑤国际化管理理念。管理也是资源，国际化管理人才队伍、国际化管理理念、科学的管理体系，三者构成企业的管理资源能力。企业国际化必然要管理国际化，而管理国际化首先应是管理理念国际化。企业，特别是企业管理层，是否具备接纳国际化管理理念和学习吸收国际化管理经验的能力，是能否选择企业发展战略的重要判断标准之一，理念问题解决了，其他问题才可迎刃而解。

1.3　企业战略之谋定

1.3.1　建筑企业未来发展方向的选择

新时代已经来临，建筑企业间同质化竞争越发激烈，跳出低成本竞争的误区、创新打造建筑企业的核心竞争力，已经成为企业目前发展的重心，而产融结合则被认为是未来建筑行业最经济和盈利性最高的经营模式。做好产融结合，是当下建筑企业发展方向的最好选择。通过将实体产业与金融业结合，借助资本的力量，建筑企业可以达到降低交易费用、发挥产业协同效应、增加收益来源、增加融资渠道、实现多元化发展以及规模经济效用的目的。

产融结合模式——投资控股模式和产业控股模式的结合。一方面以资本运作进入产业并强化其地位，获取行业回报；同时依据对经营状况的了解和对市场时机的把握，通过既定企业或产业的权益交易，获取资本运作收益。

（1）方向选择的管控原则

①分类管控原则：在对产业组合分类基础上，实施差异化分类管控。

②能力匹配原则：集团管控的深度和广度与集团自身能力相匹配。

③资源相关原则：集团管控与集团所拥有的资源和股权比例密切相关。

④战略导向原则：承接集团战略发展要求，以战略为导向进行管控。

（2）方向选择的阶段性管控模式

①财务管控型。财务管控是一种倾向于分权的管控模式，集团总部只负责子企业的财务和资本运营工作，以财务指标对子企业进行管理和考核，追求投资回报、投资业务组合的结构优化和企业价值最大化，通过财务控制、法律和企业并购的方式完成子企业的管理，这种管控模式下的集团总部一般不干涉子企业的具体经营和管理活动。该方向选择的优点在于集团总部与子企业的产权清晰，子企业是完全独立的经济实体；集团总部的投资较为灵活，可以根据子企业的发展情况选择增持还是退出，有效地降低风险；集团总部专注宏观控制和资本经营，减少了与子企业的经营矛盾。其缺点也显而易见，集团总部对子企业的控制较弱，信息反馈不及时；集团总部与子企业的目标容易不一致。

②战略管控型。战略管控是一种相对集权的管控模式，特点是抓大放小。集团总部主要关注整个集团的战略规划、领导班子建设和绩效考核等重要工作，以战略规划进行管理和考核，追求企业组合的协调发展、投资业务的战略优化和协调、战略协同效应的培育，通过财务控制、战略规划与控制和人力资源的方式完成对子企业的管理。这种管控模式下，集团总部要求子企业的重大决策必须与集团总部的其他利益相关部门达成一致。该方向选择的优点在于集团总部侧重于战略决策和资源部署，有利于保证集团的整体发展方向；集团总部与子企业的资产关系明晰，集团总部的风险可控；具有明确的战略规划和战略管理，能及时对市场变化做出反应。其缺点则表现为战略决策的准确性受限，其是否准确取决于子企业信息反馈的及时性和顺畅程度；集团总部未做好战略管理协调会导致与子企业的矛盾。

③运营管控型。运营管控是一种高度集权的管控模式，集团总部关注子企业的日常经营行为，通过集团职能管理部门对子企业的日常经营运作进行管理，追求各子企业经营行为的统一和优化、企业整体协调成长、对行业成功因素的集中控制与管理，通过财务控制、战略规划与控制、采购控制、销售控制、人事控制等方式对子企业的日常经营活动进行管理。这种管控模式下，集团总部是各子企业的经营决策中心和生产指标管理中心，为了确保集团的决策能及时落实并能解决各种问题，集团总部的职能部门较为完善，职能人员的规模也较为庞大，适用于单一产业领域内的运作。该方向选择的优点在于集团总部能及时获得子企业的经营活动信息，通过集团职能部门对子企业职能部门的控制关系，完成对子企业的管控；集团总部可以有效地调配各子企业的资源，协调各子企业之间的经营活动。其缺点是相对较为复杂，主要表现在：集团总部与子企业的资产、经营一体化导致产权关系不明晰，管理风险增加；管理部门设置重叠，导

致集团总部与子企业的职能部门的职责分布不清晰，管理成本增加；子企业的不断增加会导致集团总部的工作负担逐渐加重，对子企业的有效管理和考核越来越难，弱化原有的效益。

建筑企业可在对这三种管控模式进行一定了解的基础上，再根据市场潜力及内部资源确定各项业务的发展定位，优化建筑企业的业务组合策略，并在完成企业总体战略规划的基础上形成业务竞争战略，包括业务方向、目标、实施措施、监控及评价体系等内容。为满足"十四五"乃至未来战略发展需要，企业可以按照表1-2设计建筑企业的组织管控模式。

管控模式影响因素分析表 表1-2

影响因素	管控模式		
	运营型	战略型	财务型
战略地位	高		低
资源相关度	高		低
发展程度	低		高
总部控制能力	高		低
经营业务重点	资产经营		资本经营
经营多元化程度	低		高

1.3.2 建筑企业战略创新与战略布局

（1）战略创新发展思路

在新形势下，企业进行战略创新并不像表面理解的那么简单，最根本的是企业应当主动提高外部环境变化的适应能力，及时应对越发激烈的市场竞争。创新说到底就是变化，只有变化才能够顺应社会发展趋势，在竞争中立于不败之地。企业应当顺势而为、主动求变、与时俱进，紧跟宏观经济形势发展的潮流，加大创新力度，缓解市场竞争的压力，通过合作提高市场竞争力。无论是对企业发展战略进行创新，还是对企业的管理模式进行创新，都能够帮助企业突破原有的框架束缚，借助创新避免在市场竞争中被淘汰。战略创新发展思路主要有以下两点。

①推行工程总承包模式，提高企业效益。传统建筑企业多年以来项目承包模式单一，企业效益不高。企业要发展壮大，提高企业效益，带动施工以外其他版块的快速发展，必然考虑需要进入更高端的"工程总承包"市场才能实现目标。在取得多项总承包特级资质的基础上，改变以往单一的施工总承包管理模式，转变企业发展方式。制度建设方面，应制定总包项目管理的相关管理办法，实现总承包管理模式的规范化、标准化有据可依；组织机构方面，以总部业务部门为依托，全面履行总包项目管理的职能。

②重组整合促国企改革，提质增效助跨越发展。建筑企业要不断改革创新和努力，在建

设领域精耕细作，形成一套较为完善和先进的管理体系，成为标杆和典范。在政府推进国有企业改革和供给侧结构性改革的重大举措背景下，可以考虑重组整合其他一至两家建筑企业集团，以达到进一步做大、做强的目的。以重组方式规避施工类企业间同质化的无序竞争，促进企业强强联合、优势互补，逐渐开展规划、设计、投资、建设、运营、服务全产业链布局，提高企业综合竞争力和影响力，打造世界500强企业。

（2）战略布局

通过对建筑企业目前所处形势的分析，本书尝试对建筑企业管理创新进行战略布局，结合章节内容，设计的战略布局如图1-2所示。

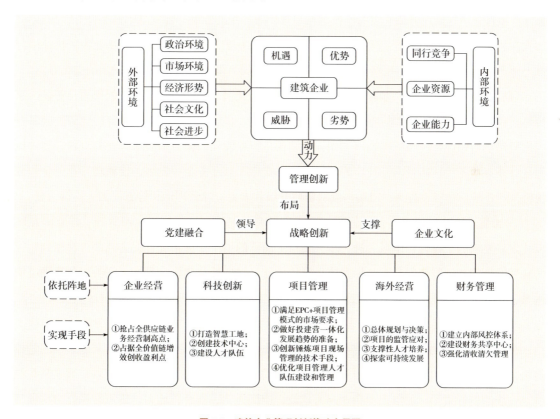

图1-2 建筑企业管理创新战略布局图

为有效实现以上部署的各个层面，还需落实以下几点。

①强化战略落地，同步提升发展规模与发展质量。一是推动实现高质量发展，破除均衡发展掩盖不思进取的思维方式，着力提升产业能级和核心竞争能力；二是完善发展配套的体制机制，树立一盘棋思想，提升体制机制的系统性、整体性、协调性；三是以问题为导向加强对标学习，按照常对照、补短板、不动摇的原则，聚焦思想开放度不够、增长自信心不足、资源集中度不高等问题，实现攻坚突破，带动全局发展。

②集聚优势资源，加快推进区域化体制机制改革步伐。一是打造全国市场新增长极，加强对区域市场的深度分析，优化市场布局，积极参与雄安新区、粤港澳大湾区建设，不断扩大

重点城市辐射圈，赋予旗下工程企业探索新城市的使命；二是加快区域法人企业落地，加快推进区域企业的属地化、实体化进程；三是形成产业联动的生态圈，在市场开拓和产业联动中找准定位、增强作为，突出二级企业各区域领头羊作用，围绕有利于经营规模、有利于区域化战略、有利于持续发展原则，强化信息联动、人员联动、技术联动、商务联动、文化联动。

③深化产业联动，促进各事业群规模化、紧密型发展。不断提升总承包管理能级，以工程总承包项目为载体，探索总结符合企业特色、与国际接轨的工程总承包模式。增强设计咨询的先导优势，聚焦国家战略引领方向和市场热点，保持市政、园林等传统业务的行业优势地位，找准技术创新的切入点，推进海绵城市、综合管廊、智慧城市、建筑工业化、城市更新、生态修复、项目管理等新业务快速发展。推动城建投资业务稳健发展，优化基础设施投资市场布局，加大在公共服务、资源环境、生态建筑等领域的拓展力度，以设立城市更新基金为契机，结合推进地产金融项目，使城市更新和地产金融投资项目成为带动全产业链协同发展的新亮点。

④优化业务结构，进一步拓展全生命周期服务新领域。提高科技创新引领作用，对接国家战略，紧贴市场前沿，加快前瞻部署和超前研究，进一步放大国家级研发平台的优势效应，在国家科研项目课题研究和标准编制方面，继续保持行业领先。大力拓展新兴业务市场，加快梳理统计新兴业务类别体量，寻找新的发展空间。支持新兴业务企业发展，推动新兴业务企业加快融入产业链，在资金政策、市场拓展、资质升级和人力资源管理优化等方面加大支持力度。

⑤加强风险防控，提高营运管控体系适应性和坚韧性。加强施工生产管理，建立满足区域化发展要求的工程管控体系，进一步夯实自上而下的生产指挥系统，促进总部由管控到监控的转变及由管理到服务的升级。提升项目经济效益，以标准化建设为目标，完善商务管理组织体系，形成完善职能部门设置和人员配备的标准。注重防范经济风险，加强对区域投资环境、地方政府负债、项目合规性、客户资金资信等方面的分析研判，警惕来自投资方的风险转移。

⑥激发基层活力，持续优化完善权责体系和考核机制。提升企业内部层层节点单位的管控能级，以更高标准加强企业中心与基层建设，推动相关支撑的人员结构精干高效，形成精兵强将上一线的良好氛围。加强工程企业能力建设，围绕强化独立经营能力、施工管理能力、经济管控能力、人才培养能力，把工程企业打造成为最有发展潜力的经济实体群。加快经济责任考核调整，建立资本市场通行的评价指标体系，更加突出营业收入、利润总额、净资产收益率、现金流量等指标权重，根据不同行业性质，分门别类地调整各单位经营管理责任考核制度。

⑦优化人才结构，进一步强化人力资源整体开发配置，强化干部择优选聘，坚持把加强党的领导与完善企业治理统一起来。正确选人、用人、培养人、留住人，确保党委在干部人事任免中起主导和把关作用。优化人才资源配置，加强人才队伍建设，培育一批领军人才及后备核心团队，在职业培训、专业充电、职称评聘等方面为员工提供便利。完善大培训格局，结合企业实际设计并推行适宜的学习梯队与阵地，继而充分起作用；通过大培训格局的锻造和持续改进，选拔和任用优秀人员；进一步发挥党校的"熔炉"作用，在党建融合中引领建筑企业走向更光辉的未来。

⑧加强品牌宣传,持续树立良好企业形象和营造良好文化氛围。打造企业服务商品牌,传承企业文化基因,在实践中不断完善企业文化理念体系的内涵与外延,彰显企业的人文风采和文化魅力。

1.4 企业战略之施策

在企业战略的实施策略中,本书提出"生存策略—强企策略—领先策略"的设计思路,建筑企业根据自身在生命周期中所处的位置,以及在市场中的定位和更长期发展的需求,选择适合自己的发展策略。

(1)战略谋划思路设计

战略是企业内部凝聚共识、形成合力、统一企业系统各要素矢量方向的工具;是企业发展所锚定与遵循的目标与地图,包括经营环境分析、未来发展预测、愿景目标设定、勾画愿景目标轨迹和制定战略实施策略等基本要素。制定建筑企业"十四五"发展规划,思路如图1-3所示。

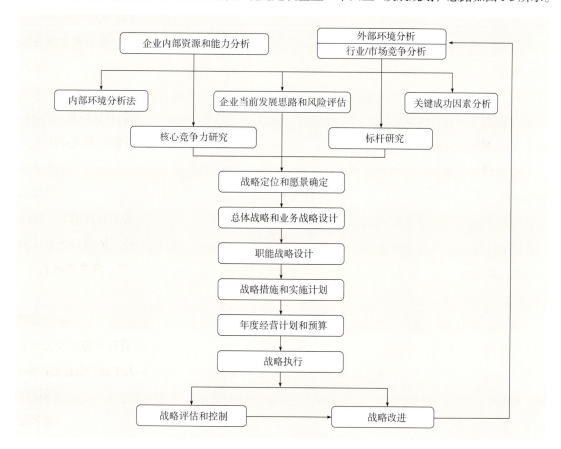

图1-3 建筑企业发展规划思路图

（2）战略发展目标设定

形成与市场经济相适应的发展创新体系，构建工程项目管理组织网络，提升企业的发展能力，在企业"走出去"的背景下，整合社会化资源，形成社会化力量、推动建筑产业化高效发展，打造综合能力较强的企业，实现提升质量、完善性能、降低成本、缩短工期、节约能源、优化环境的目的。

1.4.1 建筑企业生存战略的谋划与实施

1）企业战略宏观谋划

对于新创建筑企业，或进入某一区域以及处于行业特定调整周期的建筑企业来说，考虑其市场竞争力的实际水平和未来一段时间的发展空间，在市场上立稳脚跟，踏准节奏，亦即获得生存空间是其战略决策的重点。因此，对于此类建筑企业而言宜实施生存战略。

2）企业战略微观实施

为便于实施，围绕生存战略，建筑企业可实施以下策略。

（1）加强市场开发

①在目前企业经营工作的基础上，合理制定今后几年发展目标，统筹安排，保证企业持续增长。

②积极参加各项社会活动，广泛利用一切社会资源，采取多种形式，加强对企业及企业品牌的宣传。

③对现有在建工程加强管理，争取各种荣誉奖项，增强企业的品牌知名度。

④实施"大项目战略"，着力跟踪一些社会影响力大、关注度高的工程招投标活动，积极参与其中，增强企业知名度和影响力。

⑤按照市场需求、优势互补、互利互惠的原则，实行多领域、多项目的联合，壮大企业经营能力。

⑥在经营上重视培养关系融洽、合作良好的各类资源。

⑦充分利用企业资质等级的优势资源，突出资质主打业务，将其做大、做强，形成优势，同时采取措施向市政、钢构、园林等其他领域延伸，增强企业影响力。

（2）加强内控管理

①进一步完善、健全企业内部的各项管理制度和管理程序，以制度管人，按程序办事，使企业管理进一步走向规范化。

②加强企业培训工作的策划性和针对性，积极开展提升性、适用性培训，造就一支素质高、能忠实执行企业发展战略、实现企业发展目标的管理队伍，建成一支好学上进、功深业精的企业技术队伍。

③建立、完善企业信息交流渠道与平台，确保企业各职能管理部门之间，管理部门与集

团企业决策层之间的管理信息和决策精神能及时传送,避免因信息渠道不顺畅而影响企业的正常经营工作。

④积极建立和拓宽外部相关信息的收集渠道,为企业不断调整战略决策和日常管理决策提供坚实的信息基础。

⑤组织结构的调整是制度创新的核心内容,企业组织结构的不断优化要与创新项目管理体系相结合。

⑥完善内控措施,加强内控管理,内控的主要职能要从查错防弊向为内部管理服务方面逐步转变。

⑦加强企业证照管理,保证资质实力,充实相关证照的数量与质量,提高企业参与竞争的综合实力,为企业进一步拓展业务奠定坚实的基础。

(3) 加强项目管理

①对于自营项目,编写"企业工程项目管理执行标准",从项目部的成立到工程实施过程管理,再到工程项目的验收备案及保修,整个过程中的各项管理工作都有章可循、有据可依。

②对于挂靠及联合项目,制定相应管理制度,内容包含项目的选择、项目的跟踪管理、项目挂靠和合作延续的激励措施等。

③增强项目核算意识,规范工程项目成本的核算制度和成本控制方法,理顺关系,形成科学完整的项目前期测算—项目过程核算与控制—项目后期评估与分析体系。

④积极开展技术创新活动,根据企业实际状况,有选择地推广应用新技术、新工艺,减少技术、资源浪费,节约成本,提升经济收益。

⑤强化项目合同管理,建立项目实施风险评估机制,加强风险的预防和控制,全面提高企业抗风险能力。

⑥加大工程结算工作力度,落实结算措施,快速回收工程承包款项。

⑦加强对项目资金的监控,有计划地安排企业的现金流。

(4) 加强企业文化建设

①建立并形成符合本企业长远发展需要的企业文化体系,倡导企业精神,鼓励和引导员工深刻认识、认同企业精神,增强企业凝聚力。

②企业文化是支持企业长期发展的"软环境",通过收集多方面的信息,客观评估并不断修订完善企业文化建设。

1.4.2　建筑企业强企战略的谋划与实施

处于本层次的企业,在制定其发展战略时,要更注重核心竞争力的养成与提升。因此,循着"做强、做精"的思路,做出以下谋划和实施。

1）建筑企业的专业化之策——做强

对于建筑业来说，单一业务的专业化不足以支撑规模，必须构建全产业链的竞争优势，因此建筑企业的专业化核心是做强。做强的第一层含义是要打造强健的产业链，通过全面化、强势化和合一化产业链解决产业竞争力不强的问题；第二层含义是要培育下级单位专业化能力，从人才、项目管理、经营、数字化等要素方面着力解决专业化支撑力不足的问题。

（1）打造强健的产业链

①补全产业链。这一系列的举措旨在以更高站位、更全布局应对产业升级和市场变化。一方面需要主动做到立足本身在产业链中的供给与需求，在供需匹配的论证中查缺补漏，建立满足当今时代客户多样化、个性化需求的硬件基础。需要注意的是，对于大多数建筑企业而言，对施工的上下游应引起充分重视：如勘察设计、终端运营等。另一方面则是以市场评价为准绳，当自身现有能力不足以满足补全产业链的需求时，应积极拓展渠道从市场中实现针对性获取。如与上下游优势企业或有坚实合作基础的企业形成项目联盟，甚至建立合资企业从而以更规范、更牢固的关系和范式实现资源整合，健全产业链。

②强化产业链。这一系列的举措旨在以更突出优势赢得市场青睐和客户满意。在这一框架下建筑企业需做到对优势资源进行审慎管理，对依赖于优势资源拓展的项目实施差别开发。对待已经稳固树立的优势方面，要通过进一步的优势来源梳理做好其外延优势的开发。如有稳定客户来源的项目，可依赖客户黏性，在其区域内实现项目的外延深耕。如有高技术水平的项目，则可通过基于技术的微创新、持续创新开发新的价值增长点。如标准化强的项目，则可研讨形成可复制、可推广的项目实施方案，以智慧和标准贡献持续赢得市场。

③协调产业链。这一系列的举措旨在从产业链的参与者到产业的领导者，从而集聚更多资源，谋求企业的更强发展。作为领导者，应当着力加强考虑如何强化产业链内部各环节、各企业的协同运作。从整个产业链的活动来看，可以次第展开以下工作：首先，做好顶层谋划，在前序环节以投资为引擎来推动建设需求，并在二者的协调过程中实现市场份额的提升；其次，在中间环节强化施工的价值落地过程，以各企业的优势资源推动建设高质量完成；最后，在建成运营后能妥善回收前期投资，以对参与者负责任的姿态实现持续提升的闭环管理。

（2）提升专业化能力

在产业链运营的视域下，建筑企业内部的扩张应有边界，由此应以提升专业化能力为聚焦，奠定资源整合、协调运作的模块基础。

①合理扩张，聚焦发展。健全企业功能不在于市场上所有的企业功能皆在一个企业内实现。建筑企业应敢于取舍，在资源稀缺的情况下按照去弱留强原则聚焦提供优势产品与服务。具体操作中，建筑企业应以核心竞争力确定主要发展对象，而外延发展则需结合实际情况，如与主业的互补性、对主业的支撑性以及对主业的延展性等来做最终决定。

②强化优势，谋划劣势。对于优势资源、优势项目和优势辐射区域，建筑企业应加强资源支持，建立变化监督，能够审时度势地进行预见性的开发和稳固，并在此过程中加强外延的价值获取。对于虽属劣势资源，但却具有良好发展前景或符合市场深度经营导向的，应当进行针对性谋划，通过注入优势资源或整合协调寻求发展。

③优化配置，动态提升。盘活企业资源，梳理优势、劣势资源，能够对照人员、项目和区域实施动态调整，并在前瞻性、阶段性和总结性考核的过程中实时提供改进策略，实现建筑企业的稳健提升。

2）业务专业化之策——做精

对于目前的市场环境，许多建筑企业由于业务领域几近相同，在相同的领域中，只有把同样的对象——业务、品牌和产品做精才能脱颖而出。企业之所以可能做精、可以做精，主要依托人才、管理、经营、数字化等要素专业化的积累和转化，因此，建筑企业应着力加强相关要素的专业化提升，以期获得全局、长远的发展。

（1）做精人才专业化

以实现人才资源的运用与建筑企业做精的需求相适应。一方面，对岗位需求和人才资源进行双向评价，根据职责要求选配恰当的人才资源。另一方面，在适配的基础上进行提升：全员教育提升和针对性的专业提升并驾齐驱，从而形成能够适应建筑企业多阶段发展需要的梯队式人才资源。

（2）做精管理专业化

可推行的举措有以下几个方面。

①立足项目规划，以实施项目目标达成的需求为导向，做到分阶段、分批次、分类型统筹资源配置。

②聚焦项目实施，以强化项目实施质量的保障为导向，进行重点监管、逐步推开和提升效率。

③总结项目成效，以成本控制为检验标准，以具体举措如财务管理平台的统一接入、核算体系的健全完善等手段加强相应管理能力的提升。

（3）做精经营专业化

建筑企业可根据自身在业务特征、规模体量、区域情况等方面的实际情况谋求经营资源的最优化配置策略。这一工作是建立在企业优劣势资源的充分分析、定位和优化配置的基础上，在经营规划、架构、步骤和成效等方面进一步做实、做细。

（4）做精数字化专业化

在数字化资源跃升为建筑企业重要生产要素之一的当下，建筑企业需要在此方面深耕细作，才能顺应市场形势，赢得更好发展。在数字化的专业能力培植过程中，可以分阶段予以实现：首先，从业务支撑角度检验数字化水平；其次，从业务实现过程（如造价、工程建模等）提升数字专业化；最后，积累形成企业的数字化资源，实现改进性稳健提升。

1.4.3 建筑企业领先战略的谋划与实施

处于本层次的企业在制定其发展战略时，更注重更远期的生存与发展，亦是当前多数建筑企业致力于深耕细作的目标。因此，建筑企业宜全盘统筹，系统构思，实施全流程、全节点和全人员皆有顾及与调动的策略，着眼于市场、效益、风控等方面，做出以下谋划和实施。

1）统筹市场布局，推进经营多元化

（1）改善现有的建筑企业多元化管理系统

分析各种建筑企业的结构调整和生产多元化领域的机遇，并确定最优先的措施方向；进行资金来源的可行性研究，监督项目的制定和实施；在现有建筑企业的交互式算法系统基础上，创建一个总体的信息环境，实时处理多元化的基础数据。

（2）注重区域多元化

制定和实施以市场为导向的区域转换方案；制定区域和国家产业政策，为主要建筑企业的生产调整和生产多元化提供组织、技术和科学方法上的支持；建立区域市场基础设施，以协助投资机构、咨询中心多元化，利用区域基金来实现部分生产经营多元化。

（3）创新经营模式，推进协同经营

积极推进经营模式创新，抓住新型城镇化发展战略带来的片区综合开发、产业园区建设、康养文旅开发、交通基础设施建设、公共服务及配套设施建设及生态环境保护带来的流域综合治理、污水处理、垃圾处理、尾矿修复、耕地复垦等市场机遇，借助全产业链的优势，积极整合资源，发挥规划设计、融投资等合作平台协同效用，创新与银行、证券、保险、信托、基金等金融机构资本合作模式，创新与规划院、设计院、造价咨询、招标代理等企业股权合作模式，在项目规划、咨询前端介入，准确掌握不同客户的真实需求，注重边际质量与边际成本的平衡，提升"一揽子"解决方案输出能力，帮助业主解决融资、设计、征地拆迁等复杂问题，推进项目快速实施。推进片区开发+、产业投资+、生态导向开发+（EOD+）、交通导向开发+（TOD+）等产业协同项目承揽，通过模式创新实现一次经营创效。紧跟企业区域总部布局与业务拓展，加强与企业区域总部、各大投资平台经营协同，加强与区域内兄弟单位、地方国企、民营资本、下游企业的业务合作，构建更加广泛的利益共同体、命运共同体，拓宽经营渠道。聚焦大市场、大客户、大项目，积极落实高层定期战略拜访、基层日常关系交流，发挥各专业领域核心竞争优势，在合作开发、专业带动、优质标段分配上取得优先主动权，提升聚焦"大市场、大客户、大项目"的订单类型占比。

2）着力提高效益，推进管理集约化

（1）理顺各级权责界面

突出集团企业战略规划、资本运营、业务监控、科技研发、技术输出、服务支持职能，着力建设价值创造型集团总部。积极落实"总部机关化"专项治理工作，通过对集团总部各部门进行定岗定编、编制岗位工作标准、推行一人多岗等措施，进一步优化总部机关管理人员配置；大力推进放管服改革，体现放的价值、提高管的能力、提升服的品质。加强制度体系建设，改变传统的补丁式制度管理现状，对既有的各类管理办法进行全面梳理，着力优化跨部门业务流程，加强部门间制度的融合与衔接，通过管理制度化、制度流程化、流程信息化提高管理效率，为基层减负；以业务流程为抓手进一步梳理各层级职责权限，依据各子企业业务规模、业务特点、管理成熟度等要素进行不同程度的授权放权，建立权责清单动态调整机制，明确调整需具备的条件，有效激发各子企业项目管理的主观能动性。

（2）加强参控股企业管理

着力提升全产业链服务能力，探索通过混合所有制改革及股权多元化合作推进四大合作平台建设，以股权为纽带与专业能力强、财务状况好、品牌信誉优的规划设计院、社会资本方、材料设备供应商、劳务/专业分包方、专业运营商建立战略合作关系，充分利用社会资源，补强业务发展短板，大力拓展投建营一体化业务及新兴产业。依据对参控股企业的实际控制程度以及参控股企业的行业性质、业务类型，合理选择管控模式，灵活运用财务、战略、运营、战略+财务、战略+运营等管控模式，推进参控股企业市场化用工、经理层任期制和契约化管理、市场化薪酬分配，对参控股企业的运营管理、财务管理、人事管理、薪酬管理等给予不同程度的授权放权，保留参控股企业的管理灵活度、创业积极性的同时防止"只投不管"，促进并支撑集团企业主业规模的扩张及核心竞争力的培育。

3）重视防范风险，推进预控体系化

"十四五"时期，为了应对各类矛盾和风险易发、多发带来的挑战，企业更加注重全面提升风险预判力，见微知著、未雨绸缪，力争把风险化解在源头，防止各种风险传导、叠加、演变、升级。

企业要从思想上高度重视潜在的风险，注意问题表象背后隐性的、深层次的风险点，充分评估各种可能性，并做足、做好相关准备工作。风险点、盲点较多的领域，正是加强战略预判和风险预警的重点方向。《国资报告》记者观察发现，中央企业将更多风险关注点转向债务、投资、金融、国际化经营及安全生产等领域，重点突出，目标明确，坚决守住不发生重大风险的底线。

中国中铁提出严格执行投资预算刚性管理，严禁超越财务承受能力的投资行为，严肃各项投资决策制度，严格落实财务评价指标体系和负面清单制度，严控融资不落实垫资施工的行为，坚决遏制投资冲动。受国际形势变化、疫情等因素影响，企业国际化经营风险易发、多发。为此，中国建筑工程集团有限公司（简称"中建集团"）提出要突出增强忧患意识，持续关注国际形势变化对企业海外经营的影响，及时采取应对措施；中国中铁为增强国际经营风险防范意识，加强境外风险研判，高度关注疫情冲击和世界经济格局演化，严控赴政局不稳定或高债务国家和地区开展建设和投资。强化境外风险应急处置，切实维护境外资产和员工的人身安全。

预判风险是防范风险的前提，把握风险走向是谋求战略主动的关键。聚焦重点、靶向发力，中央企业围绕风险预判能力提升打出了一套"组合拳"。抓住要害，围绕应对和化解风险出高招，面对多种不稳定、不确定因素，企业既要有防范风险的先手，也要有应对和化解风险挑战的高招。化危为机，趋利避害。中央企业以长期改革发展经验为基础，尤其是在"十三五"改革发展基础上，分析得失、提炼经验、优化方案，在堵漏洞、化风险中持续夯实高质量发展的底板，在补短板、强弱项中继续深挖高质量发展的潜力。

"十四五"时期，建筑企业应处理好发展与安全的关系，坚持底线思维，增强风险意识和机遇意识，下好先手棋、打好主动仗，提高化危为机、转危为安能力，积极化解存量风险，有效防范增量风险，牢牢把握发展主动权。为保持平稳健康发展，要将强化综合监督和问题整改摆在了重要位置，[以中国铁路物资股份有限公司（简称"中国铁物"）为例]。为此，中国铁物提出加强对权力集中、资金密集、资源富集的部门和岗位的监管，确保各级干部依法依规行权履职。进一步完善审计监督体系，做好对各企业、重要项目的"体检"，用好审计监督成果，对于生产经营中发现和审计查出的违规经营投资行为，依法依规开展责任追究。深入实施综合监督管理，推动审计监督与财务、组织人事、纪检、巡视巡察等贯通起来，形成监督合力，发挥"大监督"综合效能。

建筑企业要汇聚合力，系统构建风险防控体系。从风险识别、应对到风险处置，风险防控作为一项系统性工程，对企业风险研判、风险评估、风险风控协同等各个环节的协同配合提出了更为全面的要求。如企业要把防范化解重大风险工作做实、做细、做好，必然要按照全面风险治理的要求，全过程、链条式、动态化防控重大风险。坚持系统观念谋划推动全面风险管理，越来越多的企业将建立健全风险防控机制作为高质量发展的基础和保障。为防范化解重大风险，中国一重集团有限公司（简称"中国一重"）2021年提出扎实推进各类风险的监测预警、识别评估和研判处置，严把高风险领域项目投资，突出抓好重大决策等法律审核，强化境外项目风险防范，加大违规经营投资责任追究力度，着力构建全面、全员、全过程、全体系的风险防控机制，坚决守住不发生重大风险的底线。建立风险防控机制，全面提升管理水平能力已经成为新发展理念下，企业实现健康可持续发展的必经之路。将风险防控机制建设深度融入企业管理体系，成为企业治理体系、治理能力进化升级的显著标志。

4）基于本土化运作，推进发展属地化

在经营区域上，各企业大都采取了属地化经营的策略，以企业驻地为根据地进行区域化布局，同时向国家重点发展区域进行辐射。经案例研究我们发现，中建三局在建筑施工领域采取了"1+M+N"的市场布局，"1"为总部所在地，"M"为重点区域市场，"N"为培育和辐射区域市场；在基建领域采取"湖北化"策略，即与湖北各级政府战略合作，加快开拓外部市场；在投资领域实施"1+7+N"策略，其中"1"是核心区域，以武汉为中心的湖北市场；"7"为重点区域，包括京津冀、江浙沪城市群、成渝片区、昆明片区、西安片区、广东省、辽宁省；

"N"为机会区域。中建八局则在"十三五"期间进行了市场聚焦，制定了核心区域收入达到90%的"十四五"战略规划报告，在区域发展战略中重点聚焦战略区域，持续深耕以临港为中心的长三角、以雄安为中心的京津冀、以深圳为中心的大湾区等战略区域市场，抓住后疫情时期国家提振经济、刺激消费的窗口期，持续提升战略区域首位度。上海建工集团股份有限公司（简称"上海建工"）围绕相关国家战略，采用"1+5+X"策略，其中"1"为长三角五大都市圈，"5"为珠三角、京津冀等五大区域的根据地城市，"X"为其他机会区域，进行全国业务布局。中国中铁四局集团有限公司（简称"中铁四局"）划分八大区域，积极打造主力省份、重点城市、经济强县并进的区域经营格局。"十四五"期间，集团企业在确保总的新签合同额快速增长的情况下，加强优势区域和优势客户的培育，加大对各工程企业属地经营的考核力度。

5）强健人才队伍，推进人才国际化

（1）加强班子建设

①要当好"领头雁"。一把手是"领头雁"，要有主体意识、主角意识、主场意识。既要有长远大局观，把握好前进方向；又要心无旁骛，带领群体，善始善终，善作善成。

②抓好"关键少数"。作为党员领导干部的"关键少数"是企业改革发展的中坚力量，要政治清醒、思路清晰、处事清正、为官清廉；要有大追求、大思路、大担当、大境界；要做到工作有韧度、管理有深度、做事有力度、成效有高度。领导班子要坚持"三重一大"（重大事项决策、重要干部任免、重大项目投资决策、大额资金使用）制度，班子成员要坚持党风廉政建设"一岗双责"。

③引领"最大多数"。要教育各级党员干部不要只想当官不想干事，只想揽权不想担责，只想出彩不想出力。培养一名好干部，好比培育一棵树苗，一开始就要植好根、扶正身，成长过程中还要施肥浇水、修枝剪叶、驱虫防病，切实把好政治关、品行关、作风关、廉洁关。要坚持严管和厚爱结合、激励和约束并重，完善考核评价制度和激励约束机制。要健全落实容错、纠错机制，有效保护和激发广大干部的干事创业热情。要严格干部日常管理，强化请销假和工作纪实，强化监督执纪问责。

（2）加强队伍管理

对标《中国共产党国有企业基层组织工作条例（试行）中》提出的"对党忠诚、勇于创新、治企有方、兴企有为、清正廉洁"20字标准，建筑企业应当坚持"以德为先、重在业绩"的用人导向，选拔重用想干事、能干事、干成事、不出事的干部。一是政治品德要过硬。要突出政治标准，把是否对党忠诚，是否增强"四个意识"、坚定"四个自信"、做到"两个维护"，是否讲政治、懂规矩、守纪律作为首要标准。二是专业素质要过硬。要把那些能力突出、业绩突出，有专业能力、专业素养、专业精神的优秀干部及时用起来。三是工作作风要过硬。要把"敢不敢扛事、愿不愿做事、能不能干事"作为识别干部、评判优劣、奖惩升降的重要标准，把干部"干了什么事、干了多少事、干的事组织和群众认不认可"作为选拔干部的根本依据，而不是凭个人喜好和个人私交去选拔干部。对干部的任用，要做到"善则赏之、过则匡之、患则救之、失则革之"，真正把思想品德好、敢于负责、勇于担当、善于作为、实绩突出的干部选拔到各级领导岗位来。四是选人、用人要过硬。选人用人不是装点门面、不是勾朋结党，更不是开山驻寨，而是为企业发展举智，为企业建设谋才。要"破除门户之见"，以公心选拔和使用干部。萧何月下追韩信、祁黄羊外举不避仇、齐桓公弃怨用管仲，自古以来选人、用人的典范皆源于一颗公心。要打破人才使用"唯学历、唯职称、唯资历"的传统陋习，采取多种方式网络人才。要眼睛下沉，到基层、到一线、到现场去选拔年轻干部，培养年轻干部也要放到基层、放到一线、放到现场。要切实选准苗子、搭好台子、压实担子、给出位子，努力让更多的优秀年轻干部脱颖而出，快速成长。

（3）加强专业人才培养

干事创业，关键在人。从目前实际看，人才队伍数量不足、结构不优，是制约企业发展的突出问题之一。要加强党政人才培养，不断强化经营管理人才、科技领军人才、复合型党群人才和高技能人才队伍，营造好拴心留人的环境，搭建好干事创业的舞台。要加大岗位知识、业务技能培训力度，加强知识型、专业型、创新型人才队伍建设。要创新推进导师带徒、岗位练兵、技能比武等品牌活动建设，搭建人才成长平台。

6）贯彻党的领导推进党建品质化

（1）加强思想引领力，凝聚发展合力

①提高政治站位，增强全局意识。一是通过党委中心组、"三会一课"、党建小课堂等多种学习方式，深入学习习近平新时代中国特色社会主义思想。二是以企业内有效的学习媒介为载体，开设主题思想专栏，定期分享新思想、新理论。将线上与线下学习教育有效结合，不断提升广大职工的理论水平和全局意识。

②统一职工思想，强化发展共识。一是用好基层联系点调研平台，领导班子赴基层调研，不仅要向职工宣贯企业发展形势，更要倾听职工意见建议，形成高质量调研报告，助力企业决策。二是定期发布企业动态，让职工及时了解企业发展。为了进一步加强时效性，可开设热线电话，畅通微信公众号热线留言途径，让企业及时掌握职工思想变化。加强版的措施可以是规定一定的时间窗口，在该窗口内要求相关管理人员或对象至少解决一件职工关心的热点、难点问题。将个人职业生涯规划与企业发展战略紧密结合，形成共识，凝聚强大的发展合力。

（2）强化组织战斗力，提升发展动力

①提升组织效能。一是构建科学管理体系。资质以上建筑企业可以实施统一、科学的管理体系。如某建筑企业目前三种管理模式并行，即总部—项目、总部—二级单位—项目、总部—大项目—项目。根据企业发展需要，将逐渐取消总部—大项目—项目管理模式，同时优化总部—二级单位—项目管理体系。明确项目落地后才可根据需要设置区域企业。根据战略规

划，设立专业企业，如基础设施事业部。实现总部定战略，二级单位强管理，项目强落实的管理目标。二是推进强总部建设。建立引领强的总部。通过培训赋能、考试强基、轮岗通才等措施，提升总部员工专业技能及综合素质，更好地指导项目工作。建立服务强的总部。通过项目联系点、首问负责制、满意度测评等措施，提升总部员工服务基层意识和效率。建立创新强的总部。抓思想创新，引导总部职工解放思想，与时俱进，做到日常工作抓优化、重点工作抓强化、创新工作抓转化。抓体制创新，各部门制定创新目标，围绕工作思路、行政效率、机关作风等方面积极创新，并与评先创优挂钩。抓创新考核。每年评选总部创新金点子，总结推广创新成果的好经验、好做法、好典型，积极推动创新成果运用。建立监督强的总部。加强总部对项目标准化考核，建立项目黑红榜，加强对重点项目、风险项目综合监察，防范项目经营风险。

②筑牢支部堡垒。一是夯实党建基础。全面落实同步与对接，加强顶层设计，从源头把关，搭建项目团队时一并考虑党组织设置问题，考虑设置人力资源部—党委工作部—企业领导三级审批机制，确保项目铁三角中至少有一名党员，及时建立各级党组织。加强流动党员管理，出台了《流动党员组织关系转接办法》，加强人力资源部与党委工作部联动，把好入职关，在职工办理入职手续时排查政治面貌，对新入职党员宣贯组织关系转接流程，明确转接要求。建立流动党员组织关系转接台账，及时跟进组织关系转接情况。发挥组织保障作用，加强组织与组织间对接，帮助流动党员快速转接关系。每月进行组织关系转接情况通报，形成流动党员组织关系转接常态化机制，持续加强流动党员管理。二是发挥党支部组织优势，坚持党建工作融入中心工作，发挥好党政一肩挑作用，要以行政视角解读党建工作，把项目问题与困难作为党建工作的出发点，善用党建载体解决问题，推动中心工作，不断提升支部战斗堡垒作用。三是发挥党员先锋模范作用。将党员示范岗、党员责任区、党员积分制等活动开出特色与时效，激励广大党员亮身份、比贡献、勇担当，带领青年群众心往一处想、劲往一处使，全力推进建筑企业的中心工作圆满完成。

（3）提升队伍凝聚力，注入发展活力

①聚焦人才培养。一是坚持标准选好人。完善建筑企业招聘管理办法，明确各类人员招聘标准，尤其是成熟人才的引入标准，提高招聘质量。二是强化培训育好人。建立网格化培训体系，按照横向到边、纵向到底的培训原则，横向按照业务培训补短板、管理培训提能力、取证培训强素质的原则，全面提升职工综合素质；纵向推进企业规划的培训体系，加强后备人才培养，深化好班子建设，筑牢人才梯队根基。三是品牌效应聚好人。通过校企合作、社会公益活动、与媒体联动、网络新闻宣传等方式，不断提升企业知名度，通过品牌文化宣传助力提升市场竞争力，让优秀人才愿意来、主动来、值得来。

②激发青年活力。最大限度地激发青年活力，对企业高质量发展至关重要。一是践新理念。90后员工已成长为企业中坚力量，同时90后员工也是个性鲜明的一代。新时代企业管理必须要掌握青年员工思想，建立良好的沟通机制，从青年需求出发，充分考虑新时代青年员工

拥有强烈的自我意识、注重自我价值实现、渴望平等尊重、抗压能力一般等特点，用新理念去开展青年工作。二是搭新平台。企业要充分结合青年特点，老壶装新酒，做好青年管理平台的传承与再创新。打造线上线下学习平台，打造青年创新创效平台。创建青年创新工作室，围绕企业中心工作，广泛开展科技创新、管理创新、服务创新等活动。对青年工作室定期考核并实施事先约定的奖惩机制，将青年职工对成长成才的迫切需要与企业创新创效工作有机结合起来。打造青年服务品牌。推动青年文明号、志愿者服务、兴趣小组、婚恋交友活动，做青年职工的知心人、热心人、引路人。三是再建新功。企业要通过了解青年、为青年职工搭建平台等方式，引导青年职工做好企业文化的传承者、实践者和推动者，增强青年纪律意识、责任意识、大局意识，帮助青年职工将职业生涯规划与企业发展大局紧密结合，培养青年职工尽快成为企业顶梁柱，再建新功。

③拓展幸福空间。一是保障职工利益。持续完善绩效考核和薪酬管理制度，建立健全突出岗位价值、符合岗位特点的薪酬福利制度，注重向基层一线和关键岗位倾斜。广泛开展评先评优及典型选树工作。从精神和物质两个层面激励职工。二是强化职工主人翁意识。通过职工代表大会、征集职工提案、职工合理化建议、企务公开、座谈会等多种形式，鼓励职工参与企业生产经营管理，不断增强职工治企、爱企的热情。三是创新关爱职工方式。针对职工差异化需求，为职工定制特色服务，提高精准度。采取定制化体检项目、生日礼物、点亮办公桌等措施，增强职工归属感、幸福感。

（4）加大品牌影响力，彰显发展实力

①刷靓党建品牌。一是增强党建品牌意识。建筑企业应立足自身实际，将党建品牌做大做强，善于运用新媒体，把品牌思想融入党建工作各项任务中。通过开展技能比武等活动，选拔一批技术能手，并在更高层级的竞赛活动中有所斩获。加大宣传工作与企业中心工作的融入度，除常规的典型故事、开拓人物宣传外，还要加大对创新工作室的经验推广、难题公关、带徒传技等硬实力宣传，提高市场知名度，提升市场竞争力，从而提升社会影响力。二是建好党建品牌队伍。做好党建品牌创建的关键是党务工作队伍。企业要鼓励、帮助党务工作者熟悉党建业务，明晰党建工作动向，勇于探索创新，持续推动"一个总支一个品牌，一个支部一种特色"活动，上下一盘棋，推动中心工作，刷靓党建品牌。

②注重文化引领。一是加强开拓文化宣贯。持续推进发放开拓文化手册、组织开拓文化巡回宣讲、制作开拓文化宣传墙、举办开拓文化征文、征集开拓文化漫画等形式，丰富开拓文化宣贯方式，让开拓文化更接地气，推进文化理念深入人心，形成全员行动自觉。二是加强特色文化提炼。结合企业实际，以集团企业文化为主体，在全企业范围内征集、提炼富有自身特色的企业文化，按照母子文化共性与个性相统一的融合原则，构建和而不同的企业文化体系，实现文化引领"1+1＞2"作用。

③勇担社会责任。一是不断提高国有企业核心竞争力，实现国有资产保值增值。企业要

紧跟"一带一路"倡议和高质量发展等国家战略部署，在水务环保、综合管廊等业务开拓上有所作为，补齐短板，实现高质量发展，创造国企价值。同时，提供更多就业岗位，落实农民工实名制管理工作，确保农民工工资按时发放，助力社会和谐。二是节能降耗，走资源节约型的企业发展之路。坚持严格的项目管理标准。持续推进智慧工地建设，逐步实现在建项目智慧工地覆盖率100%。不断提高建筑工程管理的信息化和智能化，提高工程质量和效率，减少污染，减少浪费，推进项目建设向绿色生态可持续方向优化发展。三是扶贫帮困，积极参与社会公益事业。持续按照企业的战略规划总目标的部署，做好对口扶贫相关工作。同时，积极参与属地化精准扶贫工作，继续探索"党建+扶贫""党建+公益"模式，找准参与社会公益活动与助力企业发展的"共振点"，积极贡献企业力量，树立企业品牌。

7）实行规范管理推进项目品牌化

（1）推进经营承揽高品质

①要提高自主经营能力。要坚决守住传统市场和传统业务主阵地，牢牢抓住铁路、公路、房建、市政、轨道等市场机遇，把既有市场打造成巩固根据地。要根据建筑市场变化特点，在新兴市场抢占先机，提前布局，重点培育。要围绕国家战略方向，全力参与国家重难点工程，打造新的经济增长极。要围绕人民美好生活需要和城市品质提升，加大水环境与生态环保治理、城市公共设施、综合管廊、海绵城市建设等新兴领域的经营，寻找新的市场增长点。要捕捉新旧动能转换带来的新机遇，紧随大数据、物联网、智慧城市建设等发展趋势，在装配式建筑、跨界地产、新型产业园区、新型智慧交通、旧工业区升级改造等方面寻求商机。要强化内部协同挖潜，提升外部市场开拓，扩大物流贸易规模，扶植升级潜力板块。

②要推进产融一体化发展。要适应新的投资模式、融资模式和建设模式，保证投资项目合法规、能融资、能出表、能收回。要将基础设施投资与旅游、养老、商业运营、文化产业相结合，打造更加多元、开放的市场空间。

（2）推进项目管理高品质

①要统筹兼顾，打赢施工生产攻坚战。面对繁重的施工任务，必须紧盯重点、突破关键，把握时序节奏，进一步强化施工组织，落实预控管理和问题管理，保证各类资源要素投入的精准、及时、有效，确保生产管理体系管控有力，对于重点项目要专题研究、专人负责，确保安全、质量、进度、效益等协调推进，不能顾此失彼，要加大验工计价力度，把产值转化为营收，向产值要效益。

②要加强安全质量管理。要把安全质量始终摆在企业管理最突出、最核心的位置，严防死守，常抓不懈。要认真贯彻抓好安全生产"关键在管理、根本在落实、重点在项目"的要求，落实党政同责、一岗双责、岗岗有责的安全生产责任制。要把"不忘初心、牢记使命"主题教育、党史学习教育等成果融入安全质量工作，真正把初心使命落实到每一个层级、每一项工程、每一个岗位。要大力开展职业培训、岗前培训、全员培训和专业技能培训，不断夯实安

全质量基础。要深入开展安全质量大检查，不断深化巡查机制，完善动态监控及预警预报体系，建立跟踪督导整改制度，对重大隐患层层挂牌督办、销号，切实做到整改措施、责任、资金、时限和预案的落实。要痛定思痛，深刻反思和汲取行业内安全质量事故的教训，雷厉风行，加快整改，强化督导，防患未然。责任明确到人，压力层层传导，工作步步到位。

③要推进科技创新。要依托重难点工程，增强创新能力，铸造企业的金刚钻。要立足博士后工作站、专家工作室等各种平台，对全局性、前瞻性、战略性的关键技术项目开展研发并直接投入。要加强科技创新工作的领导，以科技与生产经营一体化、科技成果产业化为方向，以提高技术实力、提高市场竞争力为目标，形成主管领导亲自抓，分管领导和总工程师具体负责，以专业技术人员为骨干，全体职工广泛参与，开发、施工、制造紧密结合，齐心协力推进技术进步的大科技格局。

④要加强劳务队管理。完善和规范分包商管理，禁止违法分包、转包。建立激励机制，持续引进分包商，扩充劳务资源，加强专业分包储备。推行劳务实名制管理，对共性问题，制定统一模板或标准，针对个性问题，进行专题指导和帮扶。

⑤要推进信息化建设。要加快推动 BIM 技术应用与集团企业发展的深度融合。要创新推进"市场+现场"两场联动新方式，基于 5G 网络构建覆盖智慧监管服务体系，全面提升监管服务效能和企业生产力、核心竞争力，全面提高施工现场标准化精细化管理水平，推动建筑产业现代化。

（3）推进经济运行高品质

①要强化成本管理。要严格责任预算管理体系建设，各级机关要强监管，项目部要强执行，确保体系有效运转。要严格控制人工成本增长，努力减少非生产性开支，最大限度地降低管理成本。要进一步创新融资渠道，降低融资成本，确保经济平稳有序运行。

②要强化清收降债。要降杠杆、减负债，突出抓好应收账款和债权债务的清理，减少存量、遏制增量。要健全奖惩机制，逐级落实目标责任，做到债权不清收、责任不解除、考核不兑现。

③要强化审计监督。要持续强化在建项目特别是亏损项目审计，及时发现问题、纠偏导正、问责治庸，以有效的监督保障项目既定目标实现。

④要强化风险防控。要加强安全质量、党风廉政、投资经营、资金债务、法律合同等各类风险防控。要高度重视信访、维稳、舆情、保密、综合治理、国家安全、海外项目等方方面面的风险，始终绷紧风险防控这根弦。要做到上医治未病，防微杜渐，抓小抓细，防止肌肤之疾化为骨髓之痛。要坚持底线思维，增强忧患意识，把风险消灭在萌芽状态、控制在可控范围内、消化在改革发展中。

第 2 章

企业经营篇
创建格局

抓好在建是最好的经营。

——邓 勇

MANAGEMENT
INNOVATION AND PRACTICE
OF CONSTRUCTION ENTERPRISES

在我国经济社会发展的漫长历程里,业界和学界一代又一代地探索总结出了适合思考我国经济社会的理论逻辑、历史逻辑和现实逻辑。据上述逻辑,不难看出我国经济社会进入新发展阶段,需贯彻新发展理念,构建新发展格局。习近平总书记指出"创新是企业经营最重要的品质",并在企业家座谈会上特别强调"市场主体是经济的力量载体"。上述论述皆对建筑企业做好企业经营提出了更高的要求:积极创新,谋求创建适合当前建筑企业发展的新格局。谋势优于谋事,创新源于现行实践。企业经营活动不仅受到自身定位,如经营宗旨、目标与原则的约束,更受到外部竞争环境的影响。在传统供应链理念的基础上,以优质企业应有能力在市场上定义价值、塑造价值和引领价值为导向,企业经营还需建立并践行价值链的经营思维。

经营承揽是企业发展的火车头,实现企业持续创新和高质量发展发轫于企业经营,由此,创建科学合理的企业经营格局,势必成为企业谋求长期稳定发展的重要保证。已经被世界建筑市场所认可的中国建筑企业,不仅要有大国情怀,更要有大国自信与龙头担当。建筑企业的领导者与经营者必须站在经营战略的高度,把牢企业内部与外部环境的脉搏;以长久健康的生存与发展为考量,谋定企业经营的创新切入点;更新并贯彻企业经营理念,创新并推动企业经营格局。为此,本章根据建筑企业经营的宗旨、目标及原则,分两步助力建筑企业创好格局,做好经营:一是以供应链为理论依据,详细分析建筑企业的经营环境和协同机制,谋定可拓展的经营业务和管理模式;二是以价值链为理论支撑,找出企业经营增收盈利的关键环节和关键经营活动,制定实现企业经营目标的主要举措。以期为更多的建筑企业谋求可持续发展和科学经营提供借鉴。

2.1 企业经营之论道

建筑国企肩负着国家强国战略的重任,其经营能力代表了中国生产力发展的水平。企业经营是建筑国企实现经济目标的全面布局,高水平的企业经营,能带动企业整体工作全面赶超,争创一流,在全国乃至世界彰显企业品牌和实力。因此,企业经营工作是当前建筑国企面临的最迫切、最重大的任务。本节针对建筑企业经营的宗旨、目标以及原则,以供应链以及价值链为理论支撑,对建筑企业的经营之道进行明确和格局构建,通过经营战略的整体布局,最终实现建筑企业的经营目标。

2.1.1 建筑企业经营宗旨

企业经营宗旨是指企业经营活动的主要目的和意图,是企业思想和企业行为的直接表述。企业的经营宗旨,本质上应反映企业的核心思想和价值观,是企业塑造企业自身永恒价值观的主题,是贯穿企业经营全过程的根本指导思想,是企业中长期发展的方向和应遵循的原则。作为建筑类国企,其经营宗旨是要紧扣时代的步伐,努力成为一流的投建营服务提供商、一流的国际化经营先行示范者、一流的建筑相关多元发展引领者;将中国特色的项目管理理念贯穿、渗透于企业经营管理的全过程,并注意通过各个细节的管理、控制和创新,优质高速创信誉,建筑精品占市场。所谓"高速",则是要精组织,合理安排工序,以科学的施工组织设计,达到人、机、料有机结合,用最快的速度精心施工,缩短工期,为客户赢得时间和利润。所谓"信誉",则是要有良好的社会形象,与各相关方携手共进,形成互利的协作关系。高品质的质量和高效的速度是建筑企业树立良好社会形象的前提。

建筑企业在制定经营方针及目标时,要符合企业宗旨的要求。在设立质量目标时,要体现出产品合格率、优良率、市场占有率、顾客满意率等指标,通过各级管理人员的努力,使质量目标得以实现。同时在工程项目施工过程中,要设定质量承诺、工期承诺、顾客满意度等,在保证工程质量的前提下,加快施工进度,赢得顾客满意,树立企业形象。所谓精品,则是用有竞争力的优质建筑产品创信誉、占市场,满足顾客需求,争取超越顾客期望。而市场是企业生存的基石,多创造精品工程,满足各相关方的要求,才能更多地占领市场。万丈高楼平地起,员工在贯彻实施企业宗旨时,干每一项工作、做每一件事情,都应该精益求精,时时处处发挥国有企业敢为天下先、多创第一流的特点,实施名牌战略,营造时代精品,树立建筑企业自身的品牌形象,建立诚实守信的社会信誉,更多地占有市场,实现企业的宗旨。

2.1.2 建筑企业经营目标

企业经营是指企业在物质生产和商品交换的经济活动中，搞好市场调查与发展趋势预测，选定产品发展方向，制定长期发展规划，进行科学决策，达到预定的经营目标的过程。企业的经营管理，是指企业为了满足社会需要，为了自己的生存和发展，对企业的经营活动进行计划、组织、指挥、协调和控制。其目的是使企业面向用户和市场，充分利用企业拥有的各种资源，最大限度地满足用户的需要，取得良好的经济效益和社会效益。无论是何种企业，其经营的目标就是有效发挥现有经营资源的最大效能，贴近市场，本土发展，扩大份额，确保实现企业盈利和战略目标。

对于建筑企业来说，由于经营的项目类型繁多，跨区域特征明显，因此，在制定经营目标时首先要设置好组织架构。一般来讲，企业在经营过程中按地域相对集中、管理跨度相对紧凑的原则，派出常驻人员，设立常驻机构，该常驻机构代表企业统筹企业经营要素，专职负责本区域工程承揽、市场维护和对项目实行监管。企业经营是企业生死存亡战斗的战场，经营管理是这一战场的战略中心、调度中心、控制中心、创新中心，统领全企业的运作和监督。一个企业要做大作强，必须首先关注经营，研究市场和客户，并为目标客户提供有针对性的高质量产品和服务，一个好的经营管理者要在经营中不断思考、不断学习、不断创新、不断开拓、不断前进，用管理促市场，向管理要效益。

建筑国企是建筑市场非常活跃的排头兵，各企业均有所长，其相互竞争抢占市场份额的劲头不相上下，所以建立的经营目标都很有气势，下面仅举几例加以说明。

某建筑企业之一的经营目标为：百年强企，强企富民，站稳国内，剑指海外。建成国内一流、国际知名的投建营一体化综合建筑产业集团，聚焦主责主业，培育专业化、差异化竞争优势，致力于成为行业突出、专业领先、业绩卓越、质量效益并重的一流现代化综合建筑产业集团。

某建筑企业之二的经营目标为：信息化为先导，通过资源整合、流程优化、风险管控、决策支持、科技创新、人本管理等手段，调整盈利模式，提升盈利能力，实现二次跨越。

某建筑企业之三的经营目标为：做具有国际竞争力的世界一流企业，强化改革创新、精益运营，紧紧抓住"转产、转商、转场"三个市场，完善以公司发展体系、管理体系、项目运营体系、投资体系等制度，实现体制机制优、文化品牌优、人才队伍优、运营质量优、国际化发展优。

某建筑企业之四的经营目标为：聚焦以承包商为主，向投资、发展、运营并重转型，打造世界一流国际化产业集团，提升全产业链服务能力、专业建造能力、区域经营和属地经营能力，实现全球化资源配置，实施精益建造，成为客户放心、伙伴信赖、社会尊重、员工自豪的优秀优质企业。

从以上建筑企业的经营目标不难看出，坚守总承包商本分、拓展全产业链业务、优质高效管理项目、昂首挺胸走向世界、创新改革跨越发展、整合资源争创一流等，这些都是建筑企业经营目标不可缺少的要素，也是企业经营创建格局不可缺少的要件。

2.1.3　建筑企业经营原则

企业经营的原则主要包括六点，即承担主体责任、有序竞争、协调服务、共同成长、绩效考核和遵章守纪。

①承担主体责任的原则。在经营区域内跟踪的项目，除标段在30亿元以上的项目由企业指定专人跟踪承揽外，30亿元以下所有项目都首先由区域指挥部拟定配合企业和责任人；没有经过区域指挥部审核同意，工程公司不能擅自进行投标活动。这体现的正是在经营过程中，企业必须要承担起主体责任。

②有序竞争的原则。这一原则要求区域内各单位不越位，不错位，不内耗，不打乱仗，对外一个声音，保持高度统一。

③协调服务的原则。这一原则要求企业内各单位各司其职，相互协调。比如，对于施工企业而言，工程公司进行属地经营和城市经营，项目部开展二次经营，与各设计院的沟通对接，区域指挥部都应给予支持和帮助，做好服务工作。这体现的就是协调服务的原则。

④共同成长的原则。这一原则要求企业要大力扶持区域内各单位开拓市场，赋予各单位成长的空间。要综合考虑有利于企业市场份额最大化，有利于发挥工程公司专业特长和经营资源优势，有利于业绩增长和资质提升等各方面因素，科学、合理地分配经营资源。

⑤绩效考核的原则。这一原则要求企业对区域指挥部注重考核区域内共揽指标，对工程公司考核注重共揽指标和自揽指标，这样从制度设计源头上消除区域指挥部与工程公司争利的弊端，使企业经营更趋于合理、和谐。同时，绩效考核也可以有效地提高企业经营的工作效率。正所谓企业不养闲人，谁在绩效考核中脱颖而出，谁才是真正的优秀者，企业更不是图谋升迁的"中转站"和跳板，因此，企业经营政策就要进一步细化，中心城市战略要落地，资本经营要收缩，经营效果要上台阶；各区域自揽指标必须落实到人，绝不能让一些懒散的人转空子，去依靠团队而生活。

⑥遵章守纪的原则。经营架构调整后，各区域指挥部和工程公司要严格执行企业出台的有关经营的要求和规定，不得"触底反弹"，更不能违规越线。

2.1.4　建筑企业的供应链

供应链管理的概念最早出自20世纪80年代的制造业，它的目的主要是通过"链"上各个企业之间的合作和分工，致力于整个"链"上物流、信息流和资金流的合理化和优化，从而提高整个"链"的竞争力。根据建筑业经营活动的特点，从建筑项目生命周期的全过程给出建筑企业供应链管理的定义：在工程建设中，从业主的有效需求出发，以总承包商为核心企业，通过对物流、信息流、资金流的控制，从中标开始到施工、竣工验收以及售后服务，将分包商、材料供应商、工程机械设备供应商、业主等连成一个整体的功能性网络结构模式。据有关案例分析表明，有效的供应链管理可以减少10%的成本和35%的物料浪费，同时缩短项目交付期。供应链的概念是从扩大生产概念发展来的，它将企业的生产活动进行了前伸和后延。日本丰田公司的精益协作方式中，就将供应商的活动视为生产活动的有机组成部分而加以控制和协调。哈理森将供应链定义为"供应链是执行采购原材料，将它们转换为中间产品和成品，并且将成品销售到用户的功能网链。"美国的史蒂文斯认为"通过增值过程和分销渠道控制从供应商到用户的流就是供应链，它开始于供应的源点，结束于消费的终点。"因此，供应链就是通过计划、获得、存储、分销、服务等这样一些活动而在顾客和供应商之间形成的一种衔接，从而使企业能满足内外部顾客的需求。

面对充满机遇和挑战的建筑业市场，如何利用当今先进的管理方法，降低企业成本，提高运营效率，促进建筑企业的转型升级，是一个迫切需要解决的问题。基于此背景，供应链管理理念被越来越多的建筑企业运用到生产管理当中，并逐步成为提升建筑企业市场竞争能力的关键因素之一。根据建筑业经营活动的特点，从建筑项目生命周期的角度给出建筑供应链的定义：建筑总承包企业供应链是指以业主对建筑项目要求为目标，从业主产生项目需求开始，经过项目定义、项目融资、项目设计、项目施工、项目竣工及验收交付、项目维护等阶段，直至改建扩建、最后拆除，这一系列建设过程中所有涉及的有关组织机构组成的功能性网络链结构。其建筑企业供应链的构成如图2-1所示。

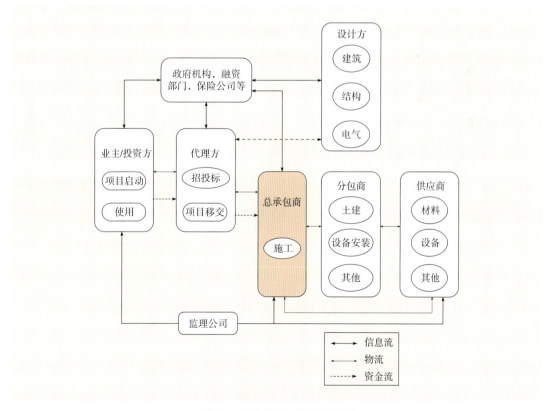

图2-1 建筑总承包企业供应链模型

由图 2-1 可以看出整个供应链是以总承包商为中心，整合供应链上各个节点企业，实现整个分包商、供应商、业主、设计方的一体化、协调化、集成化和同步化。即从工程招投标、设计、融资、材料采购、设备租赁、购买、工程施工，到工程竣工、验收移交业主等各个环节。当供应链各环节高效协同联动时，才能取得链上各主体方的经济利益共赢。同时我们也不难看出，供应链中的业主方是整个链的最前端，其投资和供给水平直接影响到末端的经济利益和收益。建筑施工企业处于整个供应链的中部，是承上启下的关键位置，其经营之道即经营格局的构建必须做好以下几项工作：首先要真诚为业主和投资方服务，切实满足业主的要求；其次要增强实力做好自己，在投标过程中把握好任何一次制胜的机会；最后是要在项目的实施过程中做好各参与方的协调与控制。

图 2-1 给出了建筑业的全产业链结构，一个总承包商的经营业务范畴的延伸，或者是服务的延伸，必定是链上业务的整合或融合，因此供应链为建筑企业选择经营模式和发展模式奠定了理论基础。

2.1.5　建筑企业的价值链

价值链的概念是随着市场经济的发展以及经济全球化的推进，社会化大分工得到进一步深入而产生的，最早由美国麦肯锡咨询公司提出。美国哈佛大学经济学家迈克尔·波特于 1985 年在其著作《竞争优势》一书中对价值链的概念予以明确、拓展和优化，成为世界经济学研究领域所广泛参照的理论，开拓了价值链理论系统研究的先河。在当今社会，价值链被普遍应用在企业经营的战略性分析之中，为企业经营战略提供科学的依据，是企业实现利润最大化的理论支撑。其企业价值链构成如图 2-2 所示。

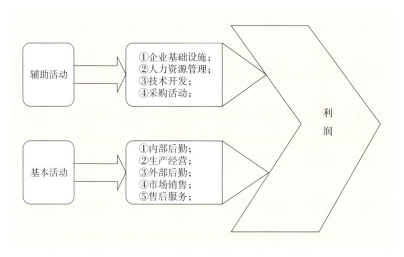

图 2-2　企业价值链

对于建筑企业来说，其价值链的基本活动和辅助活动与生产企业有所不同，构建时要落实建筑企业的战略思想，充分考虑建筑业的增值活动内容要与企业经营目标相匹配，与项目管理的内容相匹配,如图 2-3 所示。

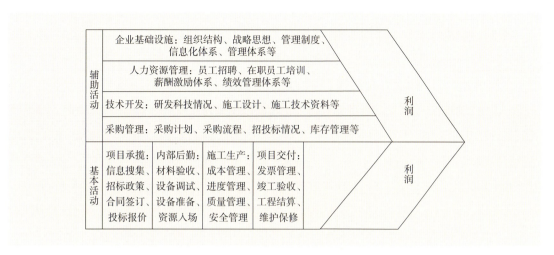

图 2-3　建筑企业价值链

由图 2-2 可以看出整个价值链分为基本活动和辅助活动,是企业经营的基础和骨架,代表了企业内部的管理活动、经济活动和组织活动。即从施工前、施工中和施工后的各个流程以及企业内部基础设施建设、人力资源管理、技术开发和采购管理等。当供应链各个流程和部门努力实现成本控制时,才能取得实现企业利润最大化的目标。同时我们不难发现,建筑企业要想实现利润最大化的目标,要对企业价值链中的关键环节进行把控,以项目承揽到维护保修等基本生产活动和人力资源管理、采购等辅助性生产活动作为重点抓手,来实现提升企业业务数量、质量、效益的目标。建筑施工企业对于价值链的应用不容小觑,其经营之道即经营格局的构建必须做好以下几项工作:首先要把握好建筑企业基本活动,加强对各个流程的控制,不断进行调整;其次要根据建筑企业辅助活动的特点,强化各个部门的智能,不断进行优化;最后是要制定好建筑企业目标成本,形成一套完整的体系。

2.2　企业经营之度势

面对日益激烈的市场竞争环境,建筑企业要想在经营过程中脱颖而出,不仅要有对自身宗旨、目标以及原则的要求,更要对自身经营环境有一个深刻的认识。企业要想做好经营工作,既要洞悉宏观环境,更要清楚企业自身的行业环境。在本节中针对建筑企业的外部宏观环境以及内部行业环境进行分析,以供应链以及价值链为依据,对建筑企业的经营之势进行剖析和解读,以通过经营活动的价值创造来提高建筑企业经营的效率。

2.2.1 企业经营宏观环境分析

政策法律环境是任何一个企业生存与发展的前提和基础。近年来，国家不断推出一系列规范和促进建筑企业发展的政策法规，例如推进智能建造、资质审批权下放试点、施行工程总承包、"两新一重"建设等。2020年11月3日颁布的《中共中央关于制定国民经济和社会发展第十四个五年规划和二〇三五远景目标的建议》勾画出了构建新发展格局的"施工图"：畅通国内大循环、促进国内国际双循环、全面促进消费和拓展投资空间。在宏观经济政策、基础设施建设、房地产调控、新型城镇化、绿色发展等方面作出了新的战略部署，必将对未来的建筑业发展产生深远的影响。绿色节约、降本增效、智慧建造等新型建造理念，依旧是行业转型发展的必然选择。装配式、建筑信息模型（BIM）、智能建造等新型建造方式必然成为"十四五"时期建筑领域的行业热词，这必将对建筑企业进行中长期规划和创建近期经营格局有着深远影响。

（1）智能建造与建筑工业化协同发展是大势所趋

2021年2月9日，住房和城乡建设部发文同意上海市、重庆、广东三地的7个项目开展智能建造试点工作。此前，住房和城乡建设部、国家发改委、工业和信息化部等13个部门印发《关于推动智能建造与建筑工业化协同发展的指导意见》，意见要求：到2035年，我国智能建造与建筑工业化协同发展取得显著进展，企业创新能力大幅提升，产业整体优势明显增强，"中国建造"核心竞争力世界领先，建筑工业化全面实现，迈入智能建造世界强国行列。

这一系列法律法规有利于建筑企业提高发展质量，推动数字化、智能化升级，有利于创新突破相关科技，加大智能建造在工程建设各环节应用，提升工程质量安全、效益和品质，最终探索出一套可复制、可推广的智能建造发展模式和实施经验。

（2）建筑企业跨地区承揽业务对公司治理提出新的要求

2021年1月26日，住房和城乡建设部发布《住房和城乡建设部办公厅关于开展建筑企业跨地区承揽业务要求设立分（子）公司问题治理工作的通知》（建办市函〔2021〕36号），决定开展"建筑企业跨地区承揽业务要求设立分（子）公司"问题治理。

这一通知使得各地不得要求或变相要求建筑企业跨地区承揽业务在当地设立分（子）公司，对于存在相关问题的，应立即整改。也在一定程度上严肃查处违规设置建筑市场壁垒、限制和排斥建筑企业跨省承揽业务的行为，保障了建筑企业合法权益。

（3）资质管理制度不断优化

2020年11月11日，国务院常务会议审议通过《建设工程企业资质管理制度改革方案》（以下简称《方案》），2020年12月2日，住房和城乡建设部官网正式公布该方案，将企业资质审批条件进一步大幅精简，工程勘察、设计、施工、监理企业资质类别和等级由593项减至245项。《方案》明确要完善工程招投标制度，引导建设单位合理选择企业。制度的完善将优化调整工程项目招标条件设置，不以资质作为重要标准，引导建设单位更多从企业实力、技术力量、管理经验等方面进行综合考察，自主选择符合工程建设要求的企业，暗示着资质将进一步弱化。

建筑业作为我国经济的重要支柱产业，关系到国民经济的健康发展及人民的生产生活。通过资质管理对建筑市场起到规范和督促作用，但在具体实践过程中，很多企业却不知如何做好现有资质管理体系下企业资质的建设。并且，现有资质管理体系存在一些不足和矛盾，尤其近几年建筑市场活跃，建筑企业增多，这种不足和矛盾就显得尤为突出。此次国家发布的关于建设工程企业资质管理制度改革的指导意见，除了体现国家简化行政审批制度，提高效率，便民服务；同时还加强明确责任与义务，加大追责力度。也体现了政府部门为充分发挥市场配置资源的决定性作用，进一步简政放权，促进建筑业发展的决心。

（4）建筑业转型对培育新时代建筑产业工人队伍提出新要求

2020年12月18日，住房和城乡建设部等12个部门联合发布《关于加快培育新时代建筑产业工人队伍的指导意见》。工作目标为：到2025年，符合建筑行业特点的用工方式基本建立，建筑工人实现公司化、专业化管理，建筑工人权益保障机制基本完善；建筑工人终身职业技能培训、考核评价体系基本健全，中级工以上建筑工人达1000万人以上。到2035年，建筑工人就业高效、流动有序，职业技能培训、考核评价体系完善，建筑工人权益得到有效保障。

现阶段建筑工人素质和技能水平普遍偏低，影响到了建筑行业的健康发展，而建筑工人职业化是建筑业发展的重要组成部分，对提高工程施工效率，满足安全和质量控制标准，有效控制工程投资成本都起着很重要的作用。培育出具有新时代意义的建筑工人队伍，有利于建筑企业更快地进行转型升级。

（5）重点支持"两新一重"建设

"两新一重"是国务院总理李克强在2020年国务院政府工作报告中提出的。目前，政府已出台针对性政策重点支持"两新一重"建设，在重大工程建设提速推进的同时，新基建、新型城镇化也开启新的内需空间，各地相关投资项目也在紧锣密鼓地落地。新基建涵盖5G基站建设、城际高速铁路和城市轨道交通等领域，兼顾了稳增长和促创新的双重任务。但从经济社会发展的全局来看，短期内新基建还不能从规模上取代传统基建，因此，交通、水利等重大工程建设必然与"两新"一起为中国经济社会发展积蓄巨大的发展潜能，也为建筑企业寻找新的项目类型提供了理论依据。

2.2.2　企业经营行业环境分析

我国建筑施工企业虽然取得了令人瞩目的成绩，一大批高、难、精项目彰显出我国建筑施工的总体实力。但不可否认，从企业层次来看，我国建筑施工企业还存在一些不容回避的问题。

（1）资金运作和融资能力缺乏

无论是从企业承接项目，还是从企业发展来讲，资金运作和融资能力都是建筑企业成功经营的关键因素。就某个项目来说，建筑企业项目承接后往往需要投入巨大的流动资金，资金实力和融资能力是制约企业做大的一个重要瓶颈。就企业发展来说，如果没有很强的资金实力和融资能力,将很难承接到一些对资金和融资能力很高、竞争相对不是很激烈、收益比较大的"技术型、融资型"项目,企业将只能在低盈利项目上和大量的竞争对手拼搏,很难谈得上"成功经营"。

(2)上下游企业缺乏联动性

供应链上的企业缺少合作意识和长远观念。建筑企业在和上游供应商合作过程中,只有材料报价低,企业采购成本才会低,企业的盈余资本才会增多。但是上游供应商降低材料价格就意味着其自身利润的压缩,下游业主和承包商也会出现同样的问题。无论是上游还是下游,都没有从整个供应链角度考虑,都只关注自身利益,缺少相互的信息沟通,无法更有利地创造企业价值,导致上下游企业及建筑企业本身负担的成本过高,影响企业的可持续发展。

(3)成本管理认知不足

当前建筑企业疏于抓管理是普遍存在的问题。企业员工成本意识不强,缺乏精细化管理理念的认知,势必会影响企业成本管理效率。在实际工作中,施工、技术和材料等人员由于缺乏成本管理的知识,只关心专业技术工作,而忽略成本方面的管理,导致建筑施工管理过程较为粗放,成本控制不准确。表面上看来分工明确,实际会导致成本管理缺失,使直接成本控制人员忽视企业成本效益,降低企业的经济效益。

(4)成本控制方法缺乏科学性

建筑企业内部目前仍采用传统的成本控制模式,没有科学的沟通渠道,导致工程在施工过程中出现成本信息传达和执行不畅通等状况,使得成本控制者无法及时获取有效的信息。由于管理制度缺失,导致企业经济效益降低,不利于企业的经营。多数建筑企业的成本控制方法未能理论结合实际,致使工程进度受阻;由于材料价格上涨及窝工现象,致使成本成倍增加。比如在工程前期的招投标阶段,没有合理科学的审核体系,导致招投标工作没有达到预期效果,对企业的经济利益造成了一些影响。

(5)人力资源管理模式具有不适应性

在人力资源管理方面,建筑施工企业内部组织间责权利划分不清,缺乏项目管理人才,人才流动频繁,人才结构单一,人才使用效率低是当前行业企业普遍存在的问题。把现有的人力资源利用好的同时,更要关注人力资源的更新。未来人力资源更大的挑战是人力资源的结构性短缺,新的业务和新的业务模式,需要新的人才,人才结构性短缺是未来人力资源匮乏问题的难点。因此公司应该对人力资源管理战略进行升级,不但要满足现有因战略管理变革带来的需求,还要面向未来,未雨绸缪。

毋庸讳言,上述种种问题,在一定程度上制约了我国建筑施工企业的发展,并造成了许多企业的生存困境。能够有效地规避和解决这些问题,体现着企业的自我认知、自我发展能力。我们发现,大多建筑企业已经意识到了这些问题,并在下一步的工作中进行了矫正,尽管并非一一对应,但显然涵盖了问题的大部分。透过这些分析研究,我们显然可以看到一个愈加规范的、愈加成熟的行业环境。

2.2.3 建筑企业的供应链分析

无论是面对宏观环境还是行业内的经营环境，都给了我们同样的启示，建筑企业要"随机应变"重新审视自我能力，挑战中产生新动力，创新中产生新能力，机遇中产生新布局。对于建筑企业来讲，供应链是其赖以生存的生态环境，基于供应链的发展模式有两种趋势，这两种趋势可分为纵向一体化和横向一体化。纵向一体化是指企业内部业务的不断拓展，将原来供应链上的业务逐步内部化，从而以集成方式减少交易费用，降低成本，优化资源配置的管理模式。而横向一体化是指在注重企业内部资源优化的同时，注重企业间系统的优化、供应链关系、供应链伙伴的协作，最终以企业联盟的方式实现市场总体交易费用和产品成本的降低，优化资源在市场中不同企业间配置的管理模式。

（1）纵向集成的总承包模式

由于建筑业主对"交钥匙"或"一站式"服务的需求，建筑施工承包企业沿建筑业产业链纵向延伸，将项目可行性研究、融资、设计、施工、运营、维护等业务单元囊括在本企业的经营范围，形成建筑供应链的企业内部化管理模式。总承包模式减少了企业间的交易费用，实现资源的集中配置、统一管理等，从而大大增强了建筑施工企业的抗风险能力和市场竞争力。由2.1.2节阐述的建筑企业经营目标中可知，纵向集成模式是国内大型建筑企业创新发展、业务扩展的主流模式，其特点是处于供应链中部的建筑企业其业务分别是向供应链前端和后端扩展和延伸。按照这样的趋势建筑企业可以选择的经营模式主要有：侧重于项目管理的设计—采购—施工（EPC），设计—施工（D-B），设计—采购—施工—管理（EPCM），设计—采购—施工+融资（EPC+F），投—建—营一体化等。这也足以说明EPC为基础的"EPC+"发展模式将是建筑创建企业经营格局的战略选择。

（2）横向集成的建筑供应链动态联盟模式

建筑市场的完善和竞争的有序，必然促使产业供应链上的企业，以合作和协同的方式应对建筑业主的需要，以共同提高业主满意度为目标，将经营业务不同的供应链节点企业紧密地组成动态的网链，网链上的企业以动态联盟的方式应对市场的变化和竞争。而且，信息技术和网络技术的不断发展，使得动态联盟的资源特别是信息的共享成为可能。供应链动态联盟模式因为强调合作、避免冲突、资源共享、伙伴关系等降低了建筑产品的成本、改善了建筑市场主体关系、降低了建筑市场的信用风险、优化了资源配置。由于建筑施工企业快速发展，供应链动态联盟模式在建筑施工企业的应用已经显现。在这种经营模式下，以建设总承包商身份出场的建筑施工企业显然起着"龙头"作用，影响整个建设项目生态圈的兴衰。

2.2.4 建筑企业的价值链分析

企业经营的经济目标就是"降耗增效"，即一方面控制企业的经营成本，一方面开展增值活动,以实现企业利润最大化。而对施工企业价值链进行分析,就是基于施工企业各个环节的增值活动,对各个增值活动及其增值关系进行科学、客观的分析,以实现有效管理和优化各个价值活动。通过图 2-3 可以了解到,建筑施工企业价值链活动包括辅助活动和基本活动。其中辅助活动包括采购管理、技术开发、人力资源管理和企业基础设施;基本活动按照项目管理的一般步骤分为项目承揽、内部后勤、施工生产和项目交付四个不同的阶段。

1）建筑企业价值链基本活动

由图 2-3 可以看出,建筑企业的基本活动主要包括项目承揽、内部后勤、施工生产和项目交付四个部分。下文对各部分内容进行分项分析。

（1）项目承揽

项目承揽是指建筑施工单位通过市场信息搜集对项目情况和竞争对手情况进行了解,并且组织内部人员进行投标参与。如果投标中标,则双方签订承包合同。项目承揽直接关系到施工企业后期的经营和管理,是企业可持续经营的基础。所以,在项目承揽阶段,标书的科学及合理编制尤为重要。

（2）内部后勤

内部后勤是指建筑企业正常经营的基本保障,只有做好后勤工作,企业才能在规定期限内保质量、保安全地完成工程建设任务。建设工程项目施工场地的不确定性和项目的一次性造成企业的生产要素波动较大,所以在进行内部后勤管控时往往将该活动与辅助活动中的采购活动联系在一起。通过对建设施工单位内部资源的管控和调配,降低企业施工成本。

（3）施工生产

施工生产环节是建筑企业价值增值的关键环节,也是成本发生的重点环节。这一环节的成本包括工期成本、质量成本和作业成本。作业成本又包括人工成本、材料成本、机械成本、管理成本等。在施工生产环节,建筑施工企业可以通过技术与工艺的方法来提高企业内部资源利用率,降低成本支出并提高盈利能力。

（4）项目交付

建筑企业在项目完工之后,还要依据项目合同进行产品交付工作。项目交付阶段的活动主要包括竣工验收活动和交付活动两个部分。项目交付后企业还要做好后期的服务工作,这有利于提高客户的满意度,为企业带来良好的行业声誉。

2）价值链辅助活动

建筑企业的辅助活动主要包括企业基础设施、人力资源管理、技术开发和采购管理。

（1）企业基础设施

建筑企业在制定发展战略和发展规划时要综合考虑企业的内外部活动,做好资源和信息的有效整合,为企业价值链成本控制提供支持。建筑企业的基础设施主要包括企业的组织结构、战略思想、管理制度、信息化体系、管理体系等。

（2）人力资源管理

人力资源管理是企业管理的重点。对建筑企业来说，在具体的项目管理过程中，要结合项目特点做好人员的招聘、培训、考核和激励等工作，降低人员冗余，提高人员工作效率，降低施工成本并提高企业盈利能力。

（3）技术开发

建筑企业的技术开发工作主要有市场分析和新产品设计、新工艺新材料的应用、新型管理模式应用等。技术开发工作在建筑施工企业的内部价值链管控中具有重要的地位，也直接影响着企业的市场竞争力和综合实力。先进的技术水平和工艺流程有利于提高企业的工程质量，有利于降低企业施工成本。

（4）采购管理

建筑企业的采购工作比较复杂，包括办公产品采购、机械设备采购和建筑材料采购等。建筑企业可以根据自身实际情况和市场环境，合理选择采购方式，通过加强采购管理，降低库存量，逐步提高库存周转率，从而达到降低施工成本的目的。

由建筑企业价值链可以看出，建筑企业要想实现盈利水平最大化，必须"降耗增效"，要针对项目全生命周期的每一项增值活动进行战略性布局，一方面靠规范制度约束成本而"降耗"，另一方面靠管理创新提升利润而"增效"。围绕价值链进行经营活动内容的规划和开展是建筑企业在制定战略时就必须考虑和强调的事情。

2.3 企业经营之谋定

智者因势而谋，顺势而为。作为建筑工业化"先行者"，谋定而行既是责任，也是使命，建筑企业要想做好企业经营活动，不仅要顺应时代发展的新形势，更要做好谋划工作。本节对建筑企业的谋定有以下几点建议：

①建筑企业在发展过程中不断顺应新形势，对经营模式进行更新，发挥出建筑企业总承包业务模式的最大优势，努力实现建筑企业工程总承包方式转变。

②建筑企业应把握好供应链的上下游关系，对供应链上各个节点进行把握，推进建筑企业协同治理。

③根据建筑企业价值链打好企业经营谋定之开局，其实施过程要充分体现经营管理创新的思想原则，在企业经营的基本理论指导下，根据本书2.2节的分析结果，企业的经营布局要从经营模式变革入手，在EPC模式下来以供应链为基础整合企业生产要，以价值链为指导布

局企业活动,以实现建筑企业承担社会责任、利润最大化的目标。企业经营的理念和思路的转变,不仅是变革,更是变局;不仅是追赶,更是超越。

2.3.1 建筑企业经营模式变革之选择

随着我国建筑行业的快速发展,建筑企业的利润率却一直在低水平,我国的建筑产业制度暴露出的问题越来越明显,现在国家非常重视建筑的转型,企业应当考虑如何抓住这一机遇,在今后的发展中处于优势地位。对此建筑企业应根据企业的宏观环境和行业环境等形势分析,对企业在经营过程中的经营模式进行明确,以便平稳顺利地进行转型升级。

本书 2.2 节中对建筑企业供应链进行了构建和分析,根据建筑企业在供应链中所处的位置,其经营模式的变革必然是从扩展和延伸前端和后端业务入手,与前、后端业务对接或者是融合。随着建设市场推行 EPC 总承包模式的不断深入,建筑企业的经营管理模式必须适应市场既有的生产关系,让企业生产力适应生产关系的变化,来选择以 EPC 总承包模式下的各种变革形式。EPC 经营模式前提下的主要形式有:EPC、D-B、EPCM、EPC+F 等。在市场上根据建设项目招标要求,无论选择上述那种形式,都意味着对以施工为主的建筑企业提出更高更新的要求,建筑施工企业必须积极应对,才能在建设市场上占领一席之地。在这种生产力和生产关系的调节过程中,建筑企业的格局必须主动适应形势,适时调整,对原有的经营模式进行变革。为顺利实施经营模式变革,做好企业资源和能力准备,及时调整企业的人员结构和资金结构,及时应对各种政策环境并克服自身经营能力的不足,提前谋定实施方案,企业才能在激烈的竞争形势中立于不败之地,才能根据投资方或业主方的招标要求,用实力来承接不同类型的项目。表 2-1 描述的是建筑企业在 EPC、D-B、EPCM、EPC+F 四种建设模式下,根据项目业务构成和管理特点的经营战略选择和谋定过程。

建筑企业经营战略的选择 表 2-1

建设管理模式	业务构成	管理特点	经营战略谋定
EPC	设计—采购—施工	总承包商负总责,部分业务采取专业分包方式	打造建设项目集成商
D+B	设计—施工	集设计与施工方式于一体,由一个实体按照一份总承包合同承担全部的设计和施工任务	集设计商、采购商、建造商为一体的建筑企业
EPCM	设计—采购—施工—管理	对承担项目的建筑企业的总包能力、综合能力,以及技术和管理水平的要求都相对较高,要求建筑企业在项目管理、技术创新、信息化建设上要有能够与国际接轨的能力和水平	有把控工程项目全过程管理能力的、具有现代化手段支撑的工程技术和项目管理创新型企业
EPC+F	设计—采购—施工、融资	具备 EPC 模式的基本特征,又在此基础上衍生出了融资功能,主要适用于由政府投资的基础设施和公共服务领域	具有融资、设计、采购、施工的全环节竞争优势的国际国内一流的 EPC 承包商

由表 2-1 我们可以看到建筑企业经营战略的变化和承担的项目责任的变化。需要强调的有以下几点。

（1）EPC 模式

EPC 模式是我国目前推行总承包模式最主要的一种。工程总承包企业需按照合同约定，承担工程项目的设计、采购、施工、试运行服务等工作，并对承包工程的质量、安全、工期、造价全面负责。交钥匙总承包是设计采购施工总承包业务和责任的延伸，最终是向业主提交一个满足使用功能、具备使用条件的工程项目。

选择特点：EPC 总承包人对建设工程的"设计、采购、施工"整个过程负总责、对建设工程的质量及建设工程的所有专业分包人履约行为负总责，是 EPC 总承包项目的第一责任人。这不意味着总承包商必须亲自完成整个建设工程项目，除法律明确规定应当由总承包商必须完成的工作外，其余工作总承包商则可以采取专业分包的方式进行。选择该模式经营的建筑企业，其经营战略谋定是要打造"建设项目集成商"。

（2）D+B 模式

该模式是工程总承包企业要按照合同约定承担工程项目的设计和施工，并对承包工程的质量、安全、工期、造价全面负责。这里的 D+B 模式包含 EPC（Engineering，Procurement，Construction）总承包模式。通常在总价合同条件下，对所承包工程的质量、安全、费用和进度负责。与单纯的 EPC 模式相比，D+B 模式所包含 EPC 中的 E（Engineering）不仅包括具体的设计工作，而且可能包括整个建设工程内容的总体策划以及整个建设工程实施组织管理的策划和具体工作；P（Procurement）也不是一般意义上的建筑设备材料采购，而更多的是指专业设备、材料的采购；C（Construction）应译为"建设"，其内容包括施工、安装、试车、技术培训等。

选择特点：集设计、施工方式于一体，由一个实体按照一份总承包合同承担全部的设计和施工任务。选择该模式经营的建筑企业，其经营战略谋定是要打造"集设计商、采购商、建造商为一体的建筑企业"。

（3）EPCM 模式

EPCM 模式是国际建筑市场较为通行的项目交付与管理模式之一，也是我国目前推行总承包模式的一种。EPCM 承包商是通过业主委托或招标而确定的，承包商全权负责设计和采购，并负责施工阶段的管理。在 EPCM 模式下，业主提出投资的意图和要求后，把项目的可行性研究、勘察、设计、材料、设备采购以及全部工程的施工，都交给所选中的一家管理公司（EPCM 管理方）负责实施。由 EPCM 管理方根据业主的要求，为业主选择、推荐最适合的分包商来协助完成项目，但其本身与分包商之间不存在合同关系，也无须承担合同与财政风险，获利较为稳定。但因 EPCM 管理方在项目过程中很多时候是"代业主"承担管理责任，其"声誉"尤为重要。出色的 EPCM 管理方一定会尽全力使分包商的工作准确到位，并采用一切有效的方法、优化的人员配置确保设计与施工要求，甚至超出业主的期望。

选择特点：该模式不是工程总承包的 EPC+M，而是设计—采购+施工及施工管理（EP+CM），有人称之为"项目管理总承包商"。这种模式下，对承担项目的建筑企业的总包能力、综合能力，以及技术和管理水平的要求都相对较高，要求建筑企业在项目管理、技术创新、信息化建设上要有能够与国际接轨的能力和水平。选择该模式经营的建筑企业，其经营战略谋定是要打造"有把控工程项目全过程管理能力的、具有现代化手段支撑的工程技术和项目管理创新型企业"。

（4）EPC+F 模式

该模式是承包商负责项目融资。即工程承包方为业主解决部分项目融资款，或是协助业主获取中国甚至国际融资以启动项目。该模式是未来工程发展的一个极其重要的方向。与传统的 PPP 模式相比，EPC+F 模式操作比较简单，更能满足地方政府和施工方对实施效率及短期业绩的要求。特别是在地方政府财权事权不匹配的情况下，EPC+F 模式能较好地协助地方政府筹资融资。该模式整合项目融资与承包环节，在协助业主解决资金来源的同时，充分发挥大型建筑企业在融资、设计、采购、施工的全环节竞争优势，推进了企业规模的扩张和效益的增长。值得注意的是，国际工程领域的 EPC+F 项目承包商只提供融资支持服务，融资责任仍由业主承担，业主通过申请主权担保，与金融机构签订买方信贷协议。在 EPC+F 模式下，除政府方外，一般涉及三大主体：地方国企、EPC 承包商和合资公司。地方国企即前文所述的项目建设单位，EPC 承包商则是通过招标程序取得特定项目承包权的经济实体。至于合资公司，通常由地方国企与 EPC 承包商（或其关联单位）合资设立，其功能在于打通特定融资渠道，并赋予 EPC 承包商相应的工程款结算保障。融资渠道因融资主体而异。对于 EPC+F 模式而言，政府方和地方国企通常需要借重 EPC 承包商的资金实力及融资能力，同时不能违反建筑法对于 EPC 合同的工程款结算要求。为此，EPC 承包商（或其关联单位）需要通过与地方国企共同设立合资公司，以双方共同注入资本金的方式部分解决特定项目的 EPC 合同工程款支付难题及 EPC 承包商的合理关切。至于项目的其他资金需求，则需要通过其他融资渠道加以解决。

选择特点：EPC+F 模式既具备 EPC 模式的基本特征，又在此基础上衍生出了"融资"功能，主要适用于由政府投资的基础设施和公共服务领域。通常是指公共设施项目的项目业主通过招标等方式选定承包商，由该承包商直接或间接筹措项目所需建设资金，以及承揽工程总承包相关工作，待项目建设完成后移交给项目业主，并由项目业主按合同约定标准向承包商支付费用的融资建设模式。在这种模式下，EPC 总承包商要正视地方债管控政策环境，除履行对政府投资项目的出资义务之外，对政府方避免触碰地方债管控红线给出的资金支持方式要表示理解和认可，并且 EPC 承包商（或其关联单位）和地方国企还需要提供不同程度的增信支持。选择该模式经营的建筑企业，其经营战略谋定是要打造"具有融资、设计、采购、施工的全环节竞争优势的国际国内一流的 EPC 承包商"。

由表 2-1 中的四种建设管理模式还可以看出，其特征都是以 EPC 总承包模式为核心的业务和服务的延伸。EPC 总承包模式的出现，打破了我国传统工程建设领域普遍实行设计、采购、施工分别招标，由不同单位承担实施的组织方式。这种项目经营模式变革对治理责任主体不明确，解决工程项目成本、工期、质量难以控制的问题大有益处。EPC 总承包模式通过总承包商对整个工程项目进行整体构思，全面计划、协调运行，实施前后衔接的系统化管理，有效解决了上述问题。因此，目前建筑施工企业的项目经营模式，在技术与市场因素的双重因素驱动下，正向工程总承包方式转变。作为承担 EPC 总承包的建筑企业来说，无论建筑企业最终谋定的经营战略是何种选择，都要为适应这一变革部署相应的经营管理工作，具体有：

做好项目全生命周期的服务能力、技术准备和资源准备。包括项目管理（M）、设计（E）、采购（P）、施工（C）、运营（T）、融资（F）等。

建立以供应链上主体为战略联盟的企业生态。主要目的是在经营模式变革初期，技术和资源不足的情况下，即使存在某些环节自己不能完成的任务，可以依靠生态圈中稳定的、可信赖战略伙伴来完成相关工作。

人才培养和技术创新管理要常态化。EPC 建筑企业是建设项目的牵头主体也是技术集成商，必须具备高效的管理能力，实现对知识和技术的集成和加工。所以提升建筑企业经营水平必须注重创新人才、技术人才、管理人才的挖掘和培养，形成一系列常态化的人力资源、技术创新、知识管理等制度（详见第 3 章和第 4 章）。

抢占新型项目类型的制高点，比如：新基建项目、海外项目、乡村振兴项目。

要建立完善、有效的财务内部控制体系，具备投融资能力。随着 PPP 项目在国内普遍开展，建筑企业的融资能力是其争取工程项目的竞争力组成部分之一。很多建筑企业的融资能力主要表现在：协助业主争取政府、银行和其他金融机构融资的能力；单独或联合投资商组成项目公司，承担 PPP 类项目的能力；为所承担工程项目提供流动资金的能力等。这些能力的实现都与建筑企业的资金管理能力，即财务管理能力有关。所以创新财务管理工具，建立智慧财务系统成为企业经营谋定的重要工作之一（详见第 6 章）。

创新项目管理手段，向管理要效益、要竞争力：一是强化党委领导下的项目总工和项目经理责任制管理手段（详见第 4 章和第 7 章）；二是建设智慧工地，保质量、促进度、控成本，监安全（详见第 3 章）。

2.3.2 供应链视角下建筑企业经营模式之敲定

成功的供应链管理需要改变以前只对单个过程管理的模式，需要对一系列整合的过程进行管理，也就是一个协同的过程。企业协同合作可以实现成本共担，利益共享的合作局面，共享经济系统中的人、财、物、信息等资源，并为共同目标而协调运作并对其进行协同开发利用。

然而，众多经济主体不断进入建筑市场，在导致行业竞争加剧的同时，也使得依赖人、财、物等资源运营的建筑企业更需要通过供应链协同来实现资源的高效利用及至价值的最优实现。

在本书 2.2.3 节的内容中，对建筑企业的供应链进行了纵向集成分析和横向集成分析。由分析结果我们不难看出，选择纵向集成发展模式的 EPC 总承包商（建筑企业），要自身具备开展供应链各业务的资源和能力，主要是企业内部资源的集成，这样的企业经营格局可谋定为"业务扩张型的建筑企业"，EPC+ 的经营模式将是其创建企业经营格局的战略选择，其形式可以根据业主的需求去选择；而对于资源和能力相对较弱的企业，则可以选择横向集成的发展模式，联合供应链上的业务主体，通过形成彼此信任的企业联盟来稳固和强化企业间的协同关系，其企业经营格局可谋定为"业务协调型的建筑企业"。这种横向联合模式下的 EPC 总承包商（建筑企业），必须具有整合、集成全供应链资源的能力，通过供应链上各个节点企业的管理者使用统一的标准，并有效开展合作实现共赢。对于选择横向集成模式的建筑企业，涉及以下五大业务过程，在供应链当中处于承上启下的角色。

（1）工程项目投标管理

工程投标管理过程提供了如何全面了解业主、竞争对手及投标项目的有关信息、资料的方法。通过这个步骤，管理者能了解业主的实力与资信、项目的获批情况、资金和主要设备的落实情况、竞争对手的管理水平及施工实力，以及招标文件的各项资料。目的是通过对这些信息资料的分析、处理和评估，合理地制定投标策略，提高中标率及有效规避风险。

（2）业主服务管理

业主服务管理表示企业对业主的态度。业主服务包括定期向业主通报工程项目的设计、采购、质量、工期、造价及业主所关心的各种问题，为他们提供想了解的各种实时信息，与业主建立起坦诚合作的良好关系，在财务上获得业主持续支持。

（3）施工流程管理

施工流程管理包括与以下生产活动有关的行为：工程前期准备，材料的采购、运输与储存，按专业组织和协调施工，管理和控制工程质量，并取得设计单位和业主的认可。这个过程的目的就是在保证工程质量和工期的前提下，以尽可能低的总成本完成工程建设并缩短工期。

（4）供应商、分包商关系管理

供应商、分包商关系管理过程是如何选择合适的供应商、分包商，彼此有各自可利用的核心竞争优势，以及建立对矛盾与冲突及时协调的机制。核心企业在工程项目开始初期就与供应商、分包商间协调一致。其目的是与供应商、分包商建立和维持长期伙伴关系，大幅度降低采购成本和建造成本，提高工程质量、缩短施工周期。

（5）工程维护管理

工程维护管理过程是工程竣工后在保质期内向业主提供的工程运行技术、维护方法和维修服务。其目的是提供优质服务、维护业主权益、提高建筑企业的信誉和获得市场的认同。

建筑施工企业与供应商、分包商、业主等为了最终用户的需求而协同运作，形成利益共享、风险共担的战略合作联盟，各主体通过共享资源，以期实现供应链利益最大化，达到企业间的高度信任和供应链的高度协同。建筑施工企业供应链协同，是指为了打造供应链整体竞争力，业主、总承包商、供应商、分包商等供应链节点企业，彼此之间实现协同运作和互利共赢的各类活动。协同是为了获得更多的收益即协同收益，企业协同运作比独立运作能获得更大的竞争力及更高的利润。由于施工企业的相似性，建筑施工企业的供应协同，通过共享链上知识和技能等资源和业务行为，从而取得价值创造的高效化，获得协同效益。

2.3.3 价值链视角下建筑企业增值提效关键点之确定

从建筑施工企业价值链的主要结构，可以把价值链管理活动分为三个部分：一是企业的基本活动；二是企业的辅助活动；三是企业的目标成本。价值链上的活动，可视为企业经营活动中一系列的输入、转换与输出的活动序列集合，每个活动都有可能相对于最终的企业利润产生增值行为，从而增强企业的竞争地位。建筑企业主要围绕价值链的这三个部分展开提高运作质量，集成各种生产资源之活动，为建筑企业增值提效提供支持，使企业能够处于可持续发展、竞争优势明显的地位，以实现企业利润最大化的目标。这就要求在企业的价值活动中增进独特性，同时能够控制各种独特性驱动因素，控制价值链上有战略意义的关键环节。简单来说，就是通过管理创新，促进价值链所有活动产生强大而有效的成果。

1）基本活动的盈利关键点之确定

建筑企业价值链的基本活动，即建筑企业取得盈利必须进行的活动，包括项目承揽、内部后勤、施工生产和项目交付。其中项目承揽和施工生产是施工企业实现增值提效基本活动的重中之重，其理由：建筑企业是生产建筑产品的经济体，其生存取决于是否能够承揽建设项目，取得建筑产品的生产权和经营权，往往承接的建设项目越多，企业所占市场的份额就越大，证明企业具有强大的竞争能力和取得经济效益的能力；施工生产是对已经承接的项目进行建造和管理的过程，是成本发生和成本控制的重点环节，在这过程中建筑企业可以通过实施项目管理活动（详见第4章），进行质量、进度、成本、安全等控制，通过技术与工艺的方法来提高企业内部资源利用率，降低成本支出并提高盈利能力，达到增值提效的目的；建筑企业只有通过施工生产的高效运行、准时高质量完成建设产品，交付出高品质的建设成果，才能保证企业的信誉和品牌不断提升，形成可持续的市场竞争优势，从而实现企业价值的进一步提升。

2）辅助活动的增值关键点之确定

（1）企业基础设施

企业的基础设施是作为一些辅助职能支持基本活动进行运作的，做好辅助职能的管理可以更好地支持企业进行增值活动。该活动的关键点如下：

①重组企业组织架构。建立党委领导下的总工和项目经理责任制的项目管理组织结构，

走中国特色的项目管理道路（详见第4章和第7章）。

②构建良好的企业文化环境。提升建筑企业全体人员的理念和素质修养，为企业高水平经营提供意识形态的支撑（详见第8章）。

③明确企业发展战略及指导思想，企业应站位于国际国内形势发展来部署其经营战略的实施。

④完善企业的各种管理控制系统，特别是财务管理系统和项目管理系统，以利于降成本、增效益。

（2）人力资源管理

建筑企业的所有增值活动都是靠人来完成的，人员素质和企业形象紧密相连，对于一个以人为本的企业，其发展离不开员工的发展，企业要想进步，则必须依托于员工的进步。每个企业的人力资源管理是企业之本，是企业进行成本管理的一项重要工作。该活动的关键点是：制定一套完整的人才和员工管理体系，即从人员的选拔招聘，到对员工的技能考察评估，以及对员工技能的培训提升和员工的薪资制度；时刻把控企业内部人员的动向，用制度约束人的行为，向管理要效益。

（3）技术开发

新产品、新技术、新工艺的开发与推广，对于企业成本的管理至关重要。企业的发展就是在探索新工艺、新技术过程中进步的。良好的技术与工艺不但可以降低施工成本，更重要的是可促进企业的进步。应当把技术管理当作一项战略来抓，充分认识技术创新在企业增值环境中的重要地位，同时进行多方案经济分析和对比论证、优化施工方案等多方面工作来降低成本。该活动的关键点是：要"守正出奇"把握住施工企业基本活动的本分，开辟企业的持续创新之路，具体可以在智慧工地、项目管理信息化、装配式建筑、绿色施工等方面予以实施。

（4）采购管理

采购管理是建筑施工实施过程中举足轻重的重要增值活动，作为EPC总承包商的建筑企业采购活动更加艰巨，包括对分包商的招标采购、建筑材料的采购、机械设备的租赁和采购等。优质的采购活动，不仅要按照项目功能和质量标准做好招标采购工作，还要在实施过程中进行全方位的成本控制和质量监督。高质有效的采购对工程项目的总绩效产生直接或间接影响，控制采购成本有利于降低企业总成本，提高效益，增强企业的品牌影响力，此项活动有非常显著的增值提效作用，是企业经营格局中需要高度重视的环节。由于工程项目本身具有一次性的特点，机械与物资投入成本大、人员流动性比较强和统一调配难度大，采购活动需要想尽一切办法，在保证工程质量和项目功能的前提下，降低机械设备和物资的投入成本。该活动的关键点如下：

①制定科学缜密招标方案，把好质量关、采购源头关，做好采购的预算和预算审查。

②建立独立的招标采购委员会，杜绝个人决策。

③建立完善的评标专家队伍,以保证采购的公平、公正和准确,专家队伍对招标采购部门能形成制约、监督、指导的作用,从而防止以技术为借口的"暗箱操作"。

④公示中标单位并建立有效的监督、审查、举报渠道和方式。

3)建筑企业成本控制关键点之敲定

前面已经对建筑企业价值链上的基本活动、辅助活动的增值提效环节和具体关键活动进行了阐述。根据项目的全生命周期可见,施工企业获得利润的途径就是要在市场竞争中获取工程项目的建设权和施工权,并在建设施工中获取品牌和信誉,支撑其在市场上能够可持续发展并立于不败之地。建筑企业价值链管理的思路:一方面通过企业经营的基础活动取得获取利润的机会,通过盈利去创造企业价值;另一方面通过企业的辅助活动控制好成本,提升利润的空间去增效,这在项目实施过程中的表现形式为全生命周期的成本控制。由于建筑企业具有项目施工的一次性以及施工周期较长的特点。因此,企业运营的很大一部分成本发生在项目施工过程中,其中包括施工过程中的质量控制、进度控制、合同管理、成本控制、安全管理等。一般项目施工过程中,可能会因为质量不达标、拖延了进度或者没有按照合同规定进行施工等问题给后期的验收、保修带来不必要的成本花费。若企业在这个过程中严把质量、控制进度、严格按照合同进行施工,那么在整体的成本管理中将会收到很好的效果。很多企业忽略了项目竣工后的管理,项目竣工并不意味着项目的结束,竣工验收后对工程资料的整理、商业与技术资料的分析,以及保修服务体系的建设都是至关重要的。分析项目的商业与技术资料可以为以后的项目提供技术上的支持或者提供更加优化的施工方法,从而对企业控制成本提供新的思路和途径;此外,做好保修与服务体系的建设,则是建立了一个与客户进行良好沟通的平台,从而能更清楚地了解客户、更好地为客户服务、更有利于提高企业声誉。

从根本上来说,建筑企业的成本分为两个部分:一部分是管理类成本,另一部分是施工项目成本。但是管理类成本的发生是为了促使项目顺利完成和顺利竣工,企业最主要关注的成本控制环节还是施工项目成本。建筑企业的成本控制点和盈利点主要在项目管理上,因此建筑企业可以从项目管理的整个程序上进行成本控制。首先从组织施工人员与机械设备进场阶段,企业应当做好组织人员分配和安排,提供合理的排班顺序和计划;在采购环节进一步加强与供应商讨价还价的能力,构建内部物流体系。其次在设计技术交底、测量复测、临时工程建设等施工准备阶段,企业应当安排专业人员进行质量管理和成本控制,争取在保证前期准备完善,没有漏洞,为下一步正式施工环节打下良好的基础。另外,在正式施工图审核和施工图的现场核对、项目管理体系建立、施工方案编制、方案实施与现场管理环节,企业应当做好安全维护和机械设备检修工作,注重安全从来都是第一位的,并且这种安全维护可以在后期更好地降低维修成本、售后服务成本。最后在竣工校验、缺陷保修、项目交运后回访等一系列活动完成的过程中,还应当进一步节约人力、物力、财力,加强员工培训,提高员工个人素质和业务能力,有效防止交付工程的二次返工和投诉。

综上可知，建筑企业成本控制的关键点为：要实施以合同为依据至善履约行为，做好质量、安全、进度、成本四大控制，降低各环节不达标产生的资金损失，实现"降耗增效"。

总之，在经济高速发展的今天，要想提升经济效益，就要合理地使用科学的方法。建筑企业在工程的成本控制过程中，对成本进行合理分类，提高成本的使用效率，降低不必要的损失。加强成本控制，是建筑企业发展的重中之重。提高成本控制的科学性，完善相关法律体系，提升方法的可操作性，是企业实行成本控制的重要举措。同时，企业也要从价值链角度出发，在工程开展前各环节要做好成本核算工作，选择合适的施工方式，合理分配资源，加强预算、现场控制和动态控制三个成本控制方式的有机结合，保证工期的顺利进行。

2.4 企业经营之施策

作为国民经济发展支柱产业，建筑行业深入参与国家建设、全面见证改革开放伟大进程、有力推动市场经济体制成熟。要巩固国民经济支柱行业的地位，建筑企业在对企业经营进行谋定后，必须积极主动地去做出行动。本节对建筑企业的施策有以下几点建议：

①在了解了企业经营新模式后，要对企业进行转型升级，把握好企业经营方向。

②要改变建筑企业目前的行业状态就要基于供应链下建立协同机制，发挥好供应链各个节点的作用，保证企业经营有序进行。

③要想实现企业利润最大化，就要基于价值链视角下，掌握好价值链流程和部门中的成本控制，以达到企业的最终目标。

2.4.1 基于新模式下的转型升级策略

在新时期市场背景下，建筑施工企业面临着更加激烈的市场竞争。要想提升自身，就需要不断进行转型升级。在新的发展模式下，建筑企业应不断打破现有的认知，处理好企业现存的安逸现状，并对EPC模式进行更新和推广，最终对经营战术进行谋划，推动建筑企业更好地思考企业的发展战略问题。最后值得注意的是，建筑企业经营离不开资金的应用，在新模式下，企业更要注重资本经营，以确保在建筑领域的竞争优势，达到转型升级的目的。

1）不断打破企业认知，解决企业安逸现象

要解决企业安逸现状最根本的方法就是要解决顶层设计、认识偏差等方面的问题。

（1）解决好区域经营的顶层设计

在区域经营议题获得建筑企业业务关注之后，大多数建筑企业针对区域经营和跨区域经营制定并完善了一系列的管理办法；区域范围亦随之得到多次调整。区域经营的标准化和规范化情况逐步改善；然而，考虑到曾经有一段时间，一些建筑企业包括大型建筑国企普遍存在着本级、区域指挥部、工程公司三个层面角色不清，职责定位不明确，协调统一不顺畅、运转效率不高的情况，建筑企业应进一步解放思想，结合实践，立足实践不断总结完善区域经营的顶层设计。

（2）解决好认识上的偏差

区域经营不是要限制工程公司的发展，而是要逐步建立有管控、有协调的区域内部有限竞争机制，促进企业更好地发展。尽管工程公司的工作重心发生了变化，但是不管过去、现在，还是将来，工程公司的自我承揽能力都是企业经营工作中不可或缺的重要力量，对此，必须坚信不疑，坚定不移。

（3）解决好区域指挥部与工程公司承揽指标上的分歧

城市经营通常是区域承揽的重要补充，通过重点城市以点带面，强化工程公司的城市经营承揽职能对区域经营本身应该是有促进作用的，可以说区域指挥部和工程公司是相得益彰的。但在承揽指标考核时，有些任务完成不理想的区域与工程公司在城市经营承揽份额归属问题上有歧义，需要进一步进行厘清和规范。

（4）解决好工程公司资质的统一协调使用

企业在资质维护方面表现出了两个方面的问题：一方面，企业的各工程公司都争着使用企业本级的资质投标，造成自身资质再就位时过不了关或者降级，甚至有的工程公司由于业绩缺失，连一般的公路标都很难满足资审要求；另一方面，区域内有的工程公司深入跟踪的项目，却因为区域指挥部未能统一协调使用其他工程公司的资质，导致一些项目白白流失。因此，工程公司要站在大局的角度，自觉服从区域指挥部的统筹安排，努力增加自身资质的覆盖面。

（5）解决好组织架构的优化调整问题

①进一步加强省市经营部建设。人、财、物等经营资源要重点投入省市经营机构，避免区域指挥部机关化，省市经营部空心化、边缘化。有的区域指挥部对省市经营部指导少，帮助少，任其自生自灭；也有省市经营部很少向指挥部汇报和沟通交流，单打独斗，经营效果可想而知。

②要将业务能力和市场开拓能力确实强的经营人员充实在省市经营一线。就大多数建筑企业而言，各种业务能力皆突出的全面复合型人才仍较稀缺，普遍存在"偏科"的现象。个别省市常年没有实现突破，就是缺少开拓市场的"尖兵"，对难以进入的市场，往往束手无策，过多寄希望于上层介绍资源，缺乏应对困难挑战的勇气。为打破此局面，建筑企业应下决心解决区域人浮于事的现象，将个别业务能力不强又不懂专业的"南郭先生"从经营一线的位置上调离；转而致力于打造小而精的区域经营团队，一职多岗，一专多能。

2）加速推进 EPC 模式，解决 EPC 推行上的不足

（1）理顺模式衔接：推行符合规范、顺应国情实际的 EPC 模式

EPC 模式"引进来"需结合我国实际，实践 EPC 模式则必须妥善解决与传统模式之间的

衔接问题。EPC 模式同传统模式相比在适用范围、招投标方式、风险承担形式及项目管理方式等方面都有诸多不同。真正规范意义上的 EPC 模式推广，必然是一个循序渐进的过程，不会在短期内实现。对广大施工企业而言，做好设计与施工的深度融合，是当前确保 EPC 项目顺利实施的首选途径。如果承包商在项目初始阶段就可以参与设计环节，就能够把自身在建筑材料、施工方法、结构形式、价格和市场等方面的丰富知识和经验充分地融入设计之中，从而对工程项目的经济性产生积极影响。除此之外，在 EPC 项目管理方式上，还应当建立并完善适应 EPC 项目需求的管理体系，设置专营项目管理的组织机构，并配备专业的人才团队；在 EPC 项目风险承担形式上，业主则需要一改当初一味选取"最低价中标"的模式，将项目风险在业主和承包商之间做平衡分配，必要时承包商还需有为项目垫资及融资的能力。EPC 合同若采取"固定总价"，将有可能影响业主与承包商之间的风险平衡。

所以，EPC 合同的价格形式必须慎选"总价包干"。此外，一定要改变"最低价中标"的传统思维。对业主而言，"最低价中标"将直接影响项目建设品质；对承包商而言，"最低价中标"也直接影响其项目建设利润。对双方来讲，"最低价中标"从来都不是最佳方案。真正的最佳方案应该是"价责对筹"，即"承包商做工要得到支付，业主付款要物有所值"。在 EPC 项目的招投标方式上，需要注意的是传统模式下大量施工企业参与竞标与 EPC 模式下一般采取邀标形式的区别，虽然邀标能够提高合作效率，但缺乏竞争同样也会使工程造价在一定程度上被"提升"，甚至出现"围标"。

（2）加强人才培养：重点补足总承包商实践 EPC 模式的人才短板

对于国内建筑企业而言，EPC 模式无论是在项目设计、采购、施工的前期策划，还是在综合管理方面，都对配备专业人才团队有着更高的要求。从 C 到 EPC，尽快加强人才储备，打造一支适应 EPC 模式的管理团队至关重要。从一定意义上说，中外实践 EPC 模式最大的差距，就是人才的差距，国内实践 EPC 模式不理想，归根结底也是因为企业缺乏高素质的复合型人才。随着国家政策的扶持力度不断加大，市场上 EPC 项目数量与日俱增。但我国工程总承包的整体人才建设还比较落后，复合型人才严重缺失，人员结构还是以施工管理为主，以设计为龙头的复合型管理人员结构偏低。当前，工程领域的人才结构主要还是适应了传统模式发展的需求，既懂设计，又懂采购、施工，或者具有 EPC 项目全过程管理经验的复合型人才则少之又少。可以说，今后 EPC 承包商之间的竞争，很大程度上就是高素质人才队伍之间的竞争。因此，加大 EPC 项目管理人才的培养力度，积极提倡和大力推进项目经理的专业化、职业化刻不容缓。具体而言，必须重视设计人才队伍、项目管理人才队伍及施工管理人才队伍的建设。我们需要培养一批符合 EPC 项目管理所需的项目经理、设计经理、采购经理、施工经理、财务经理，以及合同管理方面的复合型人才。因为只有大量储备专业人才，才能为加速推进 EPC 模式提供充足的智力支持。当前，我们应为人才培养营造良好氛围环境，同时利用行业协会的教育培训功能，开展更多关于 EPC 模式的培训，培养更多专业人才，缓解企业 EPC

人才短缺压力。

（3）确定示范案例：为总承包商实践EPC模式树立良好标杆模板

目前，我国具备工程总承包能力的EPC型公司并不多，大多数设计单位与施工单位都仅具有设计或施工的单一资质。而在国外，美国有近一半的工程是采用EPC模式的。这些都表明国外EPC型公司数量远高于国内，国外的EPC实践案例较之于国内可谓比比皆是。实际上，从国内开始在房屋建筑和市政基础设施领域推行EPC模式以来，大多数建筑企业都面临着如何开展EPC项目的疑惑。即使在政策吹风、行业协会开展培训以及自身加强学习的情况下，大多数企业实践EPC模式仍然是摸着石头过河。因为国内EPC型公司数量非常少，既有案例也非常缺乏。对于建筑企业而言，推行EPC模式既是转型机遇，同时也需要面对商务风险、组织风险、进度风险、安全风险、合同风险及融资风险等全过程风险的挑战。所以，无论是设计单位、还是施工单位，无论是国内实践EPC、还是国外实践EPC，中国建筑企业都迫切需要从各类典型案例中总结经验，吸取教训，避免"入坑"。对于一些重要EPC试点项目，更要做到精准跟踪和及时总结，从中观摩学习，为更好实践EPC模式打基础、做准备。

（4）注重行业发声：呼吁强化法律支撑和细化政策引导

在企业经营的实践中，建筑企业不仅要脚踏实地，埋头做事；更要仰望星空，跳出单个企业的视野，立足行业谋求更好的企业发展环境。对此，建筑企业可应珍惜发声机会，重视发声途径并关注发声效果。

一方面，对于建筑企业而言，要积极促进政府尽快出台EPC模式正式、高效、统一的法律规范，并对EPC规范性管理文件、工程合同范本、招投标制度及市场准入资格等作出统筹安排；另一方面，考虑到工程总承包模式在我国的兴起相对较晚，市场发育尚不完善，行业规范不健全，没有形成相对成熟的运营管理体系，建筑企业应在恰当场合、合适机会下表达见解，寻求政策引导的细化，从而在税收、融资和人才培养等方面培育并改善EPC模式推行的市场基础。建筑企业处理好这些问题，对其实践EPC模式势必助益颇多。

3）不断谋划经营战术，提高企业经营水平

经营战术是探讨企业达到目标的思维和方法。企业内部要搭建好平台，在平台上部署合适的战术，让整个公司的经营、业务、决策紧密相连。再正确的战略规划都必须依靠与战略目标相一致的战术手段去完成，这种由战略目标决定的战术手段选择正确并且得到有效的实施，战略目标就有可能正确实现，否则，再正确的战略目标最后也会落空。企业经营离不开对日常生活的探索。但是如果仅仅局限于对日常生活的探索而不去建立具体的战术，进而付诸实践，那么这一切工作都没有得到完美落幕。在美国这样一个商业帝国，培养出最多商业精英的，不是哈佛商学院，而是西点军校。因为西点军校给新生的第一堂课就是对上级的命令，没有任何理由说"不"。正是这种没有任何理由说"不"的信条，锤炼了他们顽强的执行力和开拓力，为他们后来脱下军装投入商界，成为商业精英起到了重要的作用。经营工作就像打仗，很辛苦,也很光荣,只要坚持工匠精神,使出洪荒之力,撸起袖子加油干,以非凡的胆识和勇气、百折不挠的精神和锲而不舍的努力,全力开拓经营工作,就一定能确保经营目标的实现。说起来很简单,做起来却不容易。因为现场环境复杂多变,经营的战机稍纵即逝。因此,经营工作也要讲一点战术。

（1）对标先进,志存高远,锁定一个目标不动摇,实现规模、质量双提升

对于一个目标的实现,首先要有深刻的认识,进而表明对目标实现的决心,最后对目标完成进行实施,使其效果发挥最大效用。正所谓求"其上者得其中;求其中者得其下;求其下者无所得"。工程任务是企业安身立命的基础,保规模、保效益、保民生,首先要保订单、保经营。目前许多建筑国企将年经营承揽目标定位在1000亿元以上,因此,企业不仅要按习近平总书记的要求撸起袖子加油干,还要挽起裤管拼命干。必须始终坚持经营工作的龙头地位不放松,进一步加大经营工作的力度,各区域指挥部、工程公司、广大经营人员要统一思想,层层加压,把任务指标分解到各区域指挥部、各工程公司、各层级,把经营压力传递到具体人员、传递到经营一线。让各单位上至主管领导、分管领导,下至一线经营人员,都要切身感知经营压力,锁定目标全力以赴开展工作。天道酬勤、水滴石穿,以坚强的毅力和辛勤的付出,久久为功,厚积薄发,持续扩大经营规模,保持新签合同数量、质量处于先进水平,只有大家都提高了,企业的整体目标才会实现,否则只是空谈。

（2）立足国内,坚持一专多元,全力以赴确保经营规模稳步增长

国内建筑市场的效益性和社会性使得建筑企业,无论着眼于生存、强化,还是领先,都必须予以充分重视。建筑企业要立足国内,就要立足主业及传统基建市场,在新兴板块、非工程业务板块、PPP市场中抢占先机,一专多元,确保优势。

①立足主业,打好攻坚战。特别是建筑企业实施区域经营时,必须充分发挥企业、区域指挥部、在建项目三级联动、分层协作的功能,细化分解主业重点项目的跟踪计划,周密部署,打好主业主体市场攻坚战,加强主业经营,补强份额短板。

需要注意的是,随着城市化进程的加快,当前多个城市的轨道建设如火如荼,增速较快,机遇难得。因此,建筑企业要立足优势区域,推动城轨市场滚动发展,打造能持续不断发展的根据地,同时积极开发新建地铁市场,重点跟踪经济发达、规模大、投资多的二三线城市,抢滩登陆,拓展新市场,开辟新阵地。充分利用在建项目密切与地铁公司的关系,积极探索地铁+物业等新模式,扩大上盖物业、管片预制等专业份额,延伸产业链条。

②立足传统基建市场,充分发挥所具资质优势,持续巩固既有优势。建筑企业要围绕自身所拥有的资质以及一定时期内资质提升空间进行顶层设计,并尽快将资质优势转化为经营成果。公路市场经营依托优势地区,在积极参与公投项目的同时,紧盯上级企业投资的公路项目,融入其中,争取多拿份额。市政市场寻隙觅缝,快速成长,要主动出击,全面作为;房建市场密切关注铁路站房、棚户区改造、城镇化开发等房建项目,重点选择体量大、付款条件

好、业主实力强的房建项目，积极承揽央企投资的建厂建房、仓储基地、维护基地等项目，争取理想的市场份额。要有针对性地承揽一批超高层、地标性、大体量的综合体房屋建筑项目，积累业绩，提升品质。水利水电市场，要紧盯国家重大水利水电工程，联合企业自身所在供应链和价值链，灵活运用政策，创新经营方式。

③立足新兴板块，下好先手棋。新兴市场大多是朝阳产业，是产业结构调整的方向。目前全国14个在建城市群和7个潜在城市群建设加快，催生出大量的基建项目。这里面海绵城市和地下综合管廊已成为新的细分市场，城市综合管廊已上升成为国家城市建设的第三大战略。将城市综合管廊项目与主业项目放到了同等重要的位置，举企业之力，聚企业之智，占据先机，开疆拓土，倾力打造管廊品牌。同时还把包括净水、供水、排水、供热等工程、污水处理、垃圾处理等都纳入视野范围内，争取份额有新的提升，影响力不断扩大。

④立足非工程业务板块，统筹协调，持续做优，积极向建筑主业的关联产业靠拢，与企业主营业务形成有力互补。对于大多数建筑企业而言，通常涉足的非工程业务板块主要有以下几个方面。房地产板块是可以为企业效益增长作出贡献的非工程业务板块之一。因此，涉足此板块的建筑企业应加快在建项目的开发力度和在售项目的去化速度，去库存，回资金，降风险，增效益，敢于向更高的营销目标、利润目标奋进。涉足勘察设计业务的建筑企业应加快专业设计人才的培育，用市场机制解决高端人才问题，充分发挥市政行业设计甲级和铁路设计甲I资质作用，不断提升设计水平，发挥好与施工主业的协同效应。涉足机械制造业务的建筑企业在巩固好现有产品市场的同时，必须另辟蹊径，加大产品研发，加大对城市管道、微型盾构机、节能环保设备、彩色混凝土、半透明混凝土、混凝土构件等新产品的研发力度，培育新潜力。涉足物流贸易业务的建筑企业要突破小圈子里循环的思维定式，进一步提升现代物流管理水平。涉足铁路运输业务的建筑企业要积极开发铁路临管运营、城市地铁与轻轨等运输市场，向车、机、工、电全产业链拓展。而对于城市驻车业务来说，作为阳光产业其前景广阔，对此建筑企业必须增强发展紧迫感，以一、二线城市为切入点，以项目与优惠政策落袋为要，规避风险，创新发展。

⑤立足现场，以现场保市场，以良好的信用评价助力经营工作。现场就是市场，管好现场是最基础的经营工作，无论路内路外，都要管好现场，搞好信用评价，这也是对经营工作的最大支持。没有现场的出彩，只能是市场的出局。因此，要狠抓项目基础管理，守住安全、质量、信誉、效益底线。各单位要充分重视项目实施过程中的信用评价工作，在做好项目管理的基础上重视与业主及各方面关系的协调，通过规范的管理、快速的施工、优良的质量、安全的生产和标准化的建设争取最好的信誉评价结果，信誉评价要保三争一。要深化用今天的现场换来明天的市场、用长久的安全优质赢得长久的市场诚信、用细腻的感情和细节服务去沟通朋友和搭建桥梁的理念和实践，促进共同发展、滚动发展。

⑥立足自我，立足主体责任，最大限度激发经营活力。建筑国企、区域指挥部、工程公

司要各司其职，围绕共同经营目标协同发力。企业层面要抓总，重在战略经营，集中力量开展大项目、高端项目经营。区域指挥部承担着经营的主体责任，要管片，重在市场经营，强化阵地意识，完善沟通网络，挖掘潜在客户，熟化区域市场；区域指挥部要建设成精干高效的基本经营网络平台，加大考核激励力度，开展有力的根据地经营。工程公司要蹲点，重在项目经营，立足专业化，培育核心客户，打造专业品牌，做到以干促揽，依托在建项目滚动经营。

⑦强调市场客户维护的问题。客户关系的维护、巩固和发展是区域指挥部的基本职责，也是最重要的日常性工作。客户就是上帝，要坚持核心客户、重要客户公关策略，努力发掘和经营好区域内的人脉资源，避免临阵磨枪。建筑国企领导、区域指挥部、工程公司要对核心客户分层次，必须定期拜访、长期维护，建立起核心客户经营的长效机制，要在接触次数和频率上与客户保持点对点、人跟人的密切联系，跟所在市场的业主建立广泛的接触渠道，扩大影响，建立友谊，巩固资源。

（3）加强学习，提升"五种意识"，内化于心、外践于行

①强化学习意识。学习，是每个人履行好职责，做好本分的唯一选择。经营工作的目的是多中标、中好标。要在激烈的竞争中赢得一席之地，掌握竞争的主动权，必须要建设一支高素质的经营人才队伍，这也是企业经营持续健康发展的必然要求。要求从事经营工作的人员，加强学习，自身业务要精，要成为复合型人才。既要加强业务学习，又要加强对国家部委、各省市和上级企业的政策的学习，保持对市场政策和法律法规的敏锐性。要求经营人员通过研究行业、地区政策和行业规律特点，从中把握机遇，明确市场开拓方向和企业的跟踪目标。经营人员要具备举一反三的能力，触类旁通的灵动，学会谋划，学会应变，要因人而异，因地制宜，精心谋事成事。要向实践学习，向社会学习，在与人的交往中丰富自己、提高自己，说话要准，办事要稳，知识面要广，博古才能通今。

②强化担当意识。干事是干部的天职，担当是干部的责任。经营承揽只有努力，才能改变；只要努力，就会改变。企业领导班子成员要自觉担当、积极承担经营工作的具体责任。企业副职领导都要有为主管领导分忧解难、为企业经营冲锋陷阵的强烈意识，切实明白建筑国企承担经营的主体责任首先是建筑国企成员必须承担经营具体责任的道理，以积极承担经营工作的具体责任为己任，自觉担当封疆大吏、主政一方市场、有力地撑起企业市场的一片天。

③强化引领意识。要勇于领先，敢于引领，努力打造更多的百亿元舰队。国内打造数个经营承揽百亿元区域指挥部，数个经营承揽百亿元工程公司，海外市场也要进入百亿元甚至数百亿元行列。

④强化法纪意识。国审、巡视，利剑高悬，要依法合规开展经营工作，这既是保护自己，也是保护客户。要求从事经营工作的同志，忠诚企业，忠诚组织，敬畏人生，敬畏法律，敬畏岗位，把原则当成准则，把正气当成底气。知止常止，终身不耻。时时处处守住职业底线，守住法律底线，洁身自好，成为干事干净的典范，着力解决经营工作中的为政不廉等亚健康问题。

⑤强化规矩意识。讲政治、懂规矩、守纪律是应有的素质。尤其是经营人员，要心中有准绳，行事有规矩，办事有章法、有程序，该研究的研究，该请示的请示，该汇报的汇报，不能因为怕麻烦、图省事，借口一个"快"字，就违反程序、不走程序。

（4）增强自我维护、自我纠偏、自我纠错能力，摒弃五种"不良现象"

①摒弃不愿经营、抵触经营，不求有功、但求无过的心态。认为刑不上大夫，当上处级领导就认为是进了保险箱，拿了张永久饭票。工作不在状态，坐享其成，墨守成规、不跟形势、不愿闯、不愿试的现象有余。直面竞争、树雄心、思进取、求超越的信心不足，善思善学、善谋善为、善作善成的积极性不够。想当然、凭经验、按习惯，怎么方便怎么干的现象有余。这些不良思想观念事实上已成为制约企业前进的羁绊，成为制约反思与提高的藩篱，成为制约又好又快发展的掣肘。如果说一个经营区域，一年没有收益说得过去，两年没有改善也能谅解，那么连续三年都没有营利就意味着管理出现了严重的问题。管理者必须对此作出反应，进行变革打破僵局，摒弃企业总公司一定会兜底的"等、靠"思想。

②摒弃等、靠、要思想。依赖思想使人丧失主观能动性，打击了整个团队的积极主动性，破坏性很强，一定要彻底扭转。企业经营要坚持独立自主承揽，可以借助外部力量，但绝不能完全依靠或依赖。可以共享和依靠工程公司的力量，但绝不能当甩手掌柜、责任下推、完全不管不问。有些单位对市场环境，特别是铁路市场，存在着观望、畏难、厌战等消极情绪，把改善企业经营状况的希望盲目寄托在市场环境好转上，消极懈怠，无所作为。有些单位发挥主观能动性的意识和作用严重不足。还有些单位为了中标而中标，不讲究投标的质量，满足于做标，看似忙忙碌碌，实则不思不学不研究，其经营部成了做标部。

③摒弃主要领导对经营开发工作重视不够的现象。许多工作只停留在会议布置、分配指标上，空喊口号、作风不实，而没有挂帅出征，没有亲自带领队伍主动出门找市场、闯市场，大单子拿不到，小活又看不上，以为自己是老大，不愿求人，不肯见人，眼高手低，没有建树。或者认为业主领导不好打交道，就不愿交往，三句话："你改变不了环境，但你能适应环境""你把握不了过去，但你能把握未来""你不喜欢别人，但你要让别人喜欢上你"。这三句话也是告诉经营人员"适者生存，必须要善于改变，更好地适应新变化。"

④摒弃灯下黑，漫天飞，凑热闹，不讲规则，不服从协调，不研究市场，不谋定而后动的思想。跑市场不是盲目乱撞就可以撞出来的。很多人跑市场时没有选择性，就像打枣一样，认为抢上那么几竿子，总会掉下几个枣来，什么信息都追。然而，这样做的目的性很弱，实则是病急乱投医，实际效果不佳。什么是属地经营？属地具有丰富的资源优势，要发挥属地的资源优势和区位优势，这才是属地经营。

⑤摒弃不注重细节，不思考、不研究的陋习。比如不修边幅，不注重个人的形象和卫生，穿戴随意，讲话随便，该说的不说，不该说的乱说，给业主乱讲。待人不真、不诚、轻浮，礼节、礼貌不够等。这些问题都值得反思，也都要做好。

4）积极开展资本经营，提高企业市场竞争能力

目前，随着国家建筑行业的整体规划和建设模式的调整，建筑企业同行之间的竞争趋于同质化，大多数企业没有核心竞争力，导致恶性竞争不断加剧，建筑行业整体处于微利状态。企业负债高台、垫资、欠款严重，企业单靠传统的生产经营职能维持生存，缺乏战略规划。面对市场困局，建筑企业必须积极开辟新的通道，努力转变经营方式，积极开展资本运营，尽快调整为生产经营和资本经营并重的方向，使企业能够适应变化的市场，并争取逐步过渡到以资产经营为主来带动生产经营，从而提高建筑企业的市场竞争能力。所谓资本运营就是通过对市场法则的应用及资本的技巧性运作，推动其价值增长的经营方式，其主要目的就是为了使企业获得更大的利润，确保资本有效增值。

（1）借势布局，坚定信念，旨在转型"做大"

在建筑市场周期性急剧波动的情况下，进一步厘清经营思路，积极应对。

①在指导思想上，要牢牢把握上级企业确定的"建筑为本，运营为纲"战略转型方向，把资本经营作为企业发展的长久之策，而不是权宜之计。坚定资本经营是企业创利争效"重头戏"的信念不动摇，积极稳妥地利用资本市场。

②在经营地域上，要保住"大城市"，进军"小山沟"，要积极投入城镇化建设和介入各省市新的经济发展区域，大力运作保障房项目，并通过对保障房市场和市政轨道项目的资本经营，实现在城市基建领域的异军崛起，确立上级企业在城市基建行业的领导地位。

③在产业链延伸方面，要打破行业限制，介入利好行业。比如某建筑国企在争取在水利水电、水工疏浚等方面取得了实质性突破，形成了类别齐全、专业多样、层次合理的资质管理体系，为企业调整产业结构、增强市场竞争能力奠定基础，进而在更大范围、更宽领域、更高层面形成上级企业的综合竞争优势。

（2）借资拓展，顺势作为，旨在升级"做强"

就是要紧紧把握项目"投资+建设"的发展趋势，抓住地方政府急需资金启动基建项目、提高地方经济发展的有利时机，充分利用企业资金和融资优势，把经营主攻方向放在经济发展的重点区域、建设的关键行业、投资的热点领域，从而在由传统经营模式向现代流行模式转变过程中，实现真正的精细化管理，效益型经营，达到资源集成、经验积累、经营模式升级、管理水平升级、盈利质量升级的目标。对于大型建筑企业来说，可立足其所在供应链探索组建链内银行或金融机构的可行性与途径，或参股各省市的地方银行，以及加强与中央企业、金融机构的战略合作，在充分利用银行信贷的基础上，采取发行短期债券、定向债券、融资租赁、政策性长期借贷、资产证券化、发行信托等融资方式，不断丰富融资品种，全方位提高资本运作能力。要通过EPC、BOT、PPP、ABO等模式，换代更"芯"，提速升级，在继续巩固一体化综合服务能力的同时，解决过去传统施工中因体制割裂造成的弊端，主动把设计咨询、投标报价、施工管理、后期服务等环节有机整合，加强业务板块资源间的联动，充分发挥产业链的协同效应，千方百计扩大投资收益和施工收益，力求项目投资效益和项目运营效能的最大化，真正把企业建设成为资本密集型、人才密集型、技术密集型和管理密集型大型建筑国企。

（3）借智深化，集约创效，旨在全面"做优"

从事资本经营，知识就是资本，人才就是财富，要广泛聚集资本经营所需的各类资源要素，充分发挥企业内外各类智力资源在整个经营过程中的增值功能，放大效应。一是要加强资本项目的前期策划与运作，建立高层互访常态化、项目对接无缝化的工作机制，尽最大可能避免硬碰硬投标。要培养和吸收高素质的理财专家，对重大投资项目的成本、利润、投资回收期、投资风险进行全过程分析。要进一步加强资本经营机构的职能建设，不断提升资本经营队伍的职业化水平。特别是上级企业陆续成立的投资公司、资本运营部，应更多地在如何实现企业产业结构调整与转型升级、提高盈利能力与保持经济增长、有效利用投资资本与积极应对市场波动等方面发挥其独特作用，竭力为上级企业及成员单位提供专业的资金管理、投融资等金融服务与支持。二是要借用外脑，有效控制风险。项目投融资能力不但要求企业自身具备雄厚的资本实力，而且要求企业熟悉国内乃至国际资本市场，熟悉各种现代金融工具，具备很强的项目风险评估能力和项目投资控制能力。这需要我们通过金融、证券、税务、法律等专业人士在专业技术、操作方法上提供帮助，借智生智，规避风险。

（4）借力滚动，属地经营，旨在持续"做久"

适应当地，融入当地，服务当地，与当地互动共享、互帮共荣、互利共赢，是企业的立足之本，发展之源，强大之基。一是要适应当地。掌握当地项目运作模式、市场特点、准入条件，进而系统地对当地市场进行梳理分类，有的放矢地制定营销策略。二是要融入当地。积极探索城市经营发展之路，开发城市基础设施，做好一级土地开发，摸索一条"投融资+建设"的城市经营开发新模式。融入当地，必须转变经营理念，力戒短期行为和临时观念，要兼顾眼前，立足长远，变游击战为阵地战；变单兵较量为团队出击，实行上级企业的企业化经营；变过去一次性的"纸杯式"经营为多次受益的"葡萄串"式经营，实现品格化经营、品质化经营、品牌化经营。三是要服务当地。用发展的眼光，捕捉商机；创新思维，开拓市场；用诚信的文化，缔造和谐；用双赢的战略，增强合作，既为地方缺乏建设资金排忧解难，又为企业投融资拓宽渠道，最终达到"从跟随市场、寻觅市场，到领跑市场、创造市场"的资本经营新境界。

（5）借机优化、提质增效，旨在盘点"做活"

提质量就是创效益，由"秋后算账"向"过程监控"转变，细抠深挖，盘活存量，以管理挖潜增效，通过精细管控捂紧"钱袋子"。一是盘活闲置资产，避免闲置资产占用企业有限的资金，影响企业资金周转。通过出售清理自身的限制资产，实现资金回笼，有效补充企业流动资金，从而获得更好的经营活力；企业发展过程中施工任务量有时多有时少，当施工任务不饱满时，可以建立租赁公司，利用闲置资产引进现金流，提高资产利用率，实现资本增值。二是盘优产业结构。通过良好的资本运营促使企业产权关系更加明晰，使得产权结构得到有效调整，对企业产权进行有效的配置，不断加快我国产权市场的建立和形成；通过良好的资本运营持续优化企业业务结构，剥离资金占用量巨大但与企业主业发展无关的业务，集中精力发展主营业务，对企业的资产构成进行可持续优化。三是全过程管控。加强项目全过程管控，将管控贯穿于建设、运营、移交、评价等环节，环环不放松，紧盯效益，奉行现金为王。贯彻落实"框架协议转化为合同、合同转化为收入、收入转化为利润、利润转化为现金"的理念，使资本运营项目走上"现金—资产—现金"良性循环。

2.4.2 基于供应链下的协同机制策略

建筑施工企业供应链协同是一个资金流、信息流、物流和价值流高度集成的集成系统，如图2-4所示。它是从项目承揽开始到工程竣工交付的全过程中，供应链各节点企业为了供应链整体目标对系统进行整合优化，需要一致协调，这样才能减少运营成本、缩短施工工期，实现整个链条的价值最大化。与制造业不同的是，建筑施工企业的产品生产过程的产品设计和质量监督一般由独立的法人单位完成，共同为创造符合顾客需求产品而协同运作。物流包括原材料、设备等从供方流向需方，资金流则是从需方流向供方。信息流包含了信息汇集与传播，既有需求信息，也有供应信息，在整个工程项目进行的过程中，需方和供方不断地进行着信息交换。价值流是伴随着物流的移动，不断进行着价值增值的作业活动，直到最终客户接受建筑产品实现价值流整个过程的流动。

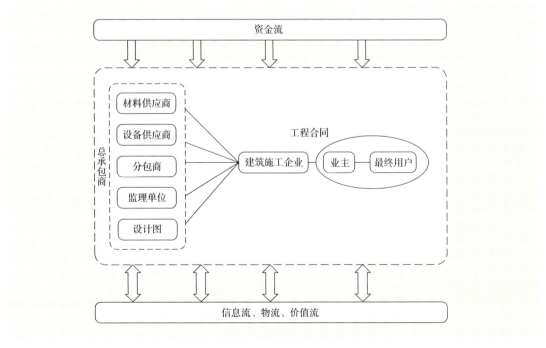

图 2-4 建筑施工企业供应链协同机制模型

为了实现建筑企业供应链各个节点上的协同运作，提高企业经营能力，需要采取的策略如下所示。

1）加强与总承包商之间的协同与管理，发挥总承包商的作用

（1）供应商

建筑经营企业在供应链环境下进行运作，需确保提升供应商选择的有效性，协调处理好施工企业与供应商间的关系，采取合理措施规避不良供应商风险，促使原材料、采购信息以及设备等在整体供应链环节中得到顺利流动，便于更好地满足客户需求、实现绩效最大化。建筑工程施工所用的建材品种多、数量大，甚至有的还需从国外进口，因此，材料供应与采购是建筑企业供应链管理的关键环节之一。由于一些不确定因素的影响，材料供应商并非都能在保证期内准时提供材料。机器故障、上游供货商推迟供货、供应商与采购方的纠纷等诸多因素都可能导致延迟供货。良好的合作伙伴关系需要挑选可靠的材料和设备供应商，建筑供应链能够围绕它们建立和拓展。基于信任和信息一体化的伙伴关系，一些中间的环节能够被减少或者消除。例如，协商和订立合同都可以成流线型，形式更简单一些。如果能够及时获得准确的信息，供应商能够处在更好的位置按照项目的计划提供产品，改善项目的实施和执行。

（2）分包商

建筑施工企业在供应链环境下进行运作，需确保分包商的规范性。在分包商规范化过程中，需要注意以下三个管理要点。

①严格执行分包策划工作，建筑企业主要领导带队，相应业务部门和项目部共同参与，明确分包项目，分包范围和工程量以及如何分包、选择什么样的分包队伍等。

②要合理划分施工任务，以发挥最大功效为目的，坚持任务划分与项目管理团队特点和分包商能力相匹配的原则，兼顾分包商专业能力和区域性，合理延伸工序，对施工项目进行合理搭配。

③加强分包队伍过程管控，提高项目管控能力，责权匹配，并严格实施计价结算制度，规范"先验工、后计价"制度。按月收方、按月计价，分包队伍债权、债务要按月确认，对于分包商完成的不合格产品坚决不结算。

（3）咨询公司

建筑施工企业在供应链环境下进行运作，需要借助咨询公司的作用。在满足建设工程预定功能和质量标准的前提下，要筛选出建筑投资额最少的工程，建筑企业需要依靠咨询公司来完成。咨询公司在对工程进行选择时会优先考虑投资收益，有利于提高建设工程投资决策科学化水平，实现建筑工程投资利益最大化。

（4）设计图

随着中国经济的飞速发展、城市化进程的不断深入，建筑的形态和实用受到了人们很大的关注。与此同时，人们也对建筑物提出了更高的要求，在这种背景下，建筑企业要想继续发展，就必须发挥设计图的作用。这里的设计包括方案设计和工程设计。项目在实施过程中，需要经历项目决策、项目设计和项目实施三大阶段。而设计阶段对于工程投资的控制则具有较大的影响。一个项目在做出投资决策后，其设计就变得尤为关键。因此，做好对设计图的要求显得尤为重要。那么，如何要想把设计图做好，就要从设计师身上出发。对于方案设计的建筑师来说，应该积极参与方案设计，多与其他方案建筑师沟通，积极学习提高自身能力。对于工程设计能力，则需要在工作中长期积累学习。在学习知识的过程中，输入、内化、输出这几个过程很重要。首先是输入阶段，多向前辈和同事请教和学习。然后是内化，在学习的过程中，自己多思考也很重要，很多东西思考以后，才能内化成自己的东西。在请教的过程中，不同建筑师会有不同想法，这个时候就可以独立思考，有选择性地吸收，形成自己的想法。最后是输出，等有了一定的经验以后就可以独立做设计，形成自己的一套思维体系。

总之，供应链的各个企业业务流程不同，为了达到整个链条的效益最优化，每个主体需要进行高度的业务协同。最终用户和业主与总承包商签订工程合同，总承包商将工程分包给各个建筑施工企业，企业需要同材料设备供应商、设计商和分包商等上下链条上的企业合作，实现建筑产品的形成。各个企业在信息高度共享的基础上，实现材料设备的及时供应，建筑产品设计和监理的高效运作，在满足客户需求的情况下，使得供应链通畅运行。

2）加强对自身建筑施工企业的要求和能力，发挥企业优势作用

建筑企业经营不是一时的权宜之计，而是长久之策。要想使企业经营这条路不偏离轨道，需要下决心抓好企业经营机构的自身建设。

（1）搭建企业经营平台

企业经营机构是企业职能的延伸，是经营承揽的前线作战平台。实施企业经营，这既是长远战略问题，也是现实战术问题。"打一枪换一个地方"是"游击战"。要想取得胜利，必须建立区域根据地，打"阵地战"。因此，企业必须坚持长期、稳定的企业经营，积累公共关系资源，构筑竞争优势，保持企业经营规模的相对稳定。当然，企业经营机构的设立，大而稳，固然有气场，是一道博弈市场的风景；与此同时，企业也要听到一种淡定、从容、坚毅的声音，机构小而活，人员少而精，也是一种游刃有余的美丽。企业经营机构在达到对硬件、软件配置刚性标准的前提下，只要有利于开拓和巩固市场，就应该因地制宜、因时而异、灵活多样，不求粗细均匀、长短相同、高矮一致。

（2）提出企业经营标准

没有标准，工作目标不细化、不量化，经营标准就会有口无心，滥竽充数。企业经营工作除了具体的计划指标外，市场层面日常性的客户维护工作中似乎不好定量，没法定出标准，解决的主要办法有以下两点。

①在客户维护上要实行分层管理。上层业务关系的领导由指挥长或常务副指挥长负责联系，中层业务关系的人员由副指挥长协调沟通，一般关系的人员由业务部门联络完成。

②在接触次数和频率上要与客户保持"点对点，人跟人"的密切联系。力争每月和建设

单位的主要领导见面接触一次以上，每年与核心客户深入交流2～5次，保证至少覆盖2次/人，与普通客户交流10次以上，保证至少覆盖2次/人。通过这种"小规模、高频率，长流水、不断线"的交往沟通方式，同所在区域的业主广泛建立接触渠道。从事经营工作、市场开发，有信心不一定会赢，没有信心一定会输；有行动不一定会成功，没有行动一定会失败；常跑业主办公室，与业主多沟通、多联系不一定有收获，不跑、不沟通、不联系肯定会泡汤。跑得来项目跑项目，跑不来项目跑感情。

（3）明确企业经营纪律

要有刚性的纪律约束，这是做好企业经营走正确道路的保证。主要包括七个方面的内容。

①必须政令畅通，令行禁止。不允许对企业经营方面的规章制度，置若罔闻，我行我素。

②必须明确办事程序。坚持一级管一级、向下兼容的原则，按照领导分工，对号入座请示汇报工作，严禁越级、越位请示汇报。同时，对领导干部允许越级检查，不允许越级指挥。

③必须当日事当日毕，日清日结，事不过夜。不允许得过且过，敷衍塞责，自由散漫。

④经营人员必须洁身自好。不允许出现插手项目的队伍安排、物资采购等不正之风，避免损害经营团队形象。

⑤必须牢记"经营无小事"。不允许粗枝大叶，凑合应付。

⑥必须抱团发展、资源共享、顾全大局。不允许各行其是，"诸侯割据"，有枪就是草头王。

⑦在干部使用上不仅要看过去，更要看今后。坚持动机和效果的统一，不仅要听说如何，更要看做得如何。在评定工作上要是非分明，成绩绝不能抹杀，错误必须得到及时纠正，绝不能干好干坏一个样。

（4）构建企业经营关系

处理好与工程公司的关系，这是检验企业经营这条路能不能走好的重要标准。区域市场之广阔，容得下区域指挥部和各工程公司和谐相处，各展其长。虽然铁路、地铁、公路等主要市场由区域指挥部主导承揽，但铁路、地铁、公路之外的大片市场更有待各工程公司去拓展。因此，在处理相互关系上，区域指挥部既要深入挖掘工程公司"寻缝觅隙，无孔不入，蚂蚁搬象腿"的经营潜力，撒豆成兵，布下大阵；又要充分调动工程公司的积极性，"放水养鱼，授之以渔，不与争利"，使其有持续生存的空间；还要立足区域指挥部自身"站位高、信息灵、渠道广、资源多"的特点，开拓大市场，对接大业主，承揽大项目。力求"做大蛋糕"，做透市场，并在保证公平公正，效率优先的前提下"分好蛋糕"。从而，在共同成长的过程中，强化"区域一盘棋"意识，杜绝"内战内行，外战外行"的内耗现象，努力形成一条大而强、中而优、小而精的区域市场开发链，努力形成一方"广覆盖、大纵深、点面结合、连网成片"的立体经营格局，努力打造一个企业经营工作中"耕者有其田，织者有其衣，能者尽其谋，劳者获其利，各居其位，各得其所，共享大成"的"区域大同世界"。

（5）打造企业经营本土化

本土化、属地化发展，这是念好企业经营这本真经的真谛和最终目的。各区域指挥部要"守土有责，通吃窝边草"。

①要适应当地。掌握当地市场特点、准入条件、项目运作模式，有的放矢地制定本区域的经营策略。

②要融入当地。广泛与当地政府、银行和企业达成战略合作，夯实开拓大市场、承揽大项目的基础。企业经营要融入当地，必须兼顾眼前，立足长远，变游击战为阵地战，实现本土化经营；变盲目投标为有准备之战，实现理性化经营；变过去一次性的"纸杯式"经营为多次受益的"葡萄串"式经营，从而，扎根当地，滚动发展。

③要服务当地。坚持用发展的眼光，捕捉商机；坚持用诚信的文化，缔造和谐；坚持用双赢的战略，增强合作。各区域指挥部要积极创造良好的经营生态环境，全面树立依靠品牌信誉经营的理念，确保区域市场有序经营、健康经营、持续经营、基业长青。

（6）坚持企业经营高标准

三省其身，把自己培养成优秀的经营者，这是念好区域经营这本真经的必须途径。知错就改，永远没错。从事经营承揽，是提着钱袋子要饭吃，需要高标准严要求，把自己培养成优秀的经营者！对于从事经营工作的同志来说，首先必须忠诚企业，心无旁骛，企业利益第一，个人想法第二；要按照习近平总书记关于干部素质建设"照镜子、正衣冠、洗洗澡、治治病"的总要求，三省其身，守住底线，不装错兜，不走错路，不迷失方向，切不可见利忘义，胡作非为，在经营市场的同时"经营自己""善待自己"，否则将给企业造成无法挽回的损失，特别是在经营活动中，要正确处理好游戏规则与依法经营的关系，做到公关有道、保护朋友、保护自己、保护企业。

3）加强与业主之间的联系和协调，发挥最终用户的决定作用

对于建筑企业而言，其企业经营的最终目的是服务于业主。因此，企业经营策略中必须做好建筑企业与业主之间的关系协调。必须实施全面的客户关系管理，其核心就是要有恰当的公关运作；建筑企业应端正思想，把社会关系和业务关系放置于企业经营生产力的层面而不能等闲视之。需要特别指出的是，解决如何建立社会关系和业务信息有效流通的问题，实质上也就是解决了经营好社会关系和业务关系的问题。

（1）遵循"二八法则"

国际上有一种公认的企业法则，叫"巴列特法则"，又称"二八法则"。其基本内容如下所述。

①二八管理法则：企业要抓好20%的骨干力量的管理，再以20%的少数带动80%的多数员工，提高企业效率。

②二八决策法则：抓住主要矛盾进行决策，达到纲举目张的效应。

③二八融资法则：把有限的资金投入到企业经营的重点领域，以此提高资金使用效率。

④二八经营法则：抓住20%的核心用户，逐步渗透市场，最终凭借20%的核心用户实现

企业 80% 左右的市场份额。

也就是说,"二八法则"要求在经营工作中不能遍撒胡椒面,"眉毛胡子一把抓",而是要抓住关键人员、关键环节、关键项目,达到以少胜多,以小搏大的效果。从这个角度来说,市场经济可以说就是"关系经济",抓住关键的少数,事半功倍。寻找最合适的解决方法就是要抓住关键的少数。

(2)避免直线走歪

在很多情况下,个别单位在经营中都会存在很多误区,总想绕着弯子找熟人,或通过三亲六戚的关系曲线通融,费尽了不少周折,还是没找对对象。这其中的原因,主要是部分经营人员认为自身职别低,台面不够,怕被拒之门外。其实,由于不熟悉、不了解、没深交,加上建设单位的领导事情多、工作忙,被拒之门外很正常。因此,从事经营工作,就要学会借势用势,借力发力,要立足在以我为主的前提基础下,做到有的放矢,尽快达到目的当然很好,但是如果通过别的途径不能达到目的,那么我们为什么不把复杂的事情简单化?战略上要把业主当成自己人,真心尊重,战术上则要把业主当成平常人,和大家一样公平对待。只要滴水穿石,锲而不舍,总会找到交流的切入点和共同点。

(3)坚持诚信为本

诚信是做人之本,经营之基。与人交往,贵在真诚。精诚所至,金石为开,冒着"傻气"的坚持,常常会感动一些人,成为莫逆之交。需要注意的是,与建设单位交往,要表里如一,求真求诚,力戒"用之如甘饴,弃之似敝屣"的实用主义;要踏石留印,抓铁有痕,力戒"朝秦暮楚,心无定力"的游离主义;要真诚对待,找对目标,力戒"有项目时,阿谀奉承,曲意逢迎;无项目时,形同路人,不屑一顾"的投机主义。

(4)注意甄别筛选

人脉是一种资源,是一种财富,既不能乱采滥伐,也不能过度开发,要坚持可持续发展,有计划、有步骤地实施。可以这样讲,像矿藏一样,人脉资源也有贫矿、富矿之分,并不是所有的人脉资源都必须进行开发,因为那将付出极大的时间、精力和经济成本。人脉资源也许可以分为四种类型:

①目标客户,整个区域市场的业主是总的储藏资源。

②合作客户,滚动项目或传统市场的业主是优质的在用资源。

③一次客户,工程完工无后续项目的业主是短期的一般资源。

④潜在客户,未来可能进入的新领域或新市场的业主看作是可供开采的资源。

由于对各类客户的要求有别,预期不同,因此,企业经营就要针对不同的客户类型采取不同的策略。

①目标型客户——要逐步培育渗透,增强认知认同。

②一次型客户——要提供优质服务,培养其继续合作或借此扩大知名度。

③合作型客户——要发挥最大潜能,确保合作效果。

④潜在型客户——要加强交流沟通，努力促进转化，以便今后为我所用。

（5）明确做事原则

①要紧跟核心客户。定期对市场进行分析研究，及时确定和排列核心客户，实施分类归档。核心客户一旦确定，要制定计划，多层次、多渠道、全方位互动。经营资源的本质是经营人脉，紧跟和紧贴十分重要，但要注意方式方法，避免重复吃一道菜，反复说一句话，让人厌烦。要懂得初步交往重在沟通，平常交往重在细节，深入交往重在真诚，长久交往重在珍惜；并做到润物无声，静水潜流，水到渠成。

②要明确交往原则。坚持"诚信为本，细节服务；长期积累，上下贯通；环环相扣，高层制胜"的原则，努力做到公关上门、公关到家、人对人、事对事、一对一、对口公关，工作中要经得起折腾，受得住批评，"丢"得起面子，得到的是金子。

③要明确各自责任。各区域指挥部要以"两盯紧，三提前，一对接"为目标，畅通网络，责任到人。"两盯紧"（盯项目紧、盯业主紧），其目标是：通过了解项目是否立项、资金是否到位，谁是出资人，谁有话语权等有价信息，确保信息收集真实、全面，并通过商务公关和细节服务，找准决策层，掌握执行层，疏通信息层。"三提前，一对接"的目标是：提前考察工地、提前接洽各方关系、提前收集相关资料，实现与业主、设计院和各级政府的工作对接。各区域指挥部要通过找对人，做对事，力争做到全国每个一线城市都有项目，每个区域都有自己的主打市场，每名经营人员有自己随请随到、心心相印的贴心业主，铁路公路、市政房建、轨道交通、水利水电等每一个领域都有一批长期、稳定的客户群。

④要"丢掉拐杖"，不用中介。坚持自主经营，自强自立，从思想上、行动上都要彻底摒弃中介，不吃二遍苦，不受二茬罪。

（6）学会换位思考

欲取之，必先予之。经营工作很多时候是付出和给予，既有硕果满枝的光景，也有广种薄收的年代，还有颗粒无收的时候。当大家已经尽力了，但受外界因素的影响，有困难、有苦衷而不能拿到项目的时候，一定要换位思考，充分理解。

2.4.3　基于价值链下的成本管理策略

建筑施工企业价值链活动无外乎辅助活动和基本活动，但价值链的最终目标是利润，为了实现建筑企业利润最大化的目标，就必须引入成本管控体系。本小节将基于价值链活动并引入成本管控体系对价值链的成本管理进行分析，成本管理框架模型如图 2-5 所示。

由图 2-5 可以看出整个价值链上辅助活动支持着基本活动，而成本贯穿整个价值链的过程当中。本小节将对建筑企业辅助活动不断进行把控以此来支撑基本活动，保证其基本活动的有序进行，对于成本上的管理，要制定合理的成本目标，对建筑企业成本进行管控，掌握好整个价值链的走向，实现企业经营利润最大化的目标。

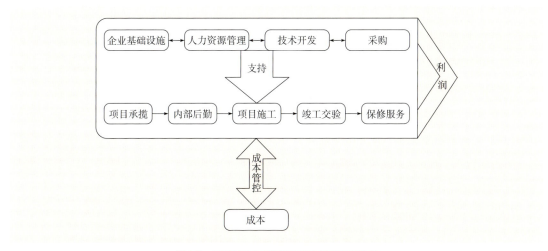

图 2-5　建筑施工企业价值链成本管理框架模型

1）加强建筑企业自身建设管理，对其辅助活动进行把控

（1）变革组织结构

在日益激烈的建筑市场竞争中，建筑施工企业要适应并满足客户多样化、差异化和个性化的复杂需求，赢得市场、获取利润，其组织架构必须与经营环境相适应。建筑施工企业的组织架构扁平化及其管理模式是建筑施工企业建立竞争优势和提升建筑施工企业价值的有效途径。建筑施工企业长期沿用"金字塔"型等级制机构管理模式，管理层次多，信息传递慢，准确性差，对市场变化的反应不敏感，企业运转效率低下，无法适应现代建筑施工企业管理的要求和市场竞争的需要。相对于"等级式"机构模式的扁平化组织，是一种新型的建筑施工企业管理模式，它通过减少管理层次、精简中层职能机构和人员，同时赋予岗位项目管理者较大的自主权和更多的灵活性，从而使组织具有敏捷、灵活、快速、高效的特点，较好地克服传统组织"层次重叠、冗员过多、效率低下"的弊端。同时，建筑施工企业扁平化组织架构还是一种静态构架下的动态组织结构，其最大的特点是打破传统等级制组织结构下的专业分工，以有效解决企业内部的横向沟通和协调问题，增强组织的柔性和灵活性，使企业成为一种紧凑而富有弹性的新型组织，既能降低企业管理过程中的协调成本，又能大大提高企业对市场的反应速度和满足客户需求的能力。

（2）加强人力资源的管理

人力资源管理的首要任务就是做好人才的选拔与引进。建筑施工企业人力资源管理人才的选拔和引进需要根据生产的实际情况进行设计，既要做好知识型人才的引进，又要做好管理型人才的引进，同时做好技术专业人才的引进。在人才选拔方面实施模块型设计，每一个模块包含业务需要的多种人才。例如：管理型模块包括项目经理、财务人员、质量检查人员、信息化管理人员等；工人岗位模块包含工业机械操作员、具体施工的管理人员等；建筑工人模块包括木工人员、瓦工人员和力工人员等。人才的选拔和引进按照建筑施工企业新时期发展的要求确认，突出人才的知识水平，强化人才引入。

目前现代化建筑施工企业对专业人才的要求较高，在人力资源管理方面注重专业人才的培养。在具体实践中做好员工知识的培育，做好新员工入职培训、老员工业务培训和晋升培训，将新知识和技能有机结合起来，积极创建企业文化，搞好培训会、交流会，鼓励员工根据本职岗位展开各种知识的学习和创新。同时，突出激励机制，实现技术性的突破。鼓励员工进行专利性创造，在培养中采取集中培训和网络培训以及实践性培训的方式，让每一个层次的员工都拥有符合岗位的能力，突出自我职业规划，推进建筑施工企业人才管理的常态化发展模式。例如在特殊工种上，以老带新的模式，以师傅教徒弟的模式，让更多的年轻员工跟随老员工学习专业技术，做好技术性的传承。

（3）提升施工技术的科学性

从目前阶段来看，我国科技处于高速发展阶段，人们的生活水平不断提高。所以，建筑行业对施工技术的要求也越来越高。为了提升施工技术的科学性，首先要做好对建筑工程的施工管理工作。在开始施工之前，要对建筑材料进行质量审核工作，选择高质量的建筑材料和可靠的材料品牌，在运输材料、储存材料的各个环节都要做好检验工作，要确保建筑材料符合工程要求，为建筑施工工作提供物质基础。同时，要加强施工监管的工作力度，做好施工机械的日常维修工作，引进先进的施工机械，提升施工工作的技术效率。另外，工作人员的培训工作也不能忽视。要提升施工人员的技术水平，建设一支专业素质较高的施工团队，就要做好定期培训工作，做好评价考核工作，从而提升建筑施工人员的专业化水平，提升工作人员的基础技能水平。建筑企业首先要了解社会的发展走向，按照建筑行业的市场需求来进行施工技术的研究工作。通过深入研究，充分提升建筑工程的施工安全水平。建筑施工企业在进行施工过程中，首先要保证建筑项目的工程安全性，其次还要支持我国的可持续发展社会的建设工作，在实现环境保护的前提下，提升建筑工程的安全性能。我国建筑行业的发展方向为安全化建设和信息管理化建设，以及整体建设工作的环保性，将信息化技术和现代施工技术巧妙融合，从而健全安全施工的工作体系，实现现代化建设工作和环保化建设工作。

（4）组织采购严格按流程操作运行

在某种程度上讲，施工企业和供应商是唇齿相依的密切关系，施工企业必须要明确与供应商进行双赢合作的重要性。因此，工程物资采购流程必须要以明确的供应商准入、评价、淘汰机制为基础。采购工作人员要基于这一机制的建立，在做好采购商筛选的前期准备工作后，根据实际情况，制定施工过程采购流程。使采购审核工作，按照较为合理的流程和步骤有序实施。同时，为了健全工程采购体系，必须要将流程中涉及的所有部门和人员串联成一个整体，能够在采购流程中自始至终对信息进行高速响应，并让采购审核工作与国家要求保持一致，高标准严要求，避免在采购环节出现管理混乱。

2）加强建筑企业施工过程管理，对其基本活动进行动态控制

不同性质和不同规模的施工企业，其价值链的控制重点可能有所区别，但管理好一个企

业的基本要求，具体来说需要加强以下几个方面的管理。

（1）加强项目承揽阶段的管理

建议组建一个专业化的团队具体负责企业的项目承揽工作，该团队的人员必须了解企业定额、掌握国家和地方的法律法规及政策、明白招投标的有关规定、具有施工现场的管理经验，避免因业务不精和考虑不周而造成项目还没有施工就出现亏损。

（2）加强施工准备阶段的管理

施工准备阶段的主要任务是对项目的具体实施制定各种方案、措施、规划和目标。从某种意义上说项目是否有利润与施工准备有很大的关系。项目部组织机构和人员选配是否合理？项目部驻地和临时工程的建设是否合理有效？施工组织设计是否合理？项目总体规划和成本目标是否合理？这些问题都需要重视。建议成立一个专家团队在项目实施之初就对项目实施制定有效的目标规划，并在实施过程中进行有效地跟踪控制。

（3）加强施工阶段的成本管理

由于项目在实施过程中投入成本最大、过程最长，参与人员最多，成本管理难度最大。因此在这一阶段必须建立全员参与，全过程，全面控制的管理体制，对项目严格实行目标责任成本管理，奖罚分明，充分调动全体参建人员的工作积极性。

（4）加强竣工交验阶段的管理

国内建筑行业普遍存在的问题是项目施工过程中对项目的变更索赔、合同谈判和工程款项的清算都比工程项目施工滞后，一般都是业主方拖欠施工企业、施工企业拖欠材料供应商，项目竣工交验后还存在很多的债务。因此，施工企业在项目实施过程中就应注意及时清理变更索赔、工程款项等。

由于工程项目本身具有一次性、复杂性的特征，且每个项目都有其自身的特点，不能生搬硬套。所以各施工企业在经营过程中要多总结，针对不同的工程项目和同一项目的不同阶段的情况进行及时调整，不断完善优化建筑企业施工过程。

3）制定明确的目标成本，健全成本管控体系目标

（1）明确竞争战略

建筑企业应明确定位竞争策略，以便更好地进行成本管理。管理人员可专注于优化配置资源的方式来重构价值链。根据建筑企业所面临的现实情况，创造可持续发展的竞争优势，并最终达到建筑企业成本管控的目标。在确定了建筑企业成本管理程序以后，则需要实现企业最终目标，也就是实现企业利润最大化，那么就要对成本进行全面管控。

目前国内建筑企业的主要成本管理方式沿用的是以往制造业的成本管理模式，注重对生产制造全过程的成本管控。然而，建筑企业和传统制造业之间存在着较大差异，因而须通过对建筑企业的价值链进行分析，确定企业的成本竞争优势，使其适应于企业成本管控。

建筑企业作为特殊的制造企业，其成本多数集中于产品生产过程中。建筑企业生产全过程

中包含了很多个小的工程项目，工程工期相对较长，且存在较大风险；在施工前期不能科学合理地确定目标成本，且缺乏科学合理、简便易行的目标成本确定方式和方法，导致施工费用超标等现象出现。这意味着企业在产品及建筑工程成本管理过程中必须进行全面的成本管控。

建筑施工企业在开展成本管控的过程中，最有效的方式就是减少资本的投入量和成本单元颗粒度的细化。施工成本主要包括设备使用成本、人力成本、原材料成本等。只有不断加强对各个施工过程的监督与管理工作，才能实现降低成本的基础目标。具体阐述如下：

①实现人力资源的合理配置，并配备专业的技术人员，对材料的加工率进行有效控制，避免出现建材浪费现象。在此过程中，通过开展更加严格的工程监理工作，可以不断提升施工作业效率，还能达到缩减工期的目标，以此降低人员成本与材料成本的支出。

②就建筑施工企业的建材投入情况进行分析，相关的工作人员要从产品的质量、购入数量与工程进度等方面入手，对采购的记录进行核实，还要在不同的施工环节中，对建材购入成本进行控制，避免出现材料浪费的情况。此外，还需要对机械设备进行管控，避免因设备故障导致工期延误及建筑成本增加。

（2）强化企业员工的成本控制意识

随着建筑行业的发展，建筑企业人员的需求量也逐渐增大，然而一线施工人员对于专业知识的认知还不够，企业管理者专业基础不牢固，造成建筑企业管理过程粗放化，成本制度不健全。因此，管理者自身要加强对工艺流程、设备监管和施工进度各个环节的成本把控，对施工进行全方位监管，及时调整问题所在之处。企业对成本控制的实施，可从以下三个方面进行。

①要从加强成本控制认识开始，不仅是管理层要增强意识，基层员工也要强化意识。

②定期开展讲座，聘请专员向内部员工详细讲解企业在生产经营过程中成本的重要性，使员工提升其重视程度，积极配合财会人员的成本管控工作。

③按照项目合同、施工需求和环境因素制定合理的成本控制目标与计划，设立绩效考核机制，奖惩分明，实现权责一体化。开展宣讲活动，为内部员工树立合理的成本效益理念。

（3）严格把控材料的费用和质量

建筑企业材料部分占比较大，把控费用和质量的首要问题，要从采购源头入手。在采购过程中，外部采购人员要对材料进行检查和质量验收，保障施工原材料没有质量问题。定期检查仓储情况，盘点材料是否出现变质或受损现象，实时记录并进行相应处理。外部材料监管人员加强业务能力，高效地处理突发事件。和供应商制定方案，明确双方责任，避免材料出现因质量问题而造成的经济损失。材料费用上涨是近几年的趋势，但在成本管控的情况下，不能降低材料质量的同时还要保证材料数量够用，外部仓储人员就应核算在同类型工程中是否存在材料剩余现象，如有剩余材料能否在该材料基础上进行焊接或切割，这种做法能合理使用材料的剩余价值，也降低了材料采购的成本。因此，在材料的费用和质量上严格把控，有助于企业竞争力的提升，使企业获得最大的成本效益。

第 3 章

科技创新篇

守正出奇

> 增强容错能力与自我纠错能力是提升完善自己的关键。
>
> ——邓 勇

MANAGEMENT
INNOVATION AND PRACTICE
OF CONSTRUCTION ENTERPRISES

2018年12月，中共中央经济工作会议正式把5G、人工智能、工业互联网、物联网定义为新型基础设施建设，随后，"加强新一代信息基础设施建设"被列入2019年政府工作报告。无论是人工智能还是物联网，新一代信息技术都体现了数字经济的特点，这也就宣告我国建筑企业正由传统的土木建筑向数字建筑逐渐转型。2020年初，新冠疫情的爆发使正在面临百年未有之大变局的世界形势更趋复杂，在此情境下，科技创新导向下的经营实践，成为应对如此复杂市场挑战的利器。客观而言，创新允许失败，但对以追求利润最大化为最终目标的建筑企业而言，"失败"二字太过沉重。建筑企业只有利用好现有技术，守住现有市场阵地，不断进行科技创新，研发应用新的技术，做到守正出奇，才能保证自身在国内国际双循环的新发展格局下，平稳步入建筑企业高质量发展的快车道，走向国际建筑舞台，引领建筑价值风向。

"守正"，即建筑施工企业要守住本分，筑牢自己的市场内外战线；"出奇"，即建筑施工企业要持续创新，不断生成新点子、新方法、新手段、新技术并将其引入到项目管理和企业经营活动之中，最终为企业创造价值，积累财富。为此，本章围绕着"守正出奇"这一主题，系统阐述建筑企业科技创新思路，科技能力建设与科技体系建设；提出企业科技创新体系建设，可以从企业科技创新组织建设、企业科技创新机制建设和现场技术管理三方面进行推进的观点；主张形成以技术中心为载体的科技创新组织，并以人才激励制度为保障、以施工现场技术管理手段为支撑、以智慧工地为表现形式的建筑企业创新管理实践成果；以期为谋求科技创新的建筑企业提供理论参考和方法借鉴。

3.1 科技创新之论道

3.1.1 建筑企业科技创新内涵

1）纠正企业内部错误观念

在建筑企业内部，不少同志从骨子里认为建筑企业不需要搞什么科技创新，直接应用外部先进技术即可；这看上去合理，但仔细分析这一观念是站不住脚的。之所以判定其为错误观念，主要原因有以下四个方面。

①每一项外部先进技术应用于本企业工程项目，必然要经过论证分析、试验研究甚至是适应性优化调整。这些过程需要企业具备一定的研究能力、转换能力和实践能力才能完成，盲目平移甚至机械套用很有可能为企业带来严重损失甚至灭顶之灾。

②吃透外部先进技术、科学选择适合本工程项目的技术本身就是科技创新的重要内容；建筑企业对创新的理解不能浮于表面，从无到有是创新，从小到大也是新创，从低级到高级亦是创新。

③工程施工项目往往具有特定的条件，并不一定能直接从外部获取合适的先进技术；退一步看，即使能获取到，很可能会付出较高的介入成本和运维成本。

④在大型工程施工过程中，可能会面临较多的技术环节或难点，虽然某些技术点可以直接应用外部的技术成果，但集成这些技术成果以系统性保障顺利施工，基本只能依靠本企业创新力量。

综上，从获取到维护，从适用到使用，直接引进外部技术对建筑企业而言都有一定的风险和较大的不适应性；特别是当前一些资质以上的大型建筑施工企业通常将自身在行业乃至市场的定位界定为超越同行、引领市场、领跑未来等；在此复杂情境下，仅仅依靠直接引进、机械模仿外部技术显然不能支撑这一定位。建筑企业自上而下亟须纠正拿来主义的错误观念，将创新视为企业重要的竞争力依托资源，重新认识和理解创新。

2）正确理解建筑企业科技创新

当前，许多建筑企业认识到了科技创新的必要，但却找不到科技活动的方向，找不准科技活动的切入点。一些建筑企业为了展示自己对科技创新的重视，有科技创新活动的事实，采取的方式为了立项而立项，甚至为了专利、论文而对旧有活动进行包装。凡此种种，对于效益导向的建筑企业显然是不利的：这样的活动对企业价值增值毫无益处，甚至变相增加了企业成本。回到根源，结合建筑企业的营利性属性，我们可以将科技创新定义为是从技术的构想，经过研发或技术组合，到实际应用，并产生效益的一个完整的商业化过程。

由此，我们可以从以下角度理解建筑企业科技创新：对建筑施工企业来说，科技创新并不完全等于研发、不完全等于技术攻关、不完全等于技术突破，这些都只是实现科技创新的可能环节，科技创新最核心的内涵是价值。研发活动、技术攻关等举措必须以价值为导向才有意义，只有实现了价值才能属于真正意义的科技创新。所有的科技活动必须来源于企业战略目标的实现，必须支撑企业创利创效，必须有助于企业品牌价值的提升。对建筑企业下设的工程公司来说，科技活动来源于工程项目质量、安全、进度、效率、成本等方面保障的需要，而科技奖、专利、工法、论文等内容只是科技活动的可能自然产出。

3）明确科技创新在建筑企业的价值定位

①科技创新为工程项目保驾护航，不仅需要解决工程项目中的各种技术难题，确保项目顺利推进，而是更要通过不断研究、改进、优化工艺来提升项目质量安全或降低项目成本。

②科技创新对企业市场竞争形成有力支撑，通过持续科技创新保持企业主业技术优势，根据企业未来业务格局提前布局储备相应的技术，支撑未来业务的成长，而且，科技创新能够为企业品牌注入科技内涵，提高品牌价值。

③科技创新为企业可持续发展提供战略支撑，对大型建筑企业来说，应适当考虑行业乃至国家层面的科技创新活动与布局，主动开展行业级的技术研究和攻关，开展行业级的技术合作，通过推动行业技术发展提升企业影响力，进而战略性支撑企业发展。

对集团型建筑企业来说，集团总部应该持续地跟踪与业务相关的技术发展趋势，掌握国家政策和相关单位技术动态，统一组织对工程项目中存在影响全局的重大、关键、共性技术进行研究和攻关，组织开展企业内外部重大科技创新成果的应用研究，选择性、针对性推广、应用对全集团有重大价值的科技创新成果。下属工程公司应定位于本公司的工程项目技术支持与服务，要从提升项目质量安全、提高项目施工效率、降低项目施工成本、实现节能环保生态等角度主动开展工程项目层面的技术优化、工艺改进等科技创新工作。

3.1.2 建筑企业科技创新理念

1）建筑企业科技创新基本原则

建筑企业科技创新应遵循以下基本原则。

①整体性原则。科技创新工作需要整体性推进，系统性筹划。大型建筑企业各层级科技创新应合理划分，良性互动；各下属公司之间科技创新应各有侧重，形成自己的特色；科研项目立项应全局考虑，不搞重复研究，而应实施项目群管理；科技管理工作应有系统性，关注各项科技管理政策、要求之间的联系，尽可能形成合力，减少片面管理。

②有效性原则。科技创新工作干不干、干得好不好，直接判断标准就是其有效性，即看该项工作能否产生有益的结果，包括现场生产的保障、工程项目的改善、人员能力的提升以及对集团参与市场竞争、品牌增值、可持续发展等形成有效的支撑等；科技管理更应卓有成效，逐步消除无效的科技管理活动，减少高耗、低效的科技管理活动，强化高效、高附加值的科技管理活动。

③长短兼顾原则。考虑到通常今天的技术布局影响的不是当前，而是五年甚至十年后的结果，建筑企业的发展需要战略性技术储备。建筑企业科技创新工作既要考虑当前施工生产需要，也要考虑未来业务格局支撑需要，应在服务于工程项目正常进展的基础上，结合企业长期发展需要，适当进行一些储备性、关键性技术研究。

2）建筑企业科技创新基本思路

建筑企业科技创新基本思路可以归纳为"三化"：专业化、价值化、系统化。

①专业化的基本要求是科技创新工作不能停留在表面，要深入下去。思考或解决一个技术问题时，应当联想到可能相关的技术问题，系统思考，深入研究；应当珍惜每一次解决技术问题的机会，让自己的水平得到提升，每一个科技人员都要致力成为本领域的专家；科技管理工作也要实现专业化，就应当从日常琐事中解放出来，围绕科技管理专业职能开展工作。

②价值化的考量是以科技创新本质上就是一个价值化的过程为基础。科技活动只有以价值为导向才有意义，这一价值可以是经济效益，也可以是质量安全保障，还可以是构成下次成功的基础；专业化的目的也是提升工作的价值，只有落实科技创新工作的专业化，才能产生超额的附加价值。

③系统化是考虑建筑企业的生产经营活动所需满足的整体性和远见性。科技工作不能想到什么就做什么，要有一个系统的规划，要结合政策要求、上级部署、企业发展需要进行综合性布局，要让各项科技工作有机统一，形成合力，要让科技工作的推进有序安排，稳步推进。

综上所述，形成建筑企业创新的三个思路中，专业化是手段，价值化是目标，系统化是要求，对于建筑企业缔结一个完整的科技创新思路来说，三者缺一不可。

3）建筑企业科技创新重要抓手

①抓全局规划。科技创新工作应有长期规划、中期规划、短期计划，应充分利用企业内外部专家资源，认真研究制定五年期的科技发展规划，应将规划进行分解，落实责任单位、责任人，应建立规划实施的监督、反馈、调整、总结、评价、考核机制；在五年科技发展规划的基础上，结合当年实际情况，制定年度科技工作计划。工作计划不仅仅涵盖研发项目计划，还应该包括科技管理变革计划。

②抓执行落实。当前不少建筑企业存在科技计划、安排、制度落实不到位的情况，最终耗费人力、物力和财力，规划被束之高阁。计划、安排、制度一经下发，就应该被切实、有效地执行。执行单位应有自己的执行标准和目标，科技管理部门应跟踪、检查、协调执行情况，应将执行情况纳入科技考核中，每一项计划、安排、制度都应该经历"执行—总结—处理"三个阶段。

③抓关键要素。抓重点研发项目，加大对重点研发项目的经费支持力度，为重点研发项目配置高水平研发团队，科技管理部门应对重点研发项目进行全过程管理，依托单位应为重点研发项目开展创造便利条件；抓核心科技人员，利用核心科技人员影响周边人员，研究核心科技人员管理模式，充分发挥他们的能力和示范价值；抓创新体系建设，通过组织与平台建设、

科技资源优化配置、特色管理机制完善等内容打造科技创新软实力。

4）打造建筑企业科技创新体系

科技创新体系是直接影响企业科技创新活动的各种要素及其相互关系的统称。建筑企业的科技创新体系建设包括科技创新组织建设、科技创新机制建设和现场施工技术管理能力塑造。科技创新组织能够为建筑企业科技创新活动的有效开展创造必要条件，包括科技创新平台、必要的创新资源配置、有效的创新管理规则等；科技创新机制是促进广大科技人员产生创新活动意愿的基本保障，包括各种考核与评价机制、激励机制、创新条件、创新成果管理等；现场施工技术管理能够适时总结施工经验、优化施工工艺、回馈给科技创新组织最前沿技术、有效促进企业科技创新。科技创新体系思路如图3-1所示。

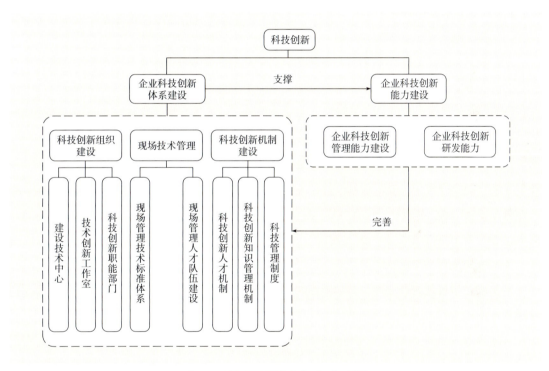

图3-1 建筑企业科技创新体系思路示意图

建筑企业科技创新体系建设的主要内容如下。

（1）科技创新组织体系建设

重点考虑科技创新组织功能定位、设置、结构以及建设方式和政府层面的布局。

①从支撑企业发展的角度思考科技创新组织应具备什么样的功能，在企业中扮演什么样的角色，这一问题包括行业或国家层面上的。

②在明确组织功能定位的基础上，研究设立什么样的科技创新机构，形态怎样（实体还是虚拟），规模大小，职能设置，人员配置与结构等。

③确定各类科技创新机构间的关系，设计沟通与协作体系。

④还应考虑科技创新组织的建设方式,是独建还是合建,是否设置成法人实体,以及是否需要在国家、地方或行业政策层面进行科技创新机构建设的部署。

(2)科技创新组织运行机制设计

针对科技创新组织的高效运行,探索各种适合企业运行的特色管理机制,应包括科技人员管理机制、科技经费管理机制、创新产出管理机制和创新活动过程管理机制。科技人员管理机制涉及科技人员的规划、引进、培养、绩效、薪酬、激励等内容,其中科技人员激励机制是重中之重;科技经费管理机制涉及科技经费的筹集、预算、使用、决算与核算、母子公司间的经费计提与拨付等内容,创新产出管理机制主要涉及专利与技术秘密的管理、成果的管理、知识的管理等内容;创新活动过程管理机制涉及科技项目的分类与管理、科技创新活动流程管理、产学研合作管理、群众性创新活动管理等内容。

(3)提高现场技术管理能力塑造

项目技术管理主要内容包括项目前期策划(包括施工调查)、设计文件审核、实施性施工组织设计的编制和执行、工程技术(专项施工)方案制定和实施、作业指导书的制定与下发、开展技术交底、优化设计变更、工程测量、试验检测、工程量控制、编制技术资料、进行技术总结和科研管理等。

关于塑造或提高现场技术管理能力的主导思想,可从以下四个方面实施。

①实现科学合理化,要求编制、优化(变更)方案要超前周到,提出的方案系统全面、经济合理、安全先进、易施易控且有可选择性。

②建立良好的工作关系,树立建设、设计、监理、施工、运营五位一体的思想,加强沟通,以保障工程正常实施和质量创优。

③落实技术管理的严谨性,各项工作的开展要符合相关法规、规范和行业标准的要求,符合制度的要求。

④实现技术管理的严肃性和可追溯性,技术工作要一板一眼地执行,档案资料要规范管理,总结要及时、真实。

5)提升建设企业科技创新能力

(1)企业科技创新能力是企业核心竞争力的构成要素

科技创新对企业发展的重要性被不断印证和广为接受,企业重视新产品、新技术、新工艺的研究与开发已经成为一种新常态。随着技术更新速度的加快,科技创新并不是一次性的,持续的研究与开发才能保持企业的竞争优势,由此,代表着持续影响技术产出的科技创新能力或自主创新能力被提升到企业的战略高度,国内许多优秀企业都将科技创新能力作为企业的核心能力针对性地进行培育。然而,我国相当多的建筑企业将科技创新能力的建设理解为抓几项具体的技术或产品,一旦产出了几项重大的技术就认为自己的科技创新能力强,这是不对的。事实上,科技创新能力的建设不仅仅是抓几项技术或产品的问题,而是要培育和强化能够使企业拥有不断创造和应用技术的能力，而这种能力很大程度上取决于科技创新组织的健全程度、创新资源配置的合理性、创新机制设计的有效性等方面。

在一些企业中还存在着另一种观点认为：科技创新战略就是技术战略，至于科技创新能力建设内容则可以作为技术战略的保障性内容纳入技术战略的考虑范畴。表面上看来，这一观点没有任何问题，因为其实能够做到这一点也算是不错了，事实上我国大多数企业连这一点也没做到；但把这一观点置于企业的长远发展来看却站不住脚。从背后的逻辑上来看，科技创新能力建设是具体技术性活动的基础，只有具备科技创新能力才能开展具体的研究开发活动。对企业来说，科技创新能力是一个更为重要的概念，在其基础上，能够持续地孵化出企业所需要的新技术、新产品、新工艺等具体的创新产出。因此，科技创新能力战略并不仅仅是为了支撑当期的技术战略，而是为了满足企业长期可持续发展的需要。建筑企业应当认识并且坚信，企业真正的核心竞争力不是某项先进的技术或产品，而是企业具有的科技创新能力。

（2）高效科技管理工作助力企业科技能力建设

根据企业核心能力理论，核心能力是组织中的积累性学识，特别是关于如何协调不同生产技术和有机结合各种技术流的学识。在企业核心能力理论基础上发展起来的动态能力理论认为，影响企业竞争优势的是企业管理中某些可以保证企业适应环境变化的能力，这些能力主要表现为整合和管理内外部组织技能、资源和职能的水平，它具体存在于企业的组织流程中。对一个科技创新组织来说，科技创新资源很重要，然而资源并不能形成科技创新能力，只有对创新资源进行合理的配置与管理，尤其是对科技人员这类具有主观创造力的人力资源进行有效的管理，才能形成企业的科技创新能力。从另一方面说，科技管理是对科技创新活动科学的计划、组织、协调、控制，以及为科技创新的产生和有效开展创造各种条件的活动。其目的是获得高效率、高质量的科技创新成果的产出，这些成果尤其是持续的高质量科技创新成果不是因为有了科技管理才出现，而是因为具备了科技创新能力，科技管理的本质是为了培育和强化企业科技创新能力，这也是科技管理活动在企业中的核心价值所在。

常规科技创新并非都是有益的，高效企业科技管理能够提升科技创新的能力建设，其思路就是对科技创新所谓的常规、变异、选择和保留等诸多方面进行管理。具体来说，就是改变不适应企业发展和科技创新战略的行为方式，选择和不断完善适应企业发展和科技创新战略的行为方式，使其在企业内部被接受和使用，并确保这些有效的行为方式被传承下去。

（3）强化企业科技研发能力保障企业科技能力建设

企业重视新产品、新技术、新工艺的研究与开发应成为一种新常态，建筑企业概莫能外。先进技术市场具有较强的垄断性及排他性，大多数企业难以通过购买直接获取先进及核心技术，企业技术水平与先进水平存在一定差距，因此通过自主研发获取先进技术是大规模企业尤其是行业领先者的必要选择。与此同时，自主研发技术大多处于行业较为领先水平，具有较为明显的技术优势，其成果转化为产品在市场竞争中也更具有吸引力，企业自主研发产生的创新绩效往往能够带来较高利润。由于自主研发所获取的成果具有较强创新性和非替代性，企业容易在一定期间内保持其技术垄断优势，从而获得更高的经济效益。此外，企业在自主研发过程中，还可以通过研中学直接增加知识积累，更好地对现有知识进行利用和吸收，进而提升企业科技创新能力。

综上所述，培育和强化能够使企业拥有不断创造和应用技术的能力，是科技创新工作中的重中之重。

6）厘清科技人员的地位和作用

（1）科技人员是建筑企业发展的顶梁柱

建筑企业的发展离不开全体人员的共同努力，其中非常重要的一点就是创新精神的积蕴与践行。历史已经证明，创新是社会经济发展的关键要素，尤其是在当今外部环境复杂、技术发展日新月异的新时代。科技人员是一个具有独特专业知识、强大创新力和浓厚探索欲的团队，应理直气壮地成为建筑企业发展的顶梁柱。一流的企业需要一流的科技创新，一流的科技创新离不开一流的科技团队；而一流科技团队就要具有一流的研究水平，产出一流的科技成果，形成一流的价值作为终极支撑。

（2）科技人员应坚守岗位所赋予特有使命

①创新的责任。科技人员必须牢记自己的责任，认真履行自己的责任。这里的责任不仅仅是已知的岗位职责，更包括科技创新工作本身所赋予的创新责任，这是一种超越常规、基于价值创造的责任，它正是科技人员身份的特有表征。

②创新的主动性。科技工作的核心职能是创新，而不是被动地执行被安排的具体工作，科技活动较高的不确定性，很多工作是不能被安排的，施工过程中我们不知道下一秒会出现什么技术问题，我们不能等着问题出现再去解决，要提前进行分析、研究和知识储备，尽可能将问题消灭在萌芽状态，或将出现问题产生的影响降到最低，科技人员应该主动地去思考如何发挥自己的价值。

③超越道德的良知。心学创始人王守仁提出的"良知"并不仅仅是道德层面的，它是一种不假外力的内在力量，是一种初心。科技人员不仅应坚守自己的德行，还应顺应自己的内心，从坚守创新责任出发，敢于对一切阻碍科技进步、科技创新管理水平提升的思想、行为、制度说"不"。

（3）技能人员应当好一线施工生产的主力军

如果说专业技术人员的最显著特征是创新，那么能够描摹技能人员的最显著特征就是工匠精神，它代表着精湛的技艺、严谨专注的工作态度、精益求精的工作理念，这也正是建筑企业文化的一部分。技能人员是一线施工生产的主力军，是高质量发展征程中不可或缺的组成部分，理应扮演好项目施工过程中的主人翁角色，既要对内真正体现所属企业职工风范，又要对外展示良好形象，甚至做出表率。根植于中华传统丰厚土壤之中的德艺兼修、物我合一的境界应该是技能人员的不懈追求。每一个技能人员都应该有自己的专长，都应该形成自己的特色，都应该立足岗位，制定自己的学习、技能提升计划，业精于勤荒于嬉，只要勤学、勤干、勤思，技能人员同样能成为专家、成为骨干、成就一番大事业。

（4）科技管理者要成为企业管理创新的先行者

每一个管理者都具有执行者、沟通者、设计师和布道者四种角色，根据工作性质和层级的不同，四种角色的分量有所差别。对面向较高不确定性的科技管理者来说，不能局限于日常常规性的工作，而应该从科技管理岗位的专业性角度挖掘本岗位的价值，通过科学的规划、规范的流程、坚定的执行力及主动的科技服务来推动科技工作效率的提升。科技管理人员既是管理职责的执行者，也是本岗位管理职责的设计师，每一位科技管理人员都应该致力于成为本岗位的专家，要勇当企业管理创新的先行者。科技管理岗位从来都不是一个被动执行角色，与生俱来带有创新属性，层级越高，这一属性越明显。总工程师要对单位整体科技创新体系建设负责，科技管理部门负责人要对部门职责体系负责，基层科技管理人员要对科技管理岗位职责合理性负责。

3.2 科技创新之度势

3.2.1 建筑企业科技创新的背景与问题

1）建筑企业科技创新背景

（1）国家政策经济环境分析

随着我国经济结构调整的深入，经济质量已经取代经济规模成为未来相当长一段时间内关注的焦点，在中高速增长新常态下，中央提出了创新驱动发展的战略思路。十八大提出的"五位一体"发展理念，创新被列于首位；十九大进一步明确建立以企业为主体、市场为导向、产学研深度融合的技术创新体系。建筑企业快速扩张粗放式经营，将逐步向深耕细作集约化经营方式转变，创新驱动发展不仅对企业技术创新能力提出了更高的要求，而且对影响企业技术创新能力提升的技术体系也提出了挑战。2020年7月，住房和城乡建设部、国家发改委等13个部委联合下发《关于推动智能建造与建筑工业化协同发展的指导意见》（简称《指导意见》），《指导意见》明确提出，要围绕建筑业高质量发展总体目标，以大力发展建筑工业化为载体，以数字化、智能化升级为动力，形成涵盖科研、设计、生产加工、施工装配、运营等全产业链融合一体的智能建造产业体系。面向施工现场的传统技术体系，已经不能支撑企业的发展；前瞻性布局、专业化发展、强调协同的技术体系才能与新的企业经营模式相适应。

国企改革正式迈入快车道，2019年年底召开的中央经济工作会议指出，要加快国资国企改革，推动国有资本布局优化调整。明确要求央企要聚焦主业、做强实业。2020年6月30日，中央全面深化改革委员会第十四次会议审议通过了《国企改革三年行动方案（2020—2022年）》，抓重点、补短板、强弱项的号召进一步明确国企改革的方向和思路。企业必须拥有自己强大竞争力的主业，而支撑主业竞争优势的关键就是系统掌握主业核心技术。未来建筑企业应围绕主业积极进行研发布局，培育和强化主业的技术研究能力和技术支持能力。为了提升行业整体竞争力，具有竞争关系的同业之间的整合，也是国企改革的必然趋势，而拥有核心乃至领先技术支撑的主业，将在整合过程中拥有主导地位。

（2）新基建带来的新挑战分析

2018年12月，中央经济工作会议上，正式把"5G、人工智能、工业互联网、物联网"定义为新型基础设施建设，随后，加强新一代信息基础设施建设被列入《2019年国务院政府工作报告》。新基建的新在基建的内涵由传统的土木基建向信息基建、数字基建转型，无论是人工智能还是物联网，都体现数字经济的特征；而这一点，恰恰是建筑企业十分薄弱的环节。据麦肯锡国际研究院发布的报告显示，在全球机构行业数字化指数排行中，建筑业在资产数字化、业务流程及应用数字化方面排在倒数第二位，仅高于农业。而中国建筑业信息化水平仍大幅低于国际平均水平，足以看出从土木基建到信息基建，未来建筑业的信息化将会有广阔的发展空间。除思想观念和传统工作方式受到冲击外，建筑施工企业缺乏信息化人才、工程施工环境特殊、技术服务和产品难落地都是导致信息化投入和应用水平不高的原因。

虽然当前的新冠疫情也对我国建筑业产生了较大影响，但也必将推动建筑业高质量发展。当火神山、雷神山等医院建设中所展现出的中国速度震惊世人时，其背后支撑的是先进的装配式建造技术，中国技术和中国质量正在接受世界建筑市场的关注，也在接受世界建筑市场的考验。后疫情时代，随着人们对生命、安全意识的提升，建筑业高质量发展也将提速，而BIM技术与装配式建筑的完美结合将为建筑产业转型、创新发展新模式带来无限机遇。

（3）双循环格局创造的新机遇分析

以新冠肺炎疫情席卷全球为代表的全球公共危机，自2020年初即对包括建筑业在内的各行各业带来大规模的影响。事实上，这一背景及其产生的影响和一系列结果并不是经济和市场本身的规律，建筑行业势必从最基层逻辑开始，不得不面对撕裂和重组。在此背景下，习近平总书记提出了以国内循环为主体、国内国际双循环相互促进的发展新格局，这是对这个时代节点下国家发展的精准研判。对建筑业来说，双循环发展新格局下，中国建筑企业的发展之路更值得深究。

双循环发展模式引申到建筑领域，进一步引导建筑领域不断深化变革。建筑业双循环要求建筑行业领域持续纵向延伸，通过对相同设计理念的建筑细分领域进行打包整合，联合发展，提升科技含量，共同加入全球竞争。如"BIM+装配式"因其顶层设计理念契合，共同服务于绿色建造，需要发挥引领作用，不断进行技术升级，凭借信息化水平进行外部交流合作，加入全球化竞争。同时，建筑全球化也对国内建筑工业化提出了新的要求。建筑行业需要以信息化促工业化，亟须将5G、人工智能、大数据、物联网等技术不断深入渗透建筑领域各个分支,进行数字化转型,以科技实力作为核心竞争力加入全球化进程,助力外部循环。以垂直领域的引领作用,不断进行纵向延伸,进行技术深挖,以科技实力推动中国建筑国际化进程。

（4）技术发展趋势分析

中国的建筑业亟须从高速推进转向品质提升的新阶段,"十四五"将是我国建筑企业的关键转型期和重要机遇期。高性能、可持续土木工程将成为未来发展的主旋律;提升抵御多重灾害的能力是未来土木工程科技发展的重要任务;劳动力紧缺逼迫土木工程产业不断转型升级,多学科交叉与多领域协作助推土木工程技术创新。

"十四五"期间我国土木工程技术发展有四大趋势值得关注。一是高性能结构工程技术,包括新型高性能土木结构体系关键技术、环境友好型高性能纤维增强复合材料及其基础设施结构关键应用技术、新型高效节能与绿色环保材料制备与应用关键技术、基于全寿命期性能的土木结构设计、建造、运营、拆除等技术。二是土木工程绿色建造技术,包括近海及海岛工程绿色建造技术、基于资源高效利用的绿色建造技术、新型高效节能与绿色环保材料制备与应用关键技术、新型施工与运维技术等、超长深埋隧道绿色施工技术等。三是高度现代化与智能化的土木工程建造技术,包括基于信息化技术的装配式建造技术、建筑工程的3D打印（建造）技术、基于3D打印技术的高性能纤维增强水泥基复合材料的制备及应用、建筑结构的质量与安全监控预警技术、基于5G的土木工程行业的信息化管理技术等。四是创新型土木工程理论、方法、软硬件设施及标准化,包括土木建筑工业化的标准化集成设计技术、超高层复杂建筑建造成套技术、城市地下大空间安全施工技术、岛礁建设用特种材料制备及应用技术、超大跨度桥梁及超长深埋隧道的创新型理论、施工技术及标准等。

2）建筑企业科技创新问题分析

建筑企业是国民经济支柱产业之一,其给外界的印象是一个劳动密集、讲究人海战术的行业。近些年,虽然一些优秀的建筑施工企业通过优质工程,展示了其科技创新的重大突破,但与工业企业相比,其科技创新总体上还不够突出。固然,建筑产品的复杂性、一次性、临时性、契约特性、不同环节分割以及外部社会和环节效应等客观因素对建筑施工企业产生了一定的影响,但根本原因来自企业内部。创新文化缺失、创新需求不足、缺乏品牌意识、科技人员管理机制落后等问题,成为建筑施工企业开展科技创新的主要阻碍。以下对其进行相关分析。

（1）建筑企业科技创新表象问题分析

总体来看,建筑企业科技创新"四不"现象仍旧普遍。

①科技创新水平不突出。虽然建筑业各类科技奖励、专利、论文、工法等科技产出不断增长,也不缺高等级的科技成果,但相比于工业企业来说,建筑企业科技创新的普遍性并不高,总体水平仍较低,大量的建筑企业始终处于科技创新的低层次,甚至没有科技创新。

②科技创新体系不健全。不少建筑企业建立各类科技创新平台,如企业技术中心、创新工作室,但大部分虚化严重,真正影响建筑企业持续科技产出的创新体系仍旧没有形成,创新

组织的专业化水平不高、科技资源的配置不合理、科技人员的激励机制不健全、科技制度不系统执行不力等现实问题依然存在。

③科技创新氛围不浓厚。绝大多数建筑企业的重心在市场经营，在干好工程项目上，科技创新有被边缘化的趋势，加上项目经理这一岗位的特殊影响性，大量科技人员热衷于追求走上行政岗位，科技创新逐渐被忽视，主动创新更是少见，许多科技人员仍习惯于被安排工作的执行者角色。

④科技创新价值不明显。建筑企业科技活动确实解决了许多项目施工中的难题，保障了工程项目的顺利开展，但相比于工业企业来说，建筑企业前瞻性、储备性科技活动并不多，在真正驱动企业发展方面的价值并不明显；除此之外，建筑企业科技成果转化价值远远不够，更是其暂未引发持续关注和大力度支持的主要原因。

（2）建筑企业科技创新的根本问题

针对建筑企业科技创新存在的"四不"现状，我们可通过与建筑企业科技创新面临的内部外环境结合分析，发现该状况的形成与建筑企业存在的根本性问题密切相关。

①建筑企业对科技创新认识不深刻。对科技创新认识不深刻、不全面影响了科技创新在企业中的价值定位，也影响着企业对科技创新工作的长期布局，在不少建筑企业内部还存在要不要科技创新的疑问，在这些企业当中，至于怎样理解科技创新，如何开展科技创新，当然就不会有人去思考。

科技创新在建筑企业中到底扮演什么样的角色，是一个基本的定位问题。关于其是引领还是支撑的讨论，至今未有定论，而事实上，不同的功能定位将带来不同的科技创新策略。在许多企业中，科技创新的功能定位并不清晰。这严重影响了科技创新的布局、创新组织的建设、创新资源的配置等工作的思路和重点，进而影响科技创新工作的系统性、针对性和效力性。对大型建筑企业来说，科技创新功能定位问题更为复杂，集团母公司和下设工程公司两级科技创新定位并不相同。在不少大型建筑企业中，科技创新工作有明显的个人主观性和随意性。

②建筑企业科技创新人才匮乏。建筑企业缺乏科技创新人才是建筑企业科技创新面临的资源问题。鉴于建筑施工单位的特殊性以及公司现状，专职从事科技创新的技术人员较少，科技创新工作依附于施工生产较为被动。科技创新工作的开展离不开科研课题立项、实施与管理，在实际操作过程中，项目上没有单独的科技管理人员，而兼职人员正常的施工生产管理工作强度大，致使科研管理工作不能制度化和常态化，导致后期科研计划结题困难，成果产出量不高。

科技人员激励问题是当前绝大部分问题的根源，激励机制不完善、制度执行不到位、激励力度不够，对科技人员创新的主动性、积极性产生了严重的制约，进而产生了一系列的问题。问题包括：创新氛围不浓、不愿思考不愿担责、创新产出价值不高、创新工作效率低下，众多优秀的科技人员离开了科技岗位，甚至离职。科技人才的流失进一步加剧了科技创新及科技创新管理问题，由此产生恶性循环。

③建筑企业现场技术管理存在漏洞。

a. 技术管理体系不完善，制度执行不到位。当前，建筑企业的数量众多，大部分建筑企业，特别是国有大型建筑企业都有相应的技术管理体系，但由于各自的企业规模和管理水平存在较大差异，因此各自的技术管理体系也不尽相同，管理水平也参差不齐。有些建筑企业技术管理体系不完善，现场施工技术管理混乱，部门之间工作职责界定不清，有些工作重复做，有些工作没人做，导致出现问题无法追责。有些建筑企业虽有相对完善的技术管理体系，但是相关制度执行落实不到位，甚至一些管理人员不清楚、不掌握自己的管理内容，导致现场技术管理工作不能按照制度要求有效推进，为施工质量埋下隐患。

b. 技术标准体系不健全，要求不统一。有效的技术标准体系是建筑企业发展的有力支撑，但目前，仍存在部分建筑企业没有健全、完善的技术标准体系，不能形成自己的技术特点，无法实现工程质量的高标准要求；有些建筑企业下属的分公司、子公司技术标准自成一派，各不相同，无法体现整个企业的技术特色。

④科技创新制度存在缺陷。完善的科技创新制度能够保证科技创新工作的有效进行，众多建筑企业因为对科技创新没有清晰认识，导致制定的科技创新制度存在缺陷。例如，科技创新有关部门职能规定不完善，就可能存在管理效率低下、部门之间相互推诿等现象；人才激励制度存在缺陷，就会造成人才积极性低、企业科技创新效率慢等现象；科技成果管理制度存在缺陷，就会造成科技创新成果转换困难、转换率低甚至出现科技成果抄袭现象。

⑤科技创新文化不浓厚。企业科技创新文化的浓厚性与企业内员工科技创新积极性正相关：科技创新氛围越好，文化越浓厚，则员工科技创新的积极性越高；反之亦然。建筑企业大都处于科技转型的初步阶段，缺乏有关科技创新文化建设活动的举行。企业科技创新文化不浓厚，在某种程度上说严重削弱企业职工创新主动性、积极性甚至基本的参与性。归结为一句话，在建筑企业的企业文化中缺乏企业科技创新的核心理念，势必严重影响企业科技创新工作的开展。

3.2.2 建筑企业科技创新工作任务分析

（1）建筑企业对提高核心竞争力的诉求分析

未来将是一个高度发达、高度智能、高度机械化的社会。特别是到中国制造 2025 年，将是考验企业能不能跟上新时代、实现科技创新关键一跃的变革时期，建筑企业对此高度关注并基本达成共识：应该围绕核心发力，打造具有企业独特优势的技术能力。

建筑企业表现出聚焦核心业务集中力量开展重点技术攻关的势头。科技创新不一定要高大上，但要符合市场和行业的导向与需求。建筑企业的科技创新应当跟着全产业链服务和供应链竞争的前沿性需求走；跟着机械化、自动化研发的趋势走；跟着降低劳动强度、提高质量标准、缩短工期、降低安全风险走。具体可以结合主营业务领域和工程项目环境特点，确立能形成本企业未来技术优势的科研课题，开展有组织、有目的、有方向、有高度的统一部署。工程项目、工程公司层面应大力推进科研攻关、全面质量管理（QC）成果、专利发明等工作；提供必要的科研经费；广泛开展群众性经济技术创新，发挥群众的智慧，提高技术创新实用性；应有效总结、提炼本企业历史积淀的科技成果产出，运用到实践中创造新的价值；应充分借助企业中的创新平台（如博士后工作站、企业技术中心、工程实验室等），破解科技难题。

除此之外，大型建筑企业持续深入研究建筑行业科技发展动向，深刻把握未来产业发展方向，通过前瞻性的科技创新活动，使企业在相关领域始终站在时代前沿。建筑企业应当充分发挥大型建筑企业集科研、设计、施工、制造于一体的优势，在自主创新、科技攻关、推广应用、成果转化、信息共享、咨询服务等各个环节，加强联合协作，扬长避短，实现科技资源的优化配置；紧紧围绕主业发展，加大科技研发，尽快掌握本行业的核心技术，积极采用国际标准和国外先进标准，制定具有自身特点的企业技术标准和施工工法，逐步完善建筑企业标准管理机制，形成符合企业发展战略需要的技术标准体系。

可以看出，无论是何种规模的建筑企业，也无论是实施生存战略、强化战略还是领先战略的建筑企业，都已在这一时代背景下认识到了高质量科技创新的意义与价值，并呈现出了积极探索与尝试的勇气和决心。

（2）建筑企业对科技创新能力建设的重视

技术很重要，但能力更重要。能力是技术之所以成为技术而不是空想、空谈的孵化器，它直接影响技术尤其是高水平技术的产出。经案例研究和实践总结，建筑企业在技术研究的基础上，从以下四个方面表现出对加强科技创新能力培育与建设的重视。

①加强技术研究能力。一些建筑企业有意识地布局技术研究能力，比如借助科技项目立项、专业研究机构建设、创新团队设置，整合内部优秀专业人才，强化专业技术研究能力，持续形成优势技术的沉淀；适时申报省部级、国家工程研究中心、重点实验室等专业研究平台，进一步推动技术研究能力的形成。

②加强技术服务能力。技术服务是建筑企业科技创新中一项十分重要职能，在开展技术服务的同时，一些建筑企业系统考虑技术服务能力的培育，通过技术服务团队的建设、技术专家的选拔与业务管理来推动服务能力的形成；对大型建筑企业来说，集团总部应引导主力工程公司区别性培育自己的优势能力，并构建技术服务能力辐射和共享体系。

③加强战略性研究能力。科技人员是一个高学历、高素质的群体，具有较强的研究能力，除了开展面向市场、面向生产的技术性研究之外，还可进行面向决策的战略性研究，特别是大型建筑企业着力培育战略性研究能力，开展创新政策研究、技术趋势研究、信息情报研究、竞争对手研究乃至创新管理方法研究，为内部管理及高层决策提供直接支持。

④加强科技管理能力。一些建筑企业设置了专职的科技管理机构和岗位，探索建立有效的科技管理制度，以期通过深入推进科技管理的专业化、价值化和系统化，提升建筑企业科技管理能力。

（3）建筑企业对科技管理变革的扎实推进

对于科技管理的变革，特别是从源头激发科技创新活力而言，当前建筑企业主要做出以下探索和努力。

①研究推进专业技术发展权责体系。观察处于生命周期的成熟期建筑企业，可以看到此类建筑企业多围绕主要专业设立专业技术负责人，授予必要的资源调配权利，给予一定的经费资助，探索如何使其持续有效地有能力亦有资源担负起本专业技术的发展和人才培养的重任。

②建立科技创新评价与考核体系。科技创新工作干得好不好，应有一个科学的评价。为此，一些建筑企业对其科技创新态势实施监测，探索逐步建立对各级科技创新组织、岗位的科技创新绩效评价与考核机制，利用科技创新评价与考核这一工具，引导科技创新工作良性循环。

③逐步打通科技人才发展通道。许多建筑企业内部设有职称评选、专家评选的环节与活动，但这并不能构成真正意义上的发展通道，行业中，科技人员追求走上行政岗位仍是普遍现象；一些建筑企业着力探索在专家评选基础上做进一步研究，构建能有效影响科技人员潜心科技创新工作的发展通道：让每一位科技人员都能看到自己的前途，能把握自己的前途。干得怎么样创造了多少价值，与之相应地能够申请到达什么梯位，让科技人员没有后顾之忧。

④进一步完善科技知识分享与使用机制。企业内部通常存在许多有价值的知识或资料，但由于管理不科学导致其价值无法发挥，因此企业科技知识库的建设是一个十分必要的手段。一些建筑企业更具主动性，在科技知识库建立的基础上，探索建立和健全科技人才信息库建设、技术交流平台建设和科技知识激励机制建设，将有效激励建筑企业科技人员进行知识分享、技术交流、对口咨询，进而提升创新活力。

⑤构建长效对外合作机制。建筑企业科技创新离不开外部力量的支持，有必要与一些优质高校或院所建立起长期、稳定的合作关系；一些建筑企业已深入开展产、学、研融合，使外部智力资源能够深度参与到企业科技创新活动和人才培养工作中来。

3.3 科技创新之谋定

3.3.1 建筑企业科技创新体系建设

1）建筑企业科技创新组织建设

（1）科技创新组织功能定位

①企业成长的发动机。作为建筑企业技术创新的主要承担者，科技创新组织为企业开发市场所需要的产品、提供生产所需要的各种工艺技术，为企业的内外运作提供技术支持；还通

过对政策、经济、市场等研究为建筑企业寻找新的发展机会，并研发企业未来可能需要的各种储备性产品和技术。这些工作有效地保持着建筑企业成长和健康发展的状态，像发动机一样时刻为建筑企业的成长提供源源不断的驱动力。

②高层管理决策的智囊团。技术性的研发活动离不开对外部各种环境的掌握。因此拥有较强研究能力的科技创新组织除了对企业的产品、技术、工艺等进行研究开发之外，还应该对建筑企业的发展环境、技术趋势、竞争对手、战略、重大项目决策等进行研究，为企业高层管理者的决策提供直接支持。

③技术创新资源的整合者。通过科技创新组织架构的设计，为各种技术创新资源的有效利用打好基础；可根据企业的发展战略，优化科技资源配置，集中优势科技资源对事关建筑企业生存和长远发展的重大事项进行支持；通过创新组织吸引外部优秀人才的加盟或为企业所用；梳理企业内部知识资源，建立企业内部知识数据库及共享、交流平台，为企业技术创新活动提供参考；以企业技术中心为核心构建内外部信息收集网络，有针对性地进行信息的采集、加工、分析及服务。

（2）科技创新组织架构设计

上述三大功能定位为企业科技创新组织的架构设计提供了总体思路，建筑企业的科技创新组织建设路径，应以企业技术中心为具体表现形式，并持续推进技术中心的实体化建设进程。实体化并非指组织形式的实体化，而更强调技术中心功能、价值的具体化。技术中心的实体化建设，并非将整个技术中心建成一个实体性组织，而是将技术中心包含的核心组织进行专业化建设，将其中部分组织形成公司内部的正式组织机构，通过若干运行机制和沟通路径，将不同功能状态的技术创新组织联结形成联盟式（虚拟性）的技术中心。

2）建筑企业科技创新机制建设

（1）科技管理职能专业化整合

将技术中心下设的科技开发部门定位于企业科技管理的司令部，从统筹和服务两大功能出发，对科技管理职能进行了专业化、价值化和系统化梳理。整合后，突出了创新体系建设、科技项目管理和现场技术管理三大核心创新管理职能，并组建了相应的三大部门。

①创新体系建设部门。该部门定位于科技管理综合性、研究性职能，具体职能包括：科技发展与创新能力建设规划及落实、各级科技平台或资质组织申报与维护、科技绩效评价与考核、科技管理包括特色创新机制研究与推进在内的有效性变革、科技管理制度建设、上级科技创新综合性政策的推进利用等。

②科研项目开发部门。该部门定位于科技活动过程与结果的专项管理。具体职能包括：科研项目的布局、年度计划、立项、过程跟踪、验收、对内外进行事前、事后评价的组织，上级科研项目立项跟踪及组织申报，科研项目产出及成果的管理，科研项目经费管理，科研项目及成果资料的管理，科技产出的推广应用。

③工程技术管理部门。该部门定位于实施关于企业工程技术的管理，具体职能包括：审

核工程项目的重大、重要施工方案，解决施工技术重难点问题，设施管理政策出台与方案策划、审查和检查，为企业工程施工提供技术指导、培训及服务，组织企业技术交流。

（2）制定科技管理制度

建筑企业应针对企业科技项目、科技经费、专利、论文、工法、科技奖励、专家业务等管理思路和内容，制定相应科研经费管理办法、专家科技业务管理细则、研发费加计扣除管理办法，修订科研项目管理办法、专利管理办法、论文管理办法、工法管理办法、科技奖励管理办法，对所有有效科技管理制度进行汇编。

（3）技术创新工作室机制

建筑施工企业大量的科技创新依托施工项目，但技术中心专业性研究机构更多是定位共性技术的研究、推广等，直接支撑工程项目开展的针对性技术攻关、现场技术服务等功能等并不明确，为此可参考某大型国企创建技术创新工作室机制。

技术创新工作室是以在技术技能、科学研究、技术创新、管理创新等某个方面有专长，有一定理论水平、工作经验和创新能力的领军人物作为技术创新带头人，围绕企业的生产经营，开展技术研究、科技攻关、管理变革，以及技术技能提升、专业人才培养等工作而建立的技术创新团队。其主要任务：推广先进创新理念、技术和方法，带动行业或专业技能素质水平的提高，解决各专业的技术发展瓶颈；围绕降低成本、技术进步、安全生产、提质增效等课题，组织开展技术研究、科技攻关、管理创新等活动；推广应用新技术，加快科技成果转化，驱动企业发展；培养企业发展急需的研发、技能、管理创新等方面的人才。技术创新工作室实行技术创新带头人负责制，每个技术创新工作室选配2～4名专职创新助理，并配备多名兼职创新人员。技术创新工作室自主确定创新方向、形式、方法和内容，可申报承担集团公司级及以上科技研发项目、技术攻关项目，也可自行确定研究、创新项目或创新工艺、方法。企业每年对每个技术创新工作室应给相应专项经费补贴，经费在符合财务管理规定的前提下由工作室负责人自行支配。每年科技部对各技术创新工作室进行评价，评价结果分等，并对优秀技术创新工作室给予奖励。

（4）建立科技知识库

大型建筑企业应当建立科技知识库，梳理了企业历年技术类文件，进行分类、提炼和编码，扫描或录入形成电子文档，完善资料属性，建立索引。科技知识库是整合了企业内外部科技知识的专业数据库，可供有预算条件支撑的建筑企业参考；其他建筑企业亦可以根据自身情况从中筛选。外部知识可涵盖中国知网中关于工程科技、信息科技、经济与管理学科三大领域的期刊、硕博士、会议等全部论文资料；内部知识可囊括近十年范围内企业工程项目现场技术、科技项目全过程资料、科技成果、技术标准、工法、科技论文、知识产权、规章制度、工作总结、工作报告及外报资料等内容，文件类型包括文档、视频、音频。围绕企业内外部科技知识，提供了知识上传、检索、点评以及必要的知识审核功能，形成了企业内部科技人员及科技管理人员网络在线使用的科技知识库管理系统。

企业科技知识库的建立与完善能为企业科技人员及科技管理人员的学习、工作形成有效的支撑。科技人员尤其是现场技术人员遇到技术难题时，可迅速从中获取历史经验；科技管理人员在撰写科技材料或落实管理要求时，不必再为寻找某一证书、制度、工作报告或理论支撑材料而浪费大量的时间。

（5）科技人才培养

除前文所述的科技人才培养的形势、注意事项外，建筑企业可尝试建立首席专家、专家运行机制。为了拓宽科技人员的发展通道，设立首席专家、专家运行机制，为科技人员提供了专业化的发展通道。具体谋划层面，可以考虑将四年或与企业短期规划相匹配的时长设置为一个聘期，在此聘期内对首席专家、专家分别给予相应津贴，并有与之配套的考核机制与体系；亦下发相应管理细则，对专家业务管理做出进一步的规范，明确专家对后备科技人才培养的职能。

在科技人才培养体系层面可考虑谋划建立工程人才科技库。大型建筑企业人才队伍中不乏大量的优秀科技人才，但面对业务量大、众多复杂施工技术环境来说，高水平的科技人员是不足的。为了解决这一问题，应建立工程技术人才库运行机制，通过工程技术人才库将全企业优秀科技人才组织起来，充分发挥他们的价值，同时通过该库也使科技人才得到更多的锻炼和学习交流机会。

此外，建筑企业可积极利用外部平台培养科技人员。大型建筑企业可与各高校进行校企合作，培养适合企业发展的科技人才，为企业科技人才的培养和储备打下坚实的基础。

3）建筑企业现场技术管理

（1）现场技术标准体系的建立与完善

建筑企业在建立或完善其现场技术标准体系时，主要应从以下四个方面着手。

①规范化、标准化。现场技术管理必须严格贯彻落实规范化与标准化基本原则。该原则是保证工程有序施工的关键，能够有效控制施工阶段的主观随意性问题，切实增强现场规范施工意识，在很大程度上提升施工效率，维护施工现场秩序。

②科学化、合理化。技术标准必须坚持科学化、合理化原则，积极引入新设备、新技术与新工艺，将先进技术和现场施工合理结合，实现工程建设科学、有序施工，促进各项资源的最优配置，以最优途径实现工程建设目标。

③经济效益最大化。建筑企业的终极目标还是要盈利的，因此在确保工程施工进度的前提下，也要积极进行方案比选，选用先进技术，控制成本，最大程度上降低不必要的支出，避免资金浪费，为企业谋求最大效益。

④确保技术体系标准落地。有了完善的技术标准体系，如何确保标准的执行落实就显得尤为重要，只有真正将技术标准体系在日常技术管理中落地生根，才能发挥作用，才能给企业带来经济和社会效益。

关于技术体系标准落地方面，建筑企业可参考成熟大企业的做法，并结合自身实际予以系统谋划。结合自身发展定位及主要业务领域，通过完善相应的技术管理体系，制定相关技术管理办法，分专业编制工程项目实施性施工组织设计蓝本、工艺作业指南、工效指标，制作工艺作业指南交底视频，并在企业范围内进行全面推广。在实施过程中帮扶工程项目建立健全技术标准管理体系，指导编制项目实施方案，积极推行工艺作业标准化。可积极开展项目经理讲施组、月施组运行情况分析、施组动态调整、技术管理专项检查等活动，定期考核评比等方式，积极发挥技术工作的引领作用，较好地解决技术标准执行难的问题。多方谋划以期形成技术为先的项目管理氛围，从而实现项目安全、质量、进度、效益互促共赢。

（2）强化现场技术管理

①技术管理要有超前性。技术管理工作在工程建设中应提前介入，提前介入在项目最终成败中起重要作用。

在勘查设计阶段从施工方面为设计人员可以提出一些合理化建议，为后续施工提供便利。结合了施工理念的设计，编制的施工方案更可行，安全措施有保证，工程质量更可靠，投入的资源和时间最优，经济效益最好。

在投标阶段深入现场进行实地考察，可以根据现场地形地貌，选择合理施工工艺，编制可行施工方案，预估材料的采购和运输费，为投标报价做出正确的指导。

②技术管理要有全局性。技术管理在施工过程中起到灵魂作用，在施工中从前期、中期和后期贯穿于全过程。

施工前期，技术管理重在规划。涵盖建立管理体系、临时设施建设、图纸审查、完善技术管理资料等工作。

完善各项规章制度，建立良好的技术管理体系，确保体系的有效运转。规章制度是保证体系正常运转的前提条件，制度健全，在技术管理中分工明确，各负其责，过程中有约束条件，出现问题按制度处理。

临时设施建设是工程建设的首要条件。临时工程服务于施工生产的整个过程，规划合理有利于组织施工生产，降低工程建设成本，减少环境污染，造福当地人民。

图纸审查是工程建设的前提条件，通过审查图纸，发现图纸中的差错漏，并及时进行改正，保证施工的正常进行，实现完美竣工。

技术管理资料有施工工艺、施工方案、技术交底等内容，技术管理资料明确了施工方向、过程中控制方法和达到的工程质量控制目标。

施工中期建设阶段技术管理加强过程管控。在过程中加强技术指导，严格执行按图施工、按制定的方案施工、按工艺流程施工，确保每道工序关键环节控制到位，安全、质量措施落实到位，建造合格工程、精品工程。

施工后期建设阶段技术管理做好总结。工程总结是技术管理工作一个提升手段，通过不断总结施工中的技术问题处理方式，对先进施工经验进行应用推广，为类似工程提供施工经验做技术支撑。

总之，如果没从全局视角掌握核心技术，那么建筑企业的工程项目安全、质量、进度等方面就很难得到保证，甚至会影响其在市场上的效益与价值表现。

③应用"四新"技术。包括新技术、新材料、新设备和新工艺在内的四新技术应用，已被证实可以在一定程度上、一定范围内降低安全事故发生率，提高产品质量和劳动生产率，降低施工成本。同时四新技术的广泛应用，可以提高企业知名度，增加企业核心竞争力，为企业长远发展做出贡献。

④推广信息化技术。在科技高速发展的今天，软件和信息技术应用，可极大地方便施工管理、强化技术指导。BIM 技术应用可以预先模拟空间结构在施工过程中遇到结构冲突问题，同时方便施工材料用量计算，提高施工技术管理工效，减少管理人员投入。

信息化管理技术在施工过程中应用，对存在安全、质量隐患的工点进行大范围、全过程监控。有效杜绝事故发生，保护生命安全和减少财产损失。

现场技术管理的水平直接决定着建筑施工企业的发展状况，尤其是在行业竞争日趋激烈、技术革新速度突飞猛进的当今社会中，只有不断完善标准体系、加强技术队伍建设、强化现场技术管理，才能使企业立于不败之地。

3.3.2　建筑企业数字转型及其管理

（1）施工现场要进行"自下而上"的信息化技术转型

信息化时代，因为技术手段有限，建筑企业对于项目管理当中的一份合同、一张报表、一段业务处理流程，我们只能以数据的形式，人为地进行录入，大量依靠关系数据库，如表、字段都变成了结构性文字描述。信息化主要是单个部门的应用，很少有跨部门的整合与集成，其价值主要体现在效率提升方面，而数字化则是在企业整个业务流程进行数字化的打通，破除部门墙、数据墙，实现跨部门的系统互通、数据互联，全线打通数据融合，为业务赋能，为决策提供精准洞察。

（2）企业管理要进行"从上到下"的数字化技术转型

以往的信息化也有很多数据，但数据都分散在不同的系统里，没有打通也没有真正发挥出数据的价值。而数字化是真正把"数据"看作一种"资产"。如果一家企业，能够通过"数据资产"更好地盈利或者提升企业的效率，就可以说实现了真正的数字化。而如今，随着人工智能、物联网、大数据、云计算、BIM 等一系列新技术经历了前期摸索式发展，并逐渐向产业和行业下沉后，使得我们大可利用这些技术，把现实的施工现场在计算机世界用数据进行全息重建，这就是数字化。特别是在项目施工现场，推行信息化管理和物联网智能技术，创新推进"市场+现场"两场联动新方式，构建覆盖集团、子公司、项目三级智慧监管服务体系，已成为全面提升监管服务效能，全面提高施工现场精细化管理水平，进一步推动建筑产业现代化的有力手段。

（3）管理流程重组

针对数字转型创新企业管理办法问题，部分国有建筑企业已率先尝试。管理层开始重视大数据对于管理的重要作用，并在自身的管理工作中逐步尝试应用大数据技术。然而在运用大数据技术进行企业管理时，并未对相应的管理制度进行配套的升级，依然沿用传统的管理模式，这就导致工作节奏、时效性达不到大数据时代的管理模式需求。因此，建筑企业在进行数字转型时，一方面应当在迫切需要大数据技术的地方尽早快速地引入；另一方面应当制定详尽的实施计划。特别是在进行管理决策的过程当中使用大数据，对决策的数据进行有根据的筛选，得到的结果能够很好地为决策工作提供数据上的支撑。通常情况下，建筑企业的数据可以分为三种类型：结构化数据、半结构化数据和非结构化数据。其中，85%的数据属于广泛存在于项目管理之中的非结构化数据，这些非结构化数据往往伴随着施工生产实时产生。但由于大部分建筑企业各信息系统之间，基本没有形成数据标准化的局面，因而不能够很好地利用大数据的分析特点。在此种背景下，建筑企业应当在及时对企业管理决策相关数据制定标准化的主数据体系，着手建立制定业务管理标准化的支撑文件，将标准化抓到实处，而不是一句口号。

还应关注到，很多建筑企业在引入信息技术后，并没有改变原有的工作模式，只是将原有的线下制表，变成了线上填报。这就表现为业务部门并不对系统内数据进行深挖，原本可以通过对系统数据再次分析可以得到的数据，依然通过线下再次填报的方式进行。这种改变反而增加了基层的负担，更造成了对资源的极大浪费。所以，建筑企业在信息化管理的过程中，要将服务与管理进行巧妙融合，坚持"管理制度化、制度表单化、表单流程化、流程信息化、信息报表化"的六化原则。这样才能将服务带入管理，让管理从中形成，才能从内部寻求统一，从外部赢得支持。只有努力把企业管理标准化融合，作为大数据的价值所在，坚持以问题为导向，加快大数据与企业振兴的融合，加快大数据与企业治理的融合，加速推动建筑企业经济转型升级，推进企业管理革命，提高企业员工管理与治理能力和水平。

3.4 科技创新之施策

为使围绕建筑企业科技创新进行的体系建设、现场管理等诸多谋划落地，确保建筑企业守正出奇开展科技创新具有科学性、可行性和效益性，本节从组织保障、技术保障和人才保障三个层面提出一系列可行的策略供建筑企业参考。

3.4.1 组织措施——建设技术中心

1）准确理解技术中心发挥的作用

在建设技术中心前，建筑企业需要花大力气使相关责任人对技术中心在建筑企业科技创新中发挥的作用有清晰的理解，以便在之后的落地环节不打折扣地予以执行。

①根据现实的和潜在的市场需求，开发新产品、新材料、新工艺、新设备，其中要不断开发出具有自我知识产权的主导产品与关键技术。这是提高企业市场竞争力，振兴民族产业的根本所在，是企业技术中心最重要的责任。除自主开发外，还有一个引进技术吸收创新的任务，还要不断改进老产品，提高老产品的质量与性能。

②为企业技术进步、技术创新的决策提供咨询服务。即企业技术中心要注意收集、整理国内外有关的技术与市场信息，对新产品、新技术的开发，新领域的扩展，新的投资项目等，给领导提供咨询意见。

③促进产学研联合。积极推进产学研联合，是企业技术中心义不容辞的职责与任务。企业要根据自己的需要，与高校、研究院所开展长期的或阶段性的合作，技术中心应成为这种合作的平台。

④开展对外技术交流与合作。企业技术中心技术能级较高，各类人才齐全，与国内外科技界、企业界有千丝万缕的联系，为它们利用国内外科技资源创造了良好条件。

⑤吸纳和培养技术人才。企业技术中心是企业员工学习新知识、新技术、新设计的场所，同时也是企业技术人员进行技术创新、提高的场所，具有较高的技术能级，是培养企业技术人才的摇篮，肩负吸纳与培养人才的重任。

2）建设角度下技术中心价值定位

（1）技术中心是企业科技创新活动的基础平台

技术中心不仅承担与企业相关的各类研究、开发活动；更重要的是技术中心为这些活动的持续开展提供了一种高效的平台群。在这一平台群的构建中，应当包括组织平台、知识与信息平台、员工成长平台和外部资源利用平台的构建。

从创新组织保障角度来看，技术中心是一种典型的创新组织。根据在企业中的功能定位和任务要求，在考虑科技创新活动基本特点的前提下，技术中心也会进行相应的分工以及对各部分工作的整合，其内部会设置各种各样的机构与职责以及这些机构之间的联系，技术中心组织结构的设计有助于保障技术中心活动的效率和符合企业发展战略的要求。

从流转和交互内容的角度来看，技术中心提供了一个知识与信息的平台。区别于一般的单体研发机构和项目组，技术中心是企业主要科技创新组织的整合后的结果，组织机构包括研发机构、为研发机构提供专门信息服务的机构、管理研发机构的成果或知识产出的机构，以及组织技术中心各机构之间互相交流与学习的机构。所有的这些机构使得技术中心作为一个支撑企业科技创新的知识与信息平台而存在。

除此之外，建筑企业更应当认识到技术中心是科技人员成长的平台。技术中心是企业的核心研发力量，承担着影响企业生存和发展的重要任务，通过赋予有潜力的员工重大的研发任务促使他们快速地成长，同时通过必要人才培养机制，为员工的成长创造有利条件。值得一提的是，外部一些优秀的企业技术中心开始肩负起企业发展战略的研究，这将有利于培养具有宏观思维的高层管理者。

从技术中心的内涵与外延来看，技术中心形成了一种外部资源利用的平台。技术中心不仅要考虑市场的需要，也要关注技术的发展态势。这就需要技术中心必须与同行业先进技术的研发单位保持密切的联系与合作，借助良好的外部资源利用机制，技术中心架起了高校、科研院所的基础理论研究与企业工程实践及成果推广之间的桥梁。

（2）技术中心具备企业科技创新体系的狭义特征

在分析大量成功的企业技术中心建设的基础上，不难发现，技术中心不是仅仅作为一种组织存在；它的存在意义还包含与组织相互影响的创新决策、创新资源配置与管理、创新规则三类要素。换句话说，技术中心更是一个功能齐全、辐射范围广、覆盖范围大的体系，具备企业科技创新体系的特征。

①技术中心是一个创新组织系统。为了执行企业赋予技术中心的功能，技术中心有必要设置各类机构，比如技术研究机构、新产品开发机构、工艺开发机构、试验检测机构、科技管理机构等，这些机构和机构之间的关系构成了技术中心的组织系统特征。

②技术中心是一个创新决策系统。在建筑企业总体发展战略和创新战略的基础上，技术中心应该制定自身的发展战略，根据技术中心的发展战略制定周期性的科技规划与计划，基于科技规划与计划确定年度创新任务或重大项目，在战略与规划的制定或项目的执行过程中，技术中心会根据变化而进行调整，这整个过程体现了科技创新决策过程，技术中心应为这一过程建立必要的规范。

③技术中心是一个创新资源系统。技术中心的所有活动离不开创新资源的投入，这些创新资源包括人、经费、硬件与软件、信息与知识等，活动的结果也可能会是新的资源，技术中心有必要对这些资源的分配、使用过程、共享、再生、交换等进行系统的管理。

④技术中心是一个创新规则系统。围绕着技术中心的组织、决策、资源系统特征，技术中心须建立保障有效运行的各类规则，这些规则既要考虑技术中心职能领域的覆盖范围，也要考虑此规则体系对技术中心长期发展的适应性需要而对规则进行的层次性划分，除了正式规则之外，非正式规则也是创新规则系统的重要组成部分。

3）建筑企业技术中心的建设思路

根据组织设计理论，再结合技术中心活动的创造性、不确定性、协作性以及创新影响性等考量，建筑企业技术中心的建设涉及四个设计变量：权利、责任、协作和支持。权利与责任是组织通过企业中正式规则系统，所控制的资源与应承担的义务；协作与支持是组织在企业正式规则之外，所需要承担对外协作任务与自身有效运行而获得的外部资源支持。任何技术中心的建设过程，都是对这四个变量进行设计的过程，他们满足这样的关系：组织通过正式规则获取的权利与通过正式规则之外获得的支持之和、等于组织根据正式规则所需承担的责任与正式规则之外对外提供的协作之和，即：权利 + 支持 = 责任 + 协作。

由于技术中心显著区别于一般企业运营活动的这些特点，具有刚性特征的权利和责任两个要素。因此实际操作中难以对其进行较为具体而明确的设计，而偏软性的协作和支持两个要素更应该值得关注。通过对协作和支持的系统有效设计，在一定程度上可以削弱因技术中心特点造成的权利和责任设计难度所产生的影响。不管是技术中心还是技术中心内部机构的设计，都是关于权利、责任、协作和支持的函数。从整个技术中心到技术中心的每一个组成部分都应该基于这种思路进行设计，直到技术中心内部的最基层机构为止，最后整合自上而下的设计过程就完成了整个技术中心的设计。

与之对应，四个设计变量形成了技术中心的四个有效构成体系：权利体系、责任体系、协作体系和支持体系。权利体系来源于技术中心正式的组织结构，代表着拥有及控制的资源；责任体系是由组织的目标决定的，形成于技术中心各组成机构应承担的职责及评价与激励机制；协作体系由技术中心活动性质决定了其必要性，包括技术中心与外部、技术中心部门间及技术中心部门内部的工作联系及配合；支持体系是则组织环境的一种无私奉献的文化，体现为技术中心及内部组织，在工作中所能获得的包括技术中心各部分在内的各项无偿支持。

作为能够为建筑企业可持续发展提供源动力的机构，技术中心一般具有的功能应当包括：产品、工艺的开发与改进；储备性、共性技术的研究；创新体系建设、创新管理研究；试验、检测等研发支撑；科技项目、经费、产出及日常管理。需要引起建筑企业在建设技术中心之初注意的是，一些优秀的企业技术中心在上述功能定位的基础上，也承担了企业发展战略与规划研究、信息与情报研究、新经济增长点的培育等战略性研究与规划功能；这些考量也值得参考和借鉴。

基于上述的功能定位，大多数建筑企业技术中心均可形成如图3-2所示的企业技术中心结构。

图3-2 企业技术中心结构示意图

在技术中心发展的前期阶段，战略性研究与规划机构也可能设置在企业层面；决策咨询机构一般以技术委员会或专家委员会形成建立；科技管理机构承担全企业的科技资源配置与管理、科技项目管理、科技产出管理及技术中心与外部协作管理；创新支撑机构是为支撑其他机构有效运行而设立的，一般包括试验检测机构、信息情报平台、教育与培训机构等；研究开发机构是技术中心的核心，其设计方式需要结合企业的发展战略和产品（或服务）的特点决定。

在国家创新驱动战略的大力推进下，作为科技创新的主体，建筑企业将在社会经济发展进程中起到核心的作用，而技术中心将对这个作用能否得到充分发挥起到决定性作用。近20年来，我国的技术中心已经从专门的技术研究机构，逐步发展成为能够为整个企业提供全面支撑的科技创新组织，亦即不仅仅为企业提供当前需要新技术、新产品，还为企业提供可持续发展的前瞻性、储备性、战略性技术，甚至承担着直接面向高层决策而进行专业性的政策、行业、技术趋势、竞争对手以及内部管理方法等研究。技术中心本身也从企业的一个组织，逐渐演变为致力于整合企业科技创新资源的科技创新综合平台。对一些国家级技术中心或者致力于奋斗成为国家级的技术中心来说，它们除面向所在企业之外，更应站在行业甚至国家的高度，积极研究行业共性技术、培养行业层面的高级人才、开展行业与国家级的技术交流与技术服务。从某种意义上说，积极承担社会责任是企业发展到一定阶段的义务，这也是影响企业竞争优势的重要因素。

3.4.2 技术措施——打造智慧工地

智慧工地是智慧理念在建筑领域的具体体现，它借助先进的建筑信息模型（BIM）技术对工程项目进行精准设计和施工模拟，应用高度集成的信息管理系统，将物联网采集到的大量数据进行汇总分析，建立信息协同共享、工作互联互通、施工全面智能、管理科学高效及风险智慧预控的信息化生态圈，从而提高建筑工程的整体质量、管理水平和决策能力。通过建立综合指挥中心平台，从智慧劳务、智能物料、智能监测、智能设备、智能进度、智慧安全等模块进行智慧工地建设。

1）智慧劳务

现阶段，我国建筑劳务市场的用工量非常庞大，同时也存在着企业用工不规范、从业门槛较低、人员流动频繁、技能水平参差不齐等问题，难免会产生劳务纠纷、影响工程质量、发生安全事故等问题。劳务实名制管理子系统是项目部进行规范管理、规避风险、保障工人合法权益、提高企业经济效益的有效途径和具体举措。智慧劳务功能结构如图3-3所示。

图3-3 智慧劳务功能结构图

具体地，智慧劳务系统的功能设计可分为以下几个部分。

①劳务人员信息：将工人的姓名、年龄、工种、入职时间、技能水平和从业许可等信息录入系统，形成完善的人员数据库，实现对劳务人员年龄构成、性别比例、属地来源、季节性影响等因素的研究分析，便于劳务队伍的优化选择和有效管理。

②劳务人员考勤：利用人脸识别、指纹采集、虹膜验证、门禁闸机、智能IC等先进技术手段，实时核验并记录作业人员的身份、班组、工种、进出场时间等信息，帮助管理人员完成考勤登记和工时统计，为劳务人员的绩效奖惩和工资结算提供真实可靠的数据依据，避免出现劳务纠纷。同时还能有效杜绝外来无关人员进入现场，强化现场人员安全管理。

③劳务人员健康监测：建筑企业还可以利用全球定位系统（GPS）及北斗定位系统，通过佩戴智能安全帽、智能手环、手机 APP 等，对现场作业人员的心率、体温、作业状态、所处位置和运动速度等情况进行实时监测，当数据出现异常情况时，自动发出报警信息，有效降低安全事故发生概率。

2）智能物料

在施工工程领域材料成本占工程成本的 50%～70%，其中混凝土、钢材、地材等计重量方材料，占整个材料成本的 70%～90%。因此，控住大宗材料的成本是项目精管增益的重点工作。

在项目的施工过程中，工程需用量计划合同签订、供货管理、材料进场验收、材料出场、材料消耗、物资结算、废料处理等整体流程，需从数量和价格两个方面进行材料管控。控制住材料的数量，重点是通过卡住物资的"一进一出"来控制现场材料。

对于房建工程来说，物资的进出包括施工材料进场、施工队伍领用、项目间调拨，废旧材料处置出场等。其中物资进场和分发给施工队伍往往是一起进行的，即直进直出业务。对于包括铁路、公路等在内的基础工程来说，物资的进出相对复杂，存在搅拌站或钢筋加工厂等内部原材半成品管理，以及原材进场验收入库、出库、调拨半成品出场、废旧材料处置出场等管理。而对其需求进行分析可以得出，解决现场计重物资在收发料环节中容易出现的各种问题可采用信息化手段，即对计重物资收发料进行规范化、可视化、可追溯管理。如将智能物料管理系统应用于现场主材物资原材进场过磅称重、验收成品混凝土、钢筋废料等出场过磅称重、料场出料过磅。智能物料系统结构如图 3-4 所示。

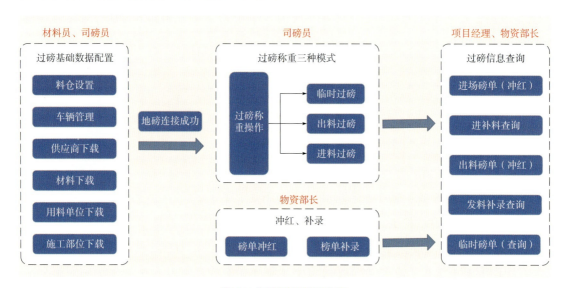

图 3-4　智能物料系统结构图

智能物料系统的功能设计重点关注以下内容。

（1）基础数据业务功能

首先，根据应用主体不同划分为公司层和项目层。其次，不同管理层级的应用目标不同，公司层要实现物资基础数据的管理规范化标准化，为数据分析、积累提供基础；项目层关注如何能够快速形成结果，满足不同业务管理的要求。因此，应形成"企业建标准—项目易应用—应用反馈—标准迭代"的机制，将物资基础数据总结为一个核心功能：建立企业标准，具体包括业务规范数据标准、服务项目规范物资管理基本工作流程、规范各类单据、规范报表格式。

（2）材料验收业务功能

首先，根据应用主体不同划分为公司、项目管理层和项目使用层。其次，不同管理层级的应用目标不同，公司、项目管理层要实现现场物资验收规范化、标准化、数据真实可靠，防止人为因素干扰验收结果，为现场管理分析积累方法提供基础；使用层关注如何能够快速方便地完成材料验收、自动生成验收台账，满足不同业务管理的要求。从而进一步完善"企业易管理—项目易应用—应用反馈—标准迭代"的机制。

（3）材料发放业务功能

可根据应用主体不同划分为管理层和使用层。不同管理层级的应用目标不同，管理层可通过远程查看数据报表，及时掌握现场材料情况，为后期材料调配，提供数据支撑和管理依据；使用层关注如何能够快速方便导出多维度的统计报表，提高效率和准确度。更进一步地完成"企业易管理—项目易应用—应用反馈—标准迭代"机制，将材料发放划分为一个核心功能：材料出场，即原材、半成品、废料材料出场管理。

3）智能监测

在工程施工过程中，各种过程均需要监测，例如施工环境监测、施工设备监测等，因此需要打造智能监测平台。智能监测平台结构如图3-5所示。

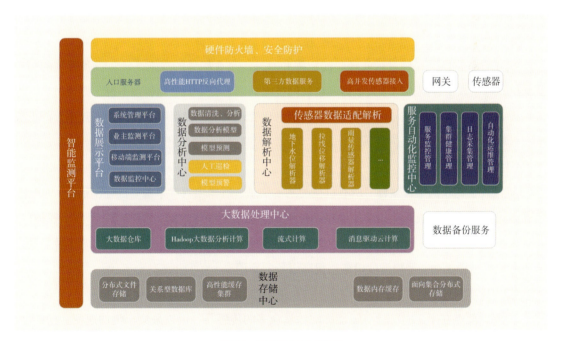

图3-5 智能监测平台结构图

智能检测平台的具体功能如下。

①实现远程自动化监测。此功能下不需人员进行监控，且采集方式可以定制，如触发采集、定时间采集、特殊事件采集和实时采集等。远程自动化采集可以实现远程采集监测，不需人员多次进入现场观察。

②传感器信息的描述记录。可录入传感器的埋设位置、设备位置及编号等信息，记录与工程相关的信息，便于传感器的管理。

③能够对硬件系统进行远程控制。综合管理系统，结合智能仪器可远程调整测试参数，避免传统仪器以及系统因为进行参数改变而必须进入现场的问题。

④能够对测试数据进行预处理。主要功能有数据的过滤、数据压缩、数据分类等，诸如此类的功能为后续的自动分析和人工分析提供良好的信息源。

⑤各阶段数据的显示。该功能下可以显示实时监控的数据，也可将历史数据调出进行显示，或对几种参数同时显示进行对比分析。

⑥数据分析功能。主要对数据进行各类分析处理，主要有数据的统计分析，结构参数识别，结构的安全评估等。

⑦自动报表功能。可根据系统自动或者人工分析的结果，自由选择自动生成各类型报表。

⑧系统管理的安全保障。为保障在线安全监测系统的安全运行，该功能能够对不同管理者提供不同的权限，并对用户身份进行验证。其所提供的功能有查看、检索、修改、增加和删除等不同操作。

⑨对各类不同参数的测试数据进行综合管理。从而在一定程度上可解决管理人员需要面对多类采集系统的问题，只需从统一的数据库中调取信息即可。

4）智能设备

机械设备物联网，经过行业经验的积累和对施工企业场景的探索，针对设备管理的痛点及漏洞，基于人工智能（AI）大数据和物联网技术的施工设备信息化管理系统，即通过给工程机械设备安装智能硬件，同时配合施工设备信息化管理系统，提高项目设备管理效率，降低成本。其功能设计如下所述。

（1）调度管理

机械设备物联网平台整合了所有机械的基本信息、所属项目、来源（自有、租赁）、机主、驾驶员进退场状态机械图片、定位监控工作情况、油量曲线等数据，相当于一个线上机械库。管理人员可远程实时追踪管理设备，由此，每天的开工率与利用率一目了然，建筑企业管理人员可利用机械派工功能轻松调度设备，提高设备的利用率。

（2）成本管理

主要管理点在于工时统计。智能终端数量众多的传感器，可以采集车辆加速度、角速度、温度、振幅等100多个参数，将工作状态（运行、怠速、静止）判断精准至分钟。系统对每台设备每天、每周、每月的工作时长分别进行统计并形成电子台班，可有效杜绝工时谎报、多报等乱象。

（3）燃油管理

油耗成本的管控能提高施工企业整体盈利能力。无线油位监测仪可以监控每台机械设备每天每分钟的油耗情况，从而及时发现非正常情况下燃油的过度消耗，使得油耗管理更精细。智能油盖具备六重防盗功能，每次开盖都有记录并触发系统通知有效避免偷油、漏油等情况，充分发挥每一滴燃油的价值。

除此之外，还可以对运输次数统计。针对渣土车与工程车的管理机械指挥官管理系统，按项目、日期对车辆的运输次数进行统计，并且将运输的起点、终点、出发时间、到达时间、运输时长一一列出，方便项目部核查比对，进行费用管理。

（4）效率管理

机械设备管理系统既有数据可视化功能，也有强大的数字报表模块，并且支持项目、日期、状态、机械类型等多种属性，一键导出表格保存至本地，切实提高管理效率。

另外，根据系统提供的异常日报，管理人员可以识别出哪些车辆经常出错，以及相应的负责人和驾驶员分别是谁，从而更有针对性地对渣土车加强安全管理。还可以关联车辆的工作时长和油量数据，进行油耗分析，重点查看是否存在怠工、油耗过高、车辆闲置率过高现象，使车辆管理更具有针对性。

（5）安全管理

道路千万条，安全第一条。针对渣土车、混凝土搅拌运输车等运输车辆的管理，管理人员可以通过在系统内为车辆设置电子围栏规定行驶路线、限定车速等多项举措来切实保障行车安全。行驶过程若出现超速、出围栏、偏离路线等异常情况，管理人员会收到系统报警通知，以便及时予以妥善处理。

（6）数据分析

随着施工行业市场化的发展，各级企业间的资金、技术资源差距越来越小，数据竞争力将成为非常核心的竞争力。让数据驱动管理和决策，才能真正降本增效。

机械设备物联网平台不仅提供机械地理位置运行状态、车辆时长行驶轨迹、油量等基础数据来真实还原现场，还有异常日报、油耗分析等分析型数据帮助企业及时识别异常，让管理有据可依。系统中所有的数据不仅实时呈现，更可进行历史数据的追溯分析，提高管理效率，让管理人员实时掌握全国各地所有项目部的真实情况。

5）智能进度

在原有BIM-3D模型的基础上，引入时间和资源两个维度形成的BIM-5D模型，可以帮助技术及管理人员实时跟踪掌握施工进度和资源投入情况，及时发现原始施工方案中的不合理性，动态调整施工计划，防止工期延误和成本增加。除此之外，系统支持将专项检查和日常巡查过程中发现的质量问题拍照上传，使涉及的质量问题直接关联到 BIM 模型的具体构件上，项目各责任主体均可在模型上查看整改落实情况。

6）智慧安全

建筑施工中一旦出现安全事故，会给家庭、企业、社会带来极大的影响。传统的施工安全技术交底，通常是以耳口相传或书面文字的方式进行的，施工作业人员理解不深、记得不牢。由此智慧安全应运而生，其功能模块设计如下所述。

（1）建立高精度的 BIM 模型

对施工现场临边洞口、高处作业等危险部位进行标识并做出风险评估，事先掌控安全物资调配需求及安全设施布置效果，提升安全管理能效。

（2）VR 智能安全培训体验系统

将虚拟现实（VR）、互联网、物联网、二维码等技术融合到 VR 安全体验馆中，创造出全新的沉浸式、互动式的安全培训模式。VR 智能安全培训体验系统可以根据工地实际需求进行内容选用，形象、直观地感受安全事故带来的危害，例如，机械伤害、支模坍塌、高空坠落、施工触电、火灾逃生等，让人们从主观上认识到安全生产、规范操作的重要性，提高安全防范意识，掌握应急救护措施，增强个人防护技能，达到安全教育和培训演练的目的。

3.4.3 激励措施——建设人才高地

1）优化科技创新研发人才机制

（1）完善科技人才培养体系

建筑企业应适当拓宽人才成长平台，有效构建能上能下的晋升和退出机制，鼓励人才在专业领域纵深发展。按需引才、量才而用，发挥人才专业优势，避免学历高消费。提高人才培养与业务需要匹配度，促进学以致用，加速培训成果转化，为人才成长提供更广阔的舞台。加快优秀年轻人才培养，建立健全年轻人才公平竞争、科学考评、动态管理的选拔培养机制，积极推进轮岗交流、实践锻炼。

（2）健全薪酬激励机制

坚持市场化导向，优化企业内部分配管理机制，将薪酬资源向能力突出、业绩突出、关键岗位和紧缺急需的科技创新人才倾斜。综合运用股权激励、科技型企业股权和分红激励、员工持股等不同的激励路径和激励工具，在关键技术及企业重点关注的基础研发、核心技术攻关、重大科技项目等领域，探索实施中长期激励政策，促进建筑企业核心团队的稳定，有效提升建筑企业科技创新活力。持续完善企业科技创新人才荣誉评选机制，积极搭建科技创新人才荣誉体系。推荐优秀科技创新人才参加国家、省市有关部门组织的评选表彰活动，不断提升科技创新人才的知名度和影响力。指导、支持和鼓励企业广泛开展多种形式的创先争优活动，积极表彰优秀科技创新人才，激发科技创新人才自我提升、实现价值的内在动力。具体可从以下细节施策。

①建立针对实体研发机构、专职科研人员的股权激励机制。将科研人员的经济收入、职业发展与研发机构的效益挂钩，推动科研人员将前瞻性研究与实用性研究相结合、长远收益与短期收益并重、按规划计划开展科研工作，为企业创效的同时提升企业技术实力。

②建立针对技术专家人才的专项考核机制。设置基本服务指标和超额阶梯绩效奖，基本服务指标完成后一次性发放年度岗位补贴，超额服务量按次给予发放；对技术专家在公司内部的科研服务职能进行年度评价，评价结果与岗位补贴、评优评先、期满续聘、级别晋升直接挂钩，激励技术专家服务全集团科技创新工作。

③优化后备技术人才队伍的考核激励机制。将科研项目参与、科技成果应用、项目技术攻关、标准编制、工法总结、专利申请等科技工作纳入对技术人员的绩效考核，并将考核结果与绩效奖金、岗位晋升、评优评先挂钩，督促技术人员不断积累专业知识、学习专业技能，在技术发展双通道上实现自身价值、获得企业认可，成为企业科技创新的强劲后备队伍。

（3）建立科技创新人才绩效考评体系

"十四五"时期是企业加快科技创业人才发展，在未来国际、国内竞争中赢得主动的关键阶段。因此需要构建符合未来企业发展前景，且科学、易操作的科技创新人才绩效考评指标体系。首先需要对当下企业科技创新人才的科技创新情况进行深度调研，可借鉴有关标杆地区（如北京中关村）的经验和评价方法，对企业科技创新人才发展的相关情况进行分析研究与探索；采用层次分析法和德尔菲法，选取考评维度和关键指标，构建出企业科技创新人才绩效评价指标体系；采用可拓评价方法，对现阶段科技创业人才的科技创新绩效进行考评。

建筑企业应从促进人才工作良性发展的角度上入手，有针对性地提出科技创新人才引进、落地工作的指导思想、原则、绩效考评模式等方案，考评模式原则上要突出针对性、坚持高端性、体现综合性、注重示范性。通过研究，找出科技创新人才创新工作关联性极强的绩效考评的主要指标及其评估内容和方法，结合所找出的问题，深化建筑企业科技创新人才创新工作绩效考评的总体思路，制定今后科技创业人才工作的主攻方向，提出优化和完善人才引进、培养、服务工作的绩效考评指标体系和评估模式。

2）加强现场施工团队建设

工程项目基层技术人员数量不够、能力不强、积极性不高，责任心不强，技术人员流失严重是大家公认的客观事实，已成为阻碍建筑企业继续向前发展的绊脚石。针对大量基层技术人员的状态，调研分析发现，主要原因与表现有以下几个方面。

①工作条件艰苦，人心不稳。建筑工地不论是在市区还是在郊外，周围环境都比较艰苦，工作地点常常不固定，流动性大，造成基层技术队伍变动频繁。

②工作时间不规律，待遇普遍偏低。当前建筑企业在手工程任务相对饱满，基层技术人

员加班普遍，但和其他行业相比，建筑行业的平均薪酬水平偏低。

③前途迷茫，上升渠道受限。年轻基层技术人员对前途比较迷茫，缺乏明确的人生奋斗目标。基层技术人员向管理方向发展的人数多、成功者少，多数人员没有耐心坚持到底；向专家方向发展的人本来就不多，吸引力和激励性均显不足。

为此，建筑企业须加强基层技术人员的有效管理，采取各项措施调动其创造性和能动性，发挥其在企业管理中的骨干作用。

（1）完善技术人才培养体系

随着经济全球化的到来，未来最成功的企业必将是学习型组织。终身、全员、全过程、团体学习是学习型组织特质。建筑企业只有对基层技术人员的职业生涯进行整体规划，结合老、中、青三代不同的特点进行学习和培训，及时铲除发展道路上的障碍，不断突破组织成长的极限，提高基层技术人员的创新能力，促使其在组织中快速成才。

（2）建立健全薪酬激励机制

实施基层技术人员动态考评管理。企业公开、公平、公正对技术人员进行工作考评，给出考核与鉴定结果，与薪酬水平挂钩，有利于企业引导技术人员将注意力从职位晋升转移到个人发展和能力的提高方面，给予了绩效优秀者比较大的薪酬上升空间，来提高其工作的成就感。

制定基层技术人员评优激励制度，作为企业技术人才培育制度的补充。做出贡献的基层技术人才，给予一定比例的奖励，增加激励人群的数量，延展培育机制到末梢；每半年评选一次，加大待遇刺激力度，评选的优秀人才名额占比应达到30%以上。通过评优激励，不断激发技术人才干事创业的热情，使技术人才工作始终充满生机和活力。

（3）拓宽晋升渠道

建筑企业通过深入推进专家团队建设、青年技术拔尖人才、优秀大学生、工匠选拔，有效开拓了基层技术人员晋升通道，刺激基层技术人员积极性，缓解基层技术干部千军万马挤职务独木桥的矛盾，为基层干部提高了生活待遇、拓展了职务发展空间，得到了广大基层技术干部的热烈拥护。

（4）完善外聘制度

目前工程项目外聘技术人员数量在不断增加，主要是测量人员、试验人员、专业技术人员。这既是客观需求，也是发展趋势。项目自主外聘人员往往以成本为主，是短期行为，聘用工资低、不交社保、不发奖金，更谈不上培训提高，最终效果必然是省了"芝麻"、丢了"西瓜"。很好的社会资源，受制度管制产生了较差的效果。建筑企业应尽快完善外聘技术人员用工制度，想办法使外聘人员相对固化，使其有归属感；将外聘技术人员的技术职称评定、定级纳入企业之中，待遇与职称、级别挂钩，开展评优激励政策，培育成为企业技术团队的"预备役"人才。

第 4 章

项目管理篇

夯基固本

> 提高能力和落实责任是管好项目的关键。
>
> ——邓 勇

MANAGEMENT
INNOVATION AND PRACTICE
OF CONSTRUCTION ENTERPRISES

从世界最长的港珠澳大桥到世界瞩目的"八纵八横"高速铁路网,从领先世界的 5G 移动通信到与世界共同发展的量子信息技术,当前很多超级工程和前沿科技,从伟大的构想到现实的落地,项目管理的水平高低已经成为该事项能否成功的关键。时值项目管理知识体系及认证引入中国 20 周年,这 20 年是中国经济飞速发展的 20 年,更是中国项目管理在行业发展和人才培育双轮驱动下迅猛发展的 20 年。工程项目是建筑企业发展的根基,是建筑企业工作的出发点和落脚点;能否做好项目管理,在很大程度上决定了建筑企业能否与市场竞争需求同频共振,能否稳步实现其战略规划。在国家"十四五"和"一带一路"倡议实施的背景下,国内许多建筑企业都希望借此机遇抓住政策红利做大做强:无论是在抢占市场先机方面,还是在拓展业务领域,这些建筑企业都付出了积极的努力。然而,随着国家基础设施建设的逐步发展,建设规模逐渐趋于平稳、有序,建筑行业市场竞争变得更加激烈,建筑企业面临的市场压力越来越大。在此背景下,市场对建筑企业的抗风险能力和竞争能力的要求也水涨船高,特别是海外工程项目由于风险更为聚集,对项目管理与施工提出了更高的标准和要求,项目管理的意义日益凸显。

项目管理的表现形式可归结为通过科学的手段,使得面对同一管理对象的人们能够以相同的语言(或其他表达方式)说同样的话。建筑企业的项目管理应当以工程项目管理为中心,将项目管理由静态的管理进阶到动态的把控;再结合先进的项目管理手段及 BIM、智慧工地等技术,最终有效提高项目的运行质量。对于一个工程项目来说,项目的管理水平代表着建筑企业的品牌形象,更直接影响着企业项目的承接与绩效。因此,提升项目管理水平是改善建筑企业经济运行质量、创造显著经济效益的有力抓手,是建筑企业打造核心竞争力、适应市场新形势的客观要求,也是建筑企业转型升级、扩大规模、做大做强、做优做久的必然要求。

本章正是以此为着眼点,首先对项目管理之道进行细分;继而对项目管理面临的形势进行详解;然后从角色理解和人力支撑两个视角给出项目管理谋划;最后从基本举措、应对举措、关键举措和举措落地示范等几个具体方面,给出建筑企业实施项目管理的有益参考。

4.1 项目管理之论道

由于建设项目具有工期紧、任务重、技术复杂等特点,所以在项目建设过程中整体管理显得尤为重要;甚至毫不夸张地说,一个成功的工程项目必须由恰当完整的管理过程来实现。然而,随着项目种类的日渐更新和实施要求的不断细化,使得传统项目管理不断向新型项目管理发展,这就表明其管理之道需在传统项目管理基础上进行更加全面的补充与拓展。万变不离其宗,"三控二管一协调"(质量控制、进度控制、投资控制、合同管理、信息管理、协调有关各方关系)依旧是工程项目管理之本及关键所在,项目管理的创新必然要从传统意义上的管理方式出发,着力夯实这块基石,并据此寻求项目管理模式的创新发展。

4.1.1 项目管理之夯基

承接建设项目施工,对项目承担管理责任,取得项目管理领域优势地位,是建筑企业可持续发展的基石。落实工程项目的系统化管理目标,以传统的"三控二管一协调"基本管理为出发点,搞好项目基础管理就是夯实这块基石的首要任务;在此基础上,为更好地适应项目管理思想的新发展,与建筑企业供应链和价值链有很好的衔接,建筑企业还可聚力于全过程视角和全生命周期视角探索实施项目管理。

1)三控二管一协调

(1)项目的进度控制

项目进度管理是指在项目实施过程中,对各阶段的进展程度和项目最终完成的期限所进行的管理。良好的进度控制需要做到:在规定的时间内,拟定出合理的、经济的项目进度计划(包括多级管理的子计划);在执行该计划的过程中,经常检查实际进度是否按计划要求进行;一旦执行出现偏差需要及时找出原因,采取必要的补救措施或调整、修改原计划,直至项目完成。工程项目进度管理的目的是实现最优工期,多快好省地完成项目任务。

项目进度管理是项目管理的一个重要方面,它与项目投资管理、项目质量管理等同为项目管理的重要组成部分,是保证项目如期完成或合理安排资源供应、节约工程成本的重要措施之一。项目进度管理具体内容如下所述。

①项目进度计划的制定。

在项目实施之前,必须先制定出一个切实可行的、科学的进度计划,然后再按计划逐步实施。项目进度计划的制定步骤一般包括收集信息资料、进行项目结构分解、项目活动时间估算、项目进度计划编制等。

为保证项目进度计划的科学性和合理性，在编制进度计划前，必须收集真实、可信的信息资料作为编制进度计划的依据。相关信息资料包括项目背景、项目实施条件、项目实施单位、人员数量和技术水平、项目实施各个阶段的定额规定等。

②项目进度计划的控制。

项目进度计划为项目科学管理提供了可靠的前提和依据；但由于外部环境和条件的变化，往往会造成实际进度与计划进度发生偏差。如果不能及时发现这些偏差并加以纠正，项目进度管理目标就一定会受到影响，因此有必要实行项目进度计划控制。项目进度计划控制的方法是以项目进度计划为依据，对工程项目实施情况不断进行跟踪检查，收集有关实际进度的信息，比较和分析实际进度与计划进度的偏差，找出偏差产生的原因和解决办法，确定调整措施，对原进度计划进行修改后再予以实施。随后继续检查、分析、修正，再检查、分析、修正直至项目最终完成。

③项目进度管理的要点。

一般来说，项目进度管理的要点有以下六个方面。

a. 建立项目管理的模式与组织架构。一个成功的项目，必然有一个成功的管理团队，一套规范的工作模式、操作程序、业务制度，一流的管理目标和企业文化。

b. 建立严密的合同网络体系。一个较大的工程，是由很多的建设者参加的共同体，这就需要有一个严密的合同体系，调动大家的积极性，从而避免相互拆台、扯皮。

c. 制定切实可行的三级工程计划。这一计划不仅要包含施工单位的工作，更重要的是要包含业主的工作、设计单位的工作。

d. 设计单位的确定及设计合同的签订，以及设计质量、速度的检查、评审。设计的工作质量决定了项目施工能否顺利实施。

e. 施工单位的招标、评标及施工合同的签订，包含总包、分包单位的选择，材料、设备供货合同的签订。

f. 实施可视化管理。可视化管理是项目进度管理的创新手段，其特点是能实现项目的静态管理向动态管理、人为管理向智能化管理过渡，即通过一个可视化的流程和管理制度来帮助管理者监控项目。作为项目经理或企业领导，无须跟踪项目团队的每一个人及现场每一个操作，但必须要了解项目的进度，及时发现问题解决问题。这种可视化管理可以直达现场观察现场人的行为和项目进展，随时可以对现场施工实施进度管控，它的运行可直接约束所有施工人员的行为，对规范操作、防范事故，都有很强的现实意义和价值。

（2）项目的质量控制

项目的质量控制一直以来都是项目管理的关键部分之一，其监管手段也在不断由监理公司向智慧化监控进步。现代项目管理运用智慧工地对质量进行监控是有效的管理手段之一，大型建筑企业通常是建设项目的总承包商,其项目质量管理的特殊性还体现在对分包商施工质量、采购质量和设计质量三个方面的管控。

①分包商施工质量管理。

对分包商施工质量管理主要是要厘清管理主体(总承包商)和实施主体(分包商)的职责并具有切实可行的措施,具体内容见表4-1。

分包商质量管理表　　　　　　　　　　　表 4-1

承包商	管理职责/内容	管理措施
总承包商	加强对分包商质量检查和监督整改	各单位技术员、质检员应参与各工序施工进行技术指导和质量检查
	要求各分包商做好资料整合与报备	监督落实技术、质量资料的核对工作,切实跟进项目进程
	实行分包商的人员培训和质量管理制度	要求分包商编写质量培训计划,定期收集质量案例、质量检查总结等进行整理组织施工人员学习
分包商	强化质量管理体系运行意识	正确看待传统体系运行的差异,养成按质量管理体系运行的习惯
	增强分包商成品、半成品的防护意识	严格控制分包商随意施工、野蛮施工造成的成品、半成品的破坏

②采购质量管理。

在实施采购质量管理的过程中,相关工作需覆盖以下几个层面。

a. 应当建立供应商预选和评定制度。

b. 必须向评定合格的供应商采购。

c. 采购前应提供有效的采购文件和资质证明等资料;此外,对突发所需的特殊材料和急用物资,可向未评定过的供应商采购,由质安部进行物资的验证,验证合格后,方可进行订购。

d. 采购物资到货后,由仓库管理员通知质安部实施并完成检验。其中,质安部质检员负责对订购物资的抽样检验,按企业的采购质量相关规定控制检验。采购物资检验方式的选择方式有两种:一种是全数检验,适用于采购物资数量少、价值高、不允许有不合格品的物料或工厂指定进行全检的物料;另一种则是抽样检验,适用于平均数量较多、经常性适用的物资,一般工厂的物资检验常采用此方式。采购物资的检验方法见表4-2。

检验方法一览表　　　　　　　　　　　表 4-2

采购物资的检验方法	具体说明
外观检测	一般通过目视、手感,对样品进行检测
尺寸检测	一般用卡尺、千分尺等计量器具验证
材质检测	一般用光谱仪等验证

③设计质量管理。

工程设计是落实工程目标诸多关键工作的根本纲领;而设计质量则是对投资目标和建设功能达成情况的整体体现。具体来讲,设计概算是对项目的直接管控指标,设计图纸是施工技术和施工方案选择和确定的依据,设计成果则是实现投资功能最大化的决策结果。总而言之,工程项目的质量目标和水平,需要通过设计加以具体化。设计质量可以分成两个层次:首先建筑企业必须满足业主对设计质量的要求,这是工程设计质量的第一要素,鉴于业主方是社会需求方的代表人,准确、全面地满足业主需求是设计质量达标的底线;其次相应设计应符合法律法规、技术标准。设计质量是用规范和标准来衡量的,工程质量是设计的具体体现,因此,无论是设计图纸还是相关技术设计、规划设计,均应达到符合设计规范和满足业主需求双重标准。为了保证工程设计质量符合以上两个层次的需求,有必要对设计质量进行有效的控制,并最终达到工程项目设计在技术上可行、造价上合理和结构上安全等目标。具体要求如下所述。

a. 整个工程勘察设计中,需始终贯彻相关规定和要求,做到事必留痕迹。

b. 认真分析项目特点,综合考虑成熟技术与新技术的应用,通过技术、路径和投资等几个方面的多方案比选,推荐具备社会效益、经济效益和技术合理且可行的项目设计方案。

c. 各专业所提资料力求准确、完整,各专业负责人认真分析专业接口关系,做到利于相关专业的技术经济要求,使整个项目协调一致,提高项目整体质量,控制项目总投资。根据项目规划要求,认真做好选择,量体裁衣,做好规划。

d. 关于设计评审环节,专业评审应在专业方案确定前进行,之后,专业间正式互提资料;综合评审内容则是对技术经济关键点、难点、分歧点和工程设计总体方案进行评审,协调遗留问题的各专业关系。根据评审结果,出版资料。设计评审应做好记录及跟踪检查工作。

e. 做好过程控制,加强设计验证管理。为确保设计阶段输出满足设计输入的要求,使产品质量符合规定,应在各设计阶段设计输出形成文件后,对设计进行验证。设计成品校审是验证的一种基本形式,所有设计文件都必须进行校审。

f. 建筑企业设计的质量方针和质量目标应落在实处。为避免经常出现的质量通病,严格杜绝套图等不良设计行为的出现,坚持设计的实际针对性,完全根据实际情况进行细致的分析、设计。具体可由主任工程师统一监督,设总负责,各设计负责人需向管理部门提交书面承诺和保证书,企业设计管理部门要层层把关,保证高品质的设计质量。

(3)项目的成本控制

项目成本的管理,首先必须抓好项目成本的预测预控。工程签约后,工程企业和项目部同时开展编制施工预算、成本计划,另外编制工程施工任务单和所需机械台班,然后根据上述数据进行对比、校正测算出工程总实际成本。在项目的各项成本测算出来后,工程企业与项目部签订承包合同;在此合同中需对项目成本、成本降低率、质量、工期、安全、文明施工等翔实约定。通过合同的签订，确保项目部和公司总部责、权、利分明，双方按合同中的责任，自觉地履行各自的职责，以保证项目施工顺利完成。

建筑企业为做好项目过程之中的成本管理，需要形成相应成本控制体系；至少应包括计划、执行、考核三个阶段，其基本内容如图 4-1 所示。

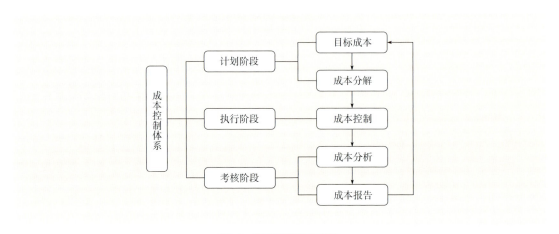

图 4-1 成本控制的基本体系

该成本控制体系不是一个单独存在的个体，其与建筑企业的财务部门有着密不可分的联系：财务部门的全面预算管理体系与成本控制体系相衔接，保障成本控制体系充分发挥效用。除建立成本控制体系外，企业也要有相关的议事规程对项目进行追踪与实时管理，及时召开相关会议，如公司要按季度召开经济运行分析会，公司主管领导及领导班子其他成员、工程技术、物资设备、安质部等相关业务部门负责人共同参与分析。按照月重点、季全面、年综合的要求，从责任成本核算分析重点和责任成本核算分析要求两方面实施管理。

①责任成本核算分析重点。

责任成本核算月度分析可关注的重点有：工程数量节超分析、材料消耗节超分析、单机油料节超分析、内部工班盈亏分析，安全质量对成本的影响、月度完成计划情况对工期的影响等，并在对上述指标进行分析的基础上制定纠偏改进措施。

责任成本核算季度分析中，除包括月度分析内容外，相关分析重点还应包括管理费用节超、资金支付情况，并分析季中各月方案优化对成本的影响。年度分析重点在于方案预控效果的评估、成本管理综合情况、资金财务状况、变更索赔效果、实现收益与上交款差异性、各期成本分析改进措施的落实等。

②责任成本核算分析要求。

a. 责任成本核算主要从工程数量、收入及成本费用三个方面进行核算。对于成本费用的核算主要针对人工成本、材料成本、机械设备成本、临时工程成本、其他直接费、安全费、管理费、财税、清关等方面。

b. 责任成本分析应采取对比分析的方法。具体地讲，需要对实际完成工程量与责任成本预算工程量、实际消耗量与责任成本预算消耗量、实际价格与责任成本预算价格、各种费用实际发生额与责任成本预算发生额逐一进行对比分析。通过责任成本分析达到总结经验、发现问题、查找原因、落实整改措施、提高工程项目效益的目的。

c. 成本核算应坚持实际形象进度、实际产值、实际成本三同步的原则。严格划清成本界限，即划清承包合同范围以内的成本与承包合同范围以外的成本界限；划清已完工程成本与未完施工成本的界限；划清本期成本与下期成本的界限。

d. 责任成本核算完成后，必须编制工程项目责任成本分析报告。召开成本分析会，形成会议纪要；季末上报集团公司经济管理部；项目发生责任成本亏损时，必须编制亏损项目分析报告，随工程项目责任成本报表一并上报。

（4）合同管理

根据项目管理内容和范围要求，项目管理部应组织完成项目的监理、施工、设备和主要材料采购等招标工作，并对其合同实施进行管理。项目管理部应对建设工程合同、设备和主要材料采购合同等进行全程跟踪管理。建筑企业的项目管理部在合同管理中应履行代业主的职责，对合同进行宏观的管理；而监理单位、设计单位、承包单位对合同管理则是具体的管理，并履行各自的职责。项目管理部对施工合同的管理主要内容见表4-3。

合同管理细则   表4-3

管理内容	管理要点	管理措施
不可抗力、保险和担保的管理	合同中应明确约定不可抗力范围	事件发生后，督促并协助承包人迅速采取措施，尽量减少损失
工程转包与分包管理	开工前监督检查承包人不得将其承包的工程转包给他人	项目管理部要监督承包人按专用条款的约定分包所承包的部分工程
合同争议的管理	项目管理部应与承包人商议确定合同争议的解决方式，在合同专用条款中表明	先和解、调解，若未解决，再按合同条款约定的解决方式进行仲裁或法院判决
设计变更和工程洽商及索赔管理	监督监理部及承包人按设计文件监理及施工，不得随意发生工程变更	工程师认真分析，经项目管理部批准后由设计单位进行设计复核，形成设计变更文件
分包业务的管理	分包队伍与项目各部门均存在一定的业务关系，部门之间需要充分的协调配合	对项目合同管理部门授予特定的权力，使项目各部门之间自动配合协调工作
工程款支付申请管理	工程款涉及的款项名目较多，预期与实际情况可能存在偏差	按合同进行预付款，施工期间根据实际情况选择按月或按进度付款

（5）施工现场管理

施工现场管理重心在于安全，而安全由施工单位负责；其中实行施工总承包的工程项目，由总承包单位负责，分包单位向总承包单位负责，服从总承包单位对施工现场的安全管理。总承包单位和分包单位应当在施工合同中明确安全管理范围，承担各自相应的安全管理责任；但需注意的是，总承包单位对分包单位造成的安全事故承担连带责任。建设单位分段发包或者指定的专业分包工程，分包单位不服从总包单位的安全管理，发生事故的由分包单位承担主要责任。

对此，施工单位应当建立工程项目安全保障体系。项目经理是本项目安全生产的第一责任人，对本项目的安全生产全面负责。工程项目应当建立以第一责任人为核心的分级负责的安全生产责任制。从事特种作业的人员应当负责本工种的安全生产。项目施工前，施工单位应当进行安全技术交底，被交底人员应当在书面交底上签字，并在施工中接受安全管理人员的监督检查。

在具体实施中，应注意以下五个方面。

①施工现场应实行封闭管理，施工安全防护措施应当符合建设工程安全标准。施工单位应当根据不同施工阶段和周围环境及天气条件的变化，采取相应的安全防护措施。施工单位应当在施工现场的显著位置或危险部位设立符合国家标准的安全警示标牌。

②施工单位应当在施工现场采取措施防止或者减少各种粉尘。防止废气、废水、固体废物及噪声、振动对人和环境的污染和危害。

③施工单位应当将施工现场的工作区与生活区分开设置。施工现场临时搭设的建筑物应当经过设计计算，特别是装配式的活动房屋应当具有产品合格证，项目经理对上述建筑物和活动房屋的安全使用负责。施工现场应当设置必要的医疗和急救设备。作业人员的膳食、饮水等供应，必须符合卫生标准。

④作业人员应当遵守建设工程安全标准、操作规程和规章制度，进入施工现场必须正确使用合格的安全防护用具及机械设备等。

⑤施工单位必须采购具有生产许可证、产品合格证的安全防护用具及机械设备。施工用具和设备进场使用之前必须经过检查，检查不合格的，不得投入使用。施工现场的安全防护用具及机械设备必须由专人管理，按照标准规范定期进行检查、维修和保养，并建立相应的资料档案。施工单位应当建立安全防护用具及机械设备的采购、使用、定期检查、维修和保养责任制度。

（6）项目工程组织协调

建筑企业供应链管理强调的是上下游企业之间的协调管理，而项目组织的协调亦与之有异曲同工之处；不同之处则在于项目管理更侧重于协调好各部门之间的协作关系，这也从实践角度展现了企业战略布局的顶层设计思想体系。一般说来，在项目工程层面的组织协调主要有以下几点。

①与政府主管部门和监管部门的协调。在委托人、使用人的协助下做好与政府主管部门的配合工作，如质量监督、公安消防、城市规划、环保卫生等部门。由于项目管理有工期要求，各环节衔接压力相对较重，政府各部门的配合工作十分重要。因此，建筑企业应为此专门设置负责外部协调的人员，负责与主管部门的沟通和联系，确保工程顺利进行。

②与设计单位的协调。建设单位进场后首要的任务就是熟悉工程图纸，组织专业工程师对图纸进行审核，了解本工程的施工特点和难点，编制设计管理程序和设计管理计划。同

时，也需要对施工总承包和包括消防、电梯等在内的专业分包实行社会公开招标。在施工图纸发放到施工单位后，宜于 10 天之内组织委托人、使用人、施工总包单位和监理部进行图纸会审。

③与监理单位的协调。工程项目监理部与项目管理部同属一个企业，也是接受业主委托，代表业主利益而进行项目管理的组织。项目管理部和监理部在项目经理领导下共同工作、互相理解、互相支持、互相配合、目标同向最终实现预期的项目管理目标。

④与总包单位的协调。在工作中管理公司工作人员要坚持原则，实事求是，严格按规范、规程办事，讲究科学的态度。工作人员要强调各方面利益的一致性和建设工程总目标的统一性。应鼓励承包单位将建设工程实施状况、实施结果和遇到的困难和意见及时汇报，以便管理公司掌握信息，寻求解决对目标控制可能产生的干扰。除此之外，还需要善于运用语言艺术、感情交流的有效形式，使工作中的分歧得到比较好的化解，并注意把握好适度用权问题。需要引起重视的是，对总包单位进行协调与管理的焦点是总包与甲方指定分包之间关系的协调与管理。

⑤与分包单位的协调。当工程涉及的专业分包较多时，各专业分包之间的协调至关重要。专业分包能否按照项目的总体计划进行施工，能否和其他施工单位步调一致、全面配合工程进展，是项目能否按期完工的前提，是项目管理人责无旁贷的义务和责任。

⑥与供应商的协调。项目材料、设备供应商的协调和管理是项目质量、工期、投资目标实现的重要保证。一般来说，首先确认供应商是否建立有一套稳定有效的质量保证体系，然后确认供应商是否具有生产所需特定产品的设备和工艺能力；其次关注成本与价格，可运用价值工程的方法对所涉及的产品进行成本分析，并通过双赢的价格谈判实现成本节约。在交付方面，需要确定供应商是否拥有足够的生产能力，人力资源是否充足，有没有扩大产能的潜力。尤其需要重点考察供应商售前、售后服务的纪录。简而言之，与供应商协调中最为重要的环节其实是把好对供应商的筛选关。

如前所述，建筑企业有关项目管理的基本工作多而杂、重而细，是建筑企业为承接项目赢得长远发展必须练好的基本功。随着市场项目管理新模式的不断涌现，建筑企业的发展之路始终要与市场要求保持高度一致，不断创新项目管理的思路和举措，以尽显竞争实力，立稳于市场竞争潮头。

2）项目全过程管理

项目全过程管理是指承担工程项目管理的企业按照合同约定，在工程项目决策阶段，为业主编制可行性研究报告，进行可行性分析和项目策划；在工程项目实施阶段，为业主提供招标代理、设计管理、采购管理、施工管理和试运行（竣工验收）等服务，代表业主对工程项目进行质量、安全、进度、费用、合同、信息等管理和控制。这种市场需求，对已经具备"三控二管一协调"基础能力的建筑企业来说，有足够的技术和经验来予以满足。事实上，为了承接市场上此类需求派生的各类业务，建筑企业需要审视全过程工程管理各个阶段的管理内容，配备具有较高水平的项目管理人才，或委托第三方服务机构承接部分服务内容，即可为承接全过程工程项目管理业务夯基铺路。将全过程细分，建筑企业可立足以下环节，以点连线，做好项目管理工作。具体内容如图4-2所示。

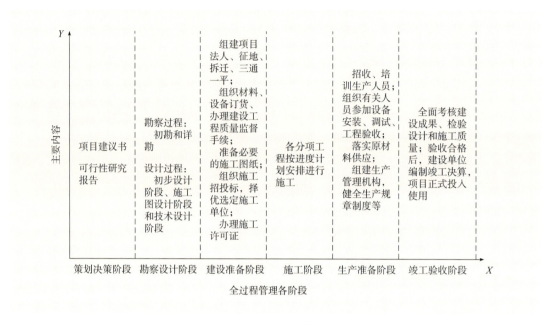

图 4-2　全过程管理阶段示意图

从全过程工程项目管理的六个阶段可以看出，除前两个阶段外，后面的四个阶段均是建筑企业的主营业务，所以全过程工程项目管理也可以视为总承包建筑企业的基本管理任务。

3）全生命周期管理

全生命周期管理理念的提出，给建筑承包商构建了业务创新、技术创新、管理创新的拓展空间，同时也指导着建筑企业向更全面的项目经营方式转型和过渡；加之市场上 EPC 模式和投建营一体化模式的提出，无不给建筑企业一个非常鲜明的市场启示：长久生存于市场终要走全生命周期管理之路。与全过程项目管理不同的是，全生命周期项目管理是运用有效的控制手段，针对项目决策到后期运行维护实施的管理过程。作为全生命周期管理的建筑企业必须要练好内功，为在市场上具备强有力的竞争优势做好充足的准备；这就要求建筑企业需要对新型管理技术、管理人才、可视化技术、智能技术等保持关注并开展积极的融合运用。全生命周期管理各阶段具体工作如图4-3所示。

从全生命周期工程项目管理的五个阶段可以看出，总承包建筑企业未来发展的道路，必须跳出原有的基本管理任务边界，用全生命周期理论为指导拓展自身内涵，构建企业新的发展空间。

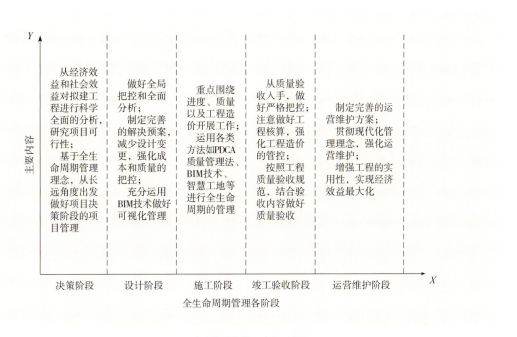

图 4-3　全生命周期管理阶段示意图

4.1.2　项目管理之固本

建筑企业的发展与其经营能力对不同项目管理模式的适应度息息相关。对于以做龙头企业为追求，且有进取决心的建筑企业来说，不仅需要掌握既有的项目管理模式，更要站在全产业链的高度审时度势适应市场不断创新发展；除此之外，应落地实施与宏、微观环境相适应的项目管理模式，通过创新对项目进行更高层次的统筹管理，巩固已经取得的市场优势，即用创新来固本。最终，建筑施工企业应以厚积薄发的态势取得在新阶段、新理念、新格局下内涵延伸、可持续发展的市场竞争优势。

创新自是有源之水，项目管理固本的方式则是从传统的项目管理方式出发，通过结合先进的技术实现创新项目管理的目标。对进度、质量、成本的常规控制的落脚点多为人为控制实现控制目标；而现代项目管理，更关注在各种需求与条件下，生成的更为繁杂的管理过程。建筑企业在实施项目管理的过程中，采用现代化的技术手段可以大大提高管理效率与精确度，更快更好地落实项目管理过程。纵观国内各建筑企业实践的具体情况和国内高新技术的发展情况，综合考察目前切实可行的技术创新、手段创新、管理创新相融合的手段，建筑企业在其固本之路上可以从以下几点发力。

1）智慧工地的实质性应用

智慧工地可以通过线上技术对施工过程的质量和成本进行追踪化管理，充分结合智慧工地的优势所在，可以有效降低人为因素的影响，在极大程度上提高项目效率与施工水平，详见本书 3.4 节相关内容。

2）与全面预算管理体系的衔接

全面预算管理体系是一个综合性较强的成本管理体系，与控制体系相联系，在合同与资金管理的过程中可以充分发挥财务预算管理的作用，并有效降低项目财务风险的发生。

3）BIM 技术的创新性应用

BIM 技术现阶段虽然还不成熟，但在很多方面已经展现出其先进的管理能力，尤其在进度管理方面，BIM 技术可以实现全过程的控制，有效提高建筑企业的竞争力和管理水平。

4）供应链上的业务融合

建筑企业供应链上的业务融合，不仅仅是指企业通过融合上下游业务实现资金和成本的总体管控，从而达到利益最大化的过程，还包括内部和外部资源与能力的融合，亦即组织和管理体系、内外部合作关系的协调融合。

5）项目管理模式创新过程中的角色转变

在新阶段、新理念、新格局的背景下，建筑企业面临双循环的市场竞争，必须创新理念，找准定位；其中的基础要件之一在于认同角色转变，按照项目类型和项目管理模式不断调整角色，以适应新形势，做大、做强。

6）创新项目组织模式，打好项目组合拳

伴随着项目管理理论的发展和完善，许多先进的管理理念、方法和技术已经被引入到建设工程项目管理中来，例如全面质量管理理论、供应链管理理论、全生命周期管理理论、价值链集成管理理论、虚拟建设理论、扁平化组织理论、可持续建设理论等。诸如此类的理论在引导建设工程行业健康发展、提高项目及项目管理绩效方面都发挥了积极作用。在此过程中，建筑企业不断尝试利用组织模式创新，以新的组织形态设计一套组合拳，共同赢得市场；其中主要以集成化管理组织、动态联盟组织和虚拟组织模式为主。

（1）集成化管理组织模式

集成化管理组织模式是指由建设工程项目各参与方组成的临时联盟组织系统，运用集成管理的思想，对建设工程项目的管理目标、组织、方法等方面进行统一管理，从而较好地实现建设工程项目的全生命周期目标。集成管理理念是系统论哲学思想的具体体现，它的集成要素除包括人力、资源、流程、信息、建设过程等基本要素外，还包括各种不同类型的组织、子系统等复合要素。为实现工程项目的全生命周期建设目标，应建立集成化的项目管理组织系统，制定相应的工作流程，并有明确的责任体系，多措并举保障包括但不限于投资者、业主、设计方、工程咨询方、施工方、供应方、运营方等各参与方，最大限度地服务于实现建设项目目标。

（2）动态联盟组织模式

动态联盟又称敏捷虚拟企业，是为了快速响应市场机遇，由多个专长敏捷型企业组成的临时联盟；它是建立在信息技术和网络技术基础上的组织集成，其柔性的组织能随生产过程和管理目标的变化而调整。这种组织模式在制造业中已经取得了很大的成功，也开始越来越多地应用于建筑业,尤其是大型建设工程项目管理。大型建设工程项目动态联盟组织模式通常采用具有柔性和动态的团队协作的组织形态,以项目业主或项目公司为主导,由设计方、监理方、承包方、材料设备供应商、政府部门及其他相关单位和部门以某种方式组建而成一个虚拟的网络式组织。在这种组织模式中,各参与方之间所缔结的是一种平等的组织关系,而不是传统组织模式中上下级或命令与服从的关系。站在建筑企业的角度,采用动态联盟网络迎合了集成化管理的理念,从而便于更好地进行协调与管理。

(3)虚拟组织模式

虚拟组织是由多个在地域上分散、法律上独立的组织或个人,为了满足客户的需求,基于共同的目标、双赢的规则及相互信任的合作精神,通过信息和通信技术快速建立的一种无层级、扁平的临时性网络化组织。虚拟组织依赖资源共享,通过知识管理及组织性的集体学习实现创新与增值。虚拟组织模式的突出特点是利用现代信息技术实现对虚拟组织系统运行、管理和协调的统一化管理。

在建筑业发展迅速、建筑市场反应较快的背景下,龙头企业承接大型项目时所采用的组织模式,通常以动态联盟组织模式为主。动态联盟组织模式的一个突出特点是具有组织形态上的多态性;这与大型项目的技术性、复杂性相契合。除此之外,其以企业为主导,与各承包方、供应方形成一个完整的网络关系,据此实现项目组织模式特性更快、更好地发挥,充分调动各组织机构行使其职能的积极性,从而在质量、进度、成本等方面实现更优的协调与管理。

4.2 项目管理之度势

4.2.1 "一带一路"倡议之势

自 2013 年以来,"一带一路"倡议逐渐从理念转化为行动,从愿景转变为现实。国家大力推进"一带一路"倡议的实施,为中国建筑企业带来了广阔的市场空间。党的十九大报告中"一带一路"倡议被确定为对外开放战略的重点,成为全球瞩目的焦点。2017 年召开的"一带一路"国际合作高峰论坛上,中国承诺加大对"一带一路"建设资金支持,向丝路基金新增资金 1000 亿元人民币。中国国家开发银行、进出口银行分别提供 2500 亿元和 1300 亿元等值人民币专项贷款,用于支持"一带一路"基础设施建设、产能、金融合作。在"一带一路"倡议下,各国生产要素传递加速,推动相关地区人力资源整合发展,带动各国基础设施建设发展。"一带一路"倡议的实施向建筑企业传递的信号主要表现在以下三个方面。

① "一带一路"倡议的实施倡导供给侧改革,而供给侧改革在生产方式、要素投入、产

业结构和配套措施等方面为建筑业的发展清除了障碍，明确了建筑企业作为产品供给方的地位，指出了其不同层面的改革方式。

②"一带一路"倡议的实施拓宽了建筑业的发展和投资领域，引导建筑企业及其供应链上下游企业，将业务范围扩展到广大中西部地区和更加广阔的国际市场，并通过亚洲基础设施投资银行为建筑业提供了资金保障。

③建筑工业化则代表了最先进的生产方式，能够从工期、产品质量、安全性能和节能环保效率等方面为建筑业带来显著变化，彻底扭转建筑业在社会上固有的从业人员素质低、资源消耗大且污染严重、生产方式粗放等刻板印象，同时通过提高全要素生产率的方式，改善我国建筑企业竞争力，为我国建筑业的二次出海提供坚实后盾。

从远期来看，国际化与高质量发展将成为建筑企业未来发展的重大课题；实现规模发展与高质量发展的平衡、国内与国际两大市场的平衡，推进组织转型升级、产业链布局与协同、内外部协同，实现数字化变革、提供一体化解决方案将是建筑企业未来发展的关键。

4.2.2 "十四五"规划发展之势

2020年10月29日，中国共产党第十九届中央委员会第五次全体会议通过了《中共中央关于制定国民经济和社会发展第十四个五年规划和二〇三五年远景目标的建议》；2020年12月21日，全国住房和城乡建设工作会议总结了2020年和"十三五"住房和城乡建设工作，分析面临的形势和问题，提出了2021年工作总体要求和重点任务。对于建筑行业而言，在"十四五"期间面临的发展情势主要聚焦在以下五点。

①建筑企业坚定不移贯彻创新、协调、绿色、开放、共享的新发展理念，加快构建以国内大循环为主体、国内国际双循环相互促进的新发展格局。

②统筹推进基础设施建设，构建系统完备、高效实用、智能绿色、安全可靠的现代化基础设施体系；在国内市场任务中要拓展投资空间，强基础、补短板。

③建筑企业应顺应形势，加快数字化发展，推进数字产业化和产业数字化，通过数字化企业、数字化工程的建设推进，全面融入智能建造和智慧城市建设。

④建筑企业应正视城市高质量发展，迈出新步伐。留意城市体检工作的相关信息；积极开展城市居住社区建设补短板行动，推进完整居住社区建设；在深入推进海绵城市建设中探索进步空间。

⑤建筑企业应加快转型发展。推动智能建造与建筑工业化协同发展，开展绿色建筑创建行动。加大工程质量安全监管力度，深入实施城市建设安全专项整治行动。

总体来看，"十四五"期间，政府的宏观导向给建筑业带来广阔的市场，其重点在于向以技术相支撑的新型高水平、高质量项目管理发展，畅通国内外双循环给建筑业带来的重大发展机遇，赢取更大的增长空间。

4.2.3 建筑企业综合之势

综合考虑宏观政策环境和建筑市场变化的新要求,建筑企业需要重点考虑价值链融合、EPC+转型和投建营一体化、数字产业化、客户服务、组织能力和国内国外双市场双循环六个方面的态势,并研判这六种态势对其实施项目的影响。

1)价值链融合及其影响

建筑企业未来的纵向发展模式主要是三个方向:工程总承包、投建营一体化、"BIM+"业务。"十四五"规划显示:建筑企业寻求深度发展的重点,不在于选择纵向发展的哪种模式,而在于深刻认识新的业务模式的特点,从而按新业务的特点策划转型策略、积累新业务发展所需要的资源与能力、调整内部组织与管理体系,获得新业务的成熟能力和健康的市场竞争力。

价值链融合的典型在于工程总承包业务。相对于传统施工总包业务,工程总承包是一项全新的业务,所需要的能力、资源、组织与运营体系、激励机制、业务理念等方面均与之前存在实质性不同,这就对建筑企业项目管理提出了新的挑战和要求。单就能力而言,考察的重心在于多专业协同。相比施工总包,工程总承包的专业性要强很多。工程总承包既包括履约所需的各专业能力,也需要前期的风险控制能力;同时,在市场营销阶段,往往需要具备为甲方提供前期咨询的能力。

相应地,与能力匹配且形成支撑的资源,亦对建筑企业提出了更高的要求。建筑企业既需具备支撑工程建设全阶段的各类外部资源,又需具备充足的内部资源,特别是各类专业人才资源。以人力资源结构为例,施工总包业务基本不需要有设计人员或设计管理人员;而在工程总承包业务中,设计人员和设计管理人员是最重要的人员,也是占比最大的一类人员。

鉴于工程总承包项目的成功往往需要一个组织作为资源和能力支撑,而非一个单纯的工程总承包项目部。因此,在组织和管理体系方面,建筑企业应将视野置于多专业协同,将重心落在企业层面,而非项目部层面,更不能依赖于项目经理;工程总承包业务对组织能力的要求更高、依赖性更强。此外,由于需要多专业协同,工程总承包业务需要有机式组织设置模式,这与建筑企业过去的组织模式有很大不同。在激励上,本着责权利对等原则,其激励的重点也不再是单纯的项目部,而需要全局的、全面的激励体系。

在业务理念上,建筑企业需要从项目管理层面做出更实质性的调整。一方面,在看待工程总承包业务上,应该用不同于施工业务的全新理念来看待;另一方面,工程总承包业务需要和外部单位之间建立广泛的"信任+合作"关系,即需要以合作伙伴的态度获得甲方的信任,也需要以合作伙伴的态度对待乙方并建立信任。

2)EPC+转型和投建营一体化及其影响

(1)EPC模式的优势

EPC模式是设计、采购、施工一体化,是一种把设计、采购、施工等任务进行综合,发包给一家工程总承包企业并对承包工程的质量、安全、工期、造价全面负责的模式，是我国目前推行总承包模式最主要的一种。较传统承包模式而言，EPC 总承包模式具有以下三个方面的优势。

①该模式强调设计在整个工程建设过程中的主导作用并主张对该作用加以充分发挥。对设计在整个工程建设过程中主导作用的强调和发挥，有利于工程项目建设整体方案的不断优化。

②该模式有效克服设计、采购、施工相互制约和相互脱节的矛盾，有利于设计、采购、施工各阶段工作的合理衔接，有效保障建设项目的进度、成本和质量控制，符合建设工程承包合同约定，确保获得较好的投资效益。

③建设工程质量责任主体明确，有利于追究工程质量责任和确定工程质量责任的承担人。

（2）EPC+ 典型模式

上述优势在为建筑企业项目管理带来水平迅猛提升的同时，也对项目管理提出了更高的要求。特别是随着市场的发展，EPC 沿着项目管理所涉及的供应链和价值链上溯下行逐渐衍生出一系列 EPC+ 的项目模式，建筑企业更需立足其上，寻求项目管理的适应性和可持续提升性。EPC+ 典型模式如下：

① EPC+O&M 总承包模式。该模式下承包方拥有该项目设计、采购、施工的权利，同时承担设备运营与维护的责任。

② EPC+BOT 模式，即政府向某一企业（机构）颁布特许，允许其在一定时间内进行公共基础建设和运营。

③ EPC+F 模式。EPC+F 模式是应业主及市场需求而派生出的一种新型项目管理模式，F 为融资、投资，EPC+F 即 EPC+ 融资，是工程承包方为业主解决部分项目融资款，或者协助业主获取中国甚至国际融资以启动项目，由政府或政府授权的项目业主负责选择投资建设人，并由投资建设人负责项目设计、采购、施工建设以及筹资或协助项目融资，待项目竣工后，再由项目业主按照合同约定进行债务偿还的一种合作模式。该模式是未来国际工程发展的一个极为重要的方向。

④投建营一体化模式。即将规划设计、施工建设以及运营维护融于一体的商业模式。广义上讲，只要一个主体参与了项目的投资、建设及未来运营的全过程工作，即可称之为投建营一体化。按照投资、建设、运营不同参与方式，可分为不同形式，并且可以进行多种组合，变化出更多形式。

3）数字产业化及其影响

数字化技术是当前在建筑业中越来越崭露头角的关键技术之一。工程行业数字化技术涉及工程本身的数字化和工程企业的数字化，即 BIM 技术和企业信息化技术，这也是标准化和信息化的两化融合。工程 BIM 技术目前在行业内发展得如火如荼，且处于攻坚阶段。可以看到，虽然两项技术目前都还未到成熟阶段，但两项技术的作用已开始发挥；尤其是企业信息化技术，在提升管理效率特别是项目规划和现场管理效率、效益方面已有部分卓有成效的企业案例。通过企业信息化工作，倒逼国内建筑企业管理水平的提升已成客观事实，对提升企业整体的管理水平和竞争能力是显而易见的。

作为未来的发展趋势，两化融合和 BIM 技术终究会逐渐实现，工程行业的数字化终究会完成。在不远的未来，两项技术将会进一步加大行业内企业的分化，使优秀的企业更加优秀。同时，在数字化技术发展过程中，企业的数据资产将成为企业竞争的又一资本，部分企业的平台化转型也有望成为现实；建筑企业的项目管理可望实现平台化发展，由此，供应链的塑造与价值链的融合也必将发展至新的阶段。

4）客户服务及其影响

不管未来行业怎么发展，大部分建筑企业所从事的主营业务仍是施工业务，其重要的评价指标仍然来自客户满意程度。在施工环节，我国的建筑企业掌握的技术和工法已经达到了非常高的水平，行业的产能、管理、人员都很充沛、成熟。在此情况下，既然能力都已具备，企业在行业之中展开的竞争将更多地体现在为客户服务之间的竞争：谁能提供更精准更专业的服务、谁能提供性价比更高的服务、谁能提供快速响应客户需求的服务、谁能提供更好的服务态度，谁就会最终赢得市场。

客户服务框架下，对建筑企业项目管理产生的影响，主要体现于两个维度：企业一方面需要改变经营和服务理念；另一方面则需要调整内部的管理，包括组织设置、运营体系、激励机制等。具体而言，在组织上，是否能够建立企业围绕项目、项目围绕客户的基本结构；在运营体系上，是否能够在各个组织层级建立面向客户的管理和作业流程；在激励机制上，是否在鼓励各级组织、各级管理者为客户提供各项专业和快速的服务。未来，更好地服务客户，将成为越来越多企业的追求。

5）组织能力建设及其影响

在建筑企业逐步发展成熟的进程里，行业内对企业组织能力建设的压力和需求，亦随之显著提升。面向未来，无论是价值链融合、EPC+ 转型和投建营一体化，还是数字产业化乃至客户服务的新形势，都要求企业在项目管理层面有更强的组织能力，尤其是提供综合型业务的企业，要做到稳定地提供综合型工程建设服务，更需要具备较好的组织能力，这就进一步要求建筑企业必须具备解决各项专业融合协作的能力。

随着整个社会的专业色彩越来越强，各个行业的专业要求越来越高，建筑企业也概莫能外。建筑企业必然需要在对外服务和对内管理上更具备专业性，其原因在于，只有一个完整的组织才能整合各个专业，进而提供专业服务。与组织能力建设类似，人才队伍建设在此进程中显得更加重要。包括组织能力建设在内，建筑企业未来在各个方向的发展、各个维度的提升均需要以更专业、更优秀的人才队伍做支撑。

6）国内国际双循环及其影响

新形势下，出于市场开拓和维护的长远考虑，建筑企业应重视国内国际双循环的背景。由此带来的影响则体现为建筑企业应立足国内大循环，发挥比较优势，协同推进国内市场和贸易强国市场；继而以国内大循环吸引全球资源要素，充分利用国内国际两个市场两种资源；进而积极促进内需和外需、进口和出口、引进外资和对外投资协调发展，促进国际收支基本平衡。为顺利推进以上战略发展进程，建筑企业的内外贸一体化调控体系仍需进一步完善，乃至构建高质量发展的国土空间布局和相应的支撑体系。

通过以上对建筑业所面临的最新发展形势分析，建筑企业可系统梳理其中面临的发展挑战，形成的发展契机，并深度挖掘蕴含的发展潜力方向。不难看出，在推行"一带一路"倡议的时代背景下，特别是"十四五"期间，融合技术的创新项目管理模式和走向海外开辟国际市场，是当前建筑企业创优争先的重要阵地。要想成为龙头企业，建筑企业实施项目管理甚至制定发展战略，要牢牢把握这一发展框架，从而在框架下选择合适的项目管理类型、改善项目组织结构，并对项目管理模式进行充分的考量与研究，才能为企业从经济和社会两个层面上赢得更高的效益。

4.3 项目管理之谋定

建筑企业项目管理的创新目标和道路选择，根本驱动力来自不断变化的前瞻性宏观形势和实际市场需求。建筑企业在夯实项目管理基础的同时，必须通过项目管理创新来解决固本之道路的选择。然而创新需要相应的资源予以支撑，这就要求建筑企业，既要适应项目管理模式不断更新后的经营形势，又要解决经营的可持续发展问题。凡此种种迹象表明，建筑企业在制定其战略、谋划其发展时，必须适应新形势、创造新思维、注入新活力、释放源动力、挖掘新资源、掌握新技术、拓展新业务、开辟新领域。在此期间，有两项极为关键的管理工作要跟紧抓好：一方面，建筑企业要积极抓住和响应各种项目模式的招标机会，做好投标应战的角色定位，把握主动权；另一方面，建筑企业必须搞好项目管理人才培养体系建设，选聘好项目管理者（项目经理和项目总工），打好信誉牌。以下围绕这两项关键工作对建筑企业的谋划进行落实。

4.3.1 传统项目管理模式下的角色

（1）DBB 模式及其角色定位

设计—招标—建造（DBB）模式，这是建筑企业项目管理中最传统的一种工程项目管理模式。DBB模式在国际上最为通用，其最突出的特点是强调工程项目的实施，必须按照设计—招标—建造的顺序方式进行，且在管控中要求只有一个阶段结束后，另一个阶段才能开始。我国第一个利用世行贷款项目——鲁布革水电站工程实行的就是这种模式。建筑企业在此模式下的角色是施工承包商。

（2）CM模式及其角色定位

建设—管理（CM）模式，又称阶段发包模式，从开始阶段就雇用具有施工经验的CM单位参与到建设工程实施过程中来。这种模式改变了过去那种设计完成后才进行招标的传统模式，采取分阶段发包，由业主、CM单位和设计单位组成一个联合小组，共同负责组织和管理工程的规划、设计和施工。CM模式的最大优势在于可以缩短工程从规划、设计到竣工的周期，节约建设投资，减少投资风险；可以促使建筑企业比较早地取得收益。该模式是业主直接发包，承包商是辅助业主进行发包和项目管理。建筑企业在此模式下的角色是项目管理承包商。

（3）EPC模式及其角色定位

设计—采购—建造（EPC）模式，在我国又被称为工程总承包模式。在EPC模式中，项目管理不仅包括具体的设计工作，而且可能涵盖了整个建设工程内容的总体策划以及整个建设工程实施组织管理的策划和具体工作。EPC总承包项目的总承包人对建设工程的设计、采购、施工的全过程负总责，对建设工程的质量及建设工程的所有专业分包人履约行为负总责。换句话说，总承包人是EPC总承包项目的第一责任人。建筑企业在该模式下的角色是总承包商。

（4）PPP模式及其角色定位

合伙（PPP）模式，这是在充分考虑建设各方利益的基础上，确定建设工程共同目标的一种工程项目管理模式。PPP模式一般要求业主与参建各方在相互信任、资源共享的基础上，达成一种短期或长期的协议；并通过建立工作小组相互合作，及时沟通以避免争议和诉讼的产生，从而共同解决建设工程实施过程中出现的问题。在项目推进的过程中，模式所涉各方共同分担工程风险和有关费用，以最大限度保证参与各方目标和利益的实现。

PPP的具体实现形式有以下几种。

①建造—拥有—运营（BOO）模式，在此模式下，建筑企业自行融资、建造并拥有永久的经营权。

②建造—运营—移交（BOT）模式，在该模式下，政府基础设施建设项目授权项目公司负责筹资和组织建设，建成后负责运营及偿还贷款，协议期满后，无偿移交给政府。

③设计—建设—经营—转让（DBOT）模式，在该模式下，建筑企业负责设计、建设，完工后进行特许经营，期满后，转交给公共部门。其基本运行特点与BOT模式相似，只是增加了设计环节。

④运营与维护合同（O&M）模式，在此模式下，私营部门的合作伙伴根据合同，在特定的时间内运营公有资产，公共合作伙伴保留资产的所有权。

⑤移交—运营—移交（TOT）模式，在此模式下，政府部门将拥有的设施移交给民营机构运营，而民营机构对此支付一笔转让款，期满后再将设施移交给政府方。建筑企业在PPP模式下的角色，不仅仅是总承包商，还是运营商和资本运作商。

4.3.2 EPC+项目管理模式下的角色

我国EPC项目管理模式最早出现于20世纪80年代，当时主要用于承接海外建设项目。2000—2008年进入快速发展期，激烈的国际市场竞争促使中国建筑企业在竞争中不断提高经营水平，加之政策支持体系给中国EPC建筑企业注入了新的发展动力。2008年至今为升级阶段，在国际金融危机的影响下，中国EPC建筑企业更加重视项目的质量和效益，开始谋求业务的转型升级，很多企业不断进行新模式的探索。自"一带一路"倡议被提出并逐渐落地展开后，中国EPC产业得到了系统化的战略性助推，实现了更加高速的发展。目前EPC已经成为国内大型建筑企业的主流业务形式。很多企业在EPC的基础上不断探索创新EPC模式，在EPC的基础上添加新的业务领域；为便于表述，此后统称其为EPC+模式。EPC+模式的创新过程，给EPC建筑企业提出挑战的同时，也创造了许多机遇，使得中国的EPC建筑企业更加注重夯基固本：练内功、修内涵、找定位、促延伸。由此，EPC及其衍生模式在建筑业地位越来越稳固，在市场竞争和社会贡献中发挥的作用越来越强大。

1）EPC模式及其角色定位

EPC模式即工程总承包模式，是依据合同约定对建设项目的设计、采购、施工和试运行实行全过程或若干阶段的承包模式。工程总承包企业在工程建设中负责设计、采购、施工和试运行中至少两项工作；因此设计、采购、施工以及具体的设计、施工环节，交叉组合成了工程总承包模式的不同模式。具体包括设计—采购—施工总承包（EPC）、设计—建造工程总承包（DB）、设计—采购总承包（EP）以及采购—施工总承包（PC）。EPC模式强调了设计这一上游环节的总包必要性，这显然有利于设计单位充分发挥设计在工程建设全过程的主导作用，以及依托其技术水平所带来的总体控制、成本控制、质量控制以及工期控制优势，有利于工程项目建设整体方案的不断优化。同时，施工环节向上游环节拓展和延伸，显然也有利于施工单位充分发挥其现场管理、成本管理以及风险管理优势，从而推动施工单位不断强化工程建设总体策划与宏观管理能力。随着新型项目的不断发展，EPC模式也逐渐延伸出了多种模式，丰富了不同项目在不同环境中的应用和价值。

建筑企业在此模式下的角色是EPC总承包项目的第一责任人，对建设工程包括设计、采购、施工在内的整个过程负总责、对建设工程的质量及建设工程的所有专业分包人履约行为负总责。

2）EPC+F模式及其角色定位

简而言之，EPC+F模式就是在工程总承包中注入了投融资而形成的。政府或政府授权的项目业主负责选择投资建设人，并由投资建设人负责项目设计、采购、施工建设及筹资或协助项目融资；待项目竣工后，再由项目业主按照合同约定进行债务偿还的一种合作模式。作为一种建设方式，EPC同传统工程招标相比，其突出优势体现在服务链条的衍生性和服务内涵的丰富性。以江西省某工程为例，该项目的招标公告中明确招标人为某镇政府，建设资金由中标人进行融资；同时，投资单位中标后与某市人民政府另行签订投资协议约定相关权利与义务。该项目投资回报机制为当新增水田面积经相关部门验收合格且占整个土地整治开发面积大于等于80%时，确定项目投资回报率为1.46倍。EPC+F模式的特点可归结为以下三点。

①EPC+F模式是在EPC基础上衍生的融资建设模式。EPC模式是集设计—采购—施工于一体的工程总承包模式，又称交钥匙总承包。EPC模式下要求总承包商在充分了解项目业主需求的基础上，集成优化完成设计和建设任务，总承包商拥有较大的自主权；业主方通过合同对项目进行管理，最终更强调的是项目使用功能。

EPC+F模式具备EPC模式的基本特征，但又在EPC模式基础上衍生出了融资功能。具体实现时，公共设施项目的项目业主（通常为地方国企）通过招标等方式选定社会资本方；再由该社会资本方直接或间接筹措项目所需建设资金，以及承揽EPC工程总承包相关工作；待项目建设完成后移交给项目业主。需要说明的是，在项目合作期内由项目业主按合同约定标准向合作方支付费用的融资建设模式，或者融资代建模式。

②EPC+F模式更加凸显融资功能。在当前我国规范地方政府举债融资、防控政府隐性债务的主导政策背景下，地方政府当期财政支付能力不足且迫切上马公共设施项目时，着力解决政府方对该等项目前期财政资金投资不足的问题，成为EPC+F模式发挥融资功能的主要动因。根据社会资本方筹措项目建设资金的参与方式不同，EPC+F模式又可进一步细分为EPC+股权融资和EPC+债权融资。

③EPC+F模式项下有回报机制保障。由于EPC+F模式具备EPC模式的基本特征，因此，工程总承包部分仍可延续常规EPC模式回报机制，即采用总价合同或者成本加酬金合同，由项目业主向EPC工程总承包商支付总承包工程费用。即便是项目业主为地方国企，由于项目本身涉及公共设施项目的投资开发建设，项目回报机制的最终付费来源，实际多与地方财政支付责任挂钩。

EPC+F模式具体实施流程如图4-4所示。

EPC+F模式在实践中的具体操作形式呈现了非常多样化的特点。从采购主体来看，既可以是政府或职能部门，也可以是城投公司、地方国企；从融资实现的具体模式来看，既有设立项目公司作为投融资主体的股权型融资，也有非股权型（包括工程款延付型）的融资模式；从承包商所承担的融资范围来看，既有仅承担设计施工采购总承包工程价款范围的融资责任的做法，也有将建设项目全部总投资（包括征地拆迁费用、工程款以外的工程建设其他费、建设期贷款利息等）全额纳入融资范围的做法。

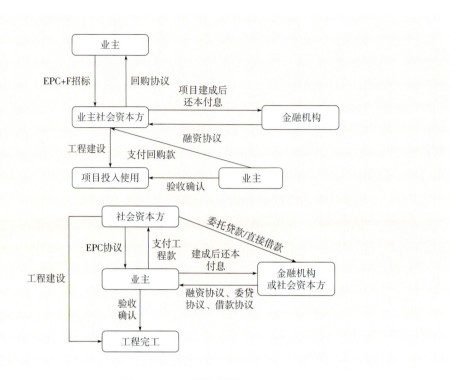

图 4-4　EPC+F 操作流程图

建筑企业在 EPC+F 模式下的角色，既是 EPC 总承包项目的第一责任人，又是社会资本方的融资参与人。

3）EPC+O/O&M 模式及其角色定位

EPC+O/O&M 模式是设计—采购—施工—运营（或运营维护）一体化的总承包模式。该模式是在 EPC 总承包模式基础上向后端运营环节的延伸，即总承包商除承担建设期内传统的设计、采购、施工任务外，还要承担运营期内的运营维护职责。通过该种整合方式，建筑企业可提高项目的运营效率，降低全生命周期内的成本。EPC+O/O&M 模式是我国基础设施和公用事业领域项目在创新实施模式中进行的探索，已逐步成为国内公共设施项目实践的新方向。

作为 EPC 衍生模式的一种，相比于传统的 DBO 建设模式，EPC+O/O&M 有着自身鲜明的特征属性。在项目工程实践中，需要把握 EPC+O/O&M 实施模式的以下几个关键点。

（1）适用范围

关于 EPC+O/O&M 模式的适用范围，目前并没有明确的政策文件参考。在 2016 年住房和城乡建设部印发的某文件中，提及"积极采取设计采购施工运营总承包（EPCO）等模式，实现地下综合管廊项目建设运营全生命周期高效管理"，这为实施 EPC+O 模式前确定模式的适用范围提供了思路，即 EPC+O/O&M 更适用于以运营为导向且运营条件边界清晰的项目。

从我国已实施的 EPC+O/O&M 项目来看，相关项目范围主要集中在污水治理、水环境治理、市政管网建设等市政公用及社会事务领域。在传统建设工程领域，并非所有项目都适合在

EPC+O/O&M模式下进行全生命周期整合。由于以运营期需求为导向的思路贯穿整个服务模式，因此对于一些弱运营属性以及运营服务边界不清的项目，如果生搬硬套EPC+O/O&M实施模式，反而会加大项目实施过程中的风险。

（2）实施主体

EPC+O/O&M项目由于涉及设计、施工和运营三大主要工程阶段，招标时对投标人的资格要求是一个很重要的关键控制点。对常规EPC项目来说，招标文件对于投标人的资格要求往往是限定于有设计资质或者有施工总承包资质的单位，且一般情况下不接受联合体投标。然而，由于EPC+O/O&M项目自身的强运营属性，投标人除具备设计和施工总承包能力外，还必须拥有较强的运营管理能力。当前国内建筑市场环境下，同时具备设计资质和施工总承包能力的企业本来就较少，如果再叠加考虑运营管理能力，那么建筑企业的选择就更加有限。因此，为充分优选实施单位，建筑企业在进行项目管理时应允许综合能力较强的设计、施工及运营单位组成联合体参与投标。在实际运作中，设计、施工、运营三方作为联合体牵头单位时各有优势与不足，招标时应从EPC+O项目自身特点出发，通盘考虑，充分权衡，选择最适合该项目的操作模式。

（3）优势与局限性

传统EPC项目管理模式下设计与运营工作通常独立进行，建设工作按照EPC模式实施，运营环节按照OM模式实施。这种实施模式对于水环境治理、市政管网等项目来说，后期在运营阶段可能留有隐患。EPC+O/O&M模式可避免这种情况的发生。将EPC和OM创新性结合后，项目在一个主体导向下进行，规避了不同主体相互合作过程中造成的资源浪费及效率损失，"O"的加入，也让项目一开始就站在了全生命周期的高度进行顶层设计。除此之外，相对于PPP模式，EPC+O/O&M项目无须走复杂的PPP流程，可控性更强，见效更快，对项目的高效实施更有助益。由于EPC+O/O&M项目主要为政府投资项目，实施单位不用考虑融资问题，更容易吸引到专业性强的社会企业参与，而政府融资成本相比企业来说要低得多；考虑到EPC+O/O&M项目运营期一般为3～5年，这也就能够在最大限度上避免资金缺口过大的情况出现。无论对政府或是实施单位来说，EPC+O/O&M都是一种优势明显的工程实施模式。

EPC+O/O&M的局限性也较为明显。从当前EPC+O/O&M项目的运作实践来看，一个较明显的问题是项目综合管理角色缺位。勘察、设计、施工、运营企业在施工中独立工作，独立承担风险，从而使项目从整体角度考虑缺少协调性；EPC+O/O&M项目内部运作机制的设计合理与否也存在争议。此外，如何根据项目特点选择合适的招标阶段，是EPC+O/O&M模式工程实践中需要慎重考虑的问题。

建筑企业在EPC+O/O&M模式下的角色既是建造商又是运营商，承包商均需承担设计、施工和运营维护等职责。

4.3.3 投建营一体化管理模式下的角色

EPC 作为当今主流的项目管理模式可以充分展现项目的价值,是总承包模式的典型代表;在建筑行业快速发展的过程中,作为新兴的投建营一体化模式也形成了自己独特的优势。投建营一体化模式,强调上下游一体化的业务延伸和拓展,使得建筑企业在某些大型项目上具有更多的选择主动权,由此成为龙头企业寻求长远发展,包括拓宽国际市场的重要抓手。投建营一体化的适用范围见表4-4。

投建营一体化适用项目表　　　　表4-4

项目类型	项目特点	重点参与方
公路、桥梁、隧道等	总投资规模大、运营相对简单	实力雄厚的大型承包商和金融机构
铁路、城市轨道交通、机场、港口、园区	总投资规模大、涉及工程建设领域多,后期综合运营能力要求高	具有全面综合实力的大型承包商、专业运营商、金融机构
电站、垃圾处理、污水处理等	资金需求量大,项目对专业技术、核心设备和后期综合运营能力要求高	专业承包商、技术商、运营商、金融机构
石油、天然气及矿产开发	总需求量大,勘探开发风险高,对专业技术、核心设备要求高	实力雄厚的大型能源企业、专业技术商、金融机构
园区、医院、养老院	对综合运营能力要求高、市场化程度高	具备综合能力的专业运营商

投建营一体化管理模式,秉持全生命周期管理理念,倡导由同一责任主体负责项目的投资建设和运营,以此保证项目在投资、建设与运营不同阶段的目标相互衔接,投资总体目标前后一致,最终实现投资预期。该模式扩展和延长了传统工程承包项目的业务链条,将项目运作的范围向前扩展到项目的开发和投融资环节,向后扩展到项目的运营维护环节。投建营一体化管理模式,根据扩展形式可进一步细分为上下游一体化和甲乙方一体化两种模式。该模式适合用于海外项目建设管理,尤其适用于能源、资源开发及各类能产生稳定现金流的工程项目。与 EPC 等模式相比,投建营一体化模式下,建筑企业的权责更加复杂,合同获得更加有保障,与之对应,合同管理也更加复杂。

1)投建营一体化的主要模式

(1)上下游一体化模式

上下游一体化模式是指建筑企业同时参与产业链的上游业务,如分析研判、投资融资和规划设计;下游业务,如施工建设和运营维护。上下游一体化可以通过上游的分析研判、投资融资、规划设计作为切入点,为下游的施工建设、运营维护等业务领域找到扩大市场份额的机遇。在施工建设、运营维护领域具有优势的企业与上游环节形成良性互动,既能切入附加值较高的投资融资、规划设计等业务板块,又能以完整的产业链为海外工程所在国提供一站式解决方案,从而赢得更多的项目开发机会。以石油行业为例,某集团公司通过上下游一体化模式,一方面通过帮助中下游产业发展落后的东道国，建立完整的石油产业体系，成功赢得了上游油气资源的开发权；另一方面通过上中下游的协同优势，将业务范围延伸到利润相对稳定、风险较低的中下游领域，成功提升开设项目的整体效益。这种以上下游一体化为特征的开发模式，在中国企业参与国际资源开发的项目过程中，得到广泛应用，并获得巨大成功。

（2）甲乙方一体化模式

甲乙方一体化模式是指建设主体既是甲方（投资方、发包方），也是项目的乙方（承建方、运营方）。甲乙方一体化有利于建筑企业降低成本和风险、降低管理协调难度、提高项目进度，实现甲、乙方协同发展；对于实施海外战略的建筑企业而言，亦能最大限度保障中国"走出去"企业的整体利益最大化。很多海外工程在东道国缺乏资金，面临着项目开发运营环境恶劣、基础设施建设落后、缺乏运营维护能力的情况下，此时实施甲乙方一体化模式优势更为明显。以电力工程建设承包为例，中国某公司在原有的工程承包核心竞争力基础上，以下属投资公司作为项目投资主体亦即甲方，充分发挥在规划设计、施工建设、设备制造、运营维护等方面亦即乙方的优势，实施了甲乙方一体化管理模式。实际的实施效果则是，不仅带领集团内部的骨干企业参与项目建设，还带动了国内相关领域合作伙伴走向国际市场；实现了从前期规划、勘测、设计，到中期施工、建设，再到后期运营、管理的全产业链覆盖；统筹协调项目开发全过程，实现从规划设计、施工建造、运营管理各过程统筹优化，提升了项目整体效益。

2）投建营一体化的主要特征

①实施企业的权责更加复杂。投建营一体化中，建筑企业要同时承担投资者、工程承包商、运营商多重角色；而在PPP、建设—运营—移交（BOT）等项目模式中，建筑企业承担工程总承包、运营商或融资协助方的职责，但一般不直接作为投资者出现。在EPC+F模式下，建筑企业一般不承担运营商和直接投资方职责。在EPC+BOT捆绑模式中，EPC是成功实施BOT及建设—移交（BT）项目的基础，带有融资性质的BOT及BT项目中的B就等于EPC。投建营一体化在提升盈利空间的同时，也要求建筑企业承担更多职责，具备多种素质，其权责划分也更加复杂。

②通常以议标或授标的方式获得合同。与PPP、BOT相比，投建营一体化的实施企业既是投资方，也是承建方和运营方，通常具有更高的话语权。在合规经营的前提下，海外项目的建筑企业可以跟东道国政府、常规经营的建筑企业可以跟业主单位以议标、授标等方式签订项目合同，一般不需要通过国际/公开招投标程序。在部分需要进行国际/公开招投标的项目中，如果投标企业能够提供投建营一体化的解决方案，通常会在同等条件下优先获得项目的运营权。

③项目管理更加复杂。相比其他合作模式，以投建营一体化模式运作的项目管理中，各项工作更为复杂。以财务管理方面为例，当前基础设施项目公司大多沿用传统施工企业以资金

支付和会计核算为重点的财务管理模式；但投建营一体化的项目还须参与前期财务决策，制定财务计划及控制资金风险等方面的工作，这就对项目财务人员素质提出了更高要求，也表明在项目管理中，除了项目管理模式选择和角色定位外，人力资源是非常重要的管理抓手。

④合同安排更加复杂。投建营一体化的本质是包含投资、建设、运营等方面的合同组合安排，各方基本权利义务关系通过合同确立。对于施工项目而言，事无巨细的单一合同安排就已经较为复杂繁琐，如此融合角色功能下合同安排的复杂度无疑将急剧提高。

目前，投建营一体化主要用于海外项目的开发，建筑企业在此模式下承担三重角色：投资者、承建商和运营商。这就要求中国的建筑企业必须具有全球化视野，具有纵观世界政治、经济格局的能力，对市场有理性客观的判断，增强风险意识和驾驭风险的能力。

综上所述，无论是哪种项目管理模式，建筑企业的经营战略都要与之相匹配、相融合。基于项目管理为导向的建筑企业管理创新，就是在国家宏观大势下不断改善经营，顺势而为地去选择、去创新，是龙头企业做大做强的根基所在。海外的建设项目与国内的建设项目在承接方式、融资管理等方面有较大的差别，故建筑企业在承接海外项目时，不仅要考虑项目管理本身，还要充分认识到项目东道国的政策、制度、法律、经济等环境对项目经营的预估影响，进而做好项目的风险管理。只有决策层把握好大势下建筑业的发展方向，建筑企业才能走向更大的舞台。

4.3.4 项目经理的聘任及管理

项目经理是项目现场管理的实践者，在整个建设活动中占有举足轻重的地位，如何促使项目经理管好项目，如何保障项目经理的能力足以胜任项目管理工作的需要，就成了各工程建设企业领导最关心的事。推行项目经理责任制已被实践证明是解决以上问题的关键法宝。如何用好这件法宝，可从构建项目经理选聘体系，做好项目经理目标管理、项目经理的薪酬激励机制和绩效考核机制等方面加以实施。

1）项目经理的聘任

为加强监督指导，确保工程项目经理选拔聘任的高效、公开、公正与公平，增强项目经理人才的竞争意识，使建筑企业能够在企业内部选拔出真正适合某一工程项目的项目经理人选，建筑企业需要规范选拔流程。

①构建工程项目经理胜任力模型，编制出工程项目经理岗位说明书，组建好项目经理选聘评审小组。

②发布选拔竞聘信息，对应聘者进行初步筛选评定，淘汰掉一部分人后再组织剩余的应聘者进行后续演讲及能力测评。

③聘任符合条件的人选。

项目经理聘任流程如图 4-5 所示。

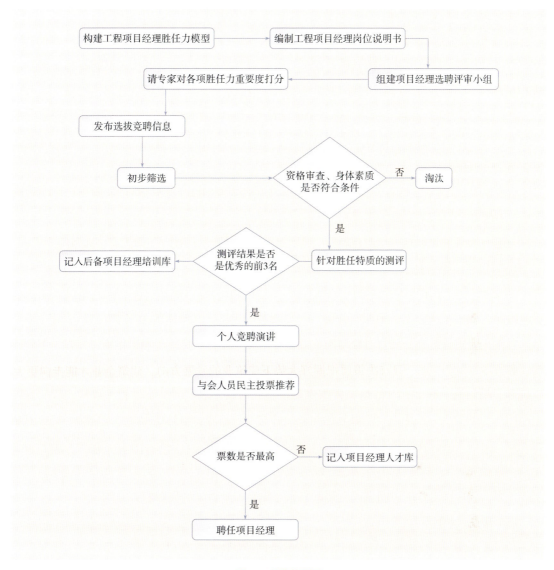

图 4-5　聘任流程图

2）项目经理的培训

（1）建立项目经理培养和储备机制

项目经理培养储备机制分为内部培养储备和外部引入两部分。内部培养储备需要决策主体充分了解各项目工作人员情况，积极将民主测评结果优秀、序列评价优秀、对外沟通能力好、内部管控能力强的人员纳入后备项目经理人才库。项目经理的培养储备要有目的和层次，比如从项目的规模、项目的类别上，选拔储备时候要分批次、分节储备，并有针对性地对大型铁路项目、城市轨道、长大隧道、海外项目等储备合适的项目经理。简单的小项目一般可以起用新人，而复杂的大型项目就要从有类似工作经验的人员中选拔。外部引入储备，则需要首先建立外部人才引进机制，在机制框架内遴选持有注册类证书、具有丰富项目管理经验和较强协调能力等特质的人员，作为外部人才引进至企业。

（2）推行"1+1"培养模式

将公开竞聘及民主推荐的后备项目经理人选，放在项目常务副经理岗位上进行培养，并由能力突出、经验丰富、业绩出众的在职项目经理对其进行传帮带，从而不断提高后备项目经理的能力水平，避免新任项目经理因缺乏经验或应对能力不足，造成项目管理性亏损。

①做好职业道德培养，坚守对企业忠诚的底线；最大限度地为企业谋利；从全局角度思考问题，以高度的责任心，促进项目顺利完工；保证工作热情、负责、进取，发挥最大才能为企业创造发展机遇。

②做好领导能力的培养，尤其锻炼培养对象的组织能力，锤炼培养对象独立组织项目的素质，并领导项目职工完成工作计划。

③强化专业知识的培养，培养对象应该对其所从事的建筑行业专业知识有全面系统的了解。

（3）以冰山模型打造项目经理培养体系

根据胜任力冰山模型所划分的三种类别，同时考虑到操作难易程度不同，建筑企业的项目经理培养体系可从短期、中期、长期三个方面进行建立，具体体系如图4-6所示。其中短期培养方案主要目标是提升培养对象与岗位胜任力的相关能力，具体培养操作则主要以学习理论知识和基本案例为主；中期方案主要目标是提升培养对象与差异胜任力的相关能力，主要采取培训和轮岗结合的模式，具体培养操作主要以实地考察知名项目，学习相关经验，以及开展主题团队活动为主；长期方案主要目标在于提升与发展培养对象胜任力的相关能力，以PDCA为原则，具体培养操作主要以赋予权力、增加薪酬和奖励机制，提升信任感，加强社会公益事业培训以及先进人物事例的学习为主。结合上述三方面的培养方案，建筑企业在打造项目经理培养体系时，应在合适的时间选择合适的方案，综合提升项目经理的能力。

3）薪酬的激励机制

（1）构建建筑企业与项目经理共同发展的协同型薪酬激励制度

薪酬激励是最直接的员工激励方式。已有很多案例表明，恰当的薪酬激励能够显著提高员工的工作积极性、凝聚力、创造力、认同感。构建协同型薪酬激励制度，使项目经理的薪酬水平与企业的发展水平相一致，无疑将促使项目经理与企业共同发展。协同的薪酬激励制度如图4-7所示，可以使建筑企业的薪酬输出更加公平、公正，从而有助于促进各部门间的协调，激发员工的积极性。协同型薪酬激励制度将建筑企业的制度、人员、环境三个资源结合，做到三位一体协同发展。需要注意的是，对项目经理的薪酬激励要与企业发展速度相匹配，一个可行的设置思路是使项目经理的薪酬增速匹配企业的利润增长率，例如将上一年的利润增长率作为下一年项目经理的薪酬增长率。同时，对于已经确定的薪酬制度来说，在实施调整时，更要做到公平、公正。除此之外，协同型薪酬激励制度还应确保建筑企业其他人员、部门的薪酬水平匹配企业发展速度，真正做到企业与薪酬制度相协同，使整个企业拧成一股绳，促进共同发展。

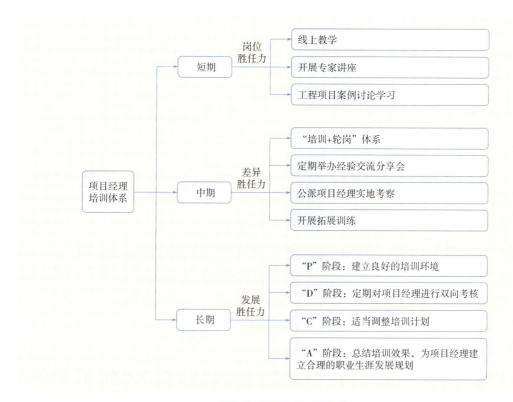

图 4-6 项目经理培养体系图

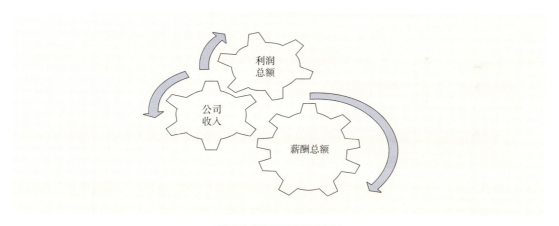

图 4-7 协同型薪酬激励机制

（2）强化薪酬激励制度对企业文化的支撑作用

建筑企业真正发挥薪酬激励作用的关键是将薪酬制度与企业文化、个体特征相匹配，这必将会鼓励企业职工追求各种不同的风险及变化，注重挑战新生事物，以创造未来为己任。为鼓励项目经理不断尝试挑战新的事物，建筑企业可选择固定工资占比小，而绩效工资、利润分成奖励等与工作业绩联系紧密且占比较大的薪酬激励制度。为了强化与企业文化战略相匹配的薪酬激励制度，企业可对项目经理发放效益奖金，即利润分成，刺激项目经理发挥自身潜能，加大企业薪酬激励力度，尤其是对项目部经理的激励力度。与此同时，可采取的做法是使项目经理享有利润分成的权利,即若项目经理完成企业的年度产值较上一年年度产值没有变化,就按企业原来章程的利润分配比例奖励给项目经理及项目班子成员;若完成企业的年度产值较上一年年度产值较高,则将超额利润中相同比例的利润奖励给项目经理及项目班子成员。

4)绩效的考核机制

(1)健全绩效考核评价指标体系

对项目经理的绩效考核指标评价体系,可以借鉴平衡计分卡的考核办法。具体操作时,以建立相应的指标体系为抓手,具体可从财务、客户、业务流程、学习与成长四个方面设置相应的评价指标。

根据建筑企业现行的考核机制,对绩效考核的内容,可设计的指标做以下合理化、可推行的建议。首先财务方面指标,可包括预定利润提高率和降低目标成本额等;客户评价方面的指标,可包括业主满意度评价和业主投诉次数、合同履约率等;业务流程评价方面的指标,可包括工程质量情况、工程进度情况和施工安全指标等;学习与成长方面的评价指标,可包括员工满意度、员工稳定率和培训员工比例等。

对于项目经理绩效考核机制设计中所提及的四个方面,在实施具体考核时,每一项指标所占权重,可根据建筑企业的实际情况进行动态调整。具体可以采用专家评价法、座谈会法和德尔菲法等对各指标的权重进行赋值,并根据年度考核关注重点,对指标权重做相应的调整,使绩效考核指标评价体系处于动态调整状态,以最大限度发挥其监督、评价和激励作用。为进一步强化上述作用,建筑企业可将考核体系内每一部分的考核情况都与项目经理的绩效薪酬挂钩,最终算出相对公正合理的绩效薪酬。

(2)提高绩效考核过程中的动态管理

在考核的过程中,建筑企业应强调从战略目标出发,将战略目标与绩效考核相结合。建筑企业项目经理进行考核的过程中,应强调发挥管理人员的积极性;为此,建筑企业可将绩效考核体系的优化视为一个动态过程,在考核中发现存在偏差的地方及时进行纠正,进而对绩效考核体系的调整提出针对性的建议。在绩效考核的过程中,各个部门之间仍需保持相互协调。由于影响绩效考核的因素较为复杂,只有通过各个部门之间的相互配合,才能够有效地避免在考核中出现较大偏差。在进行动态管理时,建筑企业需要防范产生近因偏差,不能简单地用月度考核结果加总作为季度考核来使用,也不能只看短期绩效和目标任务的分配及完成情况,而应该综合考察整个考核期限内考核对象的行为表现和整体绩效状况,从而保证考核的有效性。

(3)完善绩效考核管理制度

在对绩效考核实施动态管理的过程中,对于一些反复出现问题的环节,需要优化并在制度中相应地优化固定下来,从而实现对项目经理绩效考核机制的完善。具体可从以下两个方面加以实施。

一方面,在对项目经理进行考核时,宜增加对考核人员的工作授权。绩效考核管理过程,通常是由企业的人力资源管理部门主持,然后成立绩效考核管理小组来实行绩效考核工作;适当地扩大考核权限,可在一定程度上避免企业的其他管理人员对于绩效考核结果的干预,最小化对绩效考核小组工作决策的影响。另一方面,项目经理面对考核时,应当有对绩效考核结果申诉的畅通渠道。建筑企业项目经理的工作,具有信息不对称和工作环境复杂性的现实特点,因此有必要在绩效考核过程中建立申诉机制,在绩效考核管理过程中形成闭合的循环。

4.3.5 项目总工的要求及管理

项目总工即项目总工程师,既是统筹技术与协调的实践者,也是项目领导者和职能部门的服从者,更是贯通项目顶层与项目各部门的桥梁。项目总工的协调和组织管理效果如何,是决定项目成败的关键因素之一。然而,其不同于项目经理职责所在,项目总工除技术管理等内容外,更强调对工程项目及工程技术人员的协调、组织管理的领导能力;只有很好地协调各部门和各分包商的关系,才能提高项目的工作效率。

从建筑企业的视角来讲,项目总工是技术专家、技术带头人和项目技术工作决策者;全面负责项目的技术工作;对项目的质量、安全、进度、技术、成本等方面的最终显现结构起非常关键的作用。如前所述,项目经理对项目负总责,那么在项目的任何工作都要管的要求下,就不可能对项目的技术工作抓得那么具体;主管生产的副经理通常忙碌于现场,也有相对明确的分工;因此,无论客观上还是职责上,技术、质量等工作的担子最终会落在项目总工身上。也正是因为如此,项目总工必须要做有责任心、有进取心、全方位的技术管理人才;要做思想认识到位、专业技术过硬、现场管理高效、标准化管理的技术带头人;要带领技术人员认真钻研业务,提升技术管理水平。

1)对项目总工的基本要求

企业搞不好,主要在领导;项目搞不好,同样在领导。

①做事先做人,项目总工首先应是敬业的、优秀的、专业的技术干部,既要有健康的身体还要有良好的心态,要品质良好、忠企爱岗、担当负责;其次是要真抓实干,必须具有一定的专业知识、学习能力、管理能力、判断应变能力、组织能力、协调能力等。

②项目总工应来自基层。除了需要经过多个岗位锻炼(技术员、主管工程师、工程部长、副总工程师一步步成长),还要经验丰富、业绩突出、讲政治、懂规矩、守底线。

③项目总工应具有专业能力。熟悉技术标准规范,掌握工艺、工法,熟悉业务流程;要会看、会写、会算、会干;具有防控技术风险,解决技术难题的能力;善于学习分析和总结,具备做好项目施工技术、工程测量、试验检测、过程质量管控、科技创新等方面的专业知识。

④项目总工应具有管理能力。能从体系建设着手,做到分工明确、责任到人;从现场指

导、检查、监督方面强化过程管控；能做好对上对下、对内对外的沟通协调工作；善于培养复合型技术人才，领导技术团队工作。

⑤项目总工应具有判断应变能力。具有认识问题、解决问题的辩证唯物思维方式；具有处置现场复杂技术问题、协调各方复杂关系、配置各项资源等综合能力；善于抓住事物的本质和主要矛盾，在纷繁复杂的情势中作出明智、正确、科学的判断。

具体到项目管理中，总工要勤于思、善于行，想做事、做成事，能够做到项目技术管理制度完善，技术人员分工明确，职责清晰；现场施工过程管理到位，技术质量可控；项目现场施工正常，不因技术工作影响施工生产；日常技术行为符合管理规范，内外业均符合要求；内外部关系沟通顺畅，项目技术氛围良好，技术人员思想稳定，业务能力稳步提升。

2）项目总工的意识和思想

（1）提高项目管理的思想认识

作为建筑企业，尽管工作千头万绪，但归纳起来，就是揽活、干活和交活三件事。上述三件事的逻辑关系则在于"揽好"是前提，"干好"是保证，"管好"是关键。提高项目管理水平，高标准、高质量、高效率地完成项目建设任务和目标，履行好施工合同，夯实经营基础，是提升企业核心竞争力，保持企业持续稳健发展的根本举措。项目总工作为项目管理团队关键领导，必须要深刻理解加强项目管理、提升管理水平的重要意义，通过努力改变建筑企业当前项目管理整体落后的现状。

（2）提高责任认领的职责意识

管理必须权责明确，项目总工应按照权责明晰的要求，明确各级管理主体责任。项目部配备一定的人员开展工作是必要的，但实践当中并不是人越多越好。工作开展的成效如何，关键在管理的效果怎样，履职到不到位，责任认领到不到位。工作千头万绪，关键是要有思路和方法，主管要认领主管的责任，分管要履行分管的职责，兼职人员要负兼职责任。权责明确，责任认领，履职到位，工作能力势必随之增强，管理质量亦随之上升，工作效率自然就提高了。

（3）提高带动与推动的表率意识

项目主管就是主力，就要发挥带动作用，哪个班子成员工作做不好，就要带他、教他、帮他、督促他好好干。反过来，作为偏重技术发展的项目总工，不一定什么都懂，其他班子成员就要发挥推动作用，要推着他走。通过带动和推动，形成活力和合力，汇聚起引领项目发展的强大动力。

（4）加强一专多能的能力建设

项目总工需具备能够独立担当的综合素养和总揽全局、综合协调的能力，这也就要求项目总工应有遇方则方、遇圆则圆，需高则高、需低则低的综合素质和能力。为此，项目总工需要经历不同岗位的锻炼，才能锤炼出过硬的思想业务素质、管理协调能力与综合素质，推动建筑企业的深度建设与长远发展。

（5）具备统筹兼顾的素养

项目总工在开展工作时要注意统筹兼顾、综合平衡，突出重点、带动全局，做到时间用足、空间用满，对各项工作有力有序有效推进。

（6）健全项目技术管理体系

项目总工应做好技术管理性工作和业务性工作：在开展管理性工作时，项目总工宜突出配置资源、明确责任、建立流程；而开展业务性工作时，重心可放在明确工作标准。项目总工在健全项目技术管理体系时，应以技术体系为核心，管理制度为保障，明白过程考核是关键，明确目标是方向。

项目总工在推进此类工作时，可先建立完善体系；再选好人、干好事；总体思路是分清主次、抓住重点，保持体系有效运转。可实施的管理手段有以下三种。

①实现方案预控。提出的方案需系统全面，经济合理，先进可行，易施易控。

②方案执行须严肃有力，实施中制定的方案不得轻易变动。

③建立良好的工作关系。充分发挥个人技术专长，积极出谋划策，形成合力。平级之间取长补短，互相协助。对下级要起到带头作用，提升个人品质。

（7）科学推进各项管理工作

技术管理贯穿于项目的全过程，因此，项目总工在开展工作时必须讲究方式方法。具体有以下四个方面。

①在做技术规划工作时，应制定适合项目的技术工作纲要和目标，确定所需要配置的重要设备、仪器以及所要执行的技术标准、规范和流程，拟定主要技术人员的分工安排。

②在进行施工整体部署时，应编制实施性施组，建立技术管理和质量管理体系，确定关键工序和专项施工方案，落实工程开工的技术准备工作。

③在进行过程控制工作时，应对施工的各个技术环节和全过程进行横向到边、纵向到底的全方位监控；特别是对影响工程质量、进度和效益的关键过程和施工工艺，应重点进行监控，确保施工按计划顺利实施。

④在开展技术总结工作时，应组织全体技术人员，认真分析技术上的成功与不足之处，探讨施工经验和教训，对在施工中成功使用的施工工艺和方法、课题研究成果及高精尖新技术的应用成果等要及时总结。

新形势下，建筑企业面临的发展情势对项目经理和技术总工提出了新的挑战。对于一个项目而言，项目经理是第一执行人，对其所应具备的能力要求和切实肩负的责任不言而喻，项目总工亦是如此。随着相关实践的持续推进和深刻变革及循环改进，建筑企业基本形成了一套完整的项目管理体系；接下来的工作重心就转移到对项目各方面的整体管理、可能发生的一些项目乱象的治理和施工过程中关键环节的管理。只有把握好这几个方面，项目管理才可能成功，建筑企业才可能在市场竞争中立得更稳更牢。

4.4 项目管理之施策

本节首先从建筑企业内部挖掘项目管理乱象及其成因,进而站在更为全局的视角从经营举措、过程控制和落地引导由面到点逐步阐释建筑企业的项目管理创新策略。

4.4.1 项目管理乱象归因及其治理

多年以来,建筑企业的各级管理者围绕项目管理呕心沥血、艰苦奋斗,推动项目管理不断进步,为企业的发展壮大、职工的幸福安康做出了突出贡献;但是,项目管理中存在的一些问题依然得不到根本解决。冰冻三尺非一日之寒,沉疴痼疾由来已久,要解决痼疾自然不是一朝一夕的事,但是难解决不是不解决。不积跬步无以至千里,不迈出第一步,不坚持走好每一步,任何事情都不可能成功。相反,只要敢于迈出第一步,只要坚持走好每一步,再难的事也终会成功。从项目管理实践中梳理出存在的管理乱象,然后对问题成因进行剖析,从而在此基础上提出相应的治理措施。

1)项目管理乱象及归因分析

(1)个别项目党组织散乱,责任心不强

一些项目主管在职不在岗,在岗不履职,履职不尽责,成为安置型、养老型、拆迁型、喝酒型干部,难以发挥其作用。项目部党组织的主体责任虚位、缺位,相关主管领导责任心缺失,如对待项目管理的各类文件先签后审。一些项目并未严格执行"三重一大"管理规定,相关领导对此并未督促改进;甚至在外包队伍选定、物资采购、设备租赁等方面的程序不规范,存在不经开会研究就个人拍板决策的现象。

(2)部分项目管理观念紊乱,系统性不强

部分项目相关管理者并未转变相对陈旧的管理观念,守摊子思想严重,创新能力不足,进而导致管理和发展思维难以满足新形势下的要求。在物资管理上,杂乱无章,雁过拔毛,大小通吃;在现场管理上,前松后紧,在项目推进前期散漫无序,后期则拼成本打政治仗,血汗钱被人为填进了黑窟窿;在项目管理模式选择和实施上,存在一些建筑企业的项目承包模式大包基本失控,清包浪费严重;在项目资源配置上,多体现为现有资源不能满足发展需要,如人才匮乏、管理断层、技术乏力、专业队伍缺乏、进度滞后,更有甚者现场安全事故频发,质量问题层出不穷甚至遭遇返工整治。

(3)一些企业选人用人杂乱,专业性不强

在项目管理过程中,一些建筑企业在选人用人方面,缺乏规矩意识,违反组织程序,搞厚此薄彼，设双重标准，分亲疏远近；更换频繁，职务走马灯，岗位过把瘾，人心浮动，得过且过；部分关键岗位干部并未真正与岗位适配，甚至存在随意上岗、"矬子里面拔将军"的现象而造成管理被动。施工技术人员专业性不强，主要表现在项目技术人员基础工作缺失，技术交底、施工过程技术指导不到位；技术工作的管理痕迹缺失，技术人员的培养机制不健全；技术人员在现场更多的是履行调度职责，技术工作薄弱等，凡此种种叠加作用后，集聚了现场的诸多质量隐患。

（4）先进工艺应用不足，创新性不强

在实施项目管理时，对标准化管理重视程度不够。标准化工作仅停留在文明施工层面，没有对工艺标准化、资源配置标准化、项目管理标准化开展研究，没有形成系统性的标准化管理工作。对于先进工艺方面应用不足，无法满足现阶段建筑的需求，如隧道钻爆法开挖与衬砌施工工艺，目前现场采用的常规做法已经无法满足高标准施工工艺要求。标准意识的缺失，势必导致相关管理人员对项目推进关键环节、核心内容和支撑技术的理解不够、钻研不深，从而从根本上架空了以解决问题而萌生的创新动力。

（5）项目流程监管错乱，管控力不强

对项目流程监管的问题主要存在于以下四个环节。

①在合同签订时，并未严格执行合同评审制度，存在先签后评、签而未评等不合理现象，从而使合同签订流于形式。

②在过程监管上，重言轻行，浅尝辄止，雾里看花，监督的探头作用失灵失效。

③当亏损项目追责时，监管者下不了狠心，往往是割发代首，避实就虚。

④在风险管控上，对风险的认识、管控严重不足，化解法律风险的能力亟待提高。

（6）安全质量管控不足，系统性不强

一些项目教育培训流于形式，劳务人员不了解所从事作业的安全隐患、质量工作要求和出现隐患后需要采取的措施。建筑企业开展的专项安全质量管理活动落实不到位，安全质量检查与隐患整改流于形式，重大危险源的控制措施落实不到位。安全质量管理人员的能力和责任心有待提高，主要表现在一些安全质量管理人员在现场发现不了安全质量隐患；一些虽然能够分析安全质量隐患却不知如何处理；更有甚者虽在现场进行施工管理，却完全没有意识需要履行安全质量管理职责。

2）项目管理乱象的治理措施

针对梳理出的项目管理中存在的六种乱象，并根据对其成因的剖析，可将相同或相近诱因的乱象加以合并实施综合治理。由此，提出相应治理措施如下。

（1）强化领导主体责任，推行管理责任制度

相关领导必须坚持不忘初心、牢记使命，坚持"三重一大"集体决策与依法合规理念；同时建筑企业在组织架构中也应当设置完善的管理制度来约束项目领导的管理行为；双管齐下

确保项目始终管理有序,做到坚持原则不动摇、执行标准不走样、履行程序不变通、遵守纪律不放松。

具体实施时,需要注意以下两个关键点。

①解决好项目经理职业化的问题是实施优质项目管理的基础。建筑企业可探索建立项目经理分级管理制度,强力推行项目经理职业化进程,让专业的人干专业的事。

②项目主管是项目管理中的定盘星。一方面,面对工作中的困难,项目主管是迎难而上还是畏缩不前,积极作为还是消极应付,直接关系到项目的质量优劣乃至项目的成败;另一方面,在实际工作中,项目主管要面对的是项目实施工程中的各色人等,要处理的关系也是乱麻一般,要面对的外部客观条件更是天天在变、时时在变。在这些变局当中如何才能谋得一种平衡,确保项目可以健康平稳地运行,无疑对项目主管的能力提出了很高的要求。建筑企业可针对这一现实要求,在人事培养上持续大幅进步。

(2)强化监督追责机制,及时消除紊乱现象

一个项目的成功实施,既要充分调动现场的积极性和主观能动性、管理到位,也要发挥好企业集团、工程公司服务监督作用,不断强化"项目成败、责任在我"的意识,上下一心,目标同向,责任共担,合力共为。在项目管理的各个环节中,可以从以下几个方面对存在的一系列问题逐一防范直至解决。

①坚持项目物资招标采购制度。推广设备物资集中采购,增大物资供应透明度,不断优化招标采购与集中采购工作流程,堵住暗箱操作与"雁过拔毛"的弊病,实现物资管理效益最大化。进一步落实量价分离措施,通过物资集中招标,以量换价;通过自行加工、联合办厂的方式把价格控制住;通过设备集中招标租赁,降低租赁价格;通过单位工程物资核算、单机单车核算,控制物资设备费用。

②解决好工期滞后的问题,强化施工组织设计管理。全面履约,维护企业信誉,杜绝出现前期松、中期紧、后期赶工的现象。项目管理从开工准备阶段即进行项目策划,科学、合理编制实施性施工组织设计,加强对施工组织设计、重大专项方案的指导及审批,确保方案兼顾经济性和适用性。实施过程中,坚持施组先行,严格按施工组织设计组织施工,保证所有关键线路的实施性施组专人负责、专人把关,并有能力有保障进行动态调整,提高对施工现场的指导性和对突发情况的适应性,做到预控到位、工期可控。

③加强劳务队伍管理。积极探索劳务管理的新模式,解决好管理模式的问题,明确管理机构的权责,精干管理机构,通盘考虑资源配置。抓好专业队伍建设,坚决反对项目大包、分包和挂靠;坚决反对领导干部插手工程分包,介绍人情队伍。倡导推行合格承包商准入制度和内部单位评价制度,大力引进综合实力强、信誉好的劳务队伍,增加劳务储备,将外部劳务纳入内部统一管理,严管善待,最大限度发挥其能力优势和价值贡献。

④加强人才队伍建设。人才是建筑企业赖以生存和发展的第一资源,更是决定项目管理

成效的最重要因素。在加强人才队伍建设方面，建筑企业可从以下几个方面逐步推进。

a. 高度重视项目经理、书记、总工等关键岗位人才储备。根据自身专业化发展方向，做好项目人才引进与培养规划；定期从青年干部中优选人员充实到项目管理后备人才库，以解决项目关键岗位人员不足、年龄断档的问题。

b. 加强内部人力资源整合。加快收尾项目的清理销号，实现管理和技术人员的快速转场；加强项目人力资源的梳理盘点，将每一位员工按专业、资历、业绩分类分级管理，最大限度实现专才专用、人尽其才；建立健全内部人才流动机制，增强内部人才调剂的科学性。

c. 畅通项目一线人才的成长通道。建筑企业应灵活开展不同层次的项目经理、技术专家、业务骨干评选，实现项目人才的职业化发展。

d. 着力提升项目人才素质。通过集中培训、观摩学习、调研座谈等多种方式，提升项目管理团队的综合能力；创新开展灵活有效的教学模式，帮助员工尽快成长。

（3）解决项目亏损问题，争创更高项目业绩

新上项目不准亏损，严格责任成本预算指标，严格二次经营等创收指标，项目经理必须对项目的盈亏全面负责。坚守效益底线，对项目可能出现的潜亏风险或亏损苗头，早发现、早研究、早应对，多措并举防亏、止亏、减亏、扭亏。

①加强治亏体系建设。建立健全项目经济风险预警机制、诊断分析机制、督导帮扶机制与责任追究机制，形成长效。

②结合实际综合施策。要找准亏损原因，对症下药。比如，标前测算对风险考虑不足的，要利用经营资源，积极争取相关方的理解与支持；合同有缺陷的，要及时签订补充合同；征拆、计价、付款延误的，要收集证据，据理力争；工序衔接出问题的，要集中力量扫清障碍；安全、质量、环保等方面出现问题的，要及时整改，严防再犯。

③压存量控增量。既要千方百计化解已形成的亏损，也要注重总结经验教训，避免出现新增亏损。

④加强考核问责。合理评价治亏责任与贡献，加大考核奖罚力度，坚持有亏必查、有责必究。

（4）健全选人用人机制，推进人事制度改革

坚持公开透明、以德为先、注重业绩的原则选用项目班子；坚决制止领导钦定、跑官要官等选人用人陋习；对项目班子之外的人员任免、调动时，应充分尊重项目班子意见，允许项目部将考核不合格、综合素质不达标的冗员退回工程公司重新安排，工程公司要推动青年人才培养规划落实落地，放眼长远视角，让更多青年成长成才，激发企业活力。

（5）加强总部全面监管，确保正确前进方向

解决重难点项目监管问题，按照"重点工程重点保证、难点工程资源倾斜、亮点工程抓出特色"的要求，集中优势资源，确保突破重点，攻克难点，展示亮点。具体可从以下几个方

面常抓不懈。

①贯彻合同评审制度。坚持先签合同后上场，及时签订各类经济合同，防范合同和法律风险。强化项目经济责任监管，坚决遏制新增项目亏损。要强化终端责任，明确责任划分，落实责任时限，具体到责任岗位、责任人。

②抓实项目监管。企业总部对项目要加大力度，强化责任，落实到人，确保实现监管预期目标。坚持底线思维，防风险，保安全。要严防施工生产风险，坚决守住底线。确保安全不出事、质量过得硬、效益不亏损、工期不滞后、环保不惹事、信誉不抹黑。清醒认识安全生产新形势、新情况、新变化、新动向，强化安全生产体系建设，解决好安全质量问题，逐级落实主体责任。强化责任，把预控的着力点尽可能下沉，同时把工作重心前移至隐患整治上。

③加强风险管控。建筑企业应严防经营与投资风险，严防财务与金融风险，严防法律合规风险。增强全体员工特别是领导干部依法合规意识，严防海外风险。

（6）加强企业作风建设，增强服务务实意识

建筑企业应驰而不息转变工作作风，改进方式方法，杜绝生搬硬套，照搬照抄，纠正"四风"（形式主义、官僚主义、享乐主义和奢靡之风），避免以会议落实会议，以文件落实文件，以形式主义反对形式主义，不断改善政治生态，摒弃不良风气，营造说实话、办实事、求实效的实干氛围。法人对项目一线的督导检查考核事项实行计划管理与总量控制，减轻项目迎检负担，统一总部对下统计口径，减少重复报表、多重报表。各项督查检查考核，须以实为先、务求实效，不搞留痕主义、形式主义，更不得要求项目动不动就停工迎检，让项目一线的同志将更多精力用于抓生产、抓现场。有效加强企业作风建设，转变工作作风，为建筑企业良性发展注入活力。

4.4.2 投建营一体化经营策略举措

纵观国际知名建筑施工企业，基础设施建设在其业务构成中所占比重越来越大。以上海某企业为例，在其全部经营业务中，基础设施占业务规模的60%以上。投资、建设和运营一体化是已经被大型承包工程企业实践的正确发展模式，是建筑企业创新发展的关键所在。抛开传统常见事项不谈，针对实施投建营一体化的各个环节，主要经营举措可从以下五个方面发力。

（1）创新融资思维模式

传统的融资思维往往禁锢于资金的获取，而忽略了融通的含义。特别是在大型项目的融资中，资金提供者可能是贷款银行、上下游夹层投资人，也可能是公开发行项目债的终端投资人。因此，建筑企业需要改变其融资思维模式，将具有不同风险偏好和回报要求的投资者与资金供给方进行需求匹配，把风险分配到参与方，以获得真正低成本、高效率、好落实的项目融资方案。

（2）规范资金管理运作

建筑企业在此框架下应积极转变资金管理理念，深化合作关系，严防资金保障风险；推进资金信息化建设，持续完善资金集约化管理模式，充分发挥资金规模优势和集中效益；提高总部管控力度，加强资金风险业务监管，最大限度保证项目经济效益。除此之外，建筑企业需要不断加强资金管理措施的研究，更好地使项目得到资金的保障，才能在相关运作中获得更高的绩效。

（3）选择合适运作模式

在投建营一体化的具体实践时，建筑企业在思想和站位上，不能将其视为唯一的发展模式。鉴于投建营一体化有多种衍生运作模式可供选择，建筑企业应发挥主观能动性，积极适配恰当的运作模式。例如铁路的建设项目通常采用TOT模式，而在基建方面投建营一体化更能充分发挥其特色。总之，建筑企业应正视投建营一体化的优势与劣势，为工程项目挑选更恰当、可行、高效的运作方式。

（4）加强企业经营合规管理

建筑企业在经营过程中，应进一步加强投建营一体化模式的合规管理。具体措施如下：

①做好合规研判工作。建筑企业从项目层面强化合规工作，基于政策趋势研究、案例分析、重点国别相关规制汇编、合规管理措施分析等方面提出有针对性的改进措施。

②建立风险评估体系和应对机制。投建营一体化建筑企业根据行业发展现状，分析并明确投资、建设、运营等关键环节可能出现的风险；且以最高效率保障一旦有风险发生，可启动相应的风险应对机制。

（5）提升海外项目属地化经营水平

针对一些建筑企业已经超越了单一工程承包商的角色，向产业投资建设运营商转变的现实情况，建筑企业可依托海外项目走向世界。建筑企业为提升其属地化经营水平，应积极尝试与项目东道国签订长期运营合同，跨越本土化和属地化发展，走向更高阶段的全球化发展新阶段。面对新形势对属地化和本土化经营提出的更高要求，建筑企业必须如前所述，才能增加与世界知名工程承包商同台竞争的实力。

投建营一体化建筑企业不仅要做好项目上的管理，为不同的工程项目选择适合的项目管理方式；还要做好上述经营举措，充分发挥业态分布的优势；结合相应的措施实现回收资金的目标，激发项目产出更高的绩效，为建筑企业创造更多的收益。

4.4.3 项目过程关键环节管理策略

建筑项目是一个耦合复杂、持续时间较长的过程，一个项目往往涉及众多利益相关方，并涵盖了各方相应的工作内容。因此，在施工过程中，项目管理的内容繁多，尤其是关键环节的管理成效直接关系到项目的成败。本节立足项目过程的关键环节，从以下几个方面提出相应的管理策略。

（1）优选项目施工队伍

针对具体建设的责任方，分别实施项目施工队伍管理。如果由建筑企业自身负责，可在内部选择讲究团结协作、互相配合、以大局为重、拼搏奉献、任劳任怨的项目施工队伍。如果由分包企业负责，可进行招标，对分包企业进行资格审查。总之，优选项目施工队伍，合理安排并建立各职能部门组织结构，是项目实施至关重要的环节。

（2）加强合同管理

合同在建筑施工中发挥着重要的作用，它是缔约双方明确法律关系和一切权利与责任关系的基础，有效的合同管理是促进参与工程建设各方全面履行合同约定义务，确保建设目标（如质量目标、投资目标、工期目标）的重要手段。签订合同前期应当做好市场调查，主要了解技术发展状况、市场供需情况和市场价格；在洽谈合同阶段，应首先调查对方的资信情况，这是有效防止合同欺诈的重要措施，进而明确双方应承担的义务，约定违约的责任，避免后期因责任不清产生不必要的争议。订立合同是一件技术技巧高、风险大的企业行为，可充分借助法律专业人员的作用，从源头上更好地预防合同纠纷。

（3）突出项目安全管理

安全管理是一项重点工作，安全程度直接影响企业名誉，并反映出了该单位的管理工作素质。相关责任人一定要把安全工作放在项目管理工作中的首位。具体地，可建立安全生产检查评比制度和安全例会制度，明确安全责任制；要求各施工单位严格依照标准执行，严格奖罚制度，实现科学、文明管理。

（4）严格项目质量管理

项目施工是形成工程项目实体的过程，也是决定最终质量的关键阶段；要提高工程项目的质量，就必须狠抓项目施工阶段的质量控制。全体人员都要树立质量第一的观念、预控为主的观念及为用户服务的观念。在项目施工过程中应加强质量检查，做好过程控制，确保质量合格。

（5）加强项目进度管理

每个项目施工伊始，项目管理者都必须对整个项目施工总体的进度计划安排了然于胸。具体地，可采用"日事清"原则来进行施工项目进度管理。需要强调的是，利用日事清原则的计划、记录、总结等功能，不但能解决项目进度计划的制定问题，还能解决如何对项目计划进度进行有效的执行、监控，并能助益于及时总结经验、分析问题、修正偏差。日事清原则下，团队协作能在各方面进行更有效的沟通，确保项目进度不受影响；对出现的问题能够及时进行修正，尽可能快地采取补救措施。

（6）加强材料的管理

在建筑施工中，合理组织建筑材料的计划、供应与使用，保证建筑材料从生产企业按品种、数量、质量、期限进入建筑工地，减少流转环节，防止积压浪费等管理举措，对缩短建设工期，加快建设速度，降低建筑工程成本具有重要的意义。为进一步加强材料管理，建筑企业宜把好材料进场关，在材料进场后，认真组织人员层层把关验收。验收人员要认真清点、核对材料数量与规格型号，并索取相关材质证书。检验材质是否符合合同规定的要求标准。对残、次、劣材料应坚决不予验收入库。主材料必须进行进场验收并做好记录。在施工过程中要加强对材料的管理工作，加强现场物资的保管，及时做好清点工作，掌握实时的用料和存料数量。

（7）加强对分包商的管理

在选择分包商时，一定要注重做好其信誉、业绩和业内口碑的审查工作；一定要严格审查其相关资质、证件等，以保证分包商的施工能力。在施工过程中一定要加强与分包商交流，以保证项目的质量、保证工程的进度为前提，履行好相应职责。此外，还应加强对分包与分包商的监督，建立完整的组织机构来实现监督过程，严抓工程的质量和安全。

4.4.4 项目管理落地的引导及措施

本节以某建筑企业的项目管理实践为例，对建筑企业项目管理落地的引导提供启发性思考，并提出相应的可行性措施。

某建筑集团有限公司（简称"集团公司"）经营规模显著增长，2016—2018年合同签约量总额700亿元、营业收入总额350亿元、利费总额15亿元；股东增资8亿元，所有者权益总额突破30亿元，资产负债率占比大幅下降，重大资金回收风险得到有效化解。建安、投资和房地产同步发展并形成6∶3∶1的业务格局。建安业务保持龙头地位（民建业务保持支撑地位，工建业务持续低位徘徊）；房地产业务稳步推进；投资业务不断发展。集团公司持续优化组织功能，有序推进两级总部改革，不断完善制度管理，全面推进项目合伙制等业绩考核，以"标准化＋信息化"拓展项目管理的新内涵。在此过程中，该集团公司亟须强化的方面、亟待解决的问题如下。

①装配式建筑业务尚未形成规模，工建等业务发展不均衡，房地产业务管控力度偏弱。

②区域市场虽有布局规划，但持续发展能力有待强化。

③面对多元业务，一体化管控体系灵活度不足，集分权管理有待优化；创新组织机制、激发内生动力、优化分配模式等，有待进一步向深层推进。

成功的规模化建筑企业大多都经历了长时间的积淀，或在专业化方面、或基于核心能力在相关多元化方面，逐步形成独特的市场竞争优势；并在发展的瓶颈阶段，采取并购手段进行细分业务领域的整合，或突破专业／区域的局限性。但在扩张的过程中，必须把握行业发展的内在逻辑，妥善处理规模与效益、速度与风控之间的关系。

为此，在项目管理优化落地的导向上，提出"一二三四五"（一条主线、二个经济、三个核心、四项集中、五类热点）顶层设计思路推进建筑企业发展，其表征内容和落实举措如下所述。

①一条主线：以经营为主线。其中，企业经营应向提供融资—设计—采购—施工—运维（FEPCO）一体化解决方案模式转型；项目经营则应该重点关注投标阶段的一次经营效益、实施阶段的二次经营效益以及结算阶段的三次经营效益。

②二个经济：规模经济与重复经济。建筑企业应进一步优化业务结构，转战大市场、抓住大业主、锁定大项目，进入高利润区，向规模发展要效益。同时，建立项目标准化管理体系，加强绩效考核，提升企业项目管理水平，重复成功经验获取效益。

③三个核心：改进企业人才的能力管理、压力管理和动力管理，匹配企业发展要求。具体措施如下：

a. 设定岗位任职资格，编制岗位说明书，建立岗位序列及职业发展通道，推动关键岗位竞聘。

b. 分解企业战略目标，形成部门及岗位关键业绩指标，建立组织绩效考核与岗位绩效考核体系。

c. 结合岗位价值评估确定各岗位基本工资水平；岗位绩效奖金与考核结果挂钩；优化奖惩机制。

四项集中：集中项目策划、工程算量、合约管理、财务资金，强化集团管控。

五类热点：商业模式创新 EPC/PPP，混合所有制改革，建筑科技，精益建造，装配式建筑。

建筑企业的战略思想，不仅仅是对领导结构的加强与部署，还体现在对项目运营方式的选择与发展、项目的落地管理等方面，具体可概括为以下几点。

①项目发展模式随着时代的发展也在不断的优化，建筑企业要紧跟时代的发展潮流，适应及创新项目管理模式，才能更好地实现企业提高绩效的目标。

②项目经理与技术总工既是企业目标的履行者，又是项目目标的协调者，更是项目落地实践的关键因素，故要加强对二者的选聘和监督。

③基于全生命周期的项目管理模式对企业的战略部署有重要意义，其简化了项目部分繁杂的过程，但也向项目的上下游进行了延伸，总体来说能够使项目领导者更好地把控及调整全局。

④建筑企业必须充分认识在项目实践的过程中所遇到的困难及挑战，对关键环节要足够重视，从根本上提高项目的绩效与收益，加快建筑企业向建筑龙头企业进军的步伐。

上述实践案例基于顶层设计的引导措施，以其能够有效遏制项目施工过程中可能出现的管理乱象的实绩，为所有建筑企业提供了一条新的管理思路。给建筑企业的启示为：务必狠抓现场及项目部的制度建设，对施工过程中的关键环节加强监督，降低项目因人为因素所导致风险的发生。

第5章

国际视野篇

走向世界

"举一反三,触类旁通,融会贯通"后就是路路畅通。

——邓 勇

MANAGEMENT
INNOVATION
AND
PRACTICE
OF CONSTRUCTION ENTERPRISES

据调查显示,"一带一路"是最为海外所熟悉的中国理念。而被英国《每日邮报》评价"总是将建筑极限不断推高"的中国建筑,正是历史在诸多可以展示中国理念的途径中做出的选择之一。中国建筑企业在基础设施建设、能源资源开发、国际产能合作和装备制造合作等重点领域,承建了一大批具有示范性、带动性的重大项目和标志性工程。随着全球经济一体化的不断推进,兼具经济属性和社会属性的建筑企业,拓展自身的国际视野,瞄准并进军海外市场,让自身技术和水平表征的核心竞争力走向世界已是大势所趋。从经济属性来看,作为以利润最大化为根本目标的营利性组织,建筑企业需要海外市场来拓展业务、增加效益。从社会属性来看,从亚欧大陆到非洲、美洲、大洋洲共建"一带一路"为世界经济增长开辟的新空间,需要建筑企业积极参与、做出贡献。当前新冠疫情情况复杂,但中国企业"走出去"的步履依然坚定。国际化发展战略还可以拓展我国建筑企业的经营理念,与国际化经营路线结合在一起,为企业建立或重塑其可持续发展的内在逻辑提供依据,促进建筑企业的供应链和价值链定位、参与和贡献的革新。

本章旨在为建筑企业在复杂世界形势下走向世界,提供从战略设计思考到落地实行策略的参考。首先,从建筑企业的使命和模式来探讨建筑企业走向世界之道,为相关管理者和参与者框定海外视野的着力点;其次,从建筑企业走向世界的现实背景、面临的挑战与机遇,以及可行策略的接续分析四个方面,为相关谋划者和决策者衡量建筑企业走向世界的形势;再次,从建设规划、监管应对、可持续发展和人才培养四个方面对建筑企业走向世界提供谋划参考;最后,从基调、基本举措和发展策略三个层次,为身处不同发展阶段的中国建筑企业走向世界提供策略参考。

5.1 走向世界之论道

5.1.1 建筑企业的使命驱动

建筑企业通过项目经营创造利润，实现利润最大化，获取企业的生存与长足发展，是企业的根本目的；通过引领市场偏好，打造受市场欢迎、受社会赞誉的品牌形象，则会影响企业的可持续发展，从经济属性和社会属性两个层面谋求双赢、实现双赢。建筑企业的使命就是从这中间挖掘得来，不同的建筑企业基于自身战略定位、市场实际情况和业务经营重心会对自身使命做出提炼并以尽量简明易懂却富有唤起、激励意味的文字予以表述。无论出发点为何，表达形式怎样，关于以建筑获取空间，无论是居住空间、质量空间、幸福空间、业务空间，还是贯通空间的空间，拓展初心始终体现于其中。建筑企业走出国门，开发海外市场，开展国际合作，仅是实施"走出去"战略的第一步。确保企业的资产安全，实现资产的价值增值，树立良好企业形象，积累海外管理经验，积极培育具有国际竞争力的大企业大集团，才是实施"走出去"战略的最终目的。

当前我国建筑业市场化程度较高，建筑企业数量众多，企业之间的竞争已进入白热化阶段。为更好地分析建筑业的市场情况，我们可以将目光聚焦于新冠疫情发生以前的建筑市场。据统计数据显示，截至 2019 年底，我国建筑业总产值 248445.77 亿元，同比增长 5.68%；完成竣工产值 123834.13 亿元，同比增长 2.52%；签订合同总额 545038.89 亿元，同比增长 10.24%；完成房屋竣工面积 40.24 亿 m^2，同比下降 2.68%；实现利润 8381 亿元，同比增长 9.40%。全国有施工活动的建筑企业 103814 个，同比增长 8.82%；从业人数 5427.37 万人，同比下降 2.44%。根据上述数据我们可以看到，受制于规模有限的国内市场及庞大的同类企业数量，建筑企业面临"僧多粥少"的局面，盈利能力逐年降低，甚至低于国内生产总值的增速。叠加国内市场拓深难度较大、用人成本持续增长等客观事实，建筑企业的发展遇到瓶颈，形势不容乐观。随着建筑业日渐加大的产能与不断缩小的国内市场之间矛盾的加剧，跳出国内现有建筑市场蛋糕份额，走出国门开辟更大更远的国际市场，成了建筑企业秉持其初心，践行其使命的必然选择。

在经济全球化的背景下，国际建筑市场的格局不断发生着改变，我国建筑企业不可避免地面临着来自经济全球化和跨国建筑企业的冲击和影响。当今的国际建筑市场上，欧美等发达国家的建筑企业仍占据行业高地，处于行业价值链的顶端。建筑国企要想拥有行业话语权、主动权并成为行业领先队伍，必须迈开步伐走向国际舞台，积极参与国际竞争与合作。通过兼容并包、修炼自身内功，夯实业务能力，企业不断提升自身竞争力进而在供应链中占据更具话语权的优势地位；发挥自身优势参与世界建筑体系建设，以世界一流标准要求自身，更以自身能力引领世界一流标准，从而实现自身分成沿价值链的上行。主动"走出去"也有利于建筑企业早日发现不足和劣势，通过鉴别性、批判性地选取其他建筑企业的精华，增强自身在国际建筑标准下的各项本领，以更优越、更具竞争力的姿态和形象开辟国际市场，取得更宽广的发展空间。

同时，建筑企业打开国际视野，进行国际化发展，也是深入贯彻落实国家"走出去"战略和"一带一路"倡议的要求。自改革开放以来，国家不断出台多项政策，助力国内企业更加顺利便捷地走出国门开展国际化经营。建筑业是我国的基础产业之一，我国的建筑企业以其多年的发展经验和庞大的规模在行业标准、技术、人力方面也有着相对的优势。搭上国家政策的顺风车，建筑企业可以更有底气、更加自信、更加高效地迈向国际市场，实现国际化转型。事实上，历经市场检验的建筑企业是窗口也是桥梁，能把"引进来"和"走出去"更好地连接起来、贯通起来，扩大开放领域，优化开放结构，提高开放质量；在此基础上，通过内外联动、互利共赢来完善现有的经济体系，使其更趋开放、安全与高效；最终助力形成经济全球化条件下参与国际经济合作和竞争的新优势。建筑企业在海外市场的深耕，势必会使我国的"走出去"与"引进来"的双向开放向纵深发展。

5.1.2　建筑企业的模式驱动

随着建筑市场的日趋完善，传统建筑需求的日渐饱和，建筑模式在信息化、数字化、技术化、去中心化等一系列技术导向下，也需要渐次创新来满足未来市场的需求。建筑企业要走向世界，必须在思想和行动上做好准备：我国现有的建筑行业经营管理模式很难完全契合其他国家的需求。要想成为具有全球竞争力的世界一流企业，建筑企业必须在探索中学习，在学习中提高，在海外项目的实施中与当地企业交流互鉴，采取更高水平更具优势的海外发展战略和经营管理模式，不断积累国际化发展经验和成果，开拓出一条符合建筑企业自身特长和特点的海外道路。

建筑企业应当坚持高端经营，把握重点优势工程。经营工作的本质是对人、财、物各种资源的配置与经营，因此，建筑企业在走向世界时要找准重点对象。在以诚信为根本的前提下，加强沟通交流，赢得尊重与信任，在目标领域开展精准经营。开创国内国际双循环经营模式。在国内，要紧跟国家发改委、商务部、外交部、驻华使馆、银行、商会协会等机构，协同各方资源为企业"走出去"提供保障和助力；在国外，要与所在国政府、中国驻外大使馆、经参处，以及优秀的跨国企业保持紧密联系，建立稳定可靠的高层高端关系，寻找重点项目，促成合作。在世界范围内，建筑企业都应当依靠自身核心竞争力，将企业品牌擦亮做响；在细分领域内深耕进而形成优势，最终以供应链的高地位、价值链的高效益贡献来获取市场的优势地位。

建筑企业应提升项目管理水平，实现以建促揽。要分标准、分区域地研究国际标准和规范，并结合企业实际，按从长期到短期的过程设计项目管理水平达到的区间，并持之以恒地向着阶段性目标不断奋进。在走向世界的过程中，建筑企业扎扎实实提升项目管理水平亦可以分阶段完成：前期做好海外项目的方案策划；然后切实加强海外项目监管力度；过程中学习和对标国际项目管理。除此之外，管理水平的提升亦需要文化的加持，建筑企业在海外更要发扬企业文化并增强企业凝聚力，一心一意打造精品工程，用业绩提升海外形象；用实力赢得海外市场口碑，实现以干促揽。

建筑企业应关注培养和留住国际化人才。由于海外工作的特殊性，在海外市场上，人才流失和人才断层是建筑企业面临的一大问题。做好人才队伍建设工作，形成活而不竭的人才源泉，是企业在海外市场的发展基石。建筑企业在培养和吸纳国际化人才，要重点和审慎思考：当前和未来一段时间建筑市场与建筑企业所需要的高精尖人才画像是什么？己方建筑企业当前对照此人才画像缺少的是哪些层次、哪些环节？由此，建筑企业着手逐步建设属于本企业的高、精、尖国际化人才队伍。吸引人才重要，留住人才更重要。对此，建筑企业要建立健全人才保障机制，畅通人才流动渠道，搭建人才发展平台，以更具激励性的制度和以人为本的企业文化沉淀下、留得住国际化的复合型人才。

建筑企业应加强属地化管理，打造国际化经营管理格局。实施属地化管理对建筑企业能够在海外站稳脚跟，深入根植和长远发展有着重要意义，也对海外工程的顺利开展和实施有着极大的助力。关于这一方面的经验与教训，建筑企业既可以参考同行的过往，也可以参考其他行业的损益。属地化用工有助于大大降低人力成本，以当地人管理当地人可以提高管理的适应性和灵活性。在工作过程中，属地化管理能够切实减少由于文化差异和管理方式不同等造成的指令不通、项目进展缓慢、效率低下等问题。在海外职工和领导层中引入属地化人员，细化中外人员比例，优势互补，能够大大助力企业走向世界的脚步行稳致远，积极撮成建筑企业进行国际化转型。

建筑企业应探索差异化经营管理模式，精准把握市场动向。建筑企业要针对不同国家、不同项目，创新经营管理方式方法，实施差异化经营管理。采取的理念、思路和行动可以从研究透彻属地国的国家政策、技术标准、民风民俗以及实际需求入手，积极落实好一个国家一个政策、一个项目一个政策。在此基础上，稳步探索更加先进科学的建设管理模式，并对跟踪的项目进行分门别类。具体地讲，建筑企业可以采取重点项目专人跟踪的方式。对于在建项目，做好成本管控的同时，根据项目所在国别的要求以及项目初期、中期、后期等阶段的特点，因地制宜，使项目效益达到最大化。通过市场考验，再转回来摸准市场的脉搏；通过对建筑行业海外市场的把脉，帮助企业稳步、无忧地走向世界。

5.2 走向世界之度势

5.2.1 建筑企业走向世界的现实背景分析

进入 21 世纪后，随着改革开放的不断深化，我国已经从短缺经济中的卖方市场走向了繁荣经济下的买方市场。为了进一步促进我国企业的发展，国家推行"走出去"战略，鼓励并引导众多企业走出国门，实施跨国经营战略，以推动相关企业经济结构的调整及资源的优化配置。十八大后，国家主席习近平提出"一带一路"的合作倡议，政府之间多边合作项目增多，在现实背景中形成了建筑企业走向世界的历史性发展机遇。随着企业"走出去"步伐的加快，建筑企业在国际承包市场也取得长足进步。然而，在此背景下，我们还应清醒地看到由于中国企业国际标准制定、企业人才国际化、企业品牌国际化、法律合规风险应对、语言文化差异等方面存在不足，国际化程度还有待提升。

近年来，我国社会经济步入发展新常态，发展导向由过去的高速度发展转变为高质量发展。在这样的现实背景下，越来越多的企业为了实现自身的可持续发展，纷纷关注并选择执行"走出去"战略，开始海外布局、投资和经营。根据住房和城乡建设部公布相关数据，在 2015—2016 年度，中国经济增速下行，号称"基建狂魔"的中国建筑企业产能过剩，国内建筑市场需求减少、同质化竞争更加激烈，这为建筑企业坚定不移走向世界提供了较为深刻的转舵契机。虽然国际工程承包市场形势复杂多变，但随着 2017 年开始的新一轮全球经济明显回暖，各国依旧把基础设施建设作为刺激经济增长的有效手段。预计未来 5～10 年，全球建筑市场仍将保持 3.5% 的年复合增长率，全球基础设施年投入预计会高达 53000 亿美元，进一步凸显了建筑企业走向世界谋求发展与壮大的长期潜力。

商务部和外汇局统计的数据显示，2019 年，我国企业海外投资保持着健康有序的发展态势，投资结构持续优化。在海外投资方面，越来越多的企业逐渐青睐租赁和商务服务业、制造业、批发和零售业、采矿业、信息技术服务等领域。相对而言，对外承包工程仍然占据着重要的地位，且在"一带一路"沿线增速迅猛，仅 2019 年上半年，新签合同额 1059.2 亿美元。这些海外工程项目大都集中在"一带一路"沿线国家，但很多海外工程所在国的法律、税收等方面与我国存在着较大的差异，加之工程建设属于劳动密集型行业，市场竞争大且利润空间较低，这就给众多建筑企业项目管理带来了巨大的挑战。同时，瞄准海外市场蛋糕的绝非中国一家，据 2019 年度美国《工程新闻记录》现实，全球承包商 250 强中，西班牙 ACS 集团总收入的 86.1% 来自国外，德国豪赫蒂夫集团总收入的 95.5% 来自国外，榜单前 10 家外国承包商平均国际化水平为59.0%，而中国企业国际化做得好的中国交建和中国电建海外收入分别只占25.3%和26.0%，中国建筑、中国中铁、中国铁建则仅有4%~8%。在世界百年未有之大变局下，建筑国企必须对标国际先进同行企业，集中优势资源，向高质量转型发展，才能在国际承包市场中站稳脚跟，最终真正在世界建筑市场中获取优质价值增值。

5.2.2 建筑企业走向世界面临的挑战分析

（1）国内国际双循环新发展格局下的挑战

当前，我国发展的外部环境发生了深刻变化。基于国内外环境的深刻变化，党中央做出了以国内大循环为主体，加快形成国内国际双循环相互促进的新发展格局的战略部署。国内国际双循环新发展的格局，不是应对外部环境调整的权宜之计，而是今后中长期内重塑我国国际合作和竞争新优势的战略抉择。成为党和国家最可信赖的依靠力量，成为坚决贯彻执行党中央决策部署的重要力量，成为贯彻新发展理念、全面深化改革的重要力量，成为实施"走出去"战略、"一带一路"建设等重大战略的重要力量，成为壮大综合国力、促进经济社会发展、保障和改善民生的重要力量，成为我们党赢得具有许多新的历史特点的伟大斗争胜利的重要力量，已经成为致力于拓展海外市场的建筑企业应当追求的目标。作为展示上述六种力量的种子队、"走出去"的排头兵，必须以对国家、对民族崇高的使命感和强烈的责任感，主动为国担当，肩负起产业报国的重任。在以国内大循环为主体的同时，积极参与国际大循环，切实把习近平总书记在企业家座谈会上关于要提高把握国际市场动向和需求特点的能力，提高把握国际规则能力，提高国际市场开拓能力，提高防范国际市场风险能力，带动企业在更高水平的对外开放中实现更好发展的指示落到实处，为摆脱现有市场困局，突出重围，促进国内国际双循环，做出建筑企业应有的贡献。

（2）西方技术封堵下提升科技创新能力的挑战

在世界百年未有之大变局的背景下，国际经济、政治、科技、文化的格局与内容都在进行深度调整。其中，以5G、人工智能和工业互联网等为代表的新一轮科技和产业革命，极有可能会重构全球经济版图。在实现强国复兴的新征程上，我们和前人一起走过了披荆斩棘、开山辟路；未来，我们和后辈还需要继续跋山涉水、再创辉煌。越是外部环境严峻，建筑企业的各类技术人才越要主动挑起大梁，扛起责任，在突破基础设施前瞻性技术、工程重大设备关键技术方面，勇当开路先锋；在打造自主可控、安全可靠的产业链和供应链过程中，不断提升科技创新能力，最大限度地把广大技术人才的报国情怀、奋斗精神、创造活力激发出来，努力把企业打造成为强大的技术创新主体，在困境中实现凤凰涅槃、浴火重生。

（3）国际市场竞争带来的挑战

党的十九大提出了培育具有国际竞争力的世界一流企业的宏伟目标，国务院国资委为此明确了打造世界一流企业"三个三"的要求，即做到三个领军（在国际资源配置中占主导地位的领军企业、引领全球行业技术发展的领军企业、在全球产业发展中具有话语权和影响力的领军企业）、三个领先（效率领先、效益领先、品质领先）、三个典范（践行绿色发展理念的典范、履行社会责任的典范、全球知名品牌形象的典范）。尽管国内入围世界 500 强的企业已经是世界一流企业或已经具备了成为世界一流企业的潜质；然而，就中国现有的大部分建筑企业而言，由于缺乏具有全球化视野、通晓国际规则、熟悉国情政策和跨文化管理的高层次国际化人才，要成为世界领军企业，还有很大距离。由于人才结构单一，缺乏高端商务人才、创新型人才、复合型管理人才、高级技术人才和跨文化交流人才，实施海外大型项目人才不足的矛盾日益凸显，要成为世界领先企业，还有很大差距。由于人才观念比较滞后，一些建筑国企沿用传统的思维和手段去管理国际项目，人才基石的厚度不厚，人才储备的广度不广，要成为世界典范企业，还有很大差距。上述三大差距，迫切需要建筑企业在人才素质、运营绩效和综合价值创造等方面做出更大的努力，进一步增强人才强企的使命感、责任感、紧迫感，赢得国际人才竞争的主动权，从而赢得世界市场的最终认可与推崇。

（4）海外项目建设风险带来的挑战

海外项目在实际建设中存在的风险带来的挑战主要表现为以下几个方面。一方面，海外项目的建设中存在着政局动荡的风险。近年来，欧洲多个国家出台外商投资监管措施，以限制基建、核心技术等方面的外商投资；而在美国，中美贸易摩擦不断。因此，我国建筑企业的海外工程投资偏好于基础薄弱、经济欠发达的亚、非、拉国家；而这些地方政局复杂，社会治安混乱，局势动荡，海外工程项目管理面临着政局动荡的风险。另一方面，海外项目的建设中存在着金融通胀及汇率风险。在海外工程建设过程中，所在国用于结算的货币一般都是当地货币，但由于这些地区存在着政局动荡的风险，经济很不稳定。很多时候，在工程结束后，受金融通胀或汇率变化等因素的影响，部分企业无法根据原本合同约定的金额进行结算。此外，海外项目的建设中还存在着劳工管理风险。在海外工程建设过程中，很多所在国都会要求聘用当地人参与工程建设，但部分国家的工人及工会组织会，在施工过程中提出一些合理或不合理的要求；如果工程承包企业不能满足他们的要求，就会导致工人消极怠工、罢工甚至游行的事件。这样不但会影响工期，无法在合同约定时间内完成工程建设，还会对承包企业造成巨大的经济损失。

（5）海外项目人才缺乏带来的挑战

在海外工程项目管理工作中，我国企业面临的最大挑战还是缺乏优秀的管理人才，特别是懂技术、通商务且经验丰富的国际化人才。这一点在海外市场竞争带来的风险中已进行了深刻分析。事实上，除了相关人才的短缺外，对已有人员的低效管理亦是现实羁绊。通常原因多在于当我国很多企业承包海外工程后，受空间距离和沟通便捷性影响，往往没有了解员工的实际诉求，没有做到人尽其才。此外，建筑企业在招聘海外工程项目管理人才时，有时并非按照工程的实际需要情况进行人才的选择，也没有条件建立海外技术工种人才培训基地，这就极大地影响到了海外工程项目管理的顺利进行，加剧了由于项目人才缺乏带来的挑战。

5.2.3 建筑企业走向世界面临的机遇分析

在看到建筑企业走向世界面临威胁的同时，我们也要看到危机之下存在的机遇。在危机中育新机、于变局中开新局。

（1）建筑企业走向世界面临的发展机遇源于政策的支持

国家级区域发展政策将有力推动建筑市场发展。在国家东部率先、西部开发、东北振兴、中部崛起的四大板块、"一带一路"倡议、京津冀协同、长江经济带、粤港澳大湾区战略决策部署叠加作用下，新型城镇化步伐可望继续加快。《长三角地区一体化发展三年行动计划（2018—2020年）》的出台、雄安新区建设渐入佳境、世界级城市群——粤港澳大湾区的正式设立，都为建筑企业走向世界带来前所未有的新机遇，国内市场各重点区域经济发展的动力和活力必将进一步释放。同时，随着全社会普遍对环境保护、生态治理、智慧城市、绿色建造、基础设施等领域持续高度关注，国家层面不断出台政策鼓励扶持，将为生态环境改造、水利水务、地下管廊、海绵城市、城市更新、土壤修复、建筑工业化和信息化等新业务、新领域带来更多增长点。以上海市为例，伴随着《上海市城市总体规划（2017—2035年）》正式落地和实施，上海将进一步推进五个中心（国际经济、金融、贸易、航运、科技创新中心）建设目标，积极打造上海四大品牌（上海服务、上海制造、上海购物、上海文化）战略，经济转型发展的步伐持续加快，还将带动一大批项目和基础设施的建设，大量规划跟踪多年的重大项目可望正式上马。长三角一体化建设，基础设施互联互通也将提供一系列宝贵机遇。同时，随着上海的建设用地趋于饱和，未来将主要通过规划转型来引领城市发展转型，各区正在进一步调整和落实各项规划方案、优化区域配置、提升区域能级、聚焦品牌影响力，城市更新业务市场预期进一步扩大，可望为后续建设任务注入新的血液。随着"一带一路"倡议落地推进，中国建筑企业的海外认可度逐渐提升。沿线国家基础设施建设需求旺盛，亚洲开发银行最新报告显示：2016—2030年间，年均基建需求超过1.5万亿美元，各国将继续保持对基础设施的投入，基建发展会延续稳步上升的趋势；我国势必随之迎来建筑企业"走出去"战略黄金发展期，建筑企业的海外业务有望借势腾飞。

（2）建筑企业走向世界面临的机遇端倪在当前市场中已有直观体现

①全球基础设施建设的需求形成了重要的发展机遇。当前，世界基础设施建设的需求仍将处于高峰期，发展中国家新建和发达国家更新改造两个高峰期重叠，各国政府出台规模巨大的基础设施发展计划。后疫情时代各国新的刺激计划将不断出现，基础设施建设仍是主要内容。比如，非洲开发银行宣布从2020年起陆续增资1150亿美元，用于支持非洲基础设施项目的开发建设；除此之外，亚洲日本、韩国、马来西亚等多个国家也拟定了扩大规模的预算案，着眼于支持疫情后的产业、经济复苏与稳步发展。

②"一带一路"倡议引领的发展加深了机遇。抗击新冠疫情国际合作将"一带一路"倡议的影响直观地展示于世界舞台；可以预见疫情后"一带一路"合作必将进一步加强。目前我国已经与138个国家和31个国际组织签署203份"一带一路"合作文件，并与20多个沿线国家建立了双边本币互换安排，未来合作将进一步深化。在此情势下，建筑企业势必获取到崭新、深刻的发展契机。更进一步，后疫情时代的国际产能合作等必将带来新机遇。中国已与哈萨克斯坦、埃塞俄比亚等40多个国家开展了机制化的产能与投资合作；已与法国、英国、日本、意大利、新加坡等十多个国家建立第三方市场合作机制，推动合作各方企业在亚洲、非洲和拉美等地区开展基础设施、能源环保、制造业、金融等领域的深度合作。东盟十国及中国、日本、韩国、澳大利亚、新西兰共15个国家，正式签署了区域全面经济伙伴关系协定，达成全球规模最大的自由贸易协定，促进区域内的投资和服务贸易，推动区域产业链、价值链和供应链的融合与合作。

③世界市场上不断涌现的新业务领域形成了全新的机遇。清洁型能源、医疗卫生和农业粮食安全越来越受到重视。欧盟将推动绿色转型作为下一代欧盟经济复苏计划的核心之一；而在总额超过1.8万亿欧元的长期投资计划中，35%的资金将投入到与绿色转型目标直接相关的领域。欧盟公布新的产业政策，重点加大对钢铁、水泥能源密集型工业领域实行现代化升级改造，同时通过可持续产品政策，提高纺织品、塑料、电子产品等领域的回收率和重复使用率。欧盟还公布了旨在提高存量建筑能源效率的建筑翻新计划，计划在未来10年内对3500万栋建筑进行节能改造。欧盟可再生能源占比创历史新高，其中太阳能、风能等清洁能源利用率大幅提高，欧盟能源结构正逐渐从以传统化石燃料为主向多元化结构转变。此种情境下，中国建筑企业通过建设世界一流企业必将获得长效的发展机遇。

5.2.4 建筑企业走向世界的可行策略分析

结合中国建筑企业实际，建筑企业现有的走向世界可行策略分析如下。

（1）选择合适的目标市场

建筑企业选择合适的目标是其成功走向世界的重要前提。

①目标的达成应当可控。海外建筑市场中的可控因素是建筑企业领导层决策时最重要的根据。

②目标的考量应当全面。特别是国内环境的部分因素沿着供应链、价值链传递到国际市场上更是企业绝对不能予以忽视的。

③建筑企业在海外市场中开展业务的时候，可能会涉及一些不可控因素，这些因素叠加起来为企业带来极大风险。国际市场营销理论也认为，企业在制定区域市场营销决策时，不能只考虑短期能看到的可控因素，对短期甚至长期的不可控因素也要进行积极的分析与评估，如有条件应尽可能地规避。

（2）充分考虑建筑市场壁垒

置身于世界市场经济条件下的各个国家之间经济发展情况与科学技术水平都有所差异甚至各不相同，因此各国建筑企业在世界市场中表现出的竞争力也会存在一定差异。同时，建筑企业走出国门也需面临关税、配额或者非关税壁垒等压力，在这种防止国外企业进入，保护自己国家市场的壁垒下，企业海外市场开发难度极大。另外，国际建筑市场中，中国建筑企业最有力的竞争对手在欧美发达国家，但新兴工业化国家及发展中国家的建筑企业同样也拥有不容小觑的市场竞争力。虽然如今全球经济一体化速度越来越快，国际经济合作也愈发频繁，但一些国家出于对本国建筑行业的保护，可能会采取非常规的手段，需要格外重视。

（3）确保建筑市场有客观吸引力

一个国家的建筑市场是否能成为潜在目标市场，需要建筑企业结合多方因素，综合权衡。如在开发和维护该市场所投入的成本、获得的收益及风险，这也是目标市场的客观吸引力；基于此，建筑企业在选择海外市场进行开发的时候，需将其客观吸引力作为企业是否考虑在该国发展的关键因素。通常情况下，目标国建筑市场客观吸引力和建筑企业进入意愿间是成正比的：客观吸引力越强的目标市场，建筑企业进入的意愿越强，市场配置投入的资源也会越多；反之亦然。然而，假若目标国市场环境比较复杂，那么只思考成本、收益与风险是远远不够的。以非洲各国的建筑市场为例，构成其建筑市场客观吸引力构成的因素相对较多，比如市场进入难易程度、垄断程度以及增长率等。除此之外，在衡量目标市场的吸引力时，相关决策人员还可以将分析重点延展至目标国的经济发展水平、文化特征、法律政策乃至地理距离上，综合辅助建筑企业做出最终选择。

（4）巩固在建筑市场上的相对优势

因为海外建筑市场在法律、文化、经济制度、建筑行业发展水平以及业主需求等诸多方面，与建筑企业所熟悉的国内市场都显示出较大差异，所以作为海外市场选择的主体，建筑企业必须确保对目标国市场的相对优势，具有的清晰认识。实践证明，在目标国建筑市场展示出来的竞争力，对建筑企业是否能够顺利展开经营活动具有决定性影响。换言之，在市场竞争力更强的情况下，建筑企业不仅有更多的机会成功承揽到国际工程项目，更能以更低的经营风险、更小的经营难度获取更大的效益。很多建筑企业在开发、拓展海外市场的过程中，并不会将所有资源全部投入到某单一国家的建筑市场中，而通常会采取区域市场的方式，如此更容易实现经营风险的规避。这种成功经验也给待开发、拓展国际市场的建筑企业以启发：在开发某国家市场前，还应站在区域市场的角度，衡量在该区域具有的竞争力。另外，建筑企业在进入海外某一国家的建筑市场时，其推行的市场开发模式也并不是单一的，多种混合的模式更加常见；且需要在实际进入的过程中，结合市场对其推行模式的反馈，不断展开动态的调整。这些分析能够帮助建筑企业更精准地评估自身，适应海外市场并将自身优势予以巩固，从而使得建筑企业能够在获取更多经济效益的同时，取得更加良好的发展。

（5）全面分析目标国的政策制度

在建筑企业走向世界，开展海外市场的研究与实践过程中，我们能够看到很多项目都会受制于东道国贸易保护政策。政策的倾向性在某些时刻甚至会直接决定建筑企业的去留。站在跨国建筑企业的角度看，我国主要的政策支持方式就是创建风险保障与国家合作机制等，这将大大减少企业因为遭遇海外经营风险而带来的损失。因此，建筑企业在开发海外市场时，为降低风险、提高走向世界的成功率，应优先考虑政府给予政策制度支持的东道国建筑市场。

5.3 走向世界之谋定

在拓宽国际视野的实践中，建筑企业可从如何建设规划、如何应对监管、如何谋求可持续发展，以及如何克服人才挑战，稳步走向世界逐步展开。具体地，建筑企业可以从以下几个方面展开谋划。

5.3.1 海外项目的建设规划

我国建筑企业的跨国经营，即对外承包工程和劳务合作始于1959年，并乘着改革开放的春风获得了长足发展。在50多年间，我国建筑企业在国际建筑市场上的事业版图与事业评价经历了从无到有、由小到大、从低到高的发展历程。在20世纪50年代末的初创期，我国只有中国建筑集团有限公司（原国家建工总局）、中国路桥工程有限责任公司（原交通部援外办公室）、中国土木工程集团有限公司（原中华人民共和国铁道部援外办公室）和中国成套设备进出口集团有限公司（原中国成套设备出口公司）四家企业能够开展对外承包业务及劳务输出业务，数千人次进入中东、非洲地区。80年代为成长期，中国建筑工程总公司向关岛建筑市场输出劳务，各大建筑企业在境外设立经理部，在发达国家的主要城市设立代表处、办事处。到了90年代，中国建筑企业走向世界的步伐变得更加坚定也前行更快。到20世纪末21世纪初，则已取得了显著成效：中国速度、中国技术和中国质量慢慢地为国际市场所认识、熟悉、理解到备受推崇。从发展历程来看，我国建筑企业已从最初只能实施经援项目、开展劳务输出和分包，发展到如今能进行工程施工总承包、设计施工总承包及融资总承包等多种形式，项目的规模逐渐增大、技术含量逐渐增加。承包工程地域范围从主要集中在中东、非洲、东南亚等国家，拓展至美洲。目前，我国建筑企业在国际市场上获得了一定的市场占有率和良好的信誉，同广大发展中国家相比具有明显的优势。

我们应当清醒地认识到，当下建筑企业跨国经营的内涵要求正逐年增大。我国的工程建设和施工管理方式与国外相比有很大的不同，在一些海外市场上难以得到西方监理公司的认可；一定时期内的设计水平相对落后，制约了对外工程项目档次的提高。国际承包市场上技术要求相对简单的土木建筑工程正在减少，而新技术、新建材、新型建筑方式、新型管理模式和施工方法运用日趋普遍。价格竞争下的成本优势或被迫让渡成本形成的假性优势，已不再是中标的主要因，而采用建筑技术、设备、资质、业绩、施工方式、管理方式等非价格因素的作用则越来越大。在此背景下，世界大承包商依靠雄厚的资金、高素质的人才、高水平的管理、先进的技术等优势，采取了带资承包、BOT、建设—拥有—运营—移交（BOOT）等经营方式占领了国际市场。而我国虽然劳动力和设备成本水平相对较低，但缺乏新技术、新材料、高科技含量的成套专业化设备和雄厚的资金实力等关键因素的整体支持。仅靠单一的工程承包施工所形成的经营结构，不利于深度开发市场。必须要进行多元化领域的经营，融入海外经营市场，建立起海外基建根据地，实现企业海外发展目标。由此，建筑企业的海外项目建设规划，可以在一个拉长的时间窗里谋划，如图 5-1 所示。

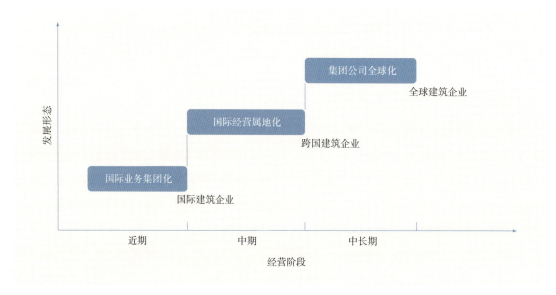

图 5-1 建筑企业发展目标

5.3.2 海外项目的监管应对

随着国家"一带一路"倡议的不断深入发展，在国家政策与资本市场的支持下，海外 EPC 工程市场得以快速发展。海外 EPC 工程在面对高速发展的同时，也面临着巨大的风险。如不能对风险进行有效识别、规避与控制，则可能给建筑企业和具体项目实施方带来巨大损失。海外项目在实施过程中会面临诸多风险，如法律风险、财务风险、政治风险、市场风险、经济风险、合同风险、技术风险、文档记录完备等风险，以上风险贯穿于项目管理的各个环节，是项目管理团队必须直视的问题。为有效规避海外项目潜在风险隐患，海外项目管理团队在项目执行过程中必须坚持高标准、全面性的监管予以应对。海外项目的具体监管应对可从以下几个方面展开谋划。

1）海外项目管理要有高标准的开盘

建筑企业承接海外项目，是国家形象的代言人，因此要高起点、高标准、严要求，目的很明确，就是要在为国家争光的同时，出效益、出人才、出经验。项目要出效益是企业作为营利性市场经济组织来承接海外项目的根本目的。项目要出效益，就要在工期控制、计量索赔、竣工验交、合同结算等工作内容上做好谋划，特别是要做好与联合体方的最终结算，力争项目效益最大化；项目要出人才，就是建筑企业通过承接海外项目，真正掌握国际施工标准，使各类人才的能力都有较大提升，为所有参建人员的履历画上浓墨重彩的一笔；项目要出经验，就是要创新很多有效的做法、模式、理念、文化，在夯基固本发扬优良企业精神的同时，通过总结海外项目的经验，宣扬、提炼、推广、影响、熏陶、促进企业国内在建项目及其他涉外项目的管理进步。

2）海外项目管理要坚持中国特色

中国特色的项目管理就是坚持党的领导，用党性约束每一个项目参与人、坚定每一个项目成员的自信和责任担当，这是建筑企业做好海外项目意识形态上的基本保障。以中铁二十局集团有限公司（简称"中铁二十局"）承揽的巴基斯坦卡拉项目为例，该项目在推进过程中始终坚持全面从严治党不动摇，按照灵活、简便、安全、保密的原则，结合所在国政治形势，因地制宜不放松地开展工作，充分调动全体党员的积极性、主动性、创造性。为此，在该项目中加强党建基础工作，完善组织机构，配齐党务人员，坚持并不打折扣地实施"三重一大""三会一课"（支部党员大会、支委会、党小组会、党课）、民主生活会、组织生活会、党委中心组学习等制度；开展加强党员干部的党性教育的活动，灌输讲政治、守纪律、忠诚党、忠诚国家、忠诚企业的思想；加强企业文化建设，彰显企业特色，增强发展自信；加强作风建设，弘扬务实作风和廉洁作风；组织学习党的十九大精神，以习近平新时代中国特色社会主义思想指导项目建设，增强"四个意识"，坚定"四个自信"，做到"两个维护"；坚持正确方向，尊崇党章，依规治党，依法办事，不断增强凝聚力和向心力，保持党员队伍的先进性和纯洁性。

3）海外项目管理要实行全面监管

海外项目的监控管理工作，一定要做到科学统筹、全面监管。为保障相关监管工作真正实现无死角地全覆盖，建筑企业可以从以下几个方面盘查、跟踪并及时将结果、意见与建议反馈给相关责任主体。

（1）严格工期管控

工期是业主所关注的，也是企业控制成本的重要方面。比如卡拉项目施工中，最大的问题就是工期问题。在排工期计划时，建议按照15%的工期富余量安排，既要掌握全线的工期动态和关键线路，也要考虑业主有可能将工期再提前的情况。最终，经过项目仔细研究，抓住关键线路，分析影响工期的重要因素，抓住主要矛盾，加强要素配置，确保了工期。

（2）抓好工程质量

工程质量标准不需要超过巴基斯坦质量标准，质量也是有成本的，涵洞、桥台、盖梁、预制梁、底板的施工，只要达到各方都能够认可和接受的水平即可。当然，工程质量时刻被东道国民众关注，如果出问题就是砸企业的品牌。要按照当地较好的工程标准施工，从头到尾施工好所有的工程细节；要真正转变理念，否则就会失去竞争优势。

（3）加强安全管理

要确保施工安全和员工的人身安全。在恐怖分子活动地区，上到国务院、国资委，下到企业各级都高度重视海外员工的人身安全。企业必须在员工安全有保证的前提下才能发展；安全没有保证，企业也就不能发展。虽然海外项目的安保系统具有较为丰富的管理经验，但也绝对不能马虎，必须高度警惕。总之，搞安全工作，就要把安全工作的每一个细节抓好，抓到位。

（4）加强财经管理

成本、创效、汇率、税率等都影响项目收益。法律问题、市场波动问题、合同谈判、甲方确认等问题是现场之外又一个系统。这些问题直接关系项目的成败，特别是中后期，要把项目经济管理当作重点工作和系统工程，拿出一整套方案来解决，确保项目收益。

（5）加强队伍建设

企业之所以能够在海外立足，核心优势就是有一支优秀的队伍，一支海外铁军。这支队伍已经具备了能打硬仗的素质和能力。海外不同于国内，每个人都有自己的困难，但只要有一支优秀队伍，就没有什么事做不成，没有什么困难解决不了的。如果把这支队伍稳定下来，对提升海外发展将是很大的突破。企业对海外的政策、对海外干部的使用和职工的待遇，都要进一步明确。第一，要用业绩来评定；第二，结合企业的长期发展；第三，企业给定政策。到了一定的阶段，根据项目的成功和业绩来着手解决。总之，对于优秀的队伍，决不能让他们干活的时候斗志昂扬，干完了却流眼泪，这不是企业的导向。企业要对有贡献、有作为的干部给予应有的待遇和肯定。

（6）加强物资设备管理

物资设备管理是指企业在生产过程中，对本企业所需物资的采购、使用、储备等行为进行计划、组织和控制。物资设备管理的目的是，通过对物资进行有效管理，以降低企业生产成本，加速资金周转，进而促进企业盈利，提升企业的市场竞争能力。以中铁二十局承揽的卡拉项目为例，卡拉项目具有施工里程长、工期紧、土方和路面施工摊铺量大的特点，对物资设备保障工作提出很高的要求，需要国内外紧密配合，高效组织，保证施工的顺利开展。

①不打无准备之仗。项目投标伊始即安排人员深入巴基斯坦各大城市，了解当地物资设备资源情况，调查内容包括：当地主要材料分布情况、生产能力、供应能力、运距、价格等情况；主要设备生产企业、租赁资源、司机/维修人员工资及技术能力、配件供应等情况；了解

当地财税制度、关税政策等情况。

②高效策划，制度先行。按照项目特性制定组织模式；实行统一领导，分级管理，逐级负责的管理体制；物资设备管理人员均为有海外管理经验或在国内多年从事设备物资管理的人员组成；编制物资设备计划需做到超前计划，按需采购、不断优化，避免资金大量占用。

③采购环节及时优化、步步审批。通过调查发现当地土方及结构物施工队有一定的作业水平，设备保有量比较丰富，路面沥青施工搅拌站、摊铺机等专用设备资源比较少；对于本国不能生产的设备，国家鼓励进口，关税也相对较低。经过多次开会研究。最终决定：选择合适的施工队自带设备对土方作业进行分包；当地分包队伍不能满足的缺口设备及重点设备（如大型挖掘机、起重设备、混凝土施工设备）在国内组织招标；考虑路面施工设备的非通用性及施工要求在国内组织招标。通过不断优化，使得最终通用设备采购量为投标文件的1/4左右、路面设备为投标文件的1/2左右。统计数据显示，卡拉项目部自购设备车辆共计655台，而在2016年11月份施工高峰期，设备日报中的设备车辆投入的总数量是2588台。按照投标时的图纸复核，项目约需要地材数量约550万m^3，数量比较大，当地地材加工能力远远不能满足项目的施工需求。同时仅依靠当地资源，承担供应商坐地起价的风险过高，因此决定自建碎石场。碎石场的建设，有效保证了项目路面沥青混凝土所用碎石的供应，降低了成本；并且由于项目有矿产资源开发能力及碎石场，使得路面用底基层、基层供应价得到拟制，杜绝了供应商无理涨价的现象；同时使得企业成为在巴基斯坦中资企业中第一家具有矿产资源开发资质的企业，为在巴基斯坦后续滚动发展，提供了可靠的保障。

④不断提高管理人员素质，要求具备供应链思想。如：根据企业多年的海外设备管理经验，新购设备1年期按配件使用不超过设备原值10%，项目结束库存不超过设备原值5%来进行控制。采用联合库存管理，在设备招标阶段就将供应商纳入管理体系，供需双方同时参与，相互协调，共同制定库存计划，使用多少，结算多少。这样做可消除供应链上的需求变异和放大现象，使得配件采购价格合理，减少项目资金占用。

（7）加强属地化知识储备

海外项目在建设实施过程中，面临着信仰不同、习俗不同、语言不同的情况，中方员工与当地社会交流融合比较困难，给中方人员的日常生活带来极大不便；尤其是两国施工技术规范不同，税务、法律规范不同。作为海外项目，必须充分了解所在国与工程承包相关的法律和政策，如中华人民共和国外商投资法、中华人民共和国公司法、中华人民共和国税法、对利润汇出外汇管制制度、劳工政策和技术要求等。根据当地实际和文化特点，不断进行动态调整，增加项目人员的属地化知识储备，增强风险防范的理论支持，为海外项目生产经营和进一步开拓市场创造有利条件。

（8）提升信息化优势

针对项目的信息化硬件、网络、配套设备、管理软件及对应的管理办法等进行系统性的策划，使信息化基础配套满足项目管理信息化的需求，能够顺畅使用办公自动化（OA）软件、一体化平台、人力资源系统、视频会议等信息化终端办公，实现国内、国外的业务无缝衔接；并按照"谁主管谁负责，谁运行谁负责"的原则，加强信息安全教育和信息安全管理。从一般管理向信息化管理转化，实现"标准化、流程化"，提高整体工作效率，有效发挥信息化办公的优势。

5.3.3 海外项目的可持续发展

建筑企业走向世界，推进海外项目的重要目标之一是谋求在更大舞台上以更小风险、更高效益实现可持续发展。围绕此目标，立足建筑企业走向海外的模式驱动之道，可以从以下两个方面展开谋划。

（1）建筑企业要积极、主动、高效适应全球竞争的国际业务模式

实现国际业务的可持续高质量发展，就离不开业务模式的创新；只有不断推进适应竞争的模式创新，才能释放更多先行先试的改革发展红利。建筑企业应紧紧依托全球业务布局、紧密契合自身能力优势，深化推进模式创新增添发展动能，着力打造竞争新能力。

①规模以上建筑企业应积极实施投建营一体化模式，集成发挥产业链优势；以投资拉动国际工程EPC业务的发展，助力产业升级和向海外输出，形成产业集群"走出去"协同发展的国际经营格局。

②建筑企业可实施小比例投资拉动国际EPC，以BOT、BOOT、独立发电商（IPP）等模式持续做强做优做大海外投资业务，实现国际承包与海外投资的协同发展和规模效益。

③建筑企业可着眼未来发展实施战略性投资并购，提升国际竞争力；可考虑在新加坡、迪拜等设立融资平台，实现融资创新、业务拓展、市场布局和管理升级。

④建筑企业可采用入股、技术、咨询等方式，与项目及业务目标国的本土企业合作，深化推进第三方市场合作。

（2）建筑企业可探索推行凸显管理优势的企业集控模式

当建筑企业着眼于发挥全产业链一体化综合能力优势，就形成了凸显管理优势集控模式的沃土。在此谋划框架下，建筑企业首先可采用区域总部平台主体与子企业、负责部门营销实施主体双驱动机制，形成一个母品牌与多个子品牌协同竞争的格局，既发挥企业总体统筹、资源整合和市场引领的作用，又调动企业内各细分领域做深市场、做精业务，持续提升企业一系列品牌的整体竞争力。其次，建筑企业海外投资业务可实施建筑企业投资项目业主、设计、监理、施工一体化管控的四位一体模式，或者建筑企业投资项目业主方与运维方一体化管控的两位一体模式。前者有利于充分发挥企业内各细分领域的专业优势，以合同约束为前提，以行政统筹为纽带，实现资源共享、强强联合和集成管理，最大可能优化方案和降低成本；后者则以运维合同为基础，按照权责明确、奖惩分明原则，建立评价、考核、奖惩激励机制，实现内化

市场下投资与承包的双赢效果。面对百年未有之变局和世纪疫情的叠加影响，围绕高质量可持续绿色发展主题，建筑类企业"走出去"既要练好内功增强竞争力，也要借机聚势开辟新市场拓展新业务，在做大市场、做精业务、做优管理上下功夫，在保订单、抓增量、创效益上求突破，抢先机、育新机、开新局，实现国际经营提质增效高质量发展。

5.3.4 海外项目的人才培养

现代企业的竞争归根到底是人才的竞争，企业要发展，就必须依靠人才；企业要可持续发展，更要实施人才强企战略。建筑企业走向海外推进的海外项目以其项目需求的特殊性，对高素质、综合型人才的需求尤为迫切，这也是企业增强海外市场核心竞争力的重要着眼点和落脚点。因此，建立完善的人才培养机制，是建筑企业走向世界的创新视野中亟需补足的部分，具体可以从以下几个方面予以谋划。

（1）建筑企业应当致力于开发建立海外高层次专家培养模式

海外高层次人才来自全球各地的国家，具有不同的文化、理念、价值观以及不同的科研工作方法，对于建筑国企而言，更需要为这些海外专家提供培训的机会，帮助他们深入了解我国国有企业的文化、科研管理运行的模式，明确岗位职责和各项管理制度，熟悉国内的科研氛围，帮助他们尽快融入企业，充分发挥他们的作用。但培训项目的规划，要注意坚决杜绝和避免形式主义的培训。

（2）建筑企业应当着力优化海外人才薪酬结构，健全激励机制

海外高层次人才的激励机制可以从以下两个方面优化。

①调整海外人才薪酬结构，由固定年薪制调整为固定薪酬+激励薪酬的模式，设定一定的激励薪酬比例，尤其是长期性激励薪酬，有利于长期的人才规划战略。

②为海外高层次人才设置相应的奖惩措施，与其考核机制相关联，增加重大项目、国家科技大奖、国际重要奖项、国家级基地建设、高影响因子和高引用率论文等在科研考核评价中的权重，逐步从以扩大规模为主向提升创新能力为主转变，为海外专家潜心学术、多出精品、做大事、做成事创造条件。总的来看，应当既能激发海外人才科技创新的积极性，又能避免出现海外人才高薪酬低绩效的倒挂现象。在激励机制设计中，要防止单纯的物质奖励，并且不宜设置过高比例的激励性薪酬比例，应该设计一定的精神激励措施。

（3）建筑企业可对人才分类，并谋划相应的绩效考核办法

对有海外项目经验或可从事海外项目的高层次科研人才，建筑企业可以将其归为两类：基础前瞻型科研人才和工程指导、生产支撑类技术人才。对于基础前瞻型科研人才，注重科技创新，强化长期考核，推行学术专家测评制度，弱化短期成果、效益的考核，充分给予空间，激发此类人才的科技创新能力和积极性，充分发挥其作用；对于工程指导、生产支撑类技术人才，在制定量化考核指标时，需要强化质量、标准化的考核，弱化单纯的数量考核，推行专家

测评制度，从而充分发挥海外人才的海外工作经验，运用他们的国际化先进理念，帮助建筑国企逐步迈向国际化先进的行列。

（4）建筑企业应回归国际化人才工作的本质要求，树立科学的用人导向

选什么人是风向标，用什么人是定盘星。要应结合海外业务转型特点，统筹人才发展规划，努力把人才这个企业最核心的资产经营好、管理好，塑造强大的人才竞争力。

①坚持海外优先。把国际人才发展放在优先发展的位置，在企业的战略思想、战略目标、重要政策、重大举措和具体工作部署中，努力做到国际人才资源优先开发、国际人才结构优先调整、国际人才资本优先积累、国际人才投入优先保证。

②尊重海外人才。牢固树立人才是企业发展的第一生产力理念，让尊重知识、尊重人才成为企业优秀文化理念的重要组成部分，并转化为企业各级人员以实际举措爱才、惜才、护才、育才的自觉行动。

③看重海外业绩。讲学历，不唯学历；讲台阶，不唯台阶。既做到用人不拘一格，又不能降格以求。

科学探索年轻干部成长的客观规律，让海外人才在实践中顺势成长，在实践中脱颖而出。特别是对环境异常艰苦、条件异常苛刻、管理难度巨大的海外项目，仍能守正出奇保住现场和市场，拿回信誉和效益的海外领导干部，更要优先选拔使用。要积极倡导把有丰富海外经验的干部，作为选拔任用企业主要领导的条件之一。

（5）建筑企业应当牢牢把握国际化人才工作的发展大势，建立科学的培养体系

立足培养现有人才队伍，早选可造之才，多育可用之人。要紧紧围绕海外经营生产需要，着力实施人才提速工程，分阶段、有步骤、有计划地对海外员工知识结构进行更新，素质进行再造。

①招聘优秀大学生。好中选优，特别是要积极招收管理、商务、法律、金融、外贸、财税等专业的大学毕业生，有针性地进行自主培养，尽快补齐国际业务人才短板。要充分发挥各海外子公司、驻外办事处与国家相关驻外机构和所在国高校、人才管理机构的桥梁和纽带作用，根据在建项目实际需要，按照当地相关法律法规要求，积极聘用人才。

②引进国际化人才。要有集四海之气、借八方之力，聚天下英才而用之的胸怀。要充分体现理性引才、精准引才、分类引才的国际化人才发展思路和目标，突出高精尖缺的人才引进导向，积极参加国家有关部门和地方政府组织的海外高素质人才招聘会引进人才。要加强与华人社团、中资企业商会等境外中介机构的联系，主动沟通对接吸引外籍华侨中的高素质人才。要健全与人才引进相关的保障机制，形成更具竞争力的人才政策优势。

③畅通人才成长通道。要眼睛向内畅通人才成长通道，把千军万马挤行政职务晋升的独木桥，扩建为各类人才走专业化、职业化道路的立交桥；把目前学而优则仕、技而优则仕的单行道，拓展职业项目经理、首席专家、企业专家、科技领军人才、高级技师、企业工匠等人才

成长的双通道，多通道。

④立足于自主培养。要完善国际化人才培训开发机制，重点关注员工语言能力、业务能力、管理能力及综合能力的提升。要关注具有海外工作经验和能力的中高层人才的综合培养，让人才全周期参与国际项目经营管理，着力培育能够胜任海外关键岗位要求的复合型能力。要按照不同国际项目类别和人才需求特点，将合适的人放到合适的位置，扬其所长、用其所专、融其所通，做到通才定位、专才定向、干才定点，打造差异化的人才队伍结构。要建立国际化经营人才储备库和配套政策体系，完善国际化人才测评体系和服务平台，统筹用好各类人力资源，使海外员工晋升、培养和职业生涯规划与所在项目和企业总部同呼吸共命运，让国际化人才与国际化经营共同成长。

⑤稳步推进校企合作。建立校企合作，实现学校与企业优势互补，资源和信息共享的智库和平台，设立海外基础设施研究奖学金，让在华留学生对企业进一步了解与认同，进一步为企业境外单位筛选、培养高级管理人才，培育海外属地化人力资源。

（6）建筑企业应当牢牢把握国际化人才工作的深层动力，构建激励约束机制

建筑企业要坚持对外具有竞争力、对内具有吸引力的原则，构建以能力素质为基准的适岗选才、以经营业绩为依据的考核引领、以价值贡献为导向的薪酬激励、以激活人才为目标的优胜劣汰机制。对熟悉国际惯例、有一定外语水平并掌握中高级工程技术的专业人才，对风险防控、索赔管理、商务谈判具有丰富经验的金融专家，对能满足海外发展需要的开拓型职业经理，一定要突破性地给予具有市场竞争力的薪酬和成就一方事业的舞台。要通过精准实施物质激励、注重加强精神激励、适当给予晋升激励、探索开展股权激励等方式，探索建立海外人才多元化的激励机制，满足各类人才自我提高的内在需求，提升持续创新能力。由于海外项目远离企业总部，给监管带来一定难度。要在注重激励的同时强化约束机制，牢固树立"用人要疑，疑人要用"的新思维。用人要疑，不是怀疑，是担心不依法合规办事造成监督缺失，是担心个人的短板给企业带来伤害。疑人要用，十全十美的人没有，用人不能求全责备，要用其所长、避其所短，要监督、帮助、关心、关爱。要结合企业内部管理要求和国别市场特点，在设备物资采购、工程招标、合同签订等关键环节，管好关键人、管到关键处、管住关键事、管在关键时，形成按程序办事、依制度管理、凭规章奖惩的正常工作秩序，坚决摒弃放羊式的管理方式，营造海外项目山清水秀的政治生态。

（7）建筑企业应当牢牢把握国际化人才工作的属地化方向，优化海外资源配置

建筑国企"走出去"更要"走进去"，推行属地化管理，加快本土化经营，这既是企业长期扎根海外、实现可持续发展的重要举措，也是优化海外资源配置的重要保证。

①依法推进。要调研掌握驻在国人力资源市场及劳动法律状况，对项目急需岗位、工种的资源体量、技能素质、工资水平等要充分了解，对当地用工个税、保险、休假、加班规定等要心知肚明，对中外员工人数比例要科学界定，始终做到依法合规。

②规范管理。要针对驻在国员工宗教信仰、风土人情、文化传统等特点，按照彼此尊重、依法合规、加强教育、和谐共处的管理原则，通过加强沟通、奖优罚劣和物质激励等有效手段，激发他们的积极性和主动性，增强他们对企业的认同度和归属感。

③履行责任。在加强驻在国员工技能培训，满足项目劳动用工需要的同时，主动与驻在国教育行政部门对接，共建职业技术学校，为驻在国经济社会发展培养输送掌握一技之长的高素质人才。

总之，在后疫情时代，建筑国企要正确研判世界宏观经济形势，结合自身的发展战略和转型升级需要，努力锻造一支具有国际竞争力的国际化人才队伍，有效应对国际业务新挑战，全面保证企业战略落地，提升角逐国际市场的核心竞争力。

5.4 走向世界之施策

根据建筑企业走向世界战略目标布局和战略实施步调，以及建筑企业在海外建筑市场的竞争地位，本节设计了"策略基调—基本举措—发展举措"系列由浅入深，从"走出去"到"走进去"的组合策略，期望能够为建筑企业创新拓展国际视野提供决策参考。

5.4.1 走向世界的策略基调

1）保持战略定力

在当前全球贸易保护主义、单边主义抬头和疫情冲击全球经济的大背景下，2020年5月14日，中共中央政治局常委会会议首次提出"深化供给侧结构性改革，充分发挥我国超大规模市场优势和内需潜力，构建国内国际双循环相互促进的新发展格局"。5月30日，中共中央政治局会议进一步强调"我们遇到的很多问题是中长期的，必须从持久战的角度加以认识，加快形成以国内大循环为主体、国内国际双循环相互促进的新发展格局。"这意味着"双循环"将成为我们国家中长期经济政策的总体指导思路。双循环不是要减少对国际市场的开拓力度，而是要求所有市场主体，包括建筑企业必须秉持中长期的战略思维和持久战的思想认识，增强国内市场与国际市场的一体化运营布局的能力与实力，更好利用国际国内两个市场、两种资源，实现更加强劲的可持续发展。

坚定不移地"走出去"，与我们国家中长期双循环的指导思想和"一带一路"倡议的要义高度契合，是作为建筑企业必须完成的政治任务和经济任务，是把"走出去"的建筑企业打造成为具有全球竞争力的世界一流企业的必然要求。全球化本身是螺旋式向前渐进发展的，只要我们能在此发展过程中保持战略定力，久久为功，矢志不渝，就一定能凤凰涅槃，浴火重生。

在全球范围内形成国际化程度较高的组织结构、收入比重、信息集成和人才队伍，掌握较强的全球资源配置能力、本土化经营能力和海外风险管控能力，培育出新形势下参与国际合作和竞争新优势，形成国内国际双循环相互促进的新发展格局，最终通过在建筑领域的深耕细作为我国经济发展增添新动力。

2）坚持高端经营

（1）建筑企业必须坚持走高端经营之路

经营工作首先是对市场的经营，其核心就是对人的经营。为尽快消除后疫情时代的影响，甚至告别国际市场的寒冬，就要以国内国际双循环为抓手，坚定不移走高端经营路线，国内、海外经营两手都要硬。在国内，要紧跟国家发改委、商务部、外交部、驻华使馆，紧跟国家开发银行、中国进出口银行、中国信用保险等政策性金融和保险机构，紧跟中央企业、知名企业，紧跟跨国公司、商会协会等，协同各方资源为建筑企业成功走向世界提供保障；在国外，要建立稳定可靠的高层关系，与所在国政府、中国驻外大使馆、经参处，以及优秀的跨国企业保持和建立紧密联系，寻找合作机会。要将国家"走出去"政策和"一带一路"倡议，与海外国家的"引进来"、本地化政策相结合，为业主考虑前期可研、规划设计、工程概算等基础工作，同时发挥牵线搭桥作用，联合银行完成项目融资，为业主量身创造项目，合理引导项目的推进；要"走出去"，扎下来，真正在目标国市场上扎根下来，行稳致远、高质高效，才是确保海外事业持续发展，做强做大无可回避的路径。

（2）建筑企业必须坚持推行大项目战略

海外发展，小项目求生存，大项目求长存，没有大项目作支撑，不可能实现国内外业务平分秋色的局面，也很难与"走出去"主力军的建筑企业市场地位相匹配。建筑企业应紧跟国家战略和属地国的实际需求，精心选择经济性好、可靠性高的大项目，重点培育、重点跟踪。需要注意的是，凡事皆有个度，建筑企业在走向世界的过程中，不仅要在视野范围内积极寻求大项目、谋求大发展，也要通过小项目开发，实现自身的造血功能，从而步入良性发展轨道。

企业高管在全面维护既有市场高端客户的同时，还必须尽可能多地与相关国家元首或政府高层接触，使企业高端经营的路子更广，经营触角从传统国别市场向经济相对发达的国别延伸。要有一个基本认识，那就是，高端经营就像枇杷树一样，头年开花，次年结果，需要一个培育的过程。

3）善于巩老辟新

后疫情时代下走向世界的建筑企业必须要有全局视野，能够紧盯形势、深刻研判、精准定位、理清思路，在坚持深耕既有市场和传统领域的同时，有选择地拓展有潜力的新市场和新领域。

（1）建筑企业应坚定不移地开发非洲市场

对中国对外工程承包企业来说，非洲地区是仅次于亚洲的第二大市场。尽管疫情造成非洲国家经济下滑、负债增加，致使部分项目执行遇阻、推进困难，但是，非洲国家基础设施落后亟待改善和发展的现状并未改变，仍具有巨大的市场发展潜力。中非十大合作计划的启动，加速了一大批铁路、公路、机场、港口等基础设施以及经贸合作区建设进度，中国承诺提供的600亿美元资金支持都已兑现和安排。未来几年和今后一段时间，中国仍将以打造新时代更加紧密的中非命运共同体为引导，同非洲国家密切配合，重点实施产业促进、设施联通、贸易便利、绿色发展、能力建设、健康卫生、人文交流、和平安全等行动。非洲地区也是中国对外工程承包业务的传统市场和支柱市场，我们必须坚定扎根非洲的理念，在现有的基础上不断巩固和扩大市场。要利用现有的经营网络和施工资源，继续巩固所在国别市场的影响力，努力扩大所在国的市场份额。

（2）建筑企业应坚持立足自我，做实做强属地化企业

海外属地化企业做实做强，一是要立足当地，学会生存，既不能吃老本，也不能总靠国内企业输血，可通过开发小型现汇项目实现造血功能，夯实发展基础；或积极寻找推动大项目实现大发展，占据市场主导。建筑企业应把主动权掌握在自己的手里，向项目要效益。有条件的项目，要自己组织实施施工，为防止腐败，绝不允许把包工队带到国外；同时，合理利用当地的工程和劳务分包资源，努力实现项目效益最大化。建筑企业应建立精干高效的机构和团队，合理配置中国管理人员，适当增加当地管理人员占比，优化用工结构，实现真正的属地化管理和发展。

（3）建筑企业应有选择地拓展有潜力的新市场和新领域

利用有限的资源，确保取得最优的经营效果。一方面，可以紧跟国家战略定位，紧扣"一带一路"倡议发展契机，加大市场研究力度，优化海外市场布局；另一方面要巩老辟新，看准市场机会，延伸经营触角，介入当地农牧业等市场，培育当地建材供应市场、设备租赁市场和其他关联市场，多渠道开辟财源，分散海外经营风险。此外，建筑企业需要积极探索投建营一体化模式。新冠疫情之后，全球经济模式将发生巨大变化，相关的新基建产业，例如大数据中心、公共医疗项目以及智慧城市等前景广阔。建筑企业的投融资能力将成为最核心的竞争力，投建营一体化模式将成为开拓海外市场的必然趋势。建筑企业要因势利导，下好先手棋，打好主动仗，做好顶层设计，用产业与资本的双擎驱动，实现走向世界过程中，在国际市场中有质量更好、效益更高、竞争力更强、影响力更大的发展。

4）探索差异经营

要针对不同国家、不同项目，创新经营方法，实施差异化经营。对别国市场区别对待，一国一策。每个国家的国情不同，市场体量不同，法规行规不同，应区分对待，因地制宜，谋定而后动，思深以致远。

（1）建筑企业实施差异经营可从对项目进行分类管理入手

项目要早跟踪、早报备，并按照概念期、初期、中期、后期等阶段对项目进行分类、分

级统计入库，分清"轻重缓急"，对重点项目逐一建立档案，重点关注、跟踪、开发有把握的可行性项目。同时，盯紧现汇项目，大力推动融资类项目，寻机参与投资类项目；加强与系统内外经单位的合作，寻求系统外企业、国际企业的强强联合，实现多条腿走路。

建筑企业应成立重点项目跟踪工作小组，明确跟踪负责人，配备所需专业人员，制定计划，定职定责。一方面要收集项目定位、前期规划、当地政府预算等信息供国内决策，做好前期商务谈判、投标策划等工作；另一方面要积极接触业主、合作方、供应商等能起到决定性作用的机构，签署合作协议，约定各方责权利，制定计划，定期举行推进会议，对重点工作做阶段性总结与回顾，将工作落到实处。

（2）建筑企业应进一步加强前后方的协调联动

开发国际工程项目，尤其是政府框架合作项目，实际上就是国内外两个市场、两种资源的把握和运用。对政府合作类、融资类、经济走廊类、援外类项目，要做到国内外统一联动。只有加强国内外工作协调联动，从国内外两个方面综合发力，强化国内外各层面的高层对接、公共交往，才能有效推动并巩固项目进展。要明确各自的工作重点，及时交流沟通。前方要把建立外事关系、收集项目信息、锁定商务合同或合作关系、取得项目支持函、推动办理申贷函等作为重点，把需要国内支持的事项及时、准确地反馈到总部；后方要把与国家部委和金融机构对接、国内专业分包资源整合、基础工作支持保障等作为重点，用好用足两优及商业贷款政策，及时满足前方的合理需求。只有国内国外密切配合、相互补台，才能有效推动项目进展，实现项目最终落地。

建筑企业实施差异经营，要打破原有的施工总承包、EPC总承包、EPC+F等传统经营模式，学习、借鉴、大胆尝试新的项目运作方式，积极向卖方信贷、投建营一体化等大趋势靠拢，提升企业海外市场开发的灵活性和国际市场的竞争力。

5）强化海外党建

疫情防控是一项长期的任务，加强建筑国企党建、做好凝心聚力的工作，是海外经营长期稳定发展的压舱石和动力源。海外经营的触角延伸到哪里，企业党的建设就要开展到哪里，党建工作的优势和作用就要发挥到哪里。

（1）做好海外员工思想政治工作

疫情防控不是一时之功，要持续组织学习总书记重要讲话和指示精神，引导党员群众坚定信心，要利用微信群等及时传达各类新闻动态，让党员群众通过学习，将思想和行动向党中央看齐。紧密围绕海外生产经营活动，凝聚共识，共克时艰，适时开展党的组织生活，创新体裁和方式，积极开展经常性的思想教育，扎实推进主题和专题学习教育，增强员工政治敏锐性和使命感，引导牢固树立自尊、自强、自爱和为国争光意识，自觉维护国家利益和企业形象。

（2）因地制宜灵活开展党的活动

根据不同国家和地区的实际情况，利用内部会议和互联网、移动通信设备等现代信息交流工具，及时传达党建工作任务和具体要求，设置党建微信群，将面对面变成键对键，将传统的党建工作方式转变为线上云模式，依托网络增强党员群众之间的交流，提升党建工作的便捷度；结合群团组织职工之家、岗位成才等工作平台，组织海外党员开展读书学习、创先争优、劳动竞赛、青年突击队、安全示范岗等主题实践活动；确保海外单位和工程项目党组织的一切活动限定在内部进行，不参与、不介入所在国的一切政治、军事、社会和宗教活动。

（3）推进海外单位企业文化建设

弘扬中华民族优秀传统文化，强化国家形象意识，讲好企业故事，尊重当地风俗、理解宗教信仰。积极在内部开展文化交流活动，加强跨文化管理，增强外籍员工对企业的归属感和忠诚度，营造中外员工和谐相处、共同发展的文化氛围。利用新闻报道、文体活动等形式，主动树立中国企业形象，扩大企业知名度，防止负面舆情发生。坚持互利共赢、共同发展的命运共同体理念，在履行经济责任的同时，注重履行社会责任，追求资源开发利用与环境保护、社会进步的和谐统一。积极参与当地公益活动，促进当地经济发展和社会稳定，树立良好形象，为企业在海外长期稳定发展营造良好的外部环境。

6）跨越三道关口

（1）跨越语言关是前提

解决语言问题是推进海外经营的基本前提，也是实现"走出去"战略的关键环节。语言不通则思想不通、文化不通，一切都无从谈起，也就无法融入、扎根下去。企业要有计划地开展外语外文教育培训，包括语言培训、敏感性训练、环境模拟训练和东道国文化知识培训等内容，各级各类相关人员都要加强学习，使企业上下形成学外语、善交流的浓厚氛围。在针对企业的海外市场实际，集中力量重点突破的同时，也要认识到个别人懂外语不算过关，大部分人熟练掌握才是目标。要通过解决好语言关的问题，从领导做起，打造一支高素质的海外团队，谈吐儒雅，博学精专，中西合璧，"既会用筷子，也会使刀叉"，具备全球化思维，拥有国际化视野，精通国际竞争规则。

（2）跨越人才关是根本

培养一批能熟练运用外语交流、熟悉欧美规范标准、懂得海外经营管理、掌握海外法律规范、擅长国际商务、财务金融、风险评估的国际化高素质人才队伍，是提升国内企业与国际接轨能力、并最终实现国内企业在海外经营中赢得持续发展的根本所在。要建立系统、科学的人才培养机制，保护好海外人员的利益和积极性。要加强国内国外的轮岗交流，加大海外人员培训力度，通过机制、制度鼓励员工在海外发展，促进海外人员早成才、快成才、多成才。要将海外工作经验作为考察、提拔领导干部的一项重要指标，保证海外人才能够在企业各个领域得到发展，避免出现海外人才只在海外流动的封闭式循环现象。

（3）跨越风险关是保证

后疫情时代，全球变局蕴含着诸多风险变化。建筑企业要严格落实各级政府对海外风险防控和海外安全保卫工作的要求，防控海外各类风险。海外有黄金，也有陷阱，必须进一步强化风险意识，坚决不踩红线、不越底线、不碰高压线。对新进入的国别市场，要加大风险识别力度，认真分析政治风向、经济走势、安全形势、市场规则等要素。要对标国际化大公司，对接国际化标准，学习、借鉴先进经验和做法，研究、分析海外法律、税收、禁止、限制和保护等规定，精通国际市场游戏规则，多打经济仗、不打政治仗，多打人才仗、不打劳务仗，多打科技仗、不打价格仗，多打管理仗、不打经验仗，提升项目管控能力和风险管理水平。同时还要全力推进海外奖惩体系建设，加强资产监管，防止资产流失。

大疫当前，百业艰难，但危中有机，唯有自强者胜、应变者强。作为党和国家最可信赖的依靠力量和实施"走出去"战略、"一带一路"倡议的重要力量，建筑企业要立足中国，放眼世界，贯彻落实好习总书记在企业家座谈会上的重要讲话精神，在危机中育新机、于变局中开新局，主动参与构建完整的内需体系，做双循环发展格局的积极贡献者，进一步提高把握国际市场动向和需求特点的能力，进一步提高国际市场开拓能力和防范国际市场风险能力，努力在后疫情时代创造建筑企业海外事业新的辉煌。

党的十九大报告指出，"人才是实现民族振兴、赢得国际竞争主动的战略资源。"人才资源在海外市场竞争中起着基础性、战略性、决定性作用，拥有国际化人才队伍，就拥有了决胜海外市场的定海神针。面对世界百年未有之大变局，在新冠肺炎疫情全球不断蔓延、中美贸易摩擦持续升级等新形势、新挑战下，建筑企业必须登高望远，布局谋篇，保持定力，笃定前行，积极抢占人才制高点，牢牢把住发展主动权。

5.4.2 走向世界的基本举措

（1）调整海外业务布局

准确研判海外市场环境，组建集团公司的海外智库平台，组织开展区域市场研究、行业研究、标杆企业研究工作，完善基础数据，加强环境研判，为高层科学决策、高效决策提供有力支持。要继续坚守并拓展有经营主导权、有在建项目的国别市场业务，精准谋划周边友好国家市场，抓住签署RCEP、中欧投资贸易协定等契机，逐步向"一带一路"沿线、中国政治影响力能达到的、政治环境好的、资金有保障的、发展动力充足的、劳工政策良好的亚洲、欧洲和南美洲国家布局，争取承揽更多高质量的海外项目。人才、资金、资源向支柱市场倾斜，审慎进入经营风险较高、融资成本超限的国别市场；对于市场体量小、政商环境差、资金状况差的国别市场要逐步退出。谨慎成立国别公司，成熟一个设立一个。

（2）创新海外经营模式

坚持和创新投建营一体化海外发展思路，对主要目标国别市场进行经营模式研究，针对各国国别情况，制定具体经营策略。强化投资拉动，尝试投资并购，通过关注、跟踪并合作经营效益良好、市场布局完善、资产质量优异的企业，以交换获取交易方的渠道、技术和人才,从而加快自身向目标市场的渗透;以审慎态度实施投资项目前期论证和风险评估,坚持小比例投资、共同持股带动工程承包业务发展。在安哥拉、莫桑比克、巴西等享有经营主导权的国家,要履行好主导责任,整合域内资源,深度融入属地,加大属地资源投入和与监管层、业主、供应商、工会代表的交流频次,建立和谐融洽的属地关系网络,立足在建、以干促揽。通过既有市场、在施工项目向周边市场渗透,合理分配调拨现有资源,实现从单体项目盈利向区域整体盈利的跨越。实施抱团发展,开展合作经营,更多地加强与铁建系统外经单位和其他央企、投资平台的合作,借船出海、优势互补、共同发展。促进内外协同和产业协同,带动中国标准、中国技术、中国装备"走出去"。

(3)优化海外业务结构

鼓励和引导海外业务的差异化、专业化发展,聚焦优势领域,发挥专业特长;铁路、公路、水利水电业务应紧跟国家重大战略部署和上级主管企业投资步伐,加大和跨国建筑公司、设计院、专业运营公司等组成投标联合体的合作力度,积极探索PPP、EPC+F等多种业务模式,加快市场渗透,扩大业务规模;房建业务重点关注非洲、东南亚国家城镇化发展、居住改善、公共医疗、酒店及工业园区建设需求,通过承接大型群体性房建项目或地标建筑,提高资源整合能力和综合实施能力,提升品牌形象;具有技术优势或高盈利能力的市政业务、勘察设计业务、机械制造与物流贸易板块应明确海外业务发展方向,在服务内部市场的基础上,紧密配合境外公司、境外事业部建设,探索海外业务突破点;投资运营业务优选运营风险较低、现金流稳定的行业和建安投入占比较高、运营占比较低的项目。

(4)增强海外基础管理

加强顶层设计,进一步明确国内企业总部、海外事业部、海外国别公司、海外办事处、海外项目部等各级管理机构的职责定位,加强海外事业部组织架构、制度体系建设,健全海外事业部工作流程、运作机制,推动海外业务管控模式优化升级;海外事业部要完善国别市场管理办法,针对各国别市场的具体情况,制定差异化的管理办法和考核办法,压实海外子公司、经营机构责任;积极探索海外项目远程信息化管理新途径,加大对海外项目的监管力度,确保海外在建项目整体受控,加强项目履约管理;制定海外人才专项发展规划,加快调整海外人员结构,引进一批高端商务人才,培训一批"语言+"和"+语言"经营人才,形成海外精英搞经营的新格局;打造多通道的职业发展路径,将海外经历纳入考评、晋升体系,形成海外轮岗、海外锻炼、海外成长的正向激励机制;完善人才出国、回国任职体系和心理保健、家属关怀等基础保障工作,解决海外人才发展的后顾之忧,重点落实海外人才轮岗、休假、激励制度,提升员工归属感、安全感;逐步提高属地用工比例,严格落实属地人员配置要求。

(5)加强海外风险防控

整体保持低风险偏好的经营策略不动摇,始终把员工生命安全和国有资产保值、增值放在第一位,从源头防范经营风险。充分评估现有国别市场投入产出和财务、用工等风险,建立重大风险应急预案,做好风险防范。建立海外项目风险预警机制,研究经营、工期、资金、汇率、成本、投资、法律、合规、疫情、制裁等风险,制定切实有效的应急预案,明确风险应对责任、措施和奖罚。更加突出现汇项目经营,加大支付有保障、现金流相对稳定的现汇项目经营开发力度;提高美元支付比例或补充签订货币保值条款,合理安排合同支付币种结构,规避汇率波动风险。强化内控体系建设,建立完整的项目过程管控、财务审核制度体系,加强项目的全流程监控;聘请熟悉属地法律法规和文化习俗的律师事务所和会计师事务所,协助处理属地法律、税务事宜,防范和规避法律风险。

近年来,随着"一带一路"倡议的实施,我国企业迎来更多"走出去"的发展机遇,在海外市场不断开拓新的经济利润点。建筑企业紧抓机遇,将监督管理责任深度融入海外生产经营工作中,有力推动了海外市场高质量发展,海外项目俨然成为企业创效创誉的主战场。

5.4.3 走向世界的发展策略

(1)完善全球商务运作平台

市场的开拓是企业可持续发展的关键,掌握准确的信息是建筑企业在国际市场中谋求可持续发展的首要步骤。海外中资建筑企业不仅要充分发挥已设驻外机构的作用,更要不断拓展新的驻外机构。各驻外机构要时刻保持灵敏的商务嗅觉,及时获得有效项目信息,从而取得项目开发先机。要建立高效信息网络,形成一个比较完善的海外项目信息收集和筛选系统,能够整合和运作各类资源,从而逐渐形成完善的全球商务运作平台,避免因信息的不对称而导致决策失误。

(2)创新商业模式,推动项目落地

虽然目前对外承包工程仍然以传统的工程承包为主,但迫于经济形势,以投资带动投建营一体化的商业模式,正逐渐成为国际工程市场新的趋势。海外中资建筑企业应结合企业自身情况,以及所在国的政治、经济及安全等因素,深刻理解项目特征,紧跟各金融机构推出的支持企业"走出去"的优惠政策和优惠贷款,以降低项目运营风险为原则,选取并创新合理的商业模式来推动项目落地。

(3)实现专业化改组

海外中资建筑企业应按照海外市场需求进行"专业化改组"。"专业化改组"也是对企业的充分肯定。尤其海外工程涉及范围较大,建筑企业必须按照其具体方向与专业类型进行针对性服务改组。其中,涉及的工程有铁路工程、房屋建筑、公路水利、新能源及其他服务产业。由于海外市场份额的局限性,其工程项目数量限制了企业的项目获得与承接。为了避免中资企业之间的恶性竞争,要对企业参与数量进行削减,这样既保证了优秀企业的发展空间,也保障了海外工程项目建设的质量水平。

(4)实现全产业链发展

随着投建营一体化项目在国际工程市场上的逐渐兴起,海外中资建筑企业要提高自身的竞争力，势必要整合内外资源，联合优势资源，调动投融资、设计、建设、装备、运营等产业链上下游的企业，才能实现优势互补、互利共赢、共同发展。在优势组合、联合出航的前提下，加快推进全产业链业务能力。

（5）加强项目风险管控

投建营一体化的商业模式，所涉及的行业类型扩展到各行各业，项目规模不断扩大，使得海外工程的风险进一步加大，并且项目具有周期长、投资额大、合作方多的特点。因此，在项目开发过程中，合作方资质、项目环境、政策要求及投融资进展等各种条件的变化，都会给项目带来影响。所以项目的风险管理必须要做到实时动态管控。对不同项目进行潜在风险的科学分析和识别，针对风险，制定风险防范预案，实时监控，动态更新。

（6）加强高端人才队伍的建设

传统的工程承包企业，对于设计、施工等方面的专业人才并不缺乏；鉴于海外项目的特殊性，熟悉海外项目运作的高端商务、谈判、法律、投融资等方面的人才仍显紧缺。同时，面对新形势下的传统、电子、数字商业模式，如果建筑企业想实现全产业链的发展，那么培养懂技术、通商务、知投资的接续性国际化人才愈发显得迫切和必要。海外中资建筑企业一方面要抓紧引进熟悉国际商务规则、投融资管理等方面的专业人才；同时也要建立合理的人才培养机制对现有人才能力的延伸提供条件，为企业发展转型储备人才。

（7）打造海外统一供应链

海外中资建筑企业应该采用以整个建筑企业为单位的形式，进行相应的供应链统一共享服务，并通过有关的合同协议，维护供应链体系的稳固性。同时，进一步加强企业内部结构、功能的细分建设，在海外工程投标和施工中，应以企业总体为单位与相关业务供货商和分包商进行商榷并达成合同协议，进而实现自身采购成本的最小化。作为回报，应确保集团内部的经济实体，尽可能从该供货商或分包商处采购，进而大幅度降低采购成本。

第 6 章

财务管理篇

资金运作

己所不欲勿施于人，己所欲亦勿施于人。

——邓 勇

MANAGEMENT
INNOVATION AND PRACTICE
OF CONSTRUCTION ENTERPRISES

　　自新冠疫情发生以来，产业链视角下各类企业所遭遇的挑战引发了从业人员的思考：在经济全球化的背景下，任何一家企业都很难完全依靠自身的力量应对各类突发事件；但减轻对全球价值链的依赖，积极锤炼自身内功，特别是保持自身资金流健康运作，意义重大。在经济发展新常态的背景下，为确保战略布局转入实质提升轨道，建筑企业的首要任务在于更新财务理念，建设稳健型、创新型、价值型的财务管理体系。当前，建筑企业的财务管理工作既面临提质增效、优化财务状况、提高资产运行质量的严峻挑战，又需要承担规范过程管理、防控财务风险、推动财务管理转型升级的艰巨任务。因此，建筑企业的财务管理人员必须紧扣建筑企业生产经营的实际，积极转变观念，勇于开拓创新。以史为鉴，面向未来。通过对过去成功经验和失败教训的认真总结，建筑企业财务管理部门要致力于打造一支真正符合企业转型升级需要的专业化财务团队，从而切实解决企业发展过程中，财务管理方面存在的深层次不足，为实现建筑企业发展的宏伟蓝图保驾护航。

　　本章以建筑企业财务管理体系为切入点，以实现财务管理转型升级并取得突破性进展为目标，基于内部控制的基本要素，通过制度创新、机制创新、方法创新，探索推进财务管理工作规范化、专业化、标准化的方法和路径，以提升财务工作在企业管理过程中的保障服务能力、决策支持能力、价值创造能力和风险管控能力；而后，给出建筑企业由基础核算分析向决策支持分析转变、由财务业务管控向价值创造过渡的实践经验，并从资源配置合理、资金运作高效、财务结构优化、风险防控及时、会计信息规范、团队素质整体提升等层面，擘画了财务管理的美好蓝图。

6.1 财务管理之论道

财务管理是企业管理的重要组成部分之一。建筑企业推进财务管理工作时，应遵循客观经济规律，按照国家政策、法律、法令和财经制度，按照财务管理的基本理论和原则，组织处理与财务有关的经济管理工作。就其管理内容而言，建筑企业的财务管理主要包括企业的筹资、投资、经营、成本、收入与分配等内容。由于建筑企业经营活动的特殊性，财务管理亦有很多特别之处。建筑企业经营的对象是建设项目，而所有的建设项目都具有生产的流动性、单件性、周期长、风险高、涉及面广等特点。这些特点进一步决定了建筑企业在资金筹措、价格形成、工程价款的结算方式、成本的预算及考核等财务管理的诸多细节工作与其他行业存在许多不同之处。具体而言，建筑企业的财务管理牵涉工程投标、建筑生产、材料采购、竣工结算等多个环节，也恰是因为如此，建筑企业的财务管理体系更为繁杂和庞大。财务管理就像企业的中枢神经，牵一发而动全身。甚至毫不夸张地说，建筑企业的财务管理状况与企业的生死存亡息息相关。

随着建筑市场的不断规范和市场竞争的日趋激烈，建筑企业要想在激烈的建筑市场中站稳脚跟，在市场经济的大环境下生存、发展乃至壮大，就必须重视企业的财务管理。建筑企业应树立以经济效益为中心的理念，正确认识、理解并发挥企业财务管理的重要作用；建立与企业经营和市场环境相适应的财务内部控制体系；从而综合提高企业的抗风险能力和经营能力。建筑企业只有从上到下共同努力、共同遵守，按照财务管理体系运行的要求进行各项财务活动，才能提高建筑企业的经济效益，谋求施工企业更高的发展，实现企业价值最大化的目标。鉴于此，本节主要从建筑企业财务管理体系、内部与风险控制体系两个层面对建筑企业实行财务管理的根本之道加以论述。

6.1.1 建筑企业财务管理体系

现阶段，提升财务管理效率、实现自身快速发展，已成为建筑企业重点关注的问题。基于此，建筑企业要不断完善财务管理体系，提升财务管理水平，让企业在明确、规范的财务管理体系下进行经营。建筑企业的财务管理体系是以有效成本控制为前提，基于财务制度、会计制度，明确各级财务部门分工的总体系。财务管理总体系如图 6-1 所示。

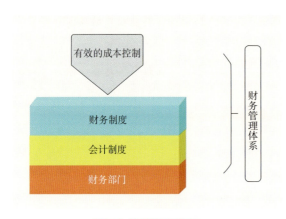

图 6-1　财务管理总体系

财务管理总体系是一个复杂交织、有机联系的系统。在项目建设过程中，需对构成体系的各个子系统加以辨识、理解和管理，以有效实现财务战略、财务方针和既定的财务目标。持续改进是建筑企业经营管理永恒的目标之一，为提升企业财务管理整体绩效，一个强大的财务管理体系，可以被不断优化与改进。只有在财务管理体系中建立持续改进机制，才能使企业能够适应环境变化的要求，提升综合竞争力。

一般来说，建筑企业财务管理体系分为七个层面，即会计核算体系、资金管理体系、资产管理体系、成本控制体系、预算管理体系、财务分析体系、绩效管理体系，且每个层面体系分别对应不同层面的财务管理目标。财务管理体系架构如图 6-2 所示。

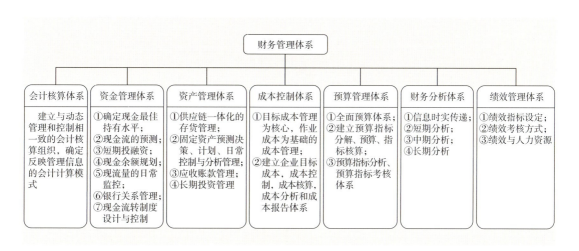

图 6-2 建筑企业财务管理体系框架

6.1.2 建筑企业内部风险控制体系

内部控制体系是建筑企业经济活动，特别是财务管理活动制度化和规范化的基础。为加强企业内部控制，提升企业风险管理水平，实现企业健康、良性发展，建筑企业必须编制符合相关政策法规，且符合自身经营实际的内控与风险管理手册；并将其作为企业建立、执行、评价及维护内控与风险管理体系的指导和依据。在此框架下，建筑企业应不断提高管理层与员工对风险的认知能力和管理水平，推动企业业务标准化、规范化运作；设立内审制度，及时发现问题及时纠偏，通过不断改进和完善的举措，建立、执行、评价、优化内控与风险管理体系。

建筑企业应为建立和运行内控与风险管理体系，提出一套完整的方法论和指导原则，同时针对风险识别、风险评估、风险控制、内部控制评价等常规性工作，制定具体的操作指引和工作模板，保证内控与风险管理工作的可操作性。在现行管理体系基础上，依托已有的管理优势持续改进，并力求与其他规章制度相契合；而对于已不适用的各项管理制度，应对照内部控制的规范要求及时修改、完善。锚定满足外部监管与提升内部管理两个目标，内部控制与风险管理建设，既要为建筑企业战略目标的实现提供合理保障，也要满足国务院国有资产监督管理委员会、中国铁建及行业自律等监管要求。内控与风险管理手册的编制，必须以满足内部监管要求为出发点，以提升企业内部控制和风险管理水平为落脚点，同时兼顾内外部环境对企业内部控制与风险管理的要求。

内部控制管理框架如图 6-3 所示，共包括五个部分：内部环境、风险评估、控制活动、信息与沟通、内部监督。建筑企业的内部控制管理，应当以内部环境为基础、以风险评估为环节、以控制活动为手段、以信息与沟通为条件、以内部监督为保证，这五个部分相互联系、相互促进，构成系统有机的内部控制管理框架。企业主要业务流程包括流程目标、控制目标、业务风险、关键控制点、流程图及说明等内容。通过风险管理将风险控制在可承受范围内，实现企业控制目标。

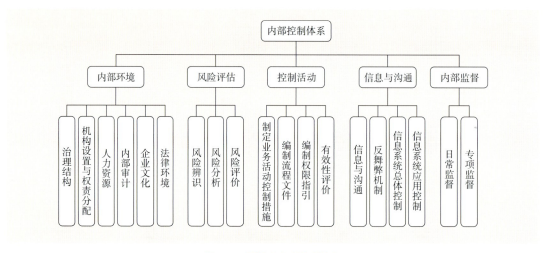

图 6-3 建筑企业内部控制体系

围绕提高经营管理效率、保证信息质量真实可靠、保护资产安全完整、促进法律法规有效遵循和发展战略得以实现等五个终极目标，建筑企业应逐步完善企业内部控制机制，使企业经济活动，特别是财务管理活动更加制度化和规范化。

6.2 财务管理之度势

6.2.1 宏观的财务管理局势

紧跟国家对建筑业宏观经济政策调控的脚步，建筑企业积极引入新型财务管理模式，并已被实践证明赢得了新的发展空间。伴随新机遇而来的是建筑业迎来新的挑战。如何在激烈的竞争中，利用资本优势发展壮大，已成为建筑企业必须面对的问题。由于建筑行业固有的资产负债率高、资金依赖性强和资金需求量大的财务特性，加上货币资金管理较为分散、监管力度不足的现实问题，以及实际工作中资金管理出现纰漏时有发生、资金使用效率低下的弊端，如何改革现有的财务管理模式，创新构建财务管理体系，提高财务管理效率，已成为建筑行业关注的焦点。

（1）经济环境及其影响分析

财务管理的经济环境，是影响建筑企业财务活动的宏观经济状况和各种经济因素。其中影响较大的因素需要引起建筑企业的关注，比如经济体制。在计划经济时期，主要由国家负责企业与外界的联系，那时就完全没有必要建立企业自筹资金、自主经营、自负盈亏、自行分配等财务管理理论方法；企业财务管理的权力很小，内容比较单一。随着我国从计划经济向市场经济的体制转化，社会主义市场经济的逐步完善，企业财务管理的权力大大增加，管理内容也趋于丰富，管理理论亦随之开拓创新、兼容并包。此外，国家的财政状况及其相应的财税政策，对企业的投资规模、资金积累程度、税收负担和企业收入都有重要的影响，所以财税对企业财务管理的影响和制约，往往是最有效的，也是最具约束力的。

财务管理的经济环境，还包括经济结构及其发展水平、经济周期、通货膨胀状况、产品市场环境等。在调整经济结构、转变经济发展方式、促进产业升级和技术进步过程中，国有及国有控股大型企业承建的重大工程项目，更是起着举足轻重的作用。同时，由于工程项目投入资源多、占用资金大、建设工期长、涉及环节多、所涉利益关系错综复杂，也构成了经济犯罪和腐败问题的高危区。现实中，工程资金高估冒算、招投标环节的暗箱操作、豆腐渣工程及其他相关经济犯罪和腐败案件时有发生，引发社会各界对工程领域的批评和关注。建筑企业对此必须十分警醒，并在实践中予以高度重视，以切实举措保证自身财务管理的合法合规。

（2）法律环境及其影响分析

财务管理的法律环境是指企业发生经济关系时所应遵守的各种法律、法规和规章。市场经济是一种法治经济，法律为企业经营提供了限制的空间，但同时也为企业在相应空间内的自由经营提供了法律上的保护。中华人民共和国公司法、中华人民共和国证券法、中华人民共和国金融法、中华人民共和国证券交易法、中华人民共和国经济合同法、企业财务制度等，可以从不同方面规范或制约企业的筹资活动；中华人民共和国证券交易法、企业财务通则、企业财务制度等，能够从不同角度规范企业的投资活动；中华人民共和国公司法、中华人民共和国税法、企业财务通则、企业财务制度等，则从不同方面对企业收益分配进行了规范。这就要求企业必须按照法律的规定，规范自身的财务管理行为，不断增强财务管理行为的科学性、合理性、规范性。

（3）金融环境及其影响分析

金融市场是企业进行结算、投资和筹资的场所。发达的金融市场是优化财务管理的基本条件之一，因为它能够为企业融资和投资提供场所；使企业的长短期资金可以相互转换；为企业的财务管理提供重要的依据，为企业的各种活动提供方便。如建筑企业有较多的多余资金时，可以通过购买股票或债券的途径投向金融市场，以提高资金收益率；而当资金比较紧张时，则可以向银行贷款，或对外发行股票或债券筹措资金；还可以通过金融市场进行长期投资与短期投资的转换、各种投资的变现等。无论是投资、还是融资，皆要求建筑企业的财务管理工作能够根据金融市场提供的信息，有效地利用金融市场来组织资金的供应和使用，发挥金融市场的积极作用。

6.2.2 投融资业务能力分析

建筑企业的投融资业务能力，可从其资本运营能力、资产管理能力和投融资管理能力三个层面展开衡量与分析。

1）资本运营能力

资本运营旨在为加强投融资项目管理，规范投融资项目行为，防范投融资项目风险，提高投融资项目质量。建筑企业应对条件好的项目进行财务指标测算、风险分析，并形成初步可研报告，其内容主要包括是否落实业主条件，财务指标测算是否符合要求，以及风险评估是否全面。可研报告经集体决策后，方可上报审批。建筑企业资本运营管理部门对各单位提交的项目初步可研报告，要进行财务指标测算、风险分析评估。最后分管领导组织并主导对投融资项目进行评审，主要评审项目财务指标，项目是否依法合规，项目风险分析是否全面、细致，是否符合企业发展战略等等。由此可以看出，形成一套完整严密的资本运营体系，是投融资项目管理的有力保障。

2）资产管理能力

建筑企业的资产管理能力可从以下几个指标入手考察，一方面能够帮助建筑企业评价现有的资产管理能力，另一方面也能够指导建筑企业明晰其资产管理能力的提升方向。

（1）科学合理的资产管理体系

建筑企业资产管理是一个复杂的系统工程，而其中明确相关部门的职能与责任，建立资产管理体系，设计资产管理制度成为目前实施高效资产管理的重要步骤。这就要求建筑企业必须做到以下几点。

①制定科学合理的资产管理流程，找准资产管理过程中的关键控制点。例如，在流程中必须对资产增加、移交、调拨、盘点清查、处置、报废等进行明确的表述；且每个流程都应能够保证相关的实物资产信息在使用部门、实物管理部门及财务部门之间进行有效地传递。

②对各类资产建立定期清查制度和指标评价体系，确保建筑企业资产的存放安全和有效利用；同时通过管理指标的分析评价对相关人员进行考核奖惩，提高管理人员的自觉性和能动性。

③对于涉及企业核心技术和关键的资产信息，建筑企业应有制度规范做好保密工作，防止信息泄露给企业带来损失。

（2）独立高效的资产管理机构

建筑企业必须设置独立的资产管理机构，明确管理机构的功能和职责，使其能够充分利用各种管理和分析手段，真正科学合理配置好企业的各项经济资源。具体可从以下几个方面衡量和努力。

①资产管理工作应当制定科学的管理制度，充分运用资产管理方面的法律法规，依法依规开展工作。

②明确列示各类资产的特性、存在方式和使用状态，规范各类资产的核算方法和管理手段，合理有效地优化经济资源，保证建筑资产的有效运行，从评价视角提高效率。

③资产管理活动中充分利用现代化的信息技术，通过信息化的管理手段提高资产的利用效率，有效防止资产的流失和闲置，进而在节约能源、保护环境方面起到保障作用。

（3）训练有素的资产管理人员

作为资产管理的实际执行者，建筑企业资产管理人员的职业素养和管理能力直接决定了资产管理工作水平。因此，资产管理人员不仅需要非常熟悉企业资产的特性和分布状况，以及有关资产核算和管理的方式方法；同时还必须具备较高的职业操守和道德水准，保持较强的工作主动性和执行力。

①建筑企业应该对资产管理人员的队伍建设进行规划，合理设定岗位任职条件，切实关注资管人员的职业发展，为其营造良好的工作环境和发展平台。

②定期组织开展专业知识和管理能力提升培训，逐步提升资产管理人员的业务水平和日常管理能力，保证资产管理工作效率的提高和不断优化。

③建立资产管理工作绩效奖惩制度，督促资管人员不断学习新知识，积累成功经验，调高工作阈值，充分调动资管人员的责任担当，杜绝徇私舞弊的发生。

（4）高度警觉的风险防范意识

风险是伴随着资产管理工作而存在的，风险一旦变为现实将会导致资产运营质量下降，甚至形成各类不良资产，造成损失。资产管理过程中风险的识别和防范工作，技术含量高，专业性比较强，涵盖了事前的预防和控制，事后的清理和追索，因而必须形成一套全面系统的管理工作内容。目前，为提升建筑企业资产管理中的风险意识，可通过抓好以下工作来实现。

①建立和完善资产风险管理的相关制度，保证管理流程的顺畅，明确资产管理人员的工作分工，充分发挥个人的主观能动性和集体的智慧，集思广益，创新发展。

②加强资产管理部门的机构建设，由专职人员负责资产管理过程中风险的评估和应对，形成事前科学预防，事中有效控制，事后及时处置的全方位、立体式管理模式；进而在恰当的时机，启动合适的风险应对策略，将资产管理的风险控制在企业可承受的范围内。

③强化资产管理人员的风险防范意识，提高资产管理人员风险管理的自觉性。

总而言之，在资产管理的过程中，建筑企业必须始终保持清醒的风险意识，切实做到防患于未然。

（5）高效有序的内部控制措施

企业内要形成EPC、PPP等投资项目模式的事前预算控制、事中监督执行、事后跟踪考核的全过程财务管控体系，健全完善投资项目资金支付审批流程，管控资金规范有效使用。建立投资项目的全过程财务管控，应根据不同的投资项目类型，认真分析资金成本和财务风险，对项目的资金筹措方案、使用价值进行分析和评估，提供事前财务决策支持；注重投资项目事中管控，科学制定资金投放和回收计划，综合运用税收政策，对投资项目进行全流程税务筹划；加强事后的财务数据分析和跟踪考核，确保控制项目全过程高效有序。

3）投融资管理能力

建筑行业的快速发展，促使建筑工程的规模逐渐增大；这也就使得建筑工程在跟随行业脚步专注发展的同时，还需要分神面对很多投资风险挑战。由于建筑工程具有周期长和时间跨度大的特点，这也就意味着项目会伴生很多投资风险问题；这对建筑行业的经济发展形成一定制约影响。在建筑行业发展的进程中，以 EPC+、PPP 等项目管理模式为代表，许多创新型管理模式，对建筑企业投融资能力提出了前所未有的考验。对于一个追求可持续发展的企业来说，必须能够依据其发展战略和规划编制年度投资计划，将主要投资活动纳入年度投资计划和全面预算管理。确保年度投资计划中的投资项目，按照相应投资管理制度规定，并由相关决策机构研究决定。年度投资计划的主要内容，应当说明总投资规模、资金来源与构成、主业与非主业投资规模、投资项目基本情况（包括项目内容、投资额、资金构成、投资预期收益、实施年限等）；而这些条目确定的依据，来自建筑企业对自身投融资管理能力及相应实现条件的评价结果。关于建筑企业投入资管理能力，可从几下层面展开细分。

（1）投资管理能力分析

任何一个企业在实施投资时，都期望在未来获取所有投资可能中最大的收益，建筑企业亦是如此。建筑企业财务管理中的投资，既包括海外投资，也包括国内投资。在海外投资，投资决策者需要对投资国及其所投资的项目风险进行认真的评估；否则盲目投资势必会导致损失巨大，资金无法回收，财务风险不断，企业经营也会危机重重。在国内的投资，主要是基础设施投资和固定资产投资，虽然很多时候会受到国内的政策保护，但如果对风险疏于防范，也可能会出现经营危机，资金链断裂等情况。企业投资管理能力分析是企业最重要的一项经济分析活动，它将有助于决策主体全面认识企业，判定企业投资经营方向定位是否可行，规模定位是否科学、合理。

①主营业务发展水平。对于建筑企业的主营业务发展水平，应给出国内、国外两方面的评价，既便于企业确定国内市场的竞争地位，也便于为其在国际市场定位。具体分析内容主要有：包括质量、造价、成本、技术在内的建筑产品的供给水平；包括营业额、市场份额在内的市场占有水平；包括工程项目利润率、资产利润率等在内的盈利水平；以及在对以上指标进行定性、定量分析后，对自身业务的拓展能力和可达到的企业规模，亦即规模水平。除此之外，具有社会属性的建筑企业，还需要考虑分析与业主和合作伙伴的关系是否稳固，是有待加强还是可以作为企业多元发展的基础；是否能跟得上项目管理模式不断更新后业务延伸的要求。

②资本能力。考虑企业投资的资本能力时不仅要考虑其初期的投入，而且要考虑正常运转过程中需要追加的周转资本；针对海外投资，需叠加考虑外汇水平。建筑企业投资所需资本，可通过内部积累与外部筹措取得。其中内部积累，不仅包括有形资产，如现金、银行存款、财产物质；也包括无形资产，如专利、商标、商誉等。除上述实存资产外，企业还需考虑未来的资本变化情况，即需分析企业的盈利记录，分析其目前的盈利状况，并合理预测其未来盈利趋势。企业自有资金不足时需借款，这时需考虑其资本结构、信贷能力、能否顺利筹措所需资金、风险是否可以承受等。此外，企业还可以通过兼并、投资控股等扩张方式，迅速扩大企业规模，获得其发展所需的资本。

③人力资源水平。对企业发展的定位，决定了其所需的人力资源水平。若建筑企业追求内涵发展，则需着力培养企业家、企业科技人才、管理人才，并围绕人的需求，着力营造有利于发挥团队精神的企业环境。若建筑企业追求扩张发展，包括进军国际市场，则需要高水平的人员组合、能适应新环境，应对新挑战的企业家、高素质的各级管理人才、能适应新业务，符合市场需求的科研开发人员，以及大量适应新生产的熟练技术工人等。

④技术及创新能力。这一能力直接影响甚至决定了建筑企业的产品开发能力和制造能力。企业的技术创新能力，对内涵发展来讲是起点，也是基础；而对外延发展，国际化战略实施可能是决定其生命力的一个重要方面。技术及创新能力的培植、养护，需与人力资源相联系，从而依托企业目前的技术水平、推陈出新的能力及在新领域中发展的潜力，继续向前发展。

⑤市场拓展能力。建筑企业的市场拓展能力，包括拓展技能、拓展渠道、市场反应能力及项目服务水平等方面。市场拓展能力的好坏，将影响建筑企业规模发展趋势，也对建筑企业能否在新涉足的领域取得稳固地位、能否扩大市场份额产生极大影响。在一定条件下，该能力甚至能够成为判定建筑企业可否进行外延发展的一个重要依据。鉴于市场拓展能力对建筑企业发展的重要影响，管理层应就此能力的构成因素展开分析，判定现存的企业资源可支持的最大生产能力，判断目前的市场拓展能力是否可进军新市场，预计可支持的规模以及需改进、加强之处。

⑥管理控制能力。企业管理控制能力是一个综合性的概念，包括多层含义。分析人员可从其组成方面（如组织能力、决策能力、信息反应能力、资源配置能力、成本控制能力）、管理人员的层次结构能否很快采用新的管理技术和管理方法提高管理效率等方面着手进行评价。管理控制能力的评价与分析结果，可以作为企业内涵发展的基础，也因其可以作为判定能否从容应对新经营领域中的潜在问题，而成为决定是否进行外延发展的重要依据。

⑦企业的竞争能力。实际上，企业的竞争能力包含上述诸多方面的内容，但并不是上述内容的简单组合，而是一个协调、统和的过程。企业能否将各种能力整合成具有优势的市场竞争能力，将决定其是否能获取建筑市场全面发展，能否在新领域获得最终的胜利。

总的来说，建筑企业在经营过程中存在多种投资行为，而鉴于每一种投资行为都有可能给企业带来收益或者损失，所以在投资之前企业应做好投资能力分析。考虑到投资固有的风险性，建筑企业在做好投资能力分析的基础上，还应预判自身的风险承受能力，做好各方面的投资准备工作，从而最大限度地保障投资成功，并对可能的失败有应对准备。审慎开展资本运营，严格资本项目决策程序，始终坚持风险可控的原则，将投资项目纳入预警管控范围，严格控制投资项目财务风险，严防投资损失发生，这对建筑企业来说，有百利而无一害。

（2）融资能力提升

目前建筑企业资金面临的主要问题是货币资金短缺、带息融资偏高。所以不断开拓业务渠道，参与融资创新，实现资金创效是资金管理需要持续思考的问题。建筑企业可从以下几个方面考察自身的融资能力，并在相应的框架内进行提升。

①用好用足银行优惠政策。建筑企业应紧盯国家经济形势，关注最新经济政策，研究金融优惠利率，利用低息贷款、新形势下的优惠贷款、融资贴息返还等融资优惠政策，争取低利率贷款，节约财务费用。同时，借助财务公司明显低于外部金融机构的内部优惠利率，提升企业融资议价能力，降低融资成本。

②深入挖掘供应链融资价值。普及供应链融资模式，有利于货币资金集中使用，有助于降低带息融资成本。施工生产中使用票据支付，融资贴现成本由供应商、施工队承担，同时沉淀下来的货币资金由企业统一、集中管理，用于偿还企业存量或到期带息负债，可最大限度地节约利息成本，优化融资结构。同时，供应链融资并不局限于降杠杆、减负债、优结构，更深层的优势在于积极对沉淀资金进行有效管理，统筹运作，将资金投资于效益回报率高的项目，借助以票促投、以票促产、产投结合等方式，实现企业利润最大化。

③不断拓展权益性及表外融资渠道。合理开展权益性及表外融资业务，不仅能够增加权益存量，降低资产负债率，盘活企业资产，有效降低两金；还能开拓资本运营业务，为建筑企业转型升级奠定基础。建筑企业可关注包括永续债、类永续、并表基金、债转股在内的权益性融资产品；也可以关注资产证券化等表外融资产品。审慎考量办理周期长、程序复杂的融资渠道；不断探索新的融资渠道，加快应收账款周转效率，改善企业财务资金状况，优化资本结构，推动企业健康发展。

④建立健全外汇风险防控体系。面对部分海外市场所在国汇率大幅波动的现实情况，建筑企业外汇管理工作亟须建立完备的风险防范体系，真正做到事前预警，事中控制和事后跟踪。具体操作时，可运用金融衍生工具收紧金融风险敞口；寻求金融智囊服务，提高境外项目对抗国际金融风险的能力；建立本外币资金池，实现跨境资金统一管理；推动境外人民币统一结算，降低货币兑换成本；平衡外币资产、负债总量差异，实现汇率风险自然对冲，全力缩减汇率最大损失，努力放大汇率最大收益。

6.2.3 财会业务能力分析

结合建筑企业的企业经营和项目管理全周期、全过程中对财务工作的诉求，建筑企业可将企业需要的财会业务能力进一步细分。考虑到财会业务中预算、核算及资金管理的几个重要环节，可从以下几个方面对财会业务能力展开分析，从而为建筑企业进一步提升财务管理能力提供基本依托和重要抓手。

1）会计核算能力

财务会计集中核算管理工作是衡量考察企业财务会计管理效率的关键点。事实证明，通过加强会计集中管理核算，建设一套完善的会计管理制度服务体系，以现代科学管理方式，不断提高企业财务会计管理人员自身专业性综合素质，能够有效助推企业核心业务竞争力提升，促进企业健康长远持续发展。会计核算体系如图6-4所示。

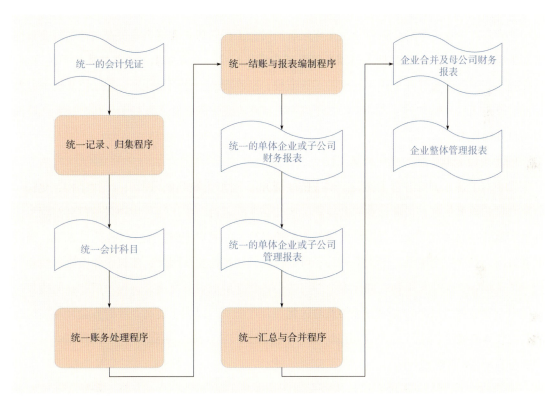

图 6-4　会计核算体系

（1）成熟的企业内部管理机制

为更好适应财会集中管理核算的发展态势，建筑企业应建立完善的内部财会结算、激励与绩效考核工作机制，充分调动财会核算管理部门全体工作人员积极性。

企业高度重视建立有效的财务核算管理模式，并能够针对实际经营情况进行制度性的改革，不断完善行政财务资金结算管理制度和财务核算管理制度，保证各个部门之间人员能够合理充分利用财政资金，从而逐步建立开放的财政资金与业务财政收支综合管理体系。针对会计核算单位人员管理情况，进行有效的制度监管，建立明确的会计岗位工作责任制，完善绩效激励机制，对其中的行政审批监督检查事项工作内容进行明确规定，从而实现对相关管理行为的有效监督约束，避免违法乱纪行为的发生，保证企业内部的会计核算单位会计资金核算使用合理。此外，在整个企业内部及时制定明确财务资金考核管理机制，明确具体的考核指标也很重要。建筑企业可围绕对重点业务的支撑度优化考核指标，并对整个企业的财务资金管理完成任务情况，进行合理的考核评分；针对考核结果对企业进行合理化的奖罚，从而促进企业内部财务资金管理核算的高效化。

（2）明确划分财会人员的职能工作

企业内部财会核算工作中心单位应该在严格、切实遵守内部风险控制管理体制的基础上，对企业财会核算工作人员进行健全、科学、合理的财会岗位等级设置和有效的财会职能岗位划分；落实各个职能岗位工作人员的财会工作管理职责；制定一系列有效的财会激励管理制度；集中调动广大企业内部财会核算单位工作人员的财会工作热情。建筑企业可在内部实行会计岗位职务轮换制，相关财务会计人员需要接受或自觉进行会计专业知识与业务技能的系统培训，从而熟练掌握财务会计集中核算的相关工作流程；准确理解会计原始凭证、记账核算凭证以及企业财务报表等一系列财务会计工作管理细则；最终实现财务会计人员的集中综合核算会计能力的全方面提升。

（3）规范企业内部的集中核算工作

为保证企业会计集中核算管理工作的顺利实施，建筑企业应该根据自身的实际工作情况，制定合理的核算规范，保证企业财会核算工作能够顺利进行。由于这种集中式的财会管理工作计划实施的时间相对不长，可以借鉴的工作经验较少，并且对于财会相关工作人员来说，岗位变动较大，难以完全接受，管理阻碍几乎可以预见且很难避免。因此，建筑企业应该尽快建立健全信息沟通交流合作机制，强化各个部门的会计信息沟通业务交流，确保部门能够明确及时掌握财务资金使用状况，实现资金的及时优化与合理配置，以利于提高企业财务会计相关信息的真实性和有效性。

2）资金管理能力

一方面，建筑企业需要正确认识资金对于企业价值的贡献；另一方面，需要从细节处评判、提升自身的资金管理能力。前者是建筑企业重视资金管理能力的出发点，后者是建筑企业资金管理能力的落脚点，二者相辅相成，缺一不可。

（1）资金管理与企业价值

①资金是企业生存与发展的血液。企业通常是以利润最大化为导向的组织，其出发点及目标皆是利润。因此，企业一经成立，便面临着市场竞争，并将始终处于生存与灭亡、扩张与收缩的交界地带。对于一般企业而言，发展通常体现为产品销售收入的增加。为了增加销售收入，企业必须通过投入设备、优化技术以及工艺，提升其产品质量，并不断提升员工素质。而对于建筑企业而言，由于其产品为建筑工程，通常具有工程量大、工程复杂、工程周期漫长及工程耗费大的特征；同时建筑企业通常需要垫付大量资金，进行工程项目建设，一旦资金管理

不当，将置企业于险境。因此，建筑企业必须强化资金管理，促进健康可持续发展。

②资金是企业实现价值转移与创造的脉络。对于建筑企业而言，产品存在的再生产过程，一方面是运用价值生产以及交换的过程，另一方面是创造与实现价值的过程。在企业再生产过程中，工人将施工中原材料的价值，转移到产品中并创造新的价值。在施工生产中，资金流动是周而复始不间断的；资金的流动反映了企业再生产过程的价值转换性能。建筑企业的所有运营，最终都体现在资金中，因此资金管理成为了企业管理的核心。高效的资金运作有利于企业资本结构的优化，经营风险管理的多元化更有利于企业价值的增长。

③资金是企业实现价值最大化的脊柱。企业生产及经营的各个方面都需要资金，企业生产与经营的各个方面的变化及整个变化过程也必须与资金结合。对于建筑施工企业而言，和其他营利性经济组织一样，目标是利润最大化；对于上市建筑企业而言，股东权益最大化，才是企业价值最大化的真正体现。建筑企业必须重视股权投资并合理运用资金。在投资过程中，企业必须认真安排投资规模，锚定正确的投资方向，选择合理的投资方式，确定优质的投资结构，协调分配各种资金份额，确保资金畅通，降低投资风险，提升投资效率。只有高效地对企业的资金进行运作，才能实现企业价值的最大化。通过股权投资，企业可以获得一定数量的收益，并且可以将收益分配给确定的利益相关者，这恰是有效运用资金的结果。资金管理的主要功能是组织资金的流动，作为一种财务资源，资本以其是企业生产以及运作的重要物质条件，在企业的整个管理中尤为重要。建筑企业必须认识到，只有合理组织企业资金的流动，并维持最佳的资本结构与投资结构，才能满足所有投资者的需求，最终使企业获得最大的回报。

资金管理直接影响建筑企业，是否能够实现多方共赢，以获取超额回报；是否具备核心竞争力，以占领市场份额；是否能够完善内控管理，以防范财务风险；是否具备资金创效能力，以实现企业价值最大化。因此，资金管理在建筑企业的诸多事项中，牢牢占据核心地位。此外，建筑企业还需要清醒地认识到，由于建筑工程涉及基础设施建设，而基础设施建设对于改善社会条件，增加民生福祉至关重要。因此，实现建筑企业的健康可持续发展，对于经济与社会发展意义非凡。

（2）建筑企业的资金管理能力

建筑企业的资金管理流程如图6-5所示。衡量建筑企业的资金管理能力可从以下几个方面展开。

①建筑企业管理能力。资金管理贯穿于企业管理的始终。作为供养企业命脉的鲜活血液，良好的资金管理在使企业保持自身良性循环的同时，也不断影响和提升企业的管理水平。

a. 在经营投标、合同审查、工程结算方式、资金监管等项目前期管理方面，合理化的资金建议为项目正常运营提供了基础保障，有效的资金预警机制能够帮助建筑企业时刻警惕案件与纠纷的发生，防止建设资金被冻结或扣留。

b. 完善的资金管理制度及资金预算制度，推动业财融合，实现资金预算与业务预算的统一；日常的资金管理报告制度，实现报告与业务部门，管理控制点及管理要求的有效结合，从而动态管控资金头寸，为企业管理保驾护航；定期的资金分析系统，从行业政策，利率趋势，市场变化，企业财金状况、项目资金收支等多方面分析企业财经现状，为企业管理决策提供第一手资料。

c. 健全的资金管理系统，在综合加强资金管理能力的同时也强化资金监管力度，加快资金回笼效率，稳定项目资金流量，协调供求关系，提升施工管理水平，进一步促进企业管理效能的提高。

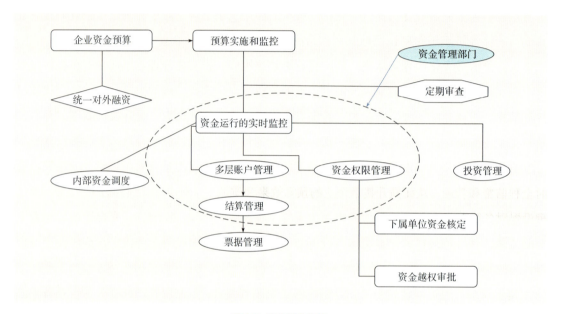

图 6-5 资金管理流程

②建筑企业财务风险。受市场经济形势和行业特征的双重影响，建筑企业普遍存在工程款支付比例低、延期付款项目比例大、项目常规性垫资逐渐常态化等诸多困扰；由此，资金链能否满足项目施工生产、保证债务按期偿付、支撑企业持续稳健发展就显得尤为重要。若因资金链断裂，导致企业产生财务逾期风险，不仅影响企业利润，损害股东权益，更会引发信誉风险甚至造成企业的生存困境。实践证明，有效的资金控制与管理，能够通过资金预算、资金集中、资金调剂、信贷融资、外汇管理等各种手段的综合运用，不断降低企业的财务风险，提升建筑企业现金流的稳定性。

③建筑企业盈利能力。作为建筑企业建设与运营活动的价值基础，资金及其资源的合理配置可以为企业带来高附加的业务价值。特别是在当前的市场经济中，建筑企业面临激烈的市场竞争，一次经营、二次经营已经司空见惯，利润率的提升、市场份额的占领、企业声誉的树立，将更多地依赖于资金管理带来的低成本和高价值。加强资金上存度管控，提升企业资金调剂能力，压控融资规模，节约财务费用；提高票据支付比例、增加货币存量，投资高回报项

目，实现资金价值创造等诸多举措，都能够帮助建筑企业有效提升其基于财务管理的竞争力，进而增强其市场竞争力。总而言之，高效的资金管控能力，不仅能盘活企业的盈利能力，提高其盈利水平，更能不断提升企业在市场上的竞争力。

3）预算管理能力

建筑企业的预算管理能力可从以下指标测度，并持续改进提升。

（1）强化企业项目预算质量，提升整体管理水平

在保障企业整体管理效果的框架下，为不断提升企业财务预算管理质量，建筑企业必须对预算工作予以高度重视。相关责任人应该对企业预算管理形成深度认识和理解，最大限度发挥企业财务管理的重要性、突显企业财务管理工作步骤中预算工作的时效性，并时刻保持认真学习态度，不断研究和分析企业预算管理机制。建筑企业应实现对部门信息的共享，从而保证各个部门之间可以相互配合；同时，对企业财务部门进行深度分析，掌握全新资讯和内容，在确保预算信息真实性基础上，提升企业采取预算工作效果。进一步提升对预算管理的监督力度，建立健全监督机制，提升整个企业预算管理能力，防止预算出现流于表面的情况。

建筑企业可考虑成立和设定专业化预算部门，培训一批复合型人才对企业预算部门进行全时全程监督和管理，从而提升整个企业的预算效果和质量。企业应结合预算管理机制设置，合理设置财务管理工作中的主要内容和项目，对存在的风险进行有效管理和分析，确保项目有效进行，及时发现项目中存在的问题。将预算管理工作严格执行下去，进一步加强和市场的结合，对动态化资金形式进行合理定位分析，将企业预算情况以及社会市场融合起来实施规范化管理。

（2）科学规划经费定额管理，有效控制建设水平

不断提升企业项目管理质量，建筑企业需从管理人员角度，设计全面预算管理体系，如图6-6所示。结合企业管理存在的问题树立未来发展观；结合计划执行情况对企业经济效益进行制定和分析；结合企业未来发展规划和观念对工程进行合理规划和分析。在项目实际开展中，相关分析务必结合社会效益和经济利润的分析结果做综合权衡。在前期工作的开展中，相关责任人和管理人员需对整体工作做到全盘把握，并能够对企业收益和成本进行合理估算。此外，预算管理体系也可从企业财经管理领域和范围出发设计，从而使企业能够及时掌握自身的债务拖欠及借贷情况，能够对企业内部承受的财力情况进行综合评估，也能够对企业项目进行综合评价和分析。只有针对项目监督效果和影响进行深入分析和研究，才能最终在实际发展的过程中，最大限度发挥自身监督价值。在此情景下，建筑企业必须及时转变思想，对可测、可用的财务管理及其支撑资料进行合理整合；对筹资形式进行深入改进。结合企业财力情况和项目收益时间进行全面研究，对企业整体统筹效果进行全面探索，从而掌握整个企业内部财务能力，保证财务管理在企业项目建设方面的作用，可以彰显发挥出来。

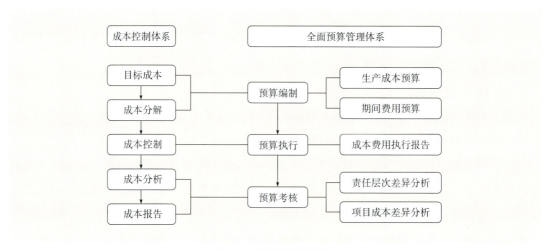

图 6-6　全面预算管理体系

（3）重点培养筹资管理人员，减少企业人员流失

在人才招聘的过程中，人力资源部门应根据筹资部门的有关需求，结合企业发展的目标规划，确定招聘所需的人才以确保筹资工作更好地开展。积极开展招聘宣传工作，可以通过校招宣传，互联网平台发布招聘等方式，让更多的求职者更深入地了解工作和工作所服务的企业，从而使增加企业招聘到适合人才的几率。对于工资的激励问题，可以从其他方面的努力辅助工资发挥作用，进一步提高员工的归属感、认同感，以留住人才。具体来讲需做到以下几点。

①增强企业文化的宣传，使员工对企业有更多的认同感。

②做好培训工作，让员工加入企业进入岗位后能学到更多的东西，使员工更有获得感。

③想员工所想，做好加减法。要求员工在提升业务能力上做加法，比如要在财务管理，拓宽筹资途径等方面加强学习，提高专业素养；而在其他类似形式主义的方面做好减法，比如砍掉无效的会议，对必须要召开的会议，在流程上做好精简工作。

④为员工做好职业规划，让员工看到未来的发展前景。

⑤完善考核育提拔机制，促进公平、公正、公开，让德者上、能者上，让真正干事创业的人获得应有的位置，从而积极发挥作用。

⑥多措并举，减少人员流失，留住有用人才，助力企业可持续发展。

（4）建设企业筹资管理体系，完善资金配套机制

结合过往的筹资经验，建筑企业可进一步完善筹资管理的体系与制度，更加科学化地开展筹资管理工作。构建财务战略体系，健全企业的财务制度，完善资金管理体制，提供及时可靠的财务数据。建立内部更加完善的信用管理体系，做好信用管理，做到无不良信贷记录，提高信用水平以获得更多信贷机构的认可，拓宽筹资渠道。建立风险防范机制，强化重大经营决策、重要规章制度、对外合同的法律审核。将筹资管理有效地纳入绩效考核中，根据资金管理

整个流程的目标、资金预算执行率、资金集中度、资金使用效率等指标进行日常的统计，并按照不同的权重设置进行日常的考核，根据考核结果，对有较高贡献的员工在合规的情况予以绩效奖励。各项会议管理制度明确筹资管理的执行程序，保障高效完成筹资管理的审议。建立合理的监管机制，充分发挥有关部门的监管职能，促进建筑企业向着更加健康、有序的方向发展。

6.2.4 海外财务管理分析

开辟海外工程项目承接业务，已经是当前所有建筑企业寻求长远发展的大势所趋。然而，海外财务管理体系与国内的财务管理体系可能存在着政策上的区别和程序上的不同，建筑企业对此应给予充分重视。借助国内国际双循环的经济发展思想，建筑企业若想将海外财务管理与国内业务的财务管理业务进行同步管理，就必须建立财务共享平台以形成财务管理一体化，为企业海内外协同发展打下良好基础。海外财务与国内财务管理两者各自独立，但又相互联系。想要成为一家成熟的跨国企业，当好行业内的龙头，必须将双循环思想贯穿到企业财务管理之中，构筑管理体系的一体化，协同内外项目的双循环，形成一个完整的体系。

1）全体系调控能力

对于建筑企业海外财务管理而言，其全体系调控能力主要有以下两个层面的考量。

（1）健全制度体系

建筑企业应加强项目制度建设，制定必要的财务管理制度。加强项目的制度建设，强化内部控制制度，是顺利实施项目的有力保障。财务管理制度是工程项目财务核算和财务管理工作顺利开展、有效运作的保证；也是项目财务管理的前提。因此，建筑企业应该依据我国和项目所在国的法律法规、企业内控制度，以及工程项目的自身特点，制定合法合规且完善的财务管理制度。

（2）发挥管控职能

海外财务应增强决策的参与度。不同企业的项目财务职能大同小异，但在企业实际管理中发挥的作用却大有不同。财务决策是企业决策中十分重要的一环，而海外经营中又必将涉及投融资、税收方案等重大财务决策；因此财务部门要深度参与，增强参与意识、参与深度，提高参与能力。此外，海外财务要进一步发挥财务管理职能。目前，在海外财务管理过程中，大部分财务工作仍停留在履行会计职能，处理账单、编制报表仍是工作重心。会计核算的基础工作并非不重要，但海外经营应当以经营资金为主；所以建筑企业应该在管好用好资金、有效应对税务、外账、汇率、汇兑及相关财务风险等方面进一步有效发挥财务管控职能。

2）运作中价值创造

（1）在海外项目全过程运作中创造价值

财务人员在海外项目管理中扮演着越来越重要的角色，建筑企业应当树立财务人员从项目的前期跟踪就开始介入的意识：这样不仅能推进项目的进展，而且可以将相关风险遏制在萌芽状态。

①在项目开发阶段，应做好融资方案的确定、出口信用保险支持函、投标保函的开立、参与标书编制与评审、前期税务筹划等工作。

②在项目合同谈判及签约阶段应负责审核合同中与财务相关的条款、促进合同生效、关注《出口信用保险单》、融资协议的推进。再次，在项目执行阶段，应做好保函和信用证管理、资金管理、收付款项、会计核算、收汇核销、退税、驻外财务管理、阶段性效益分析等一系列工作。

③在项目收尾阶段，应当进行效益最终核算及奖金清算、撤销保函、项目审计及总结等。

事实上，这仅仅是完成了项目实施的全过程，而海外项目做到以上步骤，这还远远不够。还要真正落在价值实处，做到为企业赚钱、控制风险、财务分析，能积极主动且具前瞻性地为建筑企业解决财务管理及其相关的各种难题。

（2）在资本运作中创造价值

在海外财务管理的资本运作中，为建筑企业创造价值的手段包括而不限于以下形式。通过应收账款买断锁定汇率风险；项目报价阶段采用固定汇率或强势货币，通过远期结售汇操作锁定汇率风险；通过掉期交易来锁定汇率风险；通过外汇对冲操作锁定汇率风险；通过外汇结构性存款获取收益等。

（3）在投融资过程中创造价值

"一带一路"沿线国家普遍经济基础薄弱，创汇能力单一，支付条件较差，融资难在一段时间内将依旧是制约"一带一路"发展的瓶颈。为更好地实现企业国际化发展的目标，财务人员必须提升自身的金融创新能力，能够有效整合利用政策性、商业性和开发性资金，创造性地使用中国资金。同时，还要积极主动防控收汇及汇率风险，提高资产质量，保障企业利润。措施包括：选择政府优惠贷款、一揽子贷款项目、买方信贷、卖方信贷等，以及通过税收规划赚取利润、利用各种优惠政策赚取利润、利用商业银行贷款优惠政策赚取利润、争取商务部门贴息、"走出去"战略下的政府补助、及时办理出口退税等。

（4）在税务规划中创造价值

在符合法律法规的前提下，为实现经济效益最大化，对生产经营活动的纳税事项应事先科学规划、合理安排，从而选择最佳的纳税方案，降低税收负担，进而增加建筑企业的价值创造。为更好地创造价值，海外财务管理的税务规划应遵循以下原则。

①事先规划原则。由于企业的纳税义务通常是在应税行为发生之后，具有一定的滞后性；一旦纳税义务已经形成，则无法改变；如果事先没考虑周全，事中或事后更改或补救，且很容易被当地税务机关认定为故意采取避税行动，带来风险；因此，税务规划应在纳税义务发生前进行。

②合规合法原则。税务规划不是违法地偷税、漏税，而是利用各种税法差异及各国政府间签订的避免双重征税协议或多边协议，或者在不违背当地会计政策前提下，选择最有利于企业的会计核算方法，做出最终纳税方案选择，以避免法定纳税义务之外的任何纳税成本发生。税务规划必须使企业行为合法或者说底线是不违法。

③成本效益原则。税务规划方案的实施绝大部分会产生成本，因此在进行税务规划时，应考虑投入产出比：只有当税务规划所获得的收益大于所付出的成本时，税务规划方案才有意义。

④全局性原则。以 EPC 承包工程项目为例，从投标、合同谈判及项目实施过程中的设计、采购、施工各个环节，都与税务规划紧密相关。因此，税务规划，不是对个别税种而是对项目涉及各种税赋，进行整体规划，整体降低税收负担。从这一角度看，税务规划不仅仅是财务部门的事，需要各个层次、多个部门相互配合，共同完成。

⑤保密性原则。尽管税收规划合规合法，但在具体操作方面，不宜对外大肆声张；同时考虑到各个地区都在加强对避税的监管，项目有关税务规划的文件要妥善保管，税收规划的细节和做法必须严格保密。

（5）在资金管理过程中创造价值

资金是工程项目维继和发展所依赖的血液，现金流是工程项目正常运转的基本条件，因此资金管理是海外财务管理的重中之重，海外财务管理必须以资金管理为中心。建筑企业应积极拓展融资渠道，合理调配利用资金，加强资金的风险管理。目前，我国建筑企业海外项目所在国大多是局势动荡或不发达国家，因而存在的财务风险更甚。在保证项目正常施工的前提下，建筑企业应尽量减少库存现金，尽量少留当地钱币；在可能的情况下，通过安全、合适的途径，将富余资金汇回国内，在关键时间节点再行调配。

（6）在项目成本管控中创造价值

工程项目的成本管理与控制是工程项目施工全部活动工作质量的综合指标，它集中反映了建筑企业在生产经营管理活动各方面的综合成果。对项目成本进行控制，应根据海外项目的特点、承包经营模式而采用切实可行的成本控制办法，确定有效的成本核算和控制体系，寻求降低成本的途径。可由工程专业人员和财务人员共同对项目各个阶段的设备物资、零配件、人工等成本费用制定详细的预算和计划，并将其落实到项目的设备物资部门、财务部门及施工班组，明确各项资源的消耗定额和施工机械配置，明确完成的时间节点和质量要求，全力控制成本费用。同时要重视工程索赔，做好索赔准备工作，特别是财务部门，从建立财务核算开始，就应该着手准备索赔可能需要的财务资料。

3）风险管理的能力

海外工程承包过程中，财务管理方面一般通过内部控制、合同评审、采购控制、收汇风险的控制、信息化控制、建立各种规章制度、加强资产管理等措施控制各类风险。对海外所涉风险管理的能力评估与提升时，建筑企业应注意以下风险。

（1）税务风险

该风险主要包括税收环境陌生、税负高、税收监管严格、境内外双重征税等。为更好地应对这类风险，在承包国际工程项目时，开展尽可能有效的前期调研相当重要。尤其是初次涉足的国家，更需引起重视，应当聘请当地的律师、会计师、税务师等专业人员，对拟启动的项目进行咨询和筹划，并在税务筹划报告中明确各种税收的征收时间和纳税比例。

（2）法律风险

针对国际承包法律风险管理，建筑企业可从以下方面着手管理。

①要增强管理层法律意识，提高风险投入的有效性。

②深入学习东道国相关法律制度，制定法律差异预防措施。

③建立法律知识信息系统并不断完善，为更有效地应对项目全过程的法律风险做好准备。

（3）汇率风险

防范汇率风险，需注意以下几点。

①高度关注汇率波动，了解汇兑难度。

②将部分升值因素转嫁给分包商。

③锁定汇率或锁定汇率波动范围。

④利用人民币远期结售汇等金融工具。

⑤选择好结算币种，优化货币组合。

（4）劳工风险

海外项目施工时，如果涉及带动我国的劳务输出，那么势必与当地的劳动力产生竞争，影响当地就业，因此各国对其他国家的劳务输出都有不同程度的限制。为尽可能规避此项风险，建筑企业应在项目承揽前充分了解当地的用工制度，在成本核算时予以充分考虑，并在合同谈判阶段与业主协商，争取部分转嫁成本，或者直接将劳务工作分包给当地企业，规避法律风险。

（5）成本风险

海外项目管理中，几种不容易被关注，却在实际工作中会增加成本支出的风险，需要引起建筑企业的重视。

①清关缓慢导致的成本支出。

②项目所在国政府强制指定分包商。

③监理导致的成本支出。

④施工季节导致的成本支出。

⑤结算缓慢导致的成本支出。

⑥汇率变化导致的成本增加。

上述风险的总结都是基于我国建筑企业"走出去"的实践得来的，因此，海外经营需要注意不断地总结和积累经验,并虚心向其他企业学习,从而最大限度规避风险,最小成本应对风险。

(6)承包模式风险

对于交钥匙工程,前期勘探设计和预算相当重要,任何微小的失误都有可能导致项目最终亏损。对于该类风险防范,需注意以下几点。

①与设计院所签的合同条款必须明确责任,由于设计勘探失误导致的罚金,必须足以覆盖由此导致的整体成本支出。

②将土建施工交由当地完成,但务必明确交工日期和违约罚金。

③注意保函的条款,尤其是此前出现过问题的国别。

④前期预算时,要为现场施工不可预见费留足额度。

(7)合同风险

合同风险主要来源于投标时,忽略了招标文件条款存在模糊定义,而常因投标准备时间短,无法核实所有影响报价等因素,造成匆忙决策。如果投标决策失误,则业主可利用合同的相关条款向承包商提出索赔。规避这种隐性风险的主要方式,是要求业主对招标文件的条款做出合理的解释,并事先约定其对错误解释导致的后果,应当承担责任。

(8)人才流失风险

海外需要懂项目管理、懂语言、懂当地文化、懂当地法律、懂财务控制、懂客户管理的复合型人才;然而现实情况是,这类人才不但难以培养,也更容易流失。防范人才流失的风险,需注意以下几点。

①奖励要到位,用物质激励人才。

②加强企业文化建设,用企业精神和员工在企业的发展空间来留住人才。

③对项目经理和现场的人员加强关怀。

④定期给现场人员安排国内外高级培训的机会,使他们不仅有实践经验,更要定期在理论方面迈上新台阶。

⑤注重培养由多种专业人才构成的复合型人才团队,而不只是复合型人才的培育,从而最大限度上避免因个别人才的流失影响整个施工项目。

(9)信息不对称风险

有些项目现场不及时向国内主管汇报,致使出现问题也无法及时解决;有些项目现场国内外沟通不畅,出了问题互相扯皮等。针对上述问题,建筑企业可从以下几个方面加强管理。

①健全现场制度,不仅要有制度,还要对其定期审计,监督制度的执行。

②外派项目经理的同时,要外派财务负责人。

③一些关键性资源应由企业进行集中管控。

④要提高信息化水平,借助财务管理系统,实现高效的财务集中管理,借助现代通信支撑平台,实现项目运作中的及时信息反馈与管理,达到国内外沟通流畅及时。

（10）安全风险

针对疾病、战争、宗教习俗、党派斗争、工会罢工、当地原材料涨价、自然灾害等安全风险，建筑企业可从以下方面着手管理。

①要为企业投保出口信用保险，该险种可以覆盖上述大部分风险。

②在招投标阶段不能仅根据简单的项目成本核算模式进行效益分析，还要考虑所在国的政治经济、宗教习俗等多种因素，提出合适比例的不可预见费用，确保发生上述情况依旧能有利润空间。

综上所述，国际工程承包项目的海外财务管理，需要紧密结合承包项目的具体模式，从项目的实际出发，从源头上严格把关，将财务风险控制于建筑企业可承受范围之内。在项目执行过程中应加强管理，严格核算，从而最终保证全面实现项目的财务管理目标。

4）人力的素质提升

海外财务管理所依托的财务人员素质水平亦需要相应加强，相关工作具体可按照"理念—能力—语言—落地"这一思路加以开展。

（1）理念上的提升

海外财务管理人员应当转变思路，用国外思维去解决国际问题，树立"一国一策"的项目管理理念。针对不同国别的政治、合同、汇率、法律、税务风险，坚持"一国一策、一项目一策"的原则，定制差异化策略。全面深入开展汇率、汇兑、外账、税务、成本、法务、人员等管理工作，加强属地化建设。

（2）能力上的提升

海外财务人员要耐得住寂寞、守得住清贫、挑得起重担、扛得起责任，要忠诚、干净、担当。要培养海外财务人员的国际化能力。

①会计准则融合能力。为了更好地掌握海外财务数据，完成合并报表的编制及有关信息披露工作，需要财务人员具备不同国别会计准则的融合能力，熟练掌握对各国会计准则之间差异的调整方法，这样才能快速、准确、客观地反映企业的实际经营情况，为企业决策提供正确的数据支持。

②税收协调能力。在实施海外项目的过程中，建筑企业遭遇税收歧视、税收争议等涉税风险的现象日益突出，税务协调成为财务人员最有价值，也最具挑战的工作之一，已日渐成为财务人员必备的国际化胜任能力。财务人员一定要重视对项目所在国主要税收政策的研究，充分识别国别间的税收政策差异，并借助我国政府的政策支持，避免企业被重复征税，降低成本。

③信息支撑能力。海外财务管理人员不仅要学会借助信息技术进行账务处理、编制报表等基础工作，还要熟练掌握相关的财务软件、数据库、网络技术等一系列新技术、新知识的应用，推进"互联网+"财务转型，以更高效率实现财务信息化对企业发展的有力支撑。

④业财融合能力。在发挥好自身专业优势的前提下,财务人员要积极储备国际化商务、法务等方面的知识,了解国际化经营,熟悉其流程,以便更好地发挥财务在投资架构设计、项目测算和税收筹划等方面的专业能力。以业财融合、服务业务为理念,利用国际、国内两个平台,通过工作地点、工作岗位的轮换,参与到项目投标、谈判、签约、生效执行、收款、直至项目竣工移交的全过程。在这一过程中实现对语言能力、沟通能力的有效锻炼,真正做到业财融合。

(3)语言上提升

培养"专业+语言""语言+专业"的海外财务人员,亟需提升语言沟通能力。没有熟练掌握项目所在国通用或官方语言的海外财务人员,不是真正意义上的国际化人才。语言是服务于工作的工具,若在语言上存在短板,财务人员就不能在其专业领域与合作方进行有效的沟通,更不能真正地参与到项目的推进工作中,也就无法发挥财务管理的价值创造能力。所以,提升语言能力是财务人员提升国际化胜任能力的一个重点。

(4)具体提升途径

①加强思想引领。重点培养一批知识结构优化、实践经验丰富、创新能力突出、职业道德高尚、具有国际视野和战略思维的会计人才,并充分发挥其辐射带动作用,带领海外财务团队共同进步,提升海外财务人员的整体素质,以高效能团队作战模式服务企业海外发展战略。

②强化学习促进。经验固然重要,但比经验更重要的是持续学习的能力。由于我国企业会计准则与国际准则持续趋同,而在此过程中,各国又不定期发布新准则和修订老准则,这就要求财务人员具有持续关注并学习会计准则的敏感度、责任心和进取心。除个人努力提升外,建筑企业应创建财务人员学习型组织,引导财务人员钻研专业,鼓励财务人员参加相关考试,以考促学,学以致用。

③完善机制保障。人才队伍是实施海外财务管理的基础,打造一支素质过硬、作风优良的海外财务队伍,保证海外项目的健康发展。

a. 建立完善的海外财务人才资源管理体系。定量吸纳,选择恰当的人才补充海外财务队伍力量;定向培养,培养"语言+""专业+"的复合型海外财务人员;定期轮换,固定时间窗口轮岗。

b. 加强属地化建设。属地化建设是海外发展永恒的主题,也是建筑企业所面临的较为棘手的问题,特别是财务队伍属地化有待进一步加强。

c. 严管善待,建立人文关怀机制。建立完善的后勤保障体系,让相关人员可以踏踏实实在海外工作。四要持续推进海外财务人员跨国轮岗、战略财务、业务财务、共享财务交流轮换机制,通过定期考核、评价、通报,促进海外财务管理水平提升。

财务管理的范围是广阔的,财务人员,尤其是总会计师、财务总监、财务部长、财务负责人的思路一定要清晰。要站在更高的角度上，随时关注国际经济形势，将所学到的财务知识与实践相结合。只有将自身所掌握的先进财务管理理念转化为生产力，应用于实践，才能体现财务人员、财务部门和财务工作的价值。

6.3 财务工作之谋定

根据对建筑企业财务管理工作的形势分析和相应内部能力的要点分析，有的放矢地建立内部控制体系和风险管理体系。这两个体系是财务管理制度建设的重要标志，也是财经工作谋定的锚点。建筑企业的内部控制体系的运行，离不开内、外部审计的监控，只有注重自查、实时纠偏、时刻整改才能让内部的资源最大限度地得到利用。围绕内部形成的审计流程，发现问题并从根源解决才能保证企业健康运行。建筑企业的经营业务离不开竞标、施工、验收、融资与投资、资产管理、资金管理、税费管理等工作任务，每个环节都离不开风险评估与识别。事实证明，基于健康的内部监控，再辅之以会计事务所的外部监控和帮助，能最大限度地降低企业经营风险。以下对建筑企业围绕着内部控制体系和风险管理体系的建立过程阐释，亦是建筑企业必须关注的重点工作内容。

6.3.1 内部环境之确定

内部环境是建筑企业财务管理内控与风险管理体系的基础。集团公司内控与风险管理体系建设的总体态度，决定了实施内部控制和风险管理的有效性保障，更直接影响着内部控制与风险管理的贯彻执行、企业经营目标及整体战略目标的实现。内部环境一般包括治理结构、机构设置、权责分配、人力资源政策、内部审计、企业文化、法律环境等内容。

（1）治理结构

治理结构是内部控制环境的最高层次，健全、完善的治理结构将为建筑企业明晰内部控制环境奠定坚实的基础。企业应当根据国家有关法律法规和相关章程，建立规范的治理结构和议事规则，明确决策、执行、监督等方面的职责权限，形成科学有效的职责分工和制衡机制。

如有必要且在有条件的情况下，建筑企业应建立健全符合标准的公司董事会，负责履行管理层的战略决策、重大交易、预算执行力差异质疑等职责。董事长秘书处负责协调董事会所需信息的收集工作，需定期向董事会成员提供日常信息，如快报、经营月报等。董事会秘书处在每次董事会后，将各位董事在会议期间提出的意见和建议进行归纳、整理和分类，并按程序进行报批。董事会会议包括定期会议和临时会议，并设置专门委员会，为董事会提供咨询意见。监事会对企业的国有资产保值增值状况实施监督。总经理召开总经理办公会议，研究决定企业生产经营管理等重大问题，并定期向董事会和监事会报告生产经营等情况。

需要强调的是，在此结构下，党委研究讨论是董事会、经理层决策重大问题的前置程序，重大经营管理事项等重大问题必须经党委会研究讨论后，再由董事会或经理层做出决定。对重大决策事项，建筑企业必须充分深入调查研究，进行论证，广泛听取意见，严格执行决策程序，保证决策的科学性。

（2）机构设置

按照科学、精简、高效、透明、制衡的原则，在法人治理结构所确定的基本组织框架基础上，建筑企业应设立满足经营管理所需要的职能机构，合理设置内部职能机构。进而，将内控与风险管理的各项要求融入企业管理和业务流程中，明确职责权限，建立完善的权责管理体系；避免职能交叉、缺失或权责过于集中；将权利和责任落实到各责任单位和部门，进一步健全企业的内控与风险管理组织体系。

结合建筑企业实际，建立所有权、经营权分离，决策权、执行权、监督权分离，股东、董事会、监事会、党委常委会并存的法人制衡管理机制。对经营管理实行分级授权管理，权责统一，逐级负责；行政管理、业务管理实行多级管理体制。组织机构编制管理遵循科学合理、责权明确、监控有力、精干高效的原则。编制岗位说明书，明确岗位职责，同时将各岗位职责以文件的形式公开下发到各单位或各部门。与关键管理人员签订目标责任书，实施岗位绩效考核，与其收入挂钩。

建筑企业发展战略部作为上述相关文件编制业务的归口管理部门，应根据企业经营或发展战略的需要，以及外部环境的变化，评价现有组织结构的合理性，在提出改进建议后按程序进行审批。机构编制调整，需要进行充分调研论证，按照规定程序经审批后实施。在明确管理层、部门职责的基础上，编制权限指引，更好地落实分级授权制度。通过岗位的职责描述和权限指引，对职责权限进行适当分配。规范信息系统的授权，由管理相关信息系统的职能部门、下属单位根据不同的职责分别设置和维护用户授权。进行特殊经营活动时，如经营投标、合同谈判等，可根据业务需要，通过授权委托书对具体事项进行单独授权。授权人有权对受托人履行授权的行为进行监督、检查，一经发现受托人不适当履行授权，应及时给予批评并予以纠正；对受托人未尽职责造成失误或损失的，撤销其授权。

（3）人力资源

①建筑企业的集团公司通过与员工签订劳动合同的形式确立劳动关系，并依据《中华人民共和国劳动法》等管理规定对员工实施必要的管理。人力资源部通过组织开展竞聘或招聘活动，对关键岗位和紧缺人才进行选拔。招聘程序一般包括资格初审、专业知识和素质测评、用人部门审核、主管领导审核等必要程序。

②建筑企业的集团公司建立干部选拔任用机制，应避免暗箱操作和根据个人喜好用人。

企业在选拔任用或招聘关键岗位的人员时，通过核查人事档案、与其以前所在单位联系等方式，对其诚信与道德价值观、技能资格水平等多方面进行考察。为避免风险，对频繁更换工作和职业背景相差很大的候选人，须仔细核查。

③建筑企业可制定岗位绩效薪酬实施办法、国内区域经营管理办法、海外管理办法等制度，建立内部薪酬激励和约束机制，调动员工的积极性和创造性，增强企业的市场竞争力。

④建筑企业针对管理层、高级管理人员、中层及以下管理人员、操作人员分别制定考核制度，形成较为系统、规范的绩效考核评价体系；据此体系对员工履行职责、完成任务的情况实施全面、客观、公正、准确的考核，并以此作为确定员工薪酬、奖惩及任用的依据。

⑤建筑企业应制定员工教育培训管理办法等文件，并坚决执行相关规章制度。每年制定、下达员工年度培训计划，有针对性地组织业务和知识培训，确保员工技术素质和业务能力达到岗位要求。

⑥建筑企业应组织员工定期进行工作总结，评价员工工作表现，分析员工当前的成绩、优点与不足，对下阶段工作进行安排，使员工深刻意识到本人所负的责任，并因正视企业对他们的期望而更担当进取。

（4）内部审计

建筑企业实施财务管理时，应建立完善的内部审计工作程序与机制；明确内部审计的范围、责任、权限以及人员的胜任能力等，保证内部审计机构设置、人员配备和工作的独立性；健全内部审计机构对内部控制有效性的监督检查及报告机制。

①建筑企业要制定关于内部审计的工作规定并形成文件，规范企业内部审计工作，明确内部审计机构职责与权限，合理规划审计人员数量、专业能力和结构、经费预算等，确保审计部门能够全面有效地开展工作。

②建筑企业的内部审计人员应当具备审计岗位所必备的会计、审计、造价等专业知识和业务能力。

③审计部根据授权可以参加或列席企业全部有关经营和财务管理决策会议，获知管理薄弱领域或环节、集团公司新的重大的经营管理活动等，从而编制内部审计计划。

④审计部定期或应要求向监事会、董事会、总经理等报告工作；有重要审计发现时，要及时报告并提出处理意见。

⑤各级审计机构和审计人员应当严格遵守有关法律法规和内部审计职业规范，忠于职守，做到独立、客观、公正、保密。内部审计人员与审计事项有利害关系的，应当回避。如有特殊工作需要，可聘请社会中介机构或者专业人员参与特殊项目的审计。

⑥审计部对审计中发现的违反国家法律法规和企业管理规定的事项提出审计建议，做出审计决定；并对审计建议、审计决定的落实情况进行跟踪监督。必要时对责任单位、责任人按

有关规定提出追究责任的建议。

（5）企业文化

企业文化是企业员工在长期实践中形成的共同理想追求、价值观念和行为准则。先进的企业文化是企业持续发展的精神支柱和动力源泉，是企业核心竞争力的重要组成部分。建筑企业集团公司努力构建企业文化管理体系，将内控与风险管理文化融入企业文化建设全过程，树立和传播正确的风险管理理念，增强守法意识和诚信意识，将风险管理意识转化为员工的共同认识和自觉行动，提高全员风险意识，使之成为企业改革发展的坚强文化支撑（详细阐述见本书第8章）。

①传承和弘扬中国传统精神，不断积淀企业文化底蕴，打造特色鲜明的企业文化。持续培育企业核心理念，让企业价值观、企业精神、企业愿景等内化于心、固化于制、外化于行，引领企业改革发展，指导全员思想和行动。

②建立并推行员工的诚信与道德价值观规范。设计并推行企业行为识别系统、企业理念识别系统、企业视觉识别系统，并使其与公司章程、企业精神与宗旨、企业核心经营管理理念等一道成为对全体员工的主要道德准则。同时，广泛开展道德讲堂、群众性文明创建活动，多渠道发力，共同营造文明向上、崇德尚礼的企业氛围。

③人力资源部根据集团公司管理层的授权，对员工遵守诚信与道德价值观规范的情况进行监督。一旦发现员工违反诚信与道德价值观规范的行为，人力资源部可以根据企业有关制度规定对其进行处分甚至解除劳动合同。

④在制定企业战略时，考虑企业的风险偏好和风险承受度，应将战略的预期收益与企业的风险偏好联系起来进行考量，最终达到风险与收益相对平衡。管理层将企业的组织结构、人员、经营过程与软硬件整合在一起，以此在确保战略成功执行的同时，能够将风险也控制在风险偏好和承受度的范围之内。

（6）法律环境

建筑企业应加强法制教育，增强内部各级人员的法律意识。建立法律顾问制度以及重大法律纠纷案件备案制度，以保证各项重要业务活动的依法决策、依法办事和依法监督。

①建筑企业应高度重视各级人员的法制宣传和教育培训，制定开展法治宣传教育的规划，并以下发文件的形式对员工法律教育管理进行明确规定，并通过集团公司报纸、网站等途径积极开展各类法制宣传和普法活动，全面开展法制教育。

②建筑企业应加强以总法律顾问制度为核心的法律风险防范体制、机制、制度的建设。

③建筑企业需制定法律事务管理的实施办法，建立健全总法律顾问和独立的法律事务职能部门，完善编制，配齐人员，注重并加强推进以前期法律风险防范、中期法律风险控制为主，后期法律风险救济为辅的工作方针和原则，保证法律工作人员积极参与重大决策、重大经营管理活动，严格规章制度、经济合同、重要决策、授权委托书的法律审核。

④建筑企业需设立并基于对实践的总结不断完善法律纠纷案件管理的办法，坚持预防为主，杜绝重大法律纠纷案件。

⑤建筑企业宜定期对法治建设情况进行督促检查，并将各部门法制工作情况纳入经营业绩考核和企业绩效评价。

6.3.2 风险评估之操作

风险评估是指企业及时识别、系统分析经营活动与实现内部控制目标相关的风险，合理确定风险应对策略的过程，是实施内部控制的重要环节。财务风险评估，包括风险辨识、风险分析、风险评价。

（1）风险评估的操作原则

①遵循理论与实践相结合的原则。内部控制体系能否成功实施，取决于能否将风险控制在与企业总体目标相适应，并在风险偏好及承载阈值可接受的范围内。因此，建筑企业应结合所处行业的特征、本身的业务模式和发展的具体阶段，借助先进管理理论和创新技术手段，分别识别企业层面及业务层面风险；再从实际出发，借助先进的评估方法及模型，对风险进行打分评级，建立并持续完善风险库。

②遵循实效性与渐进性相结合的原则。构建内部控制与风险管理体系是一项复杂的系统工程，需要通盘考虑、统筹规划，重点突出，注重实效，循序渐进。建筑企业应该从战略、环境、组织、流程、资源五个层面系统、客观地进行风险识别和风险评估，并随着业务发展、外部环境变化而定期、持续进行。特别地，针对在管理及业务拓展的过程中出现的新情况，建筑企业的财务管理部门应循序渐进地进行风险识别及风险评估；根据评估结果，适时更新风险库，为建立切实有效的内部控制与风险管理体系打好基础。

（2）财务风险类别及描述

财务风险是指由于投融资安排、会计核算与管理及会计和财务报告失误而对企业造成损失的可能。通常可将财务风险分为全面预算管理风险、现金流风险、筹融资风险、应收账款风险、成本费用风险、资金管理风险、财务报告风险等类别。同时，依据所处环境的不断变化，根据发展情况，持续监督相关管理部门进一步更新风险库。

（3）财务风险分析及定级

风险分析包括考虑风险的来源、风险发生的可能性及其可能产生的影响，并最终确定风险的重要性水平。结合管理层对固有风险与剩余风险考虑，运用定性与定量相结合的方法，从风险发生的可能性和风险发生后对财务风险的影响程度进行分析。根据建筑企业风险偏好，结合评估风险发生可能性和影响程度的标准，划分风险等级；根据风险值对识别出的风险进行排序，并结合各部门意见及相关会议讨论等形式，最终确定风险的等级，评定出重大风险、重要风险和一般风险。

(4)财务风险的有效应对

风险应对是指选择和运用具体措施对风险进行管理的过程,对财务风险而言,主要是在完成财务风险分析定级后,就如何应对风险确定方案并将方案付诸实施。风险应对的目的,是利用建筑企业现有的资源,对所面临的财务风险进行管理,将剩余风险控制在风险容忍度以内。

在确定重大风险应对策略的基础上,还应当将风险与企业的财务流程审慎结合,形成管控风险的实施方案,将风险评估的结果落实到建筑企业的财务经营业务层面,最大程度保证应对策略的可实施性和有效性。同时,需要进一步探查出财务业务流程中所存在的剩余风险,确保将其控制在风险承载范围内。

6.3.3 控制活动之开展

控制活动是指建筑企业根据风险评估结果,采用相应的控制措施,将风险控制在可承受范围之内。控制活动是确保管理层关于风险应对策略得以贯彻执行的政策和程序,存在于企业所有分支机构和职能部门,是实现内部控制目标的关键要素,是内控与风险管理体系建设的核心,更是防范风险的最重要保证。

根据企业内部控制风险基本规范的要求,企业应当结合风险评估结果,通过手工控制与自动控制、预防性控制与发现性控制相结合的方法,运用相应的控制措施,加大管控力度。在具体实施控制活动时,每一项业务活动都应当遵循必要和恰当的政策和程序。对于已确定的流程及控制行为,应关注规定的流程和控制程序是否已实施,是否正确地按照设计意图执行;出现例外或发生需要跟踪的情况时,是否采取了恰当、及时的控制措施;监督人员是否有审核流程和控制行动的职能予以保障等。

建筑企业应建立健全内控与风险管理组织机构,明确其职责分工、控制方法、控制设计程序、控制实施与监督、控制措施的更新与维护等。

(1)规范业务流程

针对业务活动层面风险的控制活动,需要建立在被相关人员所共识的规范业务流程基础之上。通过理顺企业各个业务的主要流程,设计和实施一系列政策、制度、规章和措施,继而对影响业务流程目标实现的各种风险进行有效地管理和控制。

针对自身业务并集合管理实际情况,建筑企业应建立涵盖公司治理与发展战略、人力资源管理、财务管理、经济管理、科研开发管理、工程项目管理等业务流程体系框架,为企业内部控制与风险管理体系搭建一个坚实的基础架构。

(2)编制流程文件

业务流程和内部控制记录通常采取三种形式:流程图、流程描述、风险控制矩阵。在明确控制流程体系框架的基础上,建筑企业可编制内控与风险管理体系业务流程手册,组织相关人员学习并督促其掌握，从而为企业各项业务活动的内部控制和风险防范提供指导和依据。

（3）编制权限指引

企业应当编制常规授权的权限指引，规范特别授权的范围、权限、程序和责任，严格控制特别授权。根据日常经营管理情况，结合业务流程，制定风险内控权限指引表，有据可依地规范相关管理权。

（4）活动有效性评价

根据内部监督的政策和程序，建筑企业及其财务管理主管部门，应当定期对控制活动的有效性进行评价，查找控制缺陷，并进行改进和完善；在持续改进中确保控制活动的有效性稳步提升。

6.3.4 信息沟通之共享

信息沟通指建筑企业经营管理所需的信息被识别、获得并以一定形式及时地传递，以便全体员工正确履行职责的过程。

针对财务管理而言，信息是指与建筑企业经营相关的财务及非财务信息，不仅包括内部产生的信息，还包括与企业经营决策和对外报告相关的外部信息。畅通的沟通渠道和机制使员工能及时取得他们在执行、管理和控制企业经营过程中所需的信息。建筑企业建立符合发展战略并与经营管理活动一体化的信息系统，为风险管理提供足够的信息资源和顺畅的沟通渠道。建筑企业应持续不断地识别、收集、整理与归纳来自内部与外部经营与管理的各种信息。针对不同的信息来源和信息类型，明确各种信息的收集人员、收集方式、传递程序、报告途径和加工与处理要求，确保经营管理的各种信息资源皆可得到及时、准确、完整的收集。

沟通是指信息在建筑企业内部各层级、各部门之间，及其与客户、供应商、监管者和股东等外部环境之间的传递。信息沟通需要从沟通环境、沟通渠道、沟通方式及沟通反馈等多方面着手。建立横向和纵向相互通畅、贯穿整个建筑企业的信息沟通渠道，确保企业目标、风险策略、风险现状、控制措施、员工职责、经营状况、市场变化等各种信息在企业内部得到有效传递。建筑企业应制定和完善统一的财务、会计、资产和资金等方面的管理制度、办法和工作规范，并宣贯执行。财务会计政策发生变更时，按权限经过相关人员审批后通过文件形式进行通知，并规定文件下发之日起执行或按某固定时间执行。财务会计政策及核算体系以会计核算办法等形式发布。各子公司在规定的时间内报送财务报表。财务部定期进行财务分析，将主要财务指标数据对比同期和预算，对指标异常情况进行深度分析并及时预警；同时分行业、分公司、分项目进行经济活动分析，并定期召开经济活动分析会。

6.3.5 内部监督之贯彻

内部监督是对建筑企业内控与风险管理建立与实施情况进行监督检查，评价内控与风险管理有效性并及时加以改进的过程。建筑企业一般通过日常监督和专项监督相结合的方法，对企业的内部控制与风险管理情况进行监控，监督人员一旦发现内部控制与风险管理缺陷，应及时上报上级有关部门。对于重大、重要风险管理缺陷应及时报告管理层，管理层对相应的缺陷进行分析决策，并及时采取相应纠正措施。

（1）内部监督方法

①日常监督。日常监督是指企业对建立与实施内部控制的情况进行常规、持续的监督检查。日常监督发生在平常的经营管理过程中，包括日常管理、督导行为及其他评价内部控制系统运行质量的行为。日常监督主要包括：内控体系运行与维护管理；获得内部控制执行的证据；外部反映对内部信息的印证；会计记录和实物资产的定期核对；内外部审计建议的响应；定期询问员工；印证内部审计活动的有效性。

②专项监督。专项监督是指在企业发展战略、组织结构、经营活动、业务流程、关键岗位员工等发生较大调整或变化的情况下，对内部控制的某个或者某些方面进行有针对性地评价。专项监督可以直接检查内部控制体系的有效性，也可以评估日常监督程序是否有效。

除此之外，建筑企业管理层应当设计、实施有效的反舞弊控制和程序。针对内部控制与企业风险管理失效行为和其他欺诈行为，采取适当的措施。董事会及其审计与风险管理委员会，应对企业反舞弊的控制和程序进行监督，建立并推行诚信与道德价值观。建立举报热线和检举揭发机制，以及举报人保护制度。完善财务工作的职责分离，把一个子流程的工作内容，分为几个职责不相容的部分，并分别由不同的人来完成，避免因同一个人操作不相容职责而产生的作弊风险。

（2）内部控制评价

内部控制评价是建筑企业内部控制体系的重要组成部分，是建筑企业对管理活动实施监督的重要手段，也是内部管理提升的重要推动力；并且也是满足监管机构对内部控制有效性要求的重要实现途径。

内部控制评价根据实施主体的不同，分为内部控制自我评价流程和内部控制独立评价流程。其中，内部控制自我评价是由各业务部门或下属单位自行实施；内部控制独立评价则由建筑企业发展战略部组织实施。

建筑企业应结合实际情况，对确保战略目标、经营管理的效率和效果目标、财务报告及相关信息真实完整目标、资产安全目标、合法合规目标等单个或整体控制目标的实现所设置的内部控制进行评价，一般评价范围为建筑企业集团公司本级和所属子公司。企业实施内部控制评价，包括对内部控制设计有效性和运行有效性的评价。具体评价内容主要从内部环境、风险评估、控制活动、信息与沟通、内部监督等内部控制要素进行全面、系统、有针对性的评价。

（3）内部控制缺陷

根据"目标认定—风险识别与评估—控制识别—缺陷认定"的思路，对内部控制缺陷进行阐释。围绕企业整体层面和各个业务流程层面是否合法合规、资产是否安全、财务报告及相关信息是否真实完整、是否有助于提高经营效率和效果,以及是否有利于促进企业实现发展战略五大方面的目标进行分析,识别企业在实现目标的过程中的风险。如果企业未设置相应的控制措施、对相应风险进行控制,或者所设置的控制措施不能起到实质的控制作用,则认定为内部控制缺陷。

建筑企业管理层授权相关部门对内部控制缺陷进行调查、分析,采取相应的纠正措施,并检查各项措施的执行情况。对于认定的内部控制缺陷,由相关责任部门或单位制定内部控制缺陷整改计划,及时进行整改,并向同级内控风险管理部门提交内控风险缺陷整改报告或报表。整改计划应包括整改措施、整改责任人和拟订完成时间等内容。对于内部控制中设计层面缺陷,应从管理制度入手查找原因,需要更新、调整、废止的制度要及时进行处理,并同时改进内部控制体系的设计,弥补相应漏洞。对于内部控制中运行层面的运行缺陷,要分析出现问题的原因,查清责任人,并有针对性地进行整改。企业发展战略部编制内部控制缺陷认定汇总表,结合实际情况对内部控制缺陷的成因、表现形式和影响程度进行综合分析和全面复核,提出认定意见和改进建议,确保整改到位,并以适当形式向上报告。

对于在财务管理监督评价中暴露出的缺陷和漏洞,其整改落实情况由企业发展战略部全权负责跟踪检查。相关管理人员和决策团队可根据外部审计提出的管理建议和内部控制检查整改建议的落实情况,监督指导整改方案的实施。根据对方案实施过程和结果的监督,对控制措施的有效性进行验证,提出结论性改进建议;并据此组织有关部门对整改方案进行必要的调整,以确保风险控制目标最终得以有效实现。

6.4 财务管理之施策

建筑企业内部为了促进财务管理信息可借助数据流动,加强各部门间的共享,引领企业的协同融合即借助数字信息技术的快速发展,推动企业财务管理的创新与变革。信息技术与企业财务管理的深度融合,正在引发影响深远的财务管理变革,形成新的财务管理方式和形态。建立数字平台化管理平台成为创新财务管理模式的可施新策之一,更可实现数字技术与经济、社会的深度融合。

建筑企业在建设财务共享平台之际,借助双循环的新格局思想,建立内部与外部相结合的资金调控,形成内外部资金调控的协同以保证企业内部项目的预算管理;针对项目经费设置合理定额,形成完整的内部资金管理体系。关于企业外部资金,将清收、清欠作为改善企业资金质量的重要措施,加强合同管理保证资金流入,重视建筑企业的存货管理减少资金占用,将企业的经营理念作为资金管理制度的风向标,立足企业投资项目的视角时刻注意风险防范。

6.4.1 财务共享中心的建设

财务共享模式是依托信息、云计算和大数据技术,以财务业务流程处理为基础,以优化组织结构、规范流程、提升流程效率、降低运营成本或创造价值为目的,以市场导向为内外部单位提供专业化服务的分布式管理模式。该模式涉及流程的调整和制度的变化,且建设周期长、见效较慢,要得以顺利推行,必须得到企业高层管理者的认可和支持。中铁二十局是数字化财务管理系统的先行先试者之一,该集团公司在建立严谨的内部控制体系后,根据内部体系的脉络建立了集团的财务共享中心,为建筑企业利用高科技实施智慧化财务树立了业内标杆,取得了一定的经验。下述该集团公司的实践案例可供有志建立或完善自身财务共享中心的建筑企业参考借鉴。

1)财务共享中心的创立

(1)明确建设目标

财务共享中心建设是一个大而全的系统建设,为避免走弯路,宜采用小步快跑的方式。制定长期发展规划,明确短期建设目标,逐步深化共享中心建设。建设目标:在"铁建一流、国内领先"的建设目标指引下,以"十三五"战略规划为指导,短期内完成财务业务流程再造与流程标准化管理;达到国内各单位财务集中核算率100%,实现银行账户集中管控;奠定财务标准化基础;实现财务管理模式创新,体现财务创造价值的能力。

(2)精准职能定位

基于强化企业内控管理的需要,结合财务职能体系建设目标,确立财务共享中心关于管控服务型的职能定位:服务是基础、专业是保证、监控是手段、价值是目标。服务职能主要是依托统一的信息化操作平台,按照统一的会计制度、业务规则、业务标准和业务流程,提供会计核算、资金结算等会计基础工作服务,并逐步承接单户报表编制等工作;管控职能主要通过固化标准、过程控制、风险预警等手段,加强财务监督,强化内控执行,保障各项管理制度落地实施。

(3)精简组织架构

本着精准高效、快速反应的管理需求,建筑企业必须采用扁平的组织架构模式,定位集团总部直属办事机构。办事机构下设运营管理科、资产费用科、收入成本科、总账报表科、资金结算科、票据归档科、综合业务科、综合办公室,负责集团公司的会计集中核算及资金集中结算,汇总分析财务数据动态等。

(4)细化业务流程

流程的标准化、优化作为财务共享服务的关键因素,是建设的基础,现阶段财务共享模式下报账业务主流程是：全员提单→影像扫描→线上审批→共享审核→结算付款→凭证归档。权责匹配，合理清晰。

（5）稳步推进模块

初始阶段，中铁二十局财务资金部全体人员迅速投入紧张的系统全模块培训工作，针对中台操作系统的核算模块、报账模块、资金模块和税务模块，通过集中授课和在线实操等方式开展培训，集团公司项目组每天对当天培训内容进行考试验收，并实时公布成绩。

在此期间，为确保财务一体化上线工作，财务资金部定期召开总结及部署会议，就集中办公期间各系统责任分工、工作节点任务完成情况进行沟通、交底，并对财务一体化推进过程中存在的问题进行讨论，并制定相应的方案。

财务一体化平台是促进建筑企业财务管理加快向精益财务、智能财务转型，切实提升财务管理水平的重要举措，也是提高企业管理效率、加快业财融合的重要途径。做好财务一体化平台推广工作，扎实稳健推进各项工作，周密部署、攻坚克难，确保高质量完成财务一体化平台上线推广工作目标，为中铁二十局迈向高质量发展做出贡献。

2）财务共享中心的建设

财务共享中心建设是关乎企业管理全局的一次重大变革，定位是基础，目标是战略，过程是付出。按照专业化管理、市场化运营、信息化集成、智能化发展的思路，经过七年的不懈努力，财务共享中心已从初期阶段迈向成熟阶段发展的进程中，初步建成了高效、专业、统一、规范的财务共享中心。该共享系统集中核算、集中支付、税务管理、预算控制的功能日益突显，起到了促业务、提效率、控风险的积极作用。

（1）财务专业服务中心

财务共享中心注重在制度强化、系统优化、风险管理等多方面开展工作，实现了财务共享业务的跨越式发展，为中铁二十局财务管理转型升级提供了强有力的支持与保障。

①夯实会计基础业务。财务共享中心统一的工作内容和业务标准是为各核算单位提供服务和监督。改变了以往核算单位经济业务管理水平参差不齐的局面，通过财务共享中心强化制度执行力，促进各单位管理标准化水平的提高；统一经济业务流程，将之固化到信息系统中执行，规范业务处理，避免人为干预；根据各类政策、业务及系统的变化，通过广泛征求意见和建议，共享中心及时修订业务标准，更新业务指导书，针对常见问题整理答疑书，确保审核执行标准统一性及政策落地的及时性，促进核算单位规范管理。根据中铁二十局出台的管理办法和各分公司管理需求，不断优化业务流程，提高业务流程的标准化、合理化。

②强化资金管理集中化。财务共享平台的资金结算系统，有效推动了统收统支和资金集中上存的两项工作，盘活资金，降低财务费用，真正实现了法人资金一本账。主要是通过上收网银U盾，实现资金统收统支；加强银行账户集中管理，盘活沉淀资金，提升资金使用效率。

③强化风险管控能力。财务共享系统上线后，在支撑财务基础业务、提高合规性方面发

挥了积极作用，各类审计和检查发现的问题也随之得到有效遏制。通过将企业已面临或可能面临的风险预设到系统中，系统增强了控制的硬约束，提前规避企业运营体系中的问题，避免或减少风险的发生。同时，财务共享中心不断加强自身业务建设，重点提升风险识别和管控能力，以风险预警通报和追踪落实整改为手段，不断促进业务规范。

④促进业财融合基础。通过物资模块、应收应付模块的推广，奠定业务数据与财务数据实现资源共享的基础，进一步统一中铁二十局内部数据披露的口径，促进业务财务深度的融合。

⑤促进财务管理转型升级。通过承接部分战略财务职能如日常报销、资金结算、开销户、基础数据分析等，使战略财务有更多的精力完成企业规划、战略决策、预算考核、投融资管理等核心业务。通过推进账表一体化的进程，实现部分报表自动取数，促进业务财务向管理会计转型。

（2）财务价值创造中心

财务共享中心走向市场、独立经营，既是中国建筑企业实现区域共享的需要，也是财务共享中心发展的大势所趋。建筑企业在专业化财务共享中心的基础上，不断探索创效之路，试点推动财务共享创造价值进程，迈出由成本中心向利润中心转型的第一步。下面用中铁二十局的实施过程来详细说明这一点。

①业务拓展历程（2014—2020年）

中铁二十局财务共享中心成立之初，以想他人所不敢想，做他人所不敢做的勇气谋定而后动，用蹒跚但坚定的步伐丈量财务共享市场化之路。

2014年是中铁二十局财务共享中心业务开拓的开局之年。这一年，共享中心正式成立，中国铁建将4个直托管项目的会计核算交中铁二十局财务共享中心处理，中国铁建的大力支持促进了中铁二十局财务共享中心梦想的开启。

2016年，业务拓展迈出历史性的第一步。这一年，中铁二十局共享中心承接了广州南方投资集团和铁建系统外的咸阳宏力建筑工程劳务有限公司的共享服务，成为股份公司所有财务共享中心第一家自主承揽集团外共享业务的共享中心。

2018年，业务拓展取得阶段性胜利。这一年，中国铁建昆仑投资集团有限公司、中铁建重庆投资集团有限公司、中铁建城市建设投资有限公司、中铁建北部湾投资有限公司纷纷签约中铁二十局财务共享中心，同时新增锡林浩特市中铁建市政、陕西铁建黄蒲高速、徐州市杏山子大道综合管廊三家铁建系统外单位签约，共享拓展业务范围不断扩大。

2020年，业务拓展再创佳绩。中铁建西北投资建设有限公司、中铁建东方投资建设有限公司正式在中铁二十局共享中心上线，至此，股份公司九大投资平台中有八个投资平台依托的投资集团在中铁二十局共享中心托管共享服务。

②拓展创造价值

中铁二十局财务共享中心以软实力为盾，逐步打开创收局面。财务共享中线开设伊始就成立综合业务科专门对外提供共享服务，并推出第一年免收服务费的优惠政策；2016年，签下金额为20万元的首个代理服务费合同；2020年签下合同金额460万元，五年累计实现创效1121.2万元，其中铁建系统外41.2万元，人均创效从2016年的4万元，逐步提升至2020年的25万元。历经7年艰难拓展，勇于直面机遇和挑战，逐步实现共享资源创造价值的远大目标。

（3）财务人才培养中心

财务共享中心按照打造财务人员成长成才摇篮的建设目标，积极探索立体式、全方位、多渠道财务人才成长培训方式，充分为员工搭建发展平台，提供发展机会，最大限度发挥员工潜能，保证不断向集团公司总部、子公司机关等部门输送人才。

①以学夯基，树立学习文化。财务共享中心在制度建设上强化学习意识，把社会财务金融类职称考试、全国财税注册类考试与绩效考核制度相结合，鼓励全员参加社会考试，通过建立学习型组织，提升员工的知识更新和能力提升。

②以练促升，营造学习氛围。重视知识的分享与交流，以"请进来"——接待同行业的交流参观，"走出去"——参观学习行业领先先进的共享中心，不断拓展眼界和思路；建立女职工书屋、开展读书心得分享等活动，鼓励员工加强学习交流，营造积极向上的学习氛围。积极参加建筑施工企业信息化高峰论坛，编撰财务共享中心业务拓展案例并进行经验交流，展示建筑企业财务共享中心建设运营成果，进一步增强影响力。

③以赛促学，提升学习成效。选拔重点优秀人员，以备赛、参赛为手段，强化其学习动力、毅力和能力，树立学习典范，起到以点带面的积极作用，实现个人和组织的双重价值。

（4）企业形象展示中心

针对集团企业财务管理部门女性多、流动性差的组织特点，打造独具特色的服务文化和学习文化。通过成立志愿者小分队，不断提升服务意识和能力；开展演讲比赛、户外拓展、党团活动等多样化的组织活动，增强团队凝聚力，内强素质，外塑形象，形成独具特色的组织文化；通过企业公众号、通讯报道宣传、财经杂志封底宣传、季度工作简报发送等形式，不断扩大宣传渗透力度，着力打造集团公司窗口形象。

3）财务共享中心的发展

财务共享作为财务管理的重要部分之一，在经历了成功的建设期和运营管理期，此后发展将突出体现财务共享模式的核心竞争力，有力推动企业财务的整体转型升级。后续将围绕云计算、大数据和智能财务、"互联网+"全球化等方面，实现面向未来的突破。

（1）建设全球一体化平台

建筑企业在海外布局的步伐仍在加速，海外板块规模占比不断提升；为支持集团公司的发展战略，强化海外财务管控、建立在全球范围内的经济业务进行统一处理的财务共享中心已经迫在眉睫。据此解决多语言支持、多币种支持、多时区处理、文化差异支持等现存问题，逐步取得境外建设的重大突破。

（2）建设财务作业自动化平台

随着智能技术的发展，财务共享中心将从一个人力密集型组织转变为一个技术密集型组织。共享财务高重复性工作正在被机器人逐渐代替，智能语音、智能识别、智能商旅、智能分析等技术将被广泛应用于共享财务。将充分运用这些现代信息技术，加快新技术应用步伐，持续深化人工智能，促进财务管理改革，实现传统共享中心向智慧大共享平台迈进。

（3）建设业财一体化平台

在资源共享时代，单一的财务系统无法满足企业管理的需求，只有加快与资金、税务、PM、ERP等系统的集成，打破信息孤岛，内部与业务系统有机融合，实现系统的互联互通，打造企业业财资税一体化的管理平台，实现信息化的业务财务融合，打通与供应商、客户、银行、社保等企业外部生态链，实现多系统的集成，也实现了数据的融通，让共享财务真正成为一个数据中心，为内部企业管理，为外部供应量提供有用的数据资源，提升数据创造价值的能力，实现共享共赢。

（4）建设利润增长平台

智能化的发展将推动大型企业集团共享财务将富余的资源转向外部市场，而对于中小企业，财务共享服务初始较大的成本投入，和享受成熟财务共享服务带来的低成本和服务提升的对比优势，为共享中心承接外包服务带来市场机遇。在经过托管服务的尝试和经验积累基础上，财务共享中心将成为独立的主体自主经营，参与市场竞争，成为企业创造价值的独立经济实体。

6.4.2 资金的清收清欠管理

清收清欠是一项系统工程，是一把手工程，贯穿于建筑企业项目管理、企业发展的全过程。建筑企业资金的清收清欠管理是一项长期的、涉及面广的、事关全局经济活动的重要工作，与企业发展、生产经营、资金周转等密切相关，绝不是等到企业急迫需要用钱的时候才不得不做的事情。如果完不成清收清欠工作，"两金"压降、现金流、有息负债压降就很难完成，同时，此项工作还关系到治欠保支的资金、职工的工资和企业发展需要投入的资金。从这些方面讲，清收清欠工作事关企业的生存发展、事关企业的战略实现。只有做好清收清欠工作，减少资金沉淀，提高资金使用效率，才能更好地缓解资金压力，拿出更多的力量投入生产经营中去，才能为企业带来更多的收益。做好清收清欠工作不仅要突出阶段性重点，更主要的是做到常抓不懈，这是做好、做实这项工作的指导方针。企业之所以资金紧张，很大程度上是因为大量的资产被别人占用。在当前形势下，企业应将清收清欠工作作为破解经济顽疾、提升经济运行质量的头等大事来抓。建筑企业要清醒地认识到，清欠回款是压减有息负债的最有力的武器，是提质增效最有效的手段，是改善企业财务状况最迅捷的途径。建筑企业特别是财务管理部门必须进一步统一思想，提高认识，将清收清欠工作与安全、质量、效益、承揽、信誉放在同等重要的位置，解决清收清欠工作中的疑难杂症。

1）整体狠抓清收清欠

（1）切实做实清收清欠一把手工程和项目经理终身负责制

一把手工程就是企业主管领导必须亲自抓、亲自研究、亲自安排、亲自部署、亲自上手、亲自落实，该拜访业主的就拜访业主，该亲力亲为的就亲力亲为，不要当甩手掌柜。对此，相关责任人应签订清收清欠督导合同，落细压实责任，并严格考核兑现到位。清收清欠终身制是指项目经理不仅要对工程的安全、质量、工期进度和成本负责，而且要对工程款的结算和清收负责。只要有重大未确权问题未解决，项目经理就要负责到底，不安排新的岗位；债权未收完，奖金不予以全额兑现。

（2）切实把控经营源头，筑牢防欠防火墙

一方面，在市场开拓、经营承揽中，必须对要投标项目进行充分的风险评估，认真做好前期的调研论证，全面考察建设方的资信情况，了解建设资金的到位和资信程度，严格做好承揽环节的把控，切实履行合同评审制度，注意标前建设方的信誉和项目资金来源等事项的审核，不触碰投资红线、底线，优化、完善合同有关条款，从源头上防范债务风险。另一方面，在清收清欠与经营关系的处理上，还要权衡利弊得失，选择最佳方案，注重方式方法，敢于和善于做好工作，要依法合规，合情合理，积极主张债权，切实维护企业利益，实现清收清欠和经营的双赢。

（3）切实加强合同管理，严格过程控制

建筑企业签订所有合同，都要对工程价款的支付、变更索赔、竣工决算、保修期限和违约有明确的规定；必须经过法律、经营、财务、审计、安全、技术等管理部门的审核把关，切实规避债务风险；各级要增强合同意识，落实履约责任，及时排除合同纠纷；加强施工管理，完善施工过程的各项管理制度，对设计变更、工程量的增减和验工计价等，应及时办理有效签证，及早计量；对因工程质量、数量和工期进度等造成的争议，应及时解决，并做好洽商记录；对新增或将要发生的应收和预付账款，应有保全措施和制约办法；加强各项基础资料的收集、管理，应及时提交竣工决算资料，尽快办理竣工决算。需要说明的是，当前在受新冠疫情可能长期影响建筑企业的情势下，建筑企业应积极主动研究各种利好政策，收集相关的资料，为后面各项工作开展打下基础。总之，建筑企业合同执行所涉的各个环节都应处于可控状态，避免给工程款的清收留下隐患，确保生产经营成果及时变现。

（4）切实抓住重点项目，强化确权清收

一是在核实应计未计基数、限制其增量的基础上，采取总额控制、落地项目、重点督办、分类施治的措施，重点布置变更索赔及概算梳理。重点铁路项目要打通从中国国家铁路集团有限公司鉴定中心、业主、设计院到监理、现场资料签证的全链条，发挥专家优势，加大清收确权力度。二是加强对上计量，多计量，早确权。计量确权是收款的前提，只有先确权，得到双方的认可，才能形成债权，才能获得业主拨款。

2）全面压控"两金"规模

（1）做好应收款项的清欠工作

企业应深入分析应收账款产生的内外部原因，完善应收账款管理机制，明确管控要求，防范拖欠和损失风险。进行全面排查，对照合同逐笔梳理查明款项类别、性质、账期、是否逾期和存在分歧等情况，细化分析债务人资信和性质，为后续清欠工作提供数据资料支持。

（2）做好存货的管理工作

在保障施工生产有序运行的情况下，合理控制存货的规模，不断提升存货周转效率和管理水平。一是要对存货进行系统盘点、清查，切实做到账账相符、账实相符。按照正常可用、长期积压、损毁报废等分类，分析存货结构和状态，将顽固库存、严重损毁存货、已落后淘汰丧失生产利用价值存货、长期未使用存货、长期积压产成品和库存商品，以及其他严重跌价滞销存货列入清理重点，提高存货专项清理的针对性和有效性。二是要合理控制存货规模，做好进销存管理，确保产供销的有序衔接，以销定采，做好施工生产计划，合理控制采购的规模，有效运用及时生产、最优采购等方法，降低冗余闲置存货。

（3）做好合同资产确权工作

结合工程项目情况对合同资产进行深入梳理，明确消化目标，实施刚性管控以有效控制合同资产规模。一是强化合同管理，做好合同签订审核工作，在合同中明确履约进度和验收结算条款，积极争取缩短验工计价周期，从源头控制合同资产形成的风险。二是夯实数据，项目执行过程中应严格责任成本管理，合理、准确预测项目整体效益，研判项目确权计价、清欠回款的风险，严格按照企业会计准则要求确认项目收益，夯实新增合同资产的质量。三是做好施工管理，严格化合同交底工作，充分揭示合同执行过程中确权清收的风险；在实施过程中抓好确权资料的整理，及时收集、整理有关资料，为变更索赔、确权清收提供资料支持。

3）逐步优化"两金"结构

（1）运用创新手段

以项目需求为基础，结合实际情况，在成本合理、风险可控的原则下，综合运用资产证券化等手段加快应收账款变现，盘活存量资产，降低"两金"占用。对于长期未能自行处置盘活的非正常类"两金"，财务管理部门的有关人员应审慎整理有关资料，加大与金融管理平台合作，积极利用资产管理平台优势，实现资产的盘活。

（2）开拓工作思路

借助产业金融管理平台优势，积极协调业主和外部金融机构合作，帮助业主融资，解决资金问题，从根源消除企业"两金"压控的阻碍。对于非正常类应收账款、回款存在风险的已完工未结算工程，要按照市场化、法治化原则，加强与业主、债务人、金融机构、司法机关、地方政府等有关方面的沟通协调，灵活运用司法诉讼、资产抵债、互欠抹账等方式加大清收处置力度。

（3）转化压降方式

尝试通过以物抵债、委托专业机构代理等方式，积极清理长期的顽固债权；通过合理折价转让等方式加快处置低效、无效"两金"，逐步优化企业资产的结构；对于富余、闲置原材料，滞销、落后淘汰产、成品、库存商品等采取集合理折价转让等方式加快处置，及时止损。

4）借助金融工具实施清欠

（1）借助金融工具，以租助收

此模式是利用内部金融机构，以各工程局及三级单位在全国项目上难以收回的工程款为核心，以内部金融机构协助各工程局收回工程款为目的的一种产融结合模式。操作上是将欠工程款的业主方，作为内部金融机构的承租人，内部金融机构以回租的形式，为业主方投放相应款项，其中所欠工程款由内部金融机构支付给施工方各工程局。

①准入标准。

承租人，原则上视承租人地区自身财政强弱而定。担保人，原则上需要AA发债评级及以上的平台主体作为担保人，如确实达不到，则需要增置其他增信措施（如土地抵押，应收账款质押等）或租赁物，形式合规。

②以租助收实例。

2018年12月"镇江圌山旅文4亿元旅游资产回租项目"落地，打开了以租助收的先河。此项目为江苏瀚瑞投资控股有限公司（业主方）投放4亿元，借助江苏圌山旅游文化发展有限公司（承租主体），江苏瀚瑞投资控股有限公司为担保方的模式。中铁某局镇江市政道路于2013年中标，2015年完工通车，拖欠工程款五年之久，本笔业务一次性收回中铁某局工程款2亿元。

2020年5月，"镇江新区兴港水利3亿元回租项目"，模式同上，为中铁某局收回8000万元尾款，实现项目工程全部结清，无预留尾款。

2020年9月，"黄冈白潭湖三亿元回租项目"投放。中铁某局在黄冈中标三台河景观治理项目，土建部分1.6亿元。施工工程总量2000万元，尚未到达合同中约定的支付节点。中铁建金融租赁有限公司（简称"中铁金租"）投放该项目，和业主方约定，合同总额3亿元，放款2.4亿元，预留6000万元直接支付中铁某局2020年末完工的份额，2020年末达到支付节点时，中铁金租将预留的6000万元直接支付中铁某局。保证了中铁某局项目按照合同全额按时收回工程款。

（2）借助金融工具，以租代建

此模式是以各工程局及三级单位在全国项目业主的流动性需求为核心，以帮助业主解决流动性需求，同时业主保证按照合同约定按时足额支付工程款为目的。操作上是将业主方作为内部金融机构的承租人，内部金融机构以回租的形式为业主方投放相应款项，内部金融机构支付给施工方各工程局。

①准入标准。

承租人，原则视承租人地区自身财政强弱而定。担保人，原则上需要 AA 发债评级及以上的平台主体作为担保人，如确实达不到，则需要增置其他增信措施（如土地抵押，应收账款质押等）或租赁物，形式合规。

②以租代建实例。

2020 年 9 月，"黄冈白潭湖三亿元回租项目投放"。中铁某局在黄冈中标三台河景观治理项目，土建部分 1.6 亿元。施工工程总量 2000 万元，尚未到达合同中约定的支付节点。中铁金租投放该项目，和业主方约定，合同总额 3 亿元，放款 2.4 亿元，预留 6000 万元直接支付中铁某局 2020 年末完工的份额，2020 年末达到支付节点时，中铁金租将预留的 6000 万元直接支付中铁某局。保证了中铁某局项目按照合同全额按时收回工程款。

（3）借助金融工具，以租促揽

此模式是以地方政府平台公司长期发展和长期资金需求为核心的产融结合模式，各地区政府发展需要进行基础设施建设，我们可以通过回租模式给予地区发展长期资金的支持，同时各地区的基建项目，指定我方工程局建设，工程局中标建设后，再沿袭模式二进行以租代建。操作上是业主方作为内部金融机构的承租人，内部金融机构以回租的形式为业主方投放相应款项，内部金融机构支付给施工方各工程局。

以租促揽实例：四川都江堰和简阳项目，为中铁某局承揽了 20 亿元的新建工程。

6.4.3 内部的资金管理措施

1）资金内控管理

货币资金是建筑企业日常业务过程中流动性最强的一种结算方式。货币资金涵盖范围广泛，具有可变现属性，极容易实现交易。因此，当支付大额货币资金时，加强内控管理，保证资金安全就需要被重点关注；此外，货币资金直接代表物质财富，容易受到经济犯罪分子的觊觎和各种非法活动的影响。因此，必须要把强基固本、夯实基础、加强内控作为资金管理的一项重要工作来抓，全面提升财务管理的合规性建设和资金风险防控水平。

（1）强化制度管控

①进一步完善资金内控制度。梳理现行制度办法的短板，消灭盲点，编好制度的笼子；优化管理流程，既要规范约束，更要高效灵活，不能让流程成为束缚和捆绑管理的枷锁。

②严格落实资金内控制度。强调铁的纪律，钢的执行，借助完善健全的资金管理体系、平台，规范约束日常业务，做到一把标尺量到底、一根准绳不走样，杜绝制度管控出现真空地带，倒逼企业经济行为规范化。

③加强资金内控制度责任追究。动员千遍不如问责一次。对落实内控制度不力，有令不行、有禁不止的单位和个人，必须旗帜鲜明地通报问责、严肃处理。

（2）强化基础管控

①加强会计基础工作建设。进一步加强现金管理、备用金管理、银行账户管理，完善对账和盘点制度。组织开展形式多样的知识竞赛活动和会计基础工作达标活动，通过比、学、赶、超，树立标杆和样板，营造学习研究氛围，提升基础工作水平。

②建立银行账户定期通报制度。严格按照企业银行账户管理办法规定，做好银行账户管理工作。建立定期通报制度，对账户开立、网银盾或密码器上交、柜台业务办理、账户注销等情况逐一通报。

③建立资金安全检查的长效机制。建筑企业应每年制定资金安全检查计划，必要时可联合审计、纪委等部门定期或不定期对各单位进行资金安全检查。对一经查实有违规违纪行为的个人或单位，要严肃追责，情节严重的移送司法机关处理。坚决做到敲山震虎，警视他人引以为戒，不断增强压束机制，强化监督检查力度，形成有效的资金安全管理长效机制。

（3）强化人员管控

①加大对委派财务人员的监督、考核和奖罚力度。应从资金制度是否贯彻执行、基础工作是否规范达标、责任成本推广实施是否有效、项目盈利指标是否实现、资金风险是否有效管控、财经纪律是否执行到位、财务人员是否坚守职业底线、是否坚持基本原则和职业操守等方面入手进行考核。通过这些监督、考核措施确保每位财务人员不做糊涂人、不记糊涂账、不干糊涂事。

②建立财务人员定期述职制度。建筑企业应定期举办财务负责人述职大会，对根据述职人员的述职报告、工作表现、职业素养、廉洁自律等多方面进行综合评审、量化评分。好的进行表彰、奖励、提职、提级并推荐晋升；差的降级、降职，甚至调离财务岗位。

③加强财务人员底线意识、遵规守纪意识的教育。必须培养财务人员坚守底线，遵守基本规矩的意识，敦促其做到头脑清楚、思路清晰、政治可靠、业务过硬。财务管理工作人员应牢记自身工作职责是监督、控制、保障和服务，必须坚持原则，按规定、按制度办事，敢于制止任何违反规定的行为。

2）资金集中管理

资金集中管理是企业集权财务管理模式的重要手段之一，不仅能强化资金管控水平，提高资金使用效率，降低财务成本和资金风险，更能帮助建筑企业整合资源，节支降耗，促进财务管理水平实现跨越式提升，切实实现财务管理价值创造的职能。建筑企业因自身建设周期长，资金回款比例低，业主监管资金严等特点导致资金集中效果不明显，尤其重大铁路项目资金集中工作通常都开展得不顺利。因此，为克服资金监管协议，提升货币储备，增加资金链条弹性，建筑企业可以通过以下几种方式进行资金集中。

①以银票保证金的方式进行资金集中。在签订材料采购、劳务分包、机械设备采购或租赁、周转料采购或租赁等合同时，明确约定通过银票的方式进行结算付款，争取归集资金。

②以物贸公司集中采购的方式进行资金集中。对于依托企业内物贸公司集中采购配送物资的项目，可在集采合同中约定采购押金或者采购保证金，执行合同时候先将采购押金或者采购保证金支付给物贸公司，待物贸公司收到资金后在一定期限内将采购押金或者采购保证金返还至实施单位的资金归集账户。

③以保函保证金的方式进行资金集中。项目上场办理预付款保函、履约保函时，财务部门可以配合各工程项目，提供企业与银行签订的收取保函保证金的协议。各工程项目根据该协议与业主沟通，将保函保证金汇入资金归集账户中。

④以保函置换保证金方式进行资金集中。对于各类工程项目，业主均要求留存一定比例的工程质量保证金或其他性质的现金保证金，可与业主沟通，以保函的形式置换现金保证金，并将资金存入资金归集账户中。

⑤以协作队伍缴纳履约保证金方式进行资金集中。对于与项目合作的协作队伍，按照一定比例或金额收取履约保证金，该保证金由企业集中统一管理，并将现金汇入资金归集账户。通过此种方式进行资金集中，既能提高协作队伍履约能力，缓解企业资金紧张压力，又能达到资金集中的目的。

⑥以上交款、职工"五险一金"的方式进行资金集中。工程项目开工一段时间后，业主普遍会允许项目支付一定比例的上交款，以及向企业缴纳职工养老保险、医疗保险、失业保险、生育保险、工伤保险、住房公积金。各单位可以根据具体情况尽量提高上交款及"五险一金"的缴纳比例或额度，并将资金尽早汇入资金归集账户。

6.4.4 财务管理施策的目标

财务管理施策的目标既是建筑企业实施财务管理的依据，也是其检验提升策略的准绳；建筑企业可从以下几个方面设定财务管理施策目标，并考察施策效果。

①财务管理体系健全完善。完善财务制度体系，筑牢财务工作基础；完善战略执行体系，确保制度有效落地；完善工作创新体系，推动财务管理转型；完善价值创造体系，提升财务管理水平；完善考核评价体系，引导企业价值取向；完善人才培养体系，提供企业发展原动力。

②财务管理转型升级完成。全面建立财务共享理念，管理流程与方法逐步规范，会计核算占用资源得以释放，由核算型、业务型财务会计向战略型、综合型管理会计转变，财务管理效率显著提升；具备驱动业绩增长，助推企业转型发展的价值创造能力和决策支持能力，基本完成符合企业转型发展需要的财务组织变革。

③财务管理能力全面提升。以全面预算为引领，以资金管理为主线，以财务共享为依托，

全面提升资本管理、资源配置、价值管理、决策支持等财务管理能力，全面提升资金创效能力、税务筹划能力、成本费用管控能力。

④风险监控与防范严格有效。财务监控体系的职能得以提高，企业现有的各项资产运行状况、资产耗费和资产保全等内容得以有效监督控制；会计信息真实有效，财务报表及相关指标真实反映企业发展实际；风险管理体系全面覆盖，风险预警及防范能力全面提升。

⑤财务人员整体素质显著增强。建筑企业财务管理应拥有一支符合企业发展转型需要，具备金融整合能力、协同统筹能力、资源配置能力、决策支持能力、学习研究能力的财务人员队伍；团队整体实力得以提升，人员结构和专业层次不断优化；内部培训充实丰富，财会队伍新鲜血液不断补充；人才引进与评价制度更加健全；团队整体充满活力和战斗力。

第 7 章

中国特色篇

党建融合

让带动与推动形成合力。

——邓 勇

MANAGEMENT
INNOVATION AND PRACTICE
OF CONSTRUCTION ENTERPRISES

  "要治厂，先治党"，加强党的领导与完善企业治理的统一发展是建筑企业把制度优势转化为治理效能的有效路径。在青藏铁路、西气东输、南水北调等国家重大工程项目中，党建力量嵌入项目，确保项目圆满落地。珠玉在前，建筑企业无论大小，其中心任务皆关乎国计民生、公共服务、社会福利，必须于党建的百年荣光中，弘扬赓续、百炼成钢。习近平总书记指出"坚持实践是检验真理的唯一标准，发挥历史的主动性和创造性，清醒认识世情、国情、党情的变和不变，永远要有逢山开路、遇水架桥的精神。"作为建筑企业，应从习近平总书记系列讲话中汲取"锐意进取，大胆探索，不断深化改革开放，不断有所发现、有所创造、有所前进，不断推进实践创新、理论创新、制度创新"的力量。"东西南北中，党是领导一切的"。挖掘自身特色，应将党建引领与企业业务融合作为获取不竭动力的逻辑起点。党组织在建筑企业特色挖掘与创新发展中发挥核心作用，归根结底就是"把方向、管大局、保落实"。

  建筑企业"把方向"应当依靠党建引领。在这方面，国有企业是践行者也是受益者；这种最大程度挖掘企业所具有的中国特色优势做法，值得全体建筑企业借鉴并积极采纳。建筑企业"管大局"应当依托党建工作。做好党建工作与企业经营管理的深度融合，是建筑企业经营管理的新方向，更是凸显党领导下中国建筑企业管理特色的新旗帜。中国特色是引领中国企业进步的政治优势，中国建筑企业应充分发挥该优势并把"两个大局"扛在肩上，担当国家重大战略实施的主力军、排头兵。建筑企业"保落实"应当扎根党建下沉。党建引领既能走在前前瞻布局，也能守在后检视效能。建筑企业党建工作应围绕中心工作仰望星空，脚踏实地，结合实际经营情况选择恰当站位；具体工作开展时，应当充分落实主体责任，并积极发挥主观能动性，稳扎稳打、做深做实，真正将党建引领建筑企业高质量发展的实践，转化为建筑企业依靠挖掘中国特色引领高质量发展的探索创新。

7.1 中国特色之论道

党的十八大以来,以习近平同志为核心的党中央准确把握国际、国内环境的新变化,科学分析我国经济发展阶段性特征,做出了我国经济发展已经进入新常态的战略判断:新常态以增长速度换挡、发展方式转变、经济结构调整、增长动力转换为主要特征。这一判断明确回答了"实现什么样发展"的时代命题。建筑企业从中应当清晰看到,我们的发展既要看速度,也要看增量,更要看质量!建筑企业应当在此发展契机下挖掘特色创新,寻求新的利润增长点,铸就新的价值空间,着力实现有质量、有效益、没水分、可持续的效益增长。

放眼国内外,中国经济的发展正朝着形态更高级、分工更复杂、结构更合理的情境持续迈进。新常态下,"量"与"质"将更加统一,"看不见的手"和"看得见的手"都将发挥重要作用,去产能、去库存、去杠杆、降成本、补短板五大任务加快推进,相辅相成,环环相扣。外部大环境如此,建筑企业面对的挑战势必称得上天翻地覆。对于建筑行业来说,惯有的发展方式、揽活—干活的经营模式甚至包括一系列其他旧有的组织架构、管理结构和效益结构都将受到市场的严峻考验,由此,形势判定、决策制定和发展目标成为建筑企业攻坚克难面临的紧迫关卡。

2015年,中央审议通过了《关于在深化国有企业改革中坚持党的领导加强党的建设的若干意见》,强调确保党的领导、党的建设在国有企业改革中得到体现和加强。2016年10月10日,习近平总书记在全国国有企业党的建设工作会议上发表重要讲话,站在坚持和发展中国特色社会主义、巩固党的执政基础执政地位的高度,深刻阐明了国有企业改革发展和党的建设一系列重大理论和实践问题,系统宣示了新时代党领导国有企业的重大主张,深刻揭示了搞好国有企业的科学规律。由点到面,这些论述亦为全体建筑企业工作提供了强大的思想武器和行动纲领。一些建筑企业在推动实施党建工作落实年、党建质量提升年、基层党建推进年、党建巩固深化年等系列活动的持续探索中,多措并举推动重点工作任务落地见效:建筑企业管党治党意识和责任明显增强,党的领导弱化、党的建设缺失、从严治党不力等一系列状况明显改观。总的来看,党建融合发展取得明显成效:党对建筑企业的领导趋于全面;抓党建强党建的工作质量更上一层楼;做强、做优、做大建筑企业的信心决心进一步增强;服务大局、服务人民的价值作用持续显现。从方向引领到动力支撑,党建融合业已成为建筑企业特色挖掘的必由之路。

7.1.1 企业特色发展与党建关系

企业的发展与党的建设息息相关,从投入导向和产出测度两个角度来看,党建工作的落实与否直接决定了标杆责任的激发效果，这势必影响建筑企业先锋力量的集聚与熔铸。我们可以从党建引领、组织结构、业务落实和企业绩效评价与持续改进的全过程链条对企业特色发展与党的建设之间的关系抽丝剥茧，并启发建筑企业充分发挥党建在其特色发展过程中的积极作用。

坚持政治生活从严，把握特色民主意识。政治生活是党建工作的重要抓手。严肃的政治生活与有价值的企业文化、有生命力的企业价值成长相辅相成。与企业文化的培植与传播、企业价值的更新与锻造类似，政治生活亦需要严中抓严，坚持把党的领导融入公司治理各环节。

创新需要探索，特色根植常规。在挖掘自身特色的过程中，建筑企业需要通过严肃的政治生活，引领相应的变革方向。为保证这一工作有据可查、有章可依，且全员知晓、共同参与，建筑企业应当将党建工作要求写入公司章程；制定或完善相应的制度实施办法。例如，明文规定不同治理主体的议事范围和决策程序；清晰界定党委会议事原则及其所需遵循的规则；明确所涉事项的分类分级，尤其是重大事项的边界与范围并积极敲定如何积极开展前置研究。一经审议通过并颁布，这一框架就为建筑企业各级党组织结合实际规范议事的行为提供了制度蓝本，从而助力建筑企业积极创新，不断提升科学决策的意识。

坚持层层传导压力，凸显特色责任意识。党建引领下的建筑企业创新特色挖掘之所以能够具有很强的生命力并结出累累硕果，在很大程度上是因为整个企业组织架构从上到下紧密配合、通力合作。一批理想信念坚定，精神力量强大的高层领导者和基层开拓者是企业特色不断得以提纯、巩固的关键保障。在战略布局的分析中，我们可以看到，在百年未有之大变局和世纪疫情的交织下，建筑企业诚然面临着严峻的考验；但经过历史检验的党的精神将为我们补足精神之钙：越是危机越从容、越是变局越清醒、越是艰险越向前。在此情景下，上行下效，皆将特色挖掘与创新作为常规开展的工作，工作压力在组织架构内层层传导，形成勠力同心、热火朝天共创事业新篇的干事局面。

中铁二十局在凸显特色责任意识方面做出的积极探索值得我们建筑企业借鉴和参考。企业党委委员连续5年坚持春节走基层；领导班子成员持续多年坚持"七个一"党建联系点制度；近30年从未放松开展年度系列主题教育活动。党建工作对特色创新的引领、支撑与示范，为压力传导提供了可行框架：主管领导从严示范主体责任；分管领导明确分管领域的第一责任；领导层面形成了领导行为、部门行为与全局行为协调共进、责任共担的"雁阵"效应。在"领头雁"行动和效力作用下，再借助常态化开展的党组织书记、纪委书记述职评议和党建工作责任制考核，由点到面辐射，形成全覆盖，用考核的指挥棒进一步压实管党治党责任。阵型已定，在此基础上，为将党建工作与中心工作深度融合，全面推行深入基层调研解决问题，并通过讲党课、讲政策、讲形势，督导党员领导干部民主生活会，及时将中央和上级党委重要指示批示精神送到基层、送进班组，强化党委委员的身份意识和领导班子的责任意识，达到精神力量持续补给的良性循环。

坚持正确选人用人，着力加强监督执纪。无论党建引领工作、战略推进构想还是组织架构的完善，都离不开人员对此实施并见到真章，取得实效。建筑企业面对的市场竞争归根结底是人才的竞争。无论是既有人才的继续教育、推优选先、擢升提拔，还是新人才的引进与吸收，都需要党建工作对其正确方向的把握；更需要党建工作对全部流程的严格监督与审慎管理。

此前所述的特色责任意识在选人用人与监督执纪方面切实发挥了作用。在新学员接收、干部选用、外调人员接收、领导岗位调整等人事变动环节，应充分听取分管领导意见建议，采取个别酝酿、集体决策的举措，使党管干部和党管人才的原则在落实主体责任的组织架构下得到充分体现。秉持"党性 + 德能"原则不放松；坚持好干部的选拔和任用标准不妥协；坚持公开竞聘下考试、考核和群众测评的方式不松懈；加强关于任职人员政治素质、综合能力、管理水平满足岗位需求条件审查不含糊；多方发力端正建筑企业选人用人风气，坚守任人唯贤的选人用人路线。前序分析的主体责任落实及其考核在此得到检验：倡导效益导向下小亏降级、大亏撤职、严重问题五年禁入的用人文化，基本形成不敢亏、亏不起、不想亏的震慑。除业绩导向外，在监督执纪方面，建筑企业应当加强政治监督和日常监督。及时学习和认真贯彻落实中纪委各类会议精神，对四个专项整治工作常抓不懈。针对上级党委和相关监督部门巡视反馈的问题，建筑企业应当积极应对，制定整改措施，在规定时限内全部整改到位。为使监督执纪更日常、更全面，建筑企业可以积极探索以现场巡查监督为主，网络调研反馈为辅的巡查途径。监督执纪是手段，整改进步才是目的。因此，监督执纪决定、过程和结果应当以专项监督检查、督办函和通知书形式，对相应反馈的问题整改落实进行督办，形成巡查之后有回响的闭环工作链条。定期对党建融合工作取得成效进行系统总结，通报典型案例和党政纪处分情况，从而全面规划出不能碰的底线、不敢碰的高压线和不想碰的界线。

7.1.2　党的建设引领企业特色化

学习锤炼管理，修养引领思考。建筑企业必须以习近平新时代中国特色社会主义思想为指导，深入贯彻党的十九大和十九届二中、三中、四中、五中、六中全会和《中国共产党国有企业基层组织工作条例（试行）》精神，坚持和加强党的全面领导；始终坚持"围绕发展抓党建、抓好党建促发展"的工作思路；不断强加基层党建基本组织、基本队伍、基本制度"三基建设"；以期党建工作与生产经营融合互动、一体推进；逐步形成与发展战略相一致、与发展模式相匹配、与管理方式相协调的党建工作格局；最终为建筑企业挖掘企业特色，实现高品质发展提供稳固的政治保障。

管理履职质效双赢，特色教育实践并进。从严落实党委理论学习中心组学习研讨、第一议题、读书班及"每月一课"廉洁教育等制度，扎实开展"党的群众路线教育实践活动""三严三实"专题教育"两学一做"学习教育"不忘初心、牢记使命"主题教育和党史学习教育，深刻把握党中央对新常态下建筑企业的新任务、新要求；持续强化思想路线、组织路线和群众路线。在此基础上，要求全体党员、干部自觉接受经常性党性教育。

企业凝聚群体力量，打造一流特色品牌。当前，建筑企业在群众力量凝聚和品牌意识树立上有较好的举措和较成熟的体系。具体说来有以下三种认识。

①建好意识形态阵地。可以采取的办法通常有：每年及时组织全体职工学习全国两会精神；每半年检查并通报各单位意识形态落实情况；每年结合建筑行业和建筑企业实际遴选主题教育选题并组织专人设计专题读本，指导广大职工积极开展学习、挖掘思想、凝聚智慧。

②建好红色精神基地。广大党员纷纷前往教育基地缅怀革命先烈，接受爱国主义精神、社会主义道德风尚、社会主义核心价值观教育；引导广大职工通过基于建筑行业和建筑企业设计的主题展览感受企业波澜壮阔的发展历程，追溯企业精神的起源；积极参加行业技能竞赛、创意比赛和文化活动，以多种形式将红色精神转换成新时代赶考精神。

③建好宣传主阵地。酒香也怕巷子深，讲好企业的故事，就是讲好行业的故事；讲好行业的故事，才能实现对企业的精准定位和特色挖掘。新时代我们要更加注重抓住党中央和国家关注点，履行企业社会责任，扛起建筑企业的担当。以中铁二十局为例，近年来通过《人民日报》、新华社等主流媒体讲述的"小汤山医院建设""驰援湖北10万斤蔬菜""海外市场防疫与生产经营不掉线"等抗击疫情和复工复产事迹，借助《共和国长子》《国家荣誉》和《2020》等职工文学作品一并立体构建并展示了新时期大型建筑企业创新进取、开拓担当、健康向上的品牌形象。

作风建设严明有力，政治纪律意识落实。建筑企业各级党委、纪委认真落实中央八项规定精神，纠治"四风"不松手。通过对公车使用、办公用房、交通工具、出差住宿、履职待遇、干部提职时个人重大事项申报审核；通过对上级党委和监督管理部门巡视所反馈的问题即知即改并进行相应的整改、公示、核销；通过加大对亏损项目的执纪问责和惩处，通过深入开展反面典型警示教育和针对四个专项整治自查自纠；通过强化重点事件提级核查、把控办事力度等一系列措施的落实，真正确保把纪律和规矩挺在前面，依法办事的法治意识、政治纪律意识得到全面提升；对党纪国法、企业制度敬畏与遵从的政治自觉明显增强；真正做到政治作风、组织纪律过硬，能在经济和社会效益的提升中有所担当、有所作为。

7.1.3 中国特色的建筑企业管理特征

中国特色的建筑企业管理，治理引领发展和特色探索创新是攻克难关的重中之重。在此过程中，涉及企业内部的方方面面：自上而下，从组织到个体，不分岗位，不论职级，都在其中发挥了重要的作用。

可以看到，建筑企业的第一管理者，时刻都要积极学习、接受教育。这种学习精神上行下效，上传下达，真学真干所激起的企业力量是难以估量的。特别是，真正有的放矢的学习教育，其目的就是为了发现问题，解决问题。习近平总书记曾作重要指示"要突出问题导向，学要带着问题学，做要针对问题改。"无论是"不忘初心、牢记使命"主题教育，还是党史学习教育，抑或是日常开展的各种专题教育、主题教育，在学习教育推进的过程中，建筑企业的各级党组织、各位党员干部员工，必须按照中央要求，牢固树立问题意识。结合建筑企业实践，把问题导向贯穿学习教育始终，通过聚焦问题查、对照问题改，从根本上解决问题，确保学习教育从一开始就落在问题上，扎在现实中。通过理论分析和实践检验，充分挖掘中国特色的建筑企业在党建融合中所表现出的管理特征。

党的领导地位突出，基层组织上下联动。实践是最好的检验试剂。就2020年新冠病毒肆虐全球以来的情况而言，国际格局调整尤显深刻，国际环境更趋复杂，世界面临百年未遇之大变局，大国博弈，形势剧变，暗流涌动，与疫情叠加在一起考验的是全球生命与全球经济的脆弱性和弹性。面对复杂的政治经济形势，建筑企业党建的方向引领作用就更加凸显。

按照党中央的部署，建筑龙头企业党委要身先士卒、以身作则，各级党组织要旗帜鲜明讲政治，坚决践行"两个维护"。每个建筑企业都应当把认真贯彻上级党委重大决策部署，冷静分析形势变化，运筹帷幄治理方案作为第一要务，紧扣实际生产和变中经营的痛点，以业务及其支撑环节的变革性改进来推动党建融合的互补互促。在党委的领导下，建筑企业凝聚全企业的党员、团员及其带动的群众综合力量，树牢疫情防控和复工复产两手抓、两手都要硬的思想，发挥党组织和党员的先锋模范作用，为企业安全生产和健康可持续发展筑起红色堤坝。后疫情时期，外部需求变化更显交错激荡，建筑企业需立足自身实际并不遗余力增加企业弹性以上下联动共同调整适应。以国内市场、国际市场双循环框架下共建人类命运共同体为指引履行企业社会责任，及早防范国内、国外两个市场，在规模上、效益上和节奏上可能出现的断层与脱节等问题，从而在这一轮经济周期中争得先机，保持发展和增长的双稳定。

特色工作彰显实效，治理效能持续提升。优质的建筑企业治理体系需要同样优质的机制来保障运行。十九届四中全会审议通过的《中共中央关于坚持和完善中国特色社会主义制度、推进国家治理体系和治理能力现代化若干重大问题的决定》中，"制度"这一词汇以77次的出现频率成为备受关注的研讨热词，足以显示制度建设、完善与实施的重要性。挖掘企业特色是企业创新的重要环节，而加快推进党建与建筑企业中心工作相结合的体制机制建设，则旨在全面提升建筑企业在新常态下继续高效发展的活力，亦即强党建与谋发展的深度融合。

一方面，建筑企业应当坚持以破题攻关为抓手，努力攻克党建引领与公司治理深度融合的难题、攻克党委议事规则修订的难题、攻克基层"三重一大"集体决策由虚向实转变的难题。在此基础上，整个组织架构的各个节点应当层层守住决策关口，保证建筑企业打造品质企业的工作总方针无偏移。另一方面，以党建统领企业创新与经营，应当逐层压实主体责任。这一特征在实际操作中表现多样，可根据企业实际情况，以一定项目周期或发展周期制定滚动发展规划，也可针对企业未来人才需求设计培养规划。这其中各级党委发挥的作用显示在发展蓝图的擘画、显示在管理思路的落实、显示在管理理念的更新、显示在班子建设与人才选用中的慧眼。如此种种，逐层深入，逐一聚焦，最终畅通党建融合，将党的领导优势转化为在建筑企业发展的过程中，把基层工作做深、做实、做透的治理效能。除此之外，在党建引领过程中，为使得特色工作的实效得以显现，治理效能能够持续提升，建筑企业应当畅通重大部署直达基层，甚至为此搭建绿色通道、快速通道。于细微处持之以恒，方得始终。例如一些建筑企业在经过多年摸索后，坚持开展党组织书记述职评议全覆盖、春节走基层活动等工作，就是在实效检验和显现的环节形成"有困难、我报到，有难题、我来解"的长效机制。见微知著，建筑企业需要在党建融合的实操中进一步凸显特色工作，寻求治理效能的持续解决之道。

保障体系优势显著，凝聚激扬奋进力量。在特色工作和治理效能良性循环的基础上，建筑企业为挖掘其特色还表现出对创新行动的保驾护航有据可依、对工作的实效奖罚分明的特点。企业基层党建工作是企业战略实施和高质量发展的重要政治保障，更是塑造广大基层同志们正确思想价值观念的根基所在。建筑企业要结合当前发展新形势，从抓牢思想建设根基，规范日常工作流程，提升经营管理能力，转变工作作风等方面入手，进一步增强基层党建工作的全面性，系统性和多元性。从实践中来看，建筑企业的企业愿景与使命应当与企业的经营理念、管理文化、工作落实紧密衔接，并能够回答企业的梦想是什么，企业的创新从何处来、到何处去，以及如何实干、巧干、能干等一系列问题。在此过程中，建筑企业能够将做强、做优、做大的目标具体化，从而达到战略设想与特色发掘与创新可落地、可推行、可到达。由此，建筑企业能够在组织架构和长远规划方面保障相关创新探索的可行、能做、吸引人做。

在进一步关口前移、重心下沉、权力下放的管理体系保障基础上，作为需要经受市场考验的效益型企业，建筑企业特色挖掘、创新发展的过程中，也应当重视项目绩效；并以此作为集聚同类或互补、优质或储备、短期或长期优势力量的磁场。以中国铁建为例，该企业持续用好"两个责任"，并使其与生产经营绩效挂钩。规定亏损项目主要领导5年内不得提拔任用、对监督实行再监督等治理措施，做到责任清晰、刚柔并济、甚合员工心意而得到拥护。结合企业实际和发展形势，要想持续集聚与时俱进、创造性力量，关键在抓落实、在实干。通过开展针对性的系列年度主题活动，建筑企业在此过程中通过讲好企业故事、传承企业精神进一步团结内部力量。企业内每一个基层党组织都能实现从"要我抓、没空抓、不会抓"向"我要抓，且必须抓好"的转变，防止出现基层党组织的组织动员能力弱化、基层党建与治理脱节等问题。最终，建筑企业党建融合工作应当确保每一个重大改革环节都有党员领导干部负责；每一个重大项目实施都由党组织推动；每一个重大任务攻坚都有党员干部带头。在网格化的治理体系中分层划片攻坚克难，以强有力的党建融合引领建筑企业各项事业高质量发展。

7.2 中国特色之度势

坚持党的领导、加强党的建设，是我国以经济建设为中心发展路线所具有的重要特色。企业的根与魂在于党的领导和党的建设，在建筑企业中宣贯党的领导作用是重要的政治原则，更是新常态下需要不打折扣坚决执行的光荣传统。除此之外，分析建筑企业所面临的国内外政策环境、文化环境和市场环境等诸多方面，建立完善的制度保障也是建筑企业亟须一以贯之的重要工作内容。中国特色现代企业制度，"特"就特在把党的领导融入公司治理各环节，把企业党组织内嵌到公司治理结构之中，明确和落实党组织在公司法人治理结构中的法定地位，做到组织落实、干部到位、职责明确、监督严格。这一情势就明确要求建筑企业切切实实地将加强党的领导和完善公司治理统一起来，并在此过程中充分发挥党组织的领导核心和政治核心作用。

从建筑企业在我国所处的环境中具备的政治属性来看，建筑企业党组织应当全力运转以保证党和国家方针政策、重大部署在企业内贯彻执行，确保党对国有企业的政治领导。从建筑企业在我国所处的环境中具备的经济属性来看，建筑企业的法人治理结构需要能够维护利益相关者特别是权益享有方的权利，保证企业资产稳健地保值增值，实现建筑企业经营效益最大化。

然而，在梳理建筑企业所具备的政治属性和经济属性的情势时，我们发现，长期以来在建筑企业内部存在着一些党组织和领导干部把经济建设与党的领导、党的建设割裂开来看待的情况。其中更有甚者在思想认识上认为党的建设是虚的，经济指标是实的；在行动上就随即把主要精力放在抓经济建设上，忽视甚至荒废了党的建设，表现为部分党员理论认识上不成熟，思想觉悟上有困惑，感到理想信念虚无遥远，与个人关系不大；有的只顾抓权力，不去抓监督，任命干部时当仁不让，平时对自己却放任自流；有的原则性不强，对歪风邪气不抵制、不斗争，一味遮丑护短。这种未实现党建融合的情势对建筑企业的发展极为不利。短期来看，即便将全部资源用于经济建设使得经济指标有所提升；然而把时间线拉得长一点，就不难发现：管理人员和基层实践者一旦政治信念不坚定、政治觉悟踌躇不前就会使企业愿景和使命及至发展战略规划流于形式，变成空文。我们也发现这样的情势因为监督执纪无处落脚而慢慢滋生了腐败的现象和土壤；一经折损建筑企业价值的诸多举措蚕食，势必导致项目绩效有所亏损，这一影响沿着企业组织架构下行传导，可能导致职工的工资收入失去较为稳定保障，职工幸福感和获得感降低，矛盾问题频出不断，最终从企业用人的层面爆发出各种各样的矛盾冲突。由此可见，党建融合是基于建筑企业政治属性和经济属性挖掘企业特色的方向引领和坚实保障。

在实际的企业经营中，中国特色企业管理的重中之重在于将特色彰显于实处。这就需要相应工作人员具备与之契合的能力与素质。一方面，面对工作中将特色提炼、落实和提升的困难，是迎难而上或畏葸不前；是积极作为或消极应付，这将直接关系到建筑项目的质量乃至长久来看项目的成败。另一方面，在实际工作中，我们要面对的是项目实施工程中的各色人等，要处理的关系也是乱麻一般，要面对的外部客观条件更是天天在变、时时在变。身处这样的变局情势，如何才能谋得一种确保工程项目得以健康平稳运行的平衡亦是建筑企业谋求在中国特色发展壮大所面临的挑战。

综上所述，中国特色的建筑企业发展就是要将党建与经营融合，特别是要与项目及其产出融合，充分体现新时代中国特色社会主义下的融合创新，利用党建和企业管理创新相互融合，精准切入、极致推进并以优质绩效收官。为此，建筑企业的企业中国特色的挖掘可以从以下三个层次铺开论述。

7.2.1 效益导向下建筑企业的市场定位

建筑企业首先是经济学组织，需要遵循努力经营以获取利润最大化的基本规律。作为兼具政治属性与经济属性的建筑企业，要以习近平新时代中国特色社会主义思想为指导，提高站位、提高认识，推动建筑行业发展再攀新高、再立新功。建筑企业要充分认识到建筑业不仅是中国的基本产业、富民产业，更是贯彻落实习近平新时代中国特色社会主义思想、务实参与"一带一路"建设、服务国家对外开放大局的重要抓手。同时，深入参与、积极参与、深度参与、全面参与"一带一路"建设，也是建筑行业开拓外部市场、实现在更广阔舞台上获取更好发展的必由之路。相关政策制定部门将切实改进服务，进一步完善建筑市场信用评价体系，帮助更多本土骨干企业提升资质，同时抓紧研究建立建筑业产业发展基金，为建筑业企业保驾护航。

不忘初心方能行稳致远，牢记使命才能开辟未来。党的十八大以来，习近平总书记始终以身作则、以上率下，多次召开会议诠释中国共产党初心使命的深刻内涵，引导广大党员干部把牢理想信念总开关，以百姓心为心，牢记共产党员的使命担当。中央先后开展了群众路线教育实践活动、"三严三实"专题教育、"两学一做"学习教育、"不忘初心、牢记使命"主题教育。建筑行业发展取得的历史性成就表明：发展好建筑业，必须坚持市场为先、必须坚持顺势而为、必须坚持品牌塑造、必须坚持龙头领航。要进一步深化建筑业对我国经济社会发展极端重要性的认识，把建筑业放在更加突出的位置，聚焦市场开拓，进一步提高市场份额；聚焦创新引领，进一步促进提质增效；聚焦结构调整，进一步推动做大做强；聚焦要素提升，进一步增强企业发展动能；聚焦企业管理，进一步做好风险防控；聚焦精准服务，进一步优化营商环境，全力推动建筑企业发展再创新辉煌。

在建筑企业明确自身市场定位时，主要需要结合自己在供应链、产业链中所处的位置，在价值链中所做的贡献进行综合衡量。党建融合对此能够施以的保障则在于如何对建筑企业的市场定位过程和市场定位结果保驾护航。可以考虑在特色挖掘中实施谋划：建立两级党委党群系统领导工作体系；明确党委委员对分管区域、分管部门党的建设工作；履行党风廉政建设一岗双责；制定并落实诸如党建工作责任制实施工作办法与党建工作联系点制度一类的制度文件。为加强监督执纪及其所可能获得的实际效果，需要强调所有党委委员（不论是领导班子成员、党群部门领导，还是二级企业党委书记；不论是负责企业管理、生产经营、安全质量、经济管理的领导，还是专职党委、纪委、团委、工会干部）在落实重大任务时，都必须以党委委员身份开展工作，以保证党委的领导作用发挥和党委委员职责的履行。

7.2.2 效率导向下相关主体的担当责任

市场检验是对建筑企业的实时考察，而运转效率则将在建筑企业的长期发展中扮演重要角色。对此，建筑企业需要向管理要效率，向实施要效率；这就更需要明确相关主体的担当与责任。作为建筑行业的龙头企业应当明确责任主体，尤其需要警惕因挂靠而产生的一系列问题。根据我国现行《建设工程质量管理条例》规定，被挂靠主体在亲自签字确认参与项目实施而项目发生事故时，无论是否以实际现场负责人、实际技术负责人和实际安全质量负责人参与，无论事故发生时是否在现场出现，都会因作为或不作为承担相应的责任，得到相应的处理。作为指行为人以积极的身体活动实施刑法所禁止的危害行为，不作为指行为人能够履行自己的义务的情况下不履行义务。从违反法律规范的性质层面上看，不作为不仅违反了刑法的禁止性规范，而且直接违反了某种命令性规范，成立不作为犯罪时应当在客观上具备以下条件：行为人负有实施特定积极行为的具有法律性质的义务；行为人能够履行义务以及行为人不履行特定义务。对于法律性质的义务来源主要有：法律法规明文规定的；职务或者职务要求的；法律行为引起的和先行行为引起的。对于被挂靠者拥有资质才可以经营的权利；同时，就应当负有与权利相对应的义务，这来源于法律法规的明文规定，也来源于职务或业务上其应尽的义务。被挂靠者既然拥有资质，就意味着其有能力从事相应的工程施工，可以去完成或有能力去监督挂靠者完成施工。在此情境下造成或者可能造成危害结果，对于被挂靠者，如果认真履行义务，是能够避免危害结果的发生的；正是由于其不履行资质赋予其的特定义务，构成了损害，势必因为不担当不作为受到相应的惩罚。

新形势下，要深刻把握新时代对党建融合提出的新要求，全面贯彻落实党中央关于加强企业党建工作的新部署，以制度化、常态化、具体化的有力举措推进建筑企业党建工作。按照党建工作要求，对标问题短板，结合工作实际，为进一步落实和深入推进建筑行业责任主体制度，与此同时，建筑企业要担当安全生产主体责任，深刻意识到安全生产的重要性。为此要重点抓好以下几方面的工作。

①建筑企业应加强制度管理建设。根据上级企业党委和企业党委的要求，做好明确把党组织研究讨论作为董事会、经理层决策重大问题的前置程序，同步对董事会议事规则、总经理

办公会议制度进行修改完善。规章制度建设是企业基础管理工作的重点，同时也是管理的难点。规章制度涉及范围广，涉及企业职能管理的各个方面；规章制度所涉及的管理关系复杂，要涉及组织内部纵向和横向的交叉；规章制度具有时效性，存在制度创新的内在要求。

②建筑企业应梳理党建工作流程。规范统一基层党组织建设、党组织关系转移、发展党员、民主生活会、任职前谈话、党风廉政建设主体责任履行等党建基础工作流程，解决"不能""不会"问题，做好做强转变。建筑企业应提升企业管理水平，根据局全面开展管理项目实施方案和公司管理项目实施细则的要求，组织部门在企业发展部既定的节点时间内认真完成了规定的各项工作。管理制度和工作流程的制定出台，进一步完善了党组织工作机制，具有切实可行的指导性和操作性，为基层党组织建设和各项工作的落实提供了易行的方法和实施路径。

③建筑企业应落实党委委员履责。企业党委坚持党委委员春节慰问、党委委员宣讲十九大及十九届历次全会精神，并且目前正在研究制定《党委委员履职细则》，充分发挥党委委员的带头作用，提高党委委员履职实效。严格落实集体领导和个人分工相结合的制度，全面、深入排查分管科室、联系企业工作中存在的廉政风险点、廉政盲点。定期与分管科室、联系企业负责同志进行谈心谈话，了解掌握思想、工作、生活情况，坚持多提醒、多沟通、多帮助、多督促，认真做好廉洁自律工作。此外，建筑企业应扎实推进党建工作责任制量化考核落实。要根据企业制定的《党建工作量化考核实施细则》，用好刚性管用的党建工作考核这根"指挥棒"，推动党建工作各项任务和要求的有效落实。考核结果直接纳入对各单位主管领导经营绩效考评，使党建考核同企业领导班子综合考评、经营业绩考核衔接起来，同党组织书记的薪酬、奖罚、任免挂起钩来。要提升对党建工作融入生产经营重要性的认识，指出这是国内外基层党建工作的根本落脚点和出发点，同时要加强人才队伍培养，不断提升自身业务能力，肩负起企业赋予的责任，促进企业持续稳定发展。更进一步，建筑企业应认真抓好党组织书记述职评议考核工作。述职评议考核将实现常态化制度化。各单位要安排部署对所属单位党组织书记针对党建工作的述职评议，促进各级党组织书记进一步落实党要管党、从严治党要求，履行企业党建工作第一责任。要着力抓好整改落实，列出问题清单、责任清单、整改清单，制定整改方案，逐项抓好整改落实。企业党委将采取不定期抽查或专项检查等方式对整改事项落实情况进行督查，跟踪督促整改落实，确保整改事项落到实处。对于思想不重视、考核不过关的党组织书记，将进行组织调整，不换思想就换人。

总的来说，建筑企业一方面要全面落实党建工作目标责任。党建工作责任书要以任务清单方式明确列出要求各单位党组织书记履行党建工作第一责任人职责必须完成的党建重点工作，以及必须达到的目标要求。各单位也要按照要求和企业党委做法，与所属单位党组织签订党建工作责任书，压实党建工作责任。另一方面要加强对基层党支部建设工作督导检查。各级党组织要高度重视，企业党委和所属各单位党组织要按照要求，分别派出工作组，以创建五好四强党支部为抓手,加强对基层党支部党建工作的督促、检查和指导。加强党务干部特别是党支部书记队伍建设。坚持双向进入,交叉任职,拓宽人才成长通道。要注重培养选拔具有文科学历和思想政治工作经历的优秀骨干充实到项目党组织书记岗位,建立一种有利于基层党组织书记开展工作的机制。项目的党建抓得好不好,与项目书记能否履行第一责任敢抓、敢管,以及作为主要班子成员的项目经理能否履行"一岗双责"密切相关。

对于有海外项目的建筑企业来说,海外项目的党建工作亦不容忽视。在总结海外党建工作经验的基础上,研究推进海外项目管理,强化海外项目的党建思想政治工作有关规范制度,制定《海外项目党建管理办法》。要结合本单位党建工作实际,提前思考,挖掘、总结、提炼海外党建工作中好的做法和经验,推动海外党建工作上台阶、上水平。总之,做好新形势下的建筑企业党建工作,推进全面从严治党,是各级党组织书记的第一责任和重大政治任务。加强基层党建工作,事关企业的特色挖掘与变革性创新,任重道远。

7.2.3 责任导向下建筑企业的群众路线

在建筑企业的政治属性与经济属性的剖析中,我们可以看到其部分经济贡献于社会,是企业承担社会责任的表现,也是企业以自身经营助力社会发展的明证。这样的责任与贡献,理应将惠及的覆盖面尽可能地铺大。这对建筑企业的管理与经营,特别是特色挖掘下的党建融合提出了更高要求;相关主体的责任意识需要进一步强化。党建领导班子是政治班子,强化责任落实首先就要检察领导干部的政治责任意识,凡事应该从政治上看,把党的绝对领导、"两个维护"融入具体的监督执纪工作中;要增强国家责任意识,始终把检察工作与党和国家的伟大事业结合起来,在全面建设社会主义现代化国家新征程中作出应有贡献;要增强法治责任意识,结合检察工作,自觉把宪法法律规定与党和国家的司法政策抓好落实。在加强国有企业领导人员队伍建设中,建筑企业党委注重整体功能发挥,坚持让党委委员把重责任、尽履职、轻座次、为而不争、塑品于形于心作为履职尽责的座右铭,在实践中墩苗壮骨,走出了一条建设高素质复合型国有企业领导人员队伍的新路子。从上到下传递形成一级抓一级,层层抓落实的作风建设工作体系。

除了要紧抓党建,领导班子特别是主要责任人还要深入项目。项目书记应当更好地履职担当,必须要亮明身份、突出责任、把抓好党建作为最大政绩。要以项目书记带头强化责任落实,从上至下将责任落实至每一名员工,不论是党员还是群众,都应齐心协力共建筑行业未来。在这一方面,某建筑国企的几个做法可资借鉴。要始终牢记党组织书记这个第一身份,坚守党性初心葆本色。身份、党性、初心从任职党组织书记的那一天起,就烙在了各位党组织书记的岗位上,一定要清楚自己是谁、为谁服务。具体可以从以下几个方面审时度势。

(1) 全体党员应亮明身份,忠诚履职

党组织书记亮身份,形成并不断更新落实党组织书记抓党建第一责任人责任要求的有效举措和实践经验。建筑企业党组织书记,是企业党建融合的总舵手,要以高度的政治自觉完成好党和企业交给的任务。党组织发挥把方向、管大局、保落实的作用,对党组织书记的要求就更高更严。要持续增强政治意识。要求整而未治、阳奉阴违、禁而不绝,导致批示层层空转,搞形式主义,弄虚作假。坚持书记抓、抓书记,让书记队伍率先增强四个意识,坚定四个自信,做到两个维护,并从行动上予以具体化。积极贯彻落实建筑行业的新精神、新要求,提出符合实际的贯彻措施,聚焦发展第一要务,组织、动员广大党员干部积极出战,推动党建工作、企业战略及企业年度各项目标落地落实。做到持续强化民主集中。党组织书记作为班长,要带好队伍,带头执行民主集中制,在各方面以身作则,发挥好表率作用。要抓好班子建设,团结带领党委委员、党工委委员、党支部委员这一班人要正确贯彻上级意图,向他们明确任务、分配工作,十指攥拳形成合力,确保国有企业党组织工作基本原则在本单位贯彻实施,确保重大事项前置研究应议尽议,督促不同治理主体行使专业决策权,做到不越位、不错位、不缺位,风清气正的政治生态。

(2)全体员工要坚持充电,锤炼党性

"党性是党员干部立身、立业、立言、立德的基石,必须在严格的党内生活锻炼中不断增强。""坚强的党性,是成为高素质领导干部的首要条件"。一定要加强理论提升。理论创新每前进一步,理论武装就要跟进一步。根据中共中央办公厅印发的《关于巩固深化"不忘初心、牢记使命"主题教育成果的意见》,党组织书记要坚持与时俱进的态度学习和运用马克思主义理论,更加自觉、更加刻苦地学习习近平新时代中国特色社会主义思想和《习近平谈治国理政》(第三卷),用党的创新理论武装头脑、答疑解惑、指导实践、推动工作。要深入思考从哪些方面提升治理体系和治理能力现代化,从哪些方面提质增效尚盈利、多盈利,为职工服务解难题,切实把科学理论和主题教育成果,转化为决胜建筑企业短期内希望达成目标的强大力量。要严守政治纪律和政治规矩,始终保持清醒头脑,严格执行《关于新形势下党内政治生活的若干准则》,把对党忠诚、为党分忧、为企业尽职、为职工谋福祉作为根本政治担当。一定要保持斗争精神。百年变局叠加全球疫情,世界动荡变革加深,中国正在一个更加不稳定不确定的形势下谋求发展。建筑企业发展进入各种风险挑战不断积累甚至集中显露的时期,信用评价、工程公司建设、产业结构调整、资金管理、网络安全、境外发展、党的建设以及项目管理等方面都有,而且越来越复杂。这就要求,党组织书记要有草摇叶响知鹿过、一叶易色而知天下秋的见微知著能力,要有创新机、开新局的魄力,以乱云飞渡仍从容淡定,在各种重大斗争考验面前炼胆魄、磨意志、长才干,在复杂严峻的斗争中经风雨、见世面、壮筋骨;要把增强斗争精神,作为当前这一特殊时期锤炼党性的关键一招。

(3)党组织书记评议考核,清醒头脑

召开各单位党组织书记抓基层党建述职评议考核会议,是认真贯彻习近平总书记关于落实全面从严治党主体责任、加强党的基层组织建设重要指示精神,促进党组织书记进一步落实党要管党、从严治党,履行党建工作第一责任人职责的重要举措,也是企业推进全面从严治党的一项制度性工作安排。开展党组织书记述职评议考核已经作为党要管党、从严治党的一项重要要求,被写入《中国共产党国有企业基层组织工作条例(试行)》,并作为一项党内制度固定下来,书记述职已不存在可不可以不参加、可不可以不述职、可不可以不考核的问题,做好贯彻执行是唯一的选项。因此,面对党建述职评议考核的严肃要求,在项目管理方面,项目书记必须保持清醒头脑,履行好自己在党建工作上的职责,而不能等到被问责才意识到做好党建工作的重要性。按照中央精神,国务院国资委党委、上级企业党委先后召开会议,下发通知,对企业党组织书记抓基层党建述职评议考核工作进行了动员部署;2019年12月9日,中共中央组织部根据《中国共产党章程》和《中国共产党地方委员会工作条例》《中国共产党党组工作条例》《党政领导干部考核工作条例》等党内法规,制定了《党委(党组)书记抓基层党建工作述职评议考核办法(试行)》,明确规定述职的党组织书记要紧扣述职评议考核重点内容,把自己摆进去,总结工作成效,主要查摆突出问题、分析产生根源,提出破解工作瓶颈的措施。

(4)企业坚持走群众路线,全面覆盖

推动管党治党从关键少数向全体党员转变,以党支部为基本单位,覆盖到每位党员,并以党员的星星之火辐射全企业形成燎原之势。

7.3 中国特色之谋定

党的基层组织是党执政的组织基础。基础不牢,地动山摇,只有进一步增强党要管党、从严治党的责任感、紧迫感和使命感,在加强党的思想、组织、作风、制度和党风廉政建设的同时,更加注重党的基层组织建设,才能加快推进企业发展,为转型科学发展提供坚强组织保证。党的十八大以来,习近平总书记对党的建设提出了许多新思想、新论断、新要求,深刻回答了在新的历史条件下加强党的建设一系列重大理论和实践问题,贯穿其中的一个中心思想就是党要管党、全面从严治党。党的十九大也提出,坚持全面从严治党,勇于自我革命,从严管党、治党,是我们党最鲜明的品格。

因此,建筑企业以特色挖掘创新为目的进行党建融合时必须以党章为根本遵循,把党的政治建设摆在首位,思想建党和制度治党同向发力,统筹推进党的各项建设。作为中国特色的建筑企业,必然需要在党建的引领下不断强化意识担当,把好方向引领,做好阵地建设。党建工作既应当做好引领,又应当围绕企业的中心工作做好服务与支撑。作为以市场效益和社会效益作为生存与发展检验的建筑企业,党建工作尤其重要的发展点在于其建设步调要与企业发展步调契合，可前瞻但不可脱节更不可滞后。

按照建筑企业自身的生命周期划分，以及建筑企业在市场中谋求发展壮大的层次、步调，党建工作可从深耕本行业，服务本区域和走向国际三个层次展开。在实施建筑企业差异化发展战略的新常态下，必须进一步强化党建引领，充分发挥党组织和党员干部在企业改革发展、转型升级中的战斗堡垒和先锋模范作用，持续巩固建筑行业的建设成果，发挥基层党建首创精神，调动一线党员干部的精气神，真正把发展活力激发出来，把主业优势凸显出来。

7.3.1 立足本行业，党建引领行业特色挖掘

建筑企业的业务触角从内到外参与到了经济、社会、民生、公益等诸多领域的活动，与社会公众、基层一线联系紧密，加强基层党组织建设至关重要。因此，加强其行业的党建工作则显得尤为重要。做好本职工作，要坚守初心。初心即初衷，指最初的心愿。初心不仅是以理论形态存在于思想层面，而且是熔铸在国家的法律法规、党的路线方针政策、国家的规划蓝图之中。建筑企业只有让更多的党员干部树立崇高远大的理想，立足自己的本职岗位，把梦想融入点滴的行动中，不断继承与发扬我党在百年奋斗历史中积累的宝贵财富精神，才能用实干映照自己的初心，才能用巧干实现企业的目标。

党建工作是引领中心工作的首要保证，建筑企业的中心工作在于在市场上的认可程度。市场推崇的诚信、公平、责任在党的建设里亦是非常重要。社会企业一体，企业社会互利价值观的一体化是市场所追求的首要目标，唯有做好党建工作才能真正做到引领行业的发展。按照住房和城乡建设部印发的《建筑市场诚信行为信息管理办法》，为进一步规范建筑市场秩序，健全建筑市场诚信体系，加强对建筑市场各方主体的动态监管，营造诚实守信的市场环境，各省市建筑企业应高度重视建筑市场信用体系建设工作，加强落实诚信系统和诚信信息平台的构建。与此同时为加强建筑行业公平竞争，就工程质量监督管理人员、工程招投标管理人员及建筑施工安全监督人员等均予以建筑行业道德规范加以约束。建筑企业作为社会构建的一分子，肩负着强大的社会责任，在党的领导下，建筑企业认识和强化行业的社会责任感，培育建筑行业的社会责任，不断开拓新的责任落实体系。众所周知，党建在思想、意识、大局观、使命担当中都有所涉及和体现，二者有深入的契合点，党建作为引领行业发展的立足之本，是挖掘行业发展特色的关键，是建筑企业打好主战场的有力保障。

在习近平新时代中国特色社会主义思想的引领下，各行各业都在努力实现创造自己的特色产业。在经济发展新常态的背景下，中国建筑企业借助于"新时代中国特色社会主义"开放战略的机遇，在走向国际市场的进程中，提高竞争能力，实现传统建筑业向现代建筑业的转型升级。"一带一路"倡议的实施，为建筑企业发展尤其是中国特色建筑产业的发展提供了一个良好的机遇。在此指导下，建筑行业通过挖掘利用优势资源，创新发展行业特色，挖掘自身在行业的特色，是对自己在价值链中的贡献，价值增值、价值合理分享的重新梳理和竞争力

塑造、提升的挖掘。建筑企业挖掘自身在行业中的特色，是对自己在供应链中的地位，前后衔接、甚至由此形成的风险控制问题的再思考；对于企业行稳致远蔚为关键。

7.3.2 服务本区域，党建助推区域特色挖掘

随着城市现代化建设进程不断加快，新的经济和社会组织大量涌现，城市社会群体机构和组织架构随之变化，这给以往分领域、分层级的传统基层党建管理模式带来了新问题、新挑战。"十四五"期间我国将进入两个一百年的历史交汇期，各种大型央企、国企是大国崛起的担当者，加之建筑行业是被动行业，所以建筑企业区域布局，实现区域协调发展就显得尤为重要。

党建工作是围绕中心工作服务的，建筑企业作为中央或地方企业，与区域借助政策和税收形成稳健互动关系。区域发展要求的高质量、低污染、碳排放、企业社会责任等在党建的可持续发展、绿色发展、绿水青山就是金山银山等深层表述中均有体现。党的建设与区域发展有深入契合点，党建提供了动力，特别是这种动力带有的约束本身就是更利于长远发展的动力。随着内部及外部环境的不断变化，区域化发展面临新的形势和挑战。不难发现，区域政策多为差异化政策，对特定地区给予特定支持；然而在加强公平竞争的环境下，要强化竞争政策基础地位，营造公平竞争的市场环境，就要使区域政策更好体现全国统一市场建设的要求，有利于促进要素自由流动和优化配置。现如今，探索区域化党建新模式是区域共建的工作要领，通过探索推进各区域企业联结更紧密、组织形式更严密、运行机制更有效的区域化党建新格局，建筑行业正在针对区域服务，通过党建使建筑治理更精准，为民服务更高效。

认真践行党的群众路线，创新党员干部联系服务群众方式方法，破解基层社会治理的突出问题，解决基层群众切身利益问题，是城市基层党建工作的出发点和落脚点。建筑企业结合这一目标要求，坚持把基层党组织政治功能寓于服务功能之中，全面强化城市基层党建工作基础保障。深化党群服务中心建设，以满足党员群众需要、增强阵地服务功能为目标。区域联动、本域一体、区域共建的区域化建筑企业党建与城市建设融合推进新模式，深入挖掘建筑企业本区域集聚的区域特色、政治文化优势和基层党建资源，打造更适合服务区域的党建联盟以助推区域特色的挖掘。在此指导下，企业需结合区域精神，找到企业与区域发展契合的点，亦即引领的点、服务的点、贡献的点。

以中铁二十局山西分公司为例，其所处城市——太原市的核心价值观是包容、尚德、崇法、诚信、卓越，该企业从价值观、企业精神、实干文化、新铁建精神再到经营理念都与之契合，这亦与山西精神和太行文化有着不可分割的联系。以区域建设为重要锚定点的党建融合，从区域文化、区域精神生发出来，不仅能服务当地群众，更能通过辐射区域从而带动经济发展，并得到区域政策扶持、区域市场认可与区域群众拥戴，由此可见，结合区域精神实施党

建融合下的企业特色挖掘与创新是建筑企业一举多得的不二选择。建筑企业要充分利用地缘优势，有效整合区域资源力量融入中心工作，助推生产经营。建筑企业可以谋划如何细分设立项目党支部并不断探索推进基层党建的新思路和新方法。对内紧抱成团，党建联建、队伍联动、活动联办、品牌联创，形成了资源共享、群峰竞秀的党建新格局。对于细分形成的各个支部，支部书记们应以较高频率如每半月召开一次碰头会，每两个月联办一项覆盖面较广的活动，凝心聚力发挥作用，齐心共谋促进生产。

7.3.3 走到海外去，党建锚定中国特色展现

新形势下，党的建设助推建筑企业挖掘自身特色并凭借特色优势走出本土。党建是意识形态阵地的重要抓手，作为"走出去"的中国建筑企业需要在其运营中面对文化冲击、意识形态碰撞、制度冲突等复杂的国际形势，颇为棘手和复杂。优秀的党建工作是企业放开手脚、不失本色又合规发展的定心丸。国际化发展要求建筑企业展示的本国形象、代表的国家名片，代表的国民素养与党建工作中的"走出去"战略、四个自信等内容契合，由此，党的建设为建筑企业稳步走向国际舞台提供了坚实依托。建筑企业实施"走出去"战略是国家对外开放的重大举措，对于推动企业参与境外竞争与合作，开拓国际市场，具有十分重要的意义。建设"一带一路"，是党中央做出的重大战略决策，是实施新一轮扩大开放的重要举措。要时刻响应党中央的号召学好党史，党史蕴含着丰富的内容，深刻洞察党领导人民创造的伟大历史、铸就的伟大精神、形成的宝贵经验，必将有利于我们从灵魂深处厚植爱党爱国情怀，进一步增强中国特色社会主义道路自信、理论自信、制度自信、文化自信。只有做到在四个自信的政治基础上"走出去"才能锚定中国特色企业的发展。要致力于通过发挥党员模范作用，增强全体海外员工的向心凝聚力，为建筑企业"走出去"开拓国际工程市场提供了坚强的保障。

在国际、国内环境的大背景下，习近平总书记自2013年在出访中亚和东南亚国家期间提出"共建丝绸之路经济带"和"21世纪海上丝绸之路"的重大倡议开始，与李克强总理等其他党和国家领导人共同推动和落实，实现了"一带一路"倡议的落地，并与相关国家签署了共建"一带一路"合作备忘录、经贸合作中长期发展规划和合作规划纲要等文件。建筑企业在走向海外的过程中，党建从始至终发挥着重要作用，但面对新情况、新问题，尤其是中央推进全面从严治党的要求和国家实施"一带一路"倡议的背景下，国企党建又面临着新的挑战。在此指导下，企业需倾听国际的声音，输出集聚中国特色的中国质量、中国速度和中国力量。作为建筑国企的典型代表，在践行"走出去"战略的过程中，中铁二十局先后与塞拉利昂、尼日尔、莫桑比克、刚果（金）、埃及、巴西、安哥拉、尼泊尔等多国主要领导会晤商业洽谈，商谈相关合作事宜。各行各业在稳固国内发展的同时都将视野开阔至海外市场，致力于打造和展现中国特色的企业是面向海外项目的一项伟大旗帜。

7.4 中国特色之施策

党的十九届五中全会提出了"十四五"时期经济社会发展指导思想和必须遵循的原则，明确要以满足人民日益增长的美好生活需要为根本目的，坚持以人民为中心，坚持新发展理念，坚持深化改革开放，坚持系统观念。建筑企业挖掘特色的前瞻和见识依托于党的建设，同时叠加人才吸纳和维系在企业运营中的重要作用，则可将系统的着落定于建筑企业的工会。党建工作和工会工作双向奔赴，就可能生成出建筑企业特色的具体举措。

通常，建筑企业在建筑企业党委的领导下，紧紧围绕企业稳定发展大局，这一点毋庸置疑。建筑企业全体员工、以习近平新时代中国特色社会主义思想和党的十九届二中、三中、四中、五中全会精神为指导，紧紧围绕股份公司、建筑企业工作会议精神，按照年度总体工作计划，勇抗疫情，紧抓生产，两手抓、两手硬，通过深入开展"自豪、自信、自觉"年主题活动，认真落实守正、革新、提质、做实要求，企业各项工作齐头并进，保持了健康平稳发展态势。

作为建筑企业的工会，一般都会强调始终坚持发展依靠职工、发展为了职工、发展成果与职工共享的服务理念；着力维护职工合法权益、竭诚服务职工群众、坚决把实事办好、把好事办实、让广大职工真切感受到企业发展带来的实惠，体会到更多的获得感、幸福感、安全感，从而对党建融合起到良好的补充和正反馈作用。根据建筑企业党委要求，分析新时期职工思想状况和基层实际，建筑企业工会可确定长期一段时间工会工作的任务。将任务确定为高举习近平新时代中国特色社会主义思想伟大旗帜，忠诚党的事业，坚定不移走中国特色社会主义工会发展道路，深入贯彻上级工会要求，把思想和行动统一到建筑企业党委的决策部署上来，切实维权、竭诚服务。这势必能够积极动员所有员工发挥主人翁精神，展现作为建功立业，为建筑企业鼎盛复兴汇聚磅礴力量。

坚持中国特色的建筑企业管理体系可以扎根于企业管理，从而通过党建活动增加组织的凝聚力。中国特色党建是通过项目组织的团队，利用项目经理的作用、项目党支部的号召力和经历的大融合，贯彻落实党的方针政策大到集团总部，小到每一个项目工地。以党的大局政策方针为主要纲领，以党组织和项目管理为特色，以项目实施过程为基准，以文化保障融合为目标，以人民群众的利益为保障，以树立全员的文化理念为中心，扎根具有建筑企业特色的中国特色管理体系。建筑企业中国特色党建工作的开展离不开各党务职能部门的参与，其中部分职能部门的组织序列如图7-1所示。

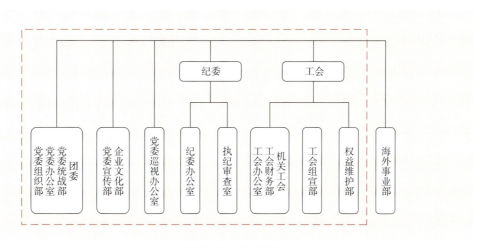

图 7-1 部分职能部门的组织序列图

7.4.1 党建扎根项目,党员走进现场

党建工作和工会工作做的是群众工作,实质上就是政治工作;党建工作和工会工作是党治国理政的一项经常性、基础性工作;始终是党的事业的重要组成部分。针对工会工作部分,工会干部首要任务是讲政治,要坚持党对工会工作的领导,发挥好党联系职工群众的桥梁纽带作用,建设好大学校,实施凝心聚力工程。真正做到"把支部建在连队",项目经理部、分部或作业队均设党工委或党支部,发挥党组织作用。公司以每个党员都是窗口,每个班组都是以形象为主要内容,让党员即使是在项目岗位上也要把自己的身份亮出来,把良好的形象树起来,在职工中把先锋模范作用显现出来,让党员在项目组织管理、安全生产、降本增效、技术创新中发挥表率作用,带动整个班组创先争优,形成具有中国特色亮点,安全施工无事故,经营生产业绩好的项目班组。具体举措如下。

①不断加强职工思想政治引领。组织深入开展形势任务教育和各类知识竞赛活动,将习近平新时代中国特色社会主义思想和建筑企业党委的决策部署宣讲到施工一线,宣传到每一位职工,细致做好职工思想政治工作,推动学习贯彻往基层走、往心里去、往实处落,把职工群众最广泛最紧密地团结在党的周围,和建筑企业党委想在一起、干在一起、走在一起,巩固党的执政基础。

②不断强化职工职业道德教育。建筑企业可根据自身实际设计主题,开展年度主题教育等活动,倡导人人讲奉献、比作为,唱响主旋律,激发正能量。推进职工社会公德、职业道德、家庭美德、个人品德教育,引导职工树立正确的世界观、人生观、价值观。教育职工遵纪守法、尊老爱幼、团结友爱、协作奋进,崇尚爱党、爱国、爱岗敬业、岗位成才,将社会主义核心价值观和建筑企业先进理念教育推向深入。

③培育积极向上的企业文化。搭建更多的文化平台，建设好职工文化阵地和体育阵地，深入开展悦读会、送文化下基层、乒乓球、羽毛球、健步走等活动，培育昂扬向上、勇于争先的团队意识；办好基层职工夜校，倡导一线项目部经常开办一些有益于职工身心健康的文化和业务知识大讲堂活动，鼓励职工自己备课，讲心得、讲经验、讲规章制度等，丰富职工的业务知识，提升文化素养；长期发掘培养优秀的文艺骨干和原创文化作品，推动建筑企业职工文艺活动出精品、上水平，营造全局上下风清气正、积极向上的人文环境，提升建筑企业软实力。

7.4.2 党建扎根业务，铸魂企业发展

职工是企业的发展之本、力量之源，广大青年职工是推动企业可持续发展最为宝贵的内生资源。实践证明，发挥好群团作用，坚持发展为了职工、发展依靠职工、发展成果与职工共享，才能增强企业的凝聚力、战斗力和创造力，为企业改革发展提供不竭动力。各级工会应坚持以职工为中心，以解决问题为导向，努力提升维权服务质量，推动职工体面劳动、舒心工作、全面发展，建好"大家庭"，实施关爱职工工程。以中铁二十局为例，近年来，该集团公司高管应邀参加习近平主席对南非、栗战书委员长对莫桑比克的高访活动和中国—葡语国家的澳门论坛等会议；远赴南美，考察市场、指导工作，并与秘鲁总统共同为工程签约。各大建筑企业积极拓展海外业务，秉持"迎进来""走出去"的战略，积极开展高端互访、商务往来、平台合作、市场对接，主场外交成果丰硕，海外优先成效显著。具体举措如下：

①认真履行维权职责。坚持源头维权，普遍建立工会组织，普遍建立集体合同制度，建筑企业和工程公司劳资双方普遍签订了《企业集体合同》和《女职工专项集体合同》，各区域指挥部和基层项目普遍签订了《集体合同保证书》，约定维护职工各项权益事项；各级工会抓好集体合同落实，把维护职工经济权益、政治权益和社会权益作为基本职责，落实职工代表大会制度、企务公开制度、职工董事监事制度，推动职工就业、收入、医疗、养老、职业病防治、安全卫生等民生保障政策的贯彻执行；遇到侵犯职工权益问题，工会干部敢于发声、敢于担当、敢于作为，努力推动和谐劳动关系建设，着力构建规范有序、公正合理、互利共赢、和谐稳定的劳动关系。不断提升服务质量。竭诚服务职工群众是工会一切工作的出发点和落脚点，职工利益无小事，各级工会建立健全服务职工工作体系，可以按季节坚持开展好春送岗位、夏送清凉、秋送助学、冬送温暖等一系列有意义、有节奏、有实效的系列主题活动。顺应职工对美好生活的新期待，把工作重心放在职工需求上，大处着眼，小处着手，满腔热情做好职工服务。不断拓宽服务领域，做好差异化服务，满足不同职工需求。如：为爱好文学的职工提供征文比赛平台，为书画爱好者举办书画摄影展，为青年职工搭建交友平台，为有婚约的青年职工举办集体婚礼，组织海外职工家属子女去国外探亲等。在做好职工物质服务的同时为职工提供更高水平的精神和文化服务，让职工有需求时看得见、找得到、信得过、靠得住，实实在在提升职工的获得感、幸福感。工会可定期慰问一线职工，举办职工书画摄影展，举办与

企业共成长的主题展、成就展，着力丰富职工的业余文化生活。建设美好职工之家。以建家就是建企业、建家就是建队伍的指导思想，强化对职工生活线、文化线、卫生保障线的指导。建筑企业工会可借助合法、合理途径筹集帮扶资金，帮扶存在切实困难的项目部，如为职工添置电视机、洗衣机、消毒柜、乒乓球台、篮球场、浴室用品等设施。努力确保所有在建、新上项目部都能按建筑企业建家建线标准完成建家，实现职工体面劳动，快乐生活。建筑企业工会可定期策划、组织并实施对所属单位建家建线情况进行评比；并在此基础上评定模范职工之家、模范职工小家；积极申报全国、省部级模范职工之家、模范职工小家；以赛促建，以赛促提升。

②落实职工福利待遇。强化以职工为中心理念，在促进企业和职工共建、共享、共赢上下功夫。结合企业员工实际诉求，建立健全普惠性服务体系，用足职工福利相关政策，做好逢年过节、职工生日、婚丧嫁娶、退休离岗、生病住院等方面的暖心工作。加强对一线职工的人文关怀，积极推进健康体检、法律咨询、心理疏导等服务体系建设。切实做好困难职工的分类、建档、跟踪工作，找准着力点，对困难职工实施精准帮扶。

③持续抓好女职工工作。认真落实新时期女职工专项集体合同，抓好服务女职工微心愿活动，维护女职工合法权益和特殊权益。充分发挥女职工在企业文化建设和家风家教传承方面的独特作用，各建筑企业可以深入开展巾帼心向党、建功新时代、女职工岗位成才、岗位立功等主题活动。围绕评选幸福家庭的标准和女性职工的兴趣爱好，持续开展培育好家风、书香三八、亲子阅读等活动，营造文明、健康、廉洁的家庭文化，增进职工小家庭和企业大家庭的良性互动。

④保持职工队伍稳定。稳定的发展大局需要稳定的职工队伍，建筑企业工会组织在维权维稳上下功夫，认真处理职工来信来访工作，督促落实各途径反映出来的问题，落实困难职工帮扶救助，积极化解劳资纠纷，处理工伤遗留问题，防止矛盾激化等。

⑤督促解决并坚决杜绝基层可能存在的拖欠农民工工资问题，努力实现农民工与职工同劳动、同作息、同吃住、同活动、同待遇，保持职工和劳务队伍稳定，为企业发展凝聚力量，为职工创造良好工作环境。

7.4.3　党建扎根文化，打造红色阵地

随着经济体量已大幅提升，管理难度大大增加，生产经营的任务会更加繁重，这就需要集团上下齐心协力、超前谋划、共同努力才能实现。为此，工会要组织职工开展一系列生产活动，立足大战场，实施建功立业工程。企业上下各部门始终坚持在党组织的正确领导下，依照党委"把方向、管大局、保落实"指导思想，推动党建工作与项目管理相融合，提高政治意识、责任意识、规矩意识，把各项工作做细、做实。建筑企业党支部应当组织深入学习建筑企业职代会、工作会等各类与本行业、本企业息息相关的会议精神，明确工作目标，同

时组织学习反腐倡廉宣传教育等法律法规及学习材料，强化政治觉悟，保持政治方向，提高团队凝聚力，确保全企业上下齐心协力，集聚并发挥积极向上工作热情。具体举措如下。

①坚持开展群众性生产活动。建筑企业工会每年围绕年度生产经营目标，制定劳动竞赛实施方案，确定竞赛主题，划分不同赛组，设定评分标准和奖励标准，年终进行评比表彰；建筑企业工会还可以将重点项目劳动竞赛纳入管辖范围，指导其制定竞赛方案，组织召开动员大会，帮助解决实际问题等；基层工会和工程项目根据上级和业主下达的施工任务，制定阶段性劳动竞赛方案，组织突击赛、挑战赛、专项赛等形式多样的劳动竞赛；各级工会不断完善竞赛激励机制，把竞赛结果与职工评先树模、职称评定、调资增薪结合起来，和创建"工人先锋号"等活动结合起来，充分调动职工的劳动热情；深入推进群众安全生产监督工作，长期开展安康杯竞赛，抓好劳动保护，不断提升职工的安全生产意识，保障职工安全生产、身心健康。建设高素质劳动大军。

②认真贯彻落实中央《新时期产业工人队伍建设改革方案》，积极推进职工素质建设工程，广泛开展职工技能培训、技术革新、发明创造、网上练兵等活动，重视发挥合理化建议、劳模创新工作室、技能大赛等工作的协同效应，做好职工创新成果表彰和运用，推动职工技能水平整体上台阶，让一大批年轻技术干部和高级技工脱颖而出，从而为建筑企业特色发展积蕴人才储备和人才力量。弘扬劳模精神劳动精神工匠精神。习近平总书记指出"要让劳动最光荣、劳动最崇高、劳动最伟大、劳动最美丽的观念蔚然成风，让全体人民进一步焕发劳动热情，释放创造潜能，通过劳动创造更加美好的生活。"根据总书记指示，各级工会应发扬爱岗敬业、争创一流、艰苦奋斗、勇于创新、淡泊名利、甘于奉献的劳模精神，不断挖掘职工潜能，保持工作热情，发挥劳模作用，彰显榜样力量；应发扬新时代工人阶级的伟大品格，引导职工自觉把人生理想、家庭幸福和企业富强结合起来，以主人翁的态度积极劳动、诚实劳动，彰显新时代劳动者风采；应发扬干一行、爱一行、钻一行、精一行的工匠精神，不畏困难，勇挑重担，精益求精，一丝不苟建好精品工程，争做知识型、技能型、创新型人才，彰显建筑企业品牌风貌。

7.4.4 党建扎根工会，基层引领未来

党的群团工作是党的一项十分重要的工作。要推动各群团组织结合自身实际，紧紧围绕增强政治性、先进性、群众性，直面突出问题，采取有力措施，敢于攻坚克难，注重夯实群团工作基层基础。建筑企业工会应在基层努力构建大格局，实施强基固本工程。针对节假日常常出现的项目管理松散，施工生产组织薄弱等问题，特别是每年的春节及节日前后，长时间生产水平无法回到正常状态，建筑企业采取抓假期施工，促产值计划完成的多项举措，如由两级公司党委成员、主管及副职领导、生产口管理人员去在建项目慰问、督导，节后对各单位慰问、督导情况进行通报，党的建设从集团总部下放至基层。工会关心基层的实际问题，

不仅体现在日常的关心和慰问，还体现在定期的谈心谈话、群众反馈及匿名树洞等，尽量做到事事有反馈，为群众真正做到做实事。具体举措如下。

①强化组织建设，增进工会干部能力。建筑企业要求所属各子公司普遍成立了工会委员会，对建筑企业各直管单位、区域指挥部、海外经营管理中心、财务共享中心均依法依规成立了工会工作委员会，创新了工会组织模式，较好地解决了以往较多直管单位不能实现工会组织全覆盖的问题，确保职工生产生活在哪里，工会组织就覆盖到哪里，工会组织的作用就发挥到哪里；基层工会一方面配齐配强工作人员，建立健全各项规章制度，加强工会干部政治素质和业务能力培养。

②有效增强"三性"（政治性、先进性、群众性），把握工会工作方向。坚决贯彻党的路线方针，用党的理论指导工会工作，把握好正确的政治方向；密切联系职工群众，急职工之所急想职工之所想，掌握职工思想动态和需求，维护好职工的经济权益和民主权利，增强组织的先进性；努力把职工最大限度地团结在党的周围，既抓好职工的普惠性服务，又搞好弱势群体的帮扶工作，让全体职工都能感受到组织的关怀和全方位的服务，突出工会群众性。

③着力去除"四化"（机关化、行政化、贵族化、娱乐化），整改工会干部作风。建筑企业工会带头加强自身建设，全面落实工会组织建设、思想建设、作风建设、能力建设、制度建设，努力打造学习型工会、服务型工会、创新型工会，让职工群众真正感受到工会组织是职工满意的职工之家，工会干部是最可信赖的娘家人。两级工会长期开展工会组织亮牌子、工会主席亮身份活动，基层工会开展争创模范职工之家、争做职工信赖娘家人和创建学习型组织、争做知识型职工活动；工会干部改变工作作风，扑下身子眼睛向下，经常深入到基层搞好调查研究，和职工群众打成一片；坚决改正机关的官老爷态度、命令式作风和贵族化情结，逐渐减少直至取消纯娱乐性活动，积极开展寓教于乐、有教育意义、能提升职工素质的文体活动。

④明确责任制度，推进党风廉政建设。工会作为最大的群团组织，有多层级的组织机构，有方方面面的制度规定，有为数众多的基层干部，有一定的工会经费和代管经费，要把工会组织建设成职工可信赖可依靠的组织，就要严格落实党风廉政建设各项要求，推动工会系统党建工作责任制，坚持把党风廉政建设同工会重点工作同部署、同检查、同落实，坚持依法治会、依法管会、法理维权、依规服务，持续整治系统存在的"四风"问题，在重点领域和关键环节，加强审计监督，确保工会系统风清气正，绿叶常青。

⑤大力推动创新，服务职工更加便捷。建筑企业工会应大力推动网上工会工作建设，保存好基础资料，建好数据库。加强已有的劳模管理网络化、工会统计报表网络化办公系统建设；加快推广陕西省总工会网上工会工作平台，探索职工入会、维权、培训、送温暖、送清凉、法律援助、交友帮扶等普惠性服务新模式，满足职工群众对美好生活的需要；充分运用电子书屋、微信、微博、贴吧、抖音等新媒体平台，做好宣传教育和服务性工作，建设智慧型工

会,更加便捷地为职工提供服务。

工会工作虽然千头万绪,维权服务亦任重而道远,但在建筑企业党委的正确领导和大力支持下,工会干部勇于担当,展现作为,必将形成争先恐后、积极向上、和谐稳定、快速发展的良好态势,职工对企业取得的辉煌业绩感到无比自豪,对今后的发展道路充满自信。如此,必将和党建融合工作一起为建筑企业的特色挖掘和确定谋好局、定好调、铺好路。

第8章

企业文化篇

理念提升

> 建筑是留给未来世界最好的纪念。
>
> ——邓 勇

MANAGEMENT
INNOVATION AND PRACTICE
OF CONSTRUCTION ENTERPRISES

习近平总书记强调，自主创新是企业的生命，是企业爬坡过坎、发展壮大的根本。创新文化是企业建设良好生态、赢取市场未来的重中之重。随着"一带一路"倡议向纵深推进，中国企业在向世界展示中国速度、中国质量硬实力的同时，在文化软实力方面的短板日益显现。一些建筑企业以企业文化为驱动力，通过对其进行系统建设和针对性融合，如推行属地化管理、畅通沟通渠道、投身公益事业、践行绿色发展等赢得了国际、国内市场和民众的认可与尊重，也为更多的建筑企业提供了参照，启发了思考。从某种程度上说，企业文化建设是企业核心竞争力的重要体现，具有激励、凝聚员工的作用；同时企业文化还为企业提供了目标与导向，对于促进建筑企业逐步深化创新改革发展具有重要意义。面对新常态的时代环境和社会环境，建筑企业要想在激烈的市场竞争中立足并获得长远发展，就必须在企业表层盯紧生产经营和技术创新，在企业内部以提升理念为驱动构建具有特色的企业文化，进而通过将特色企业文化融入管理，以文化规范员工、凝聚员工，塑造企业良好形象，打造企业优势品牌，直到实现企业战略发展。

因此，为帮助相关负责人和管理者以及践行者理解企业文化之于建筑企业的意义，及至积极升级再造企业文化，充分发挥企业文化的作用，本章从"论道、度势、谋定和施策"四个方面对企业文化进行系统阐释，以理念提升为导向，助推建筑企业在新的形势要求和行业环境下追本溯源，从而做到守正出奇并找出创新的思想指引和发展路径。首先，着眼于企业之魂和项目之道，指出建筑企业亟待探索企业文化建设的双层之道；其次，聚焦于建筑行业的现实特点，通过企业文化现有和未来的走势厘清文化建设的需求、价值与发展；再次，围绕企业文化的再造升级与特色彰显，识别企业文化提升的建设路径，总结其规律，明确其内容，并结合建筑企业走向世界的实际需求，提出通过文化融合拓展海外战场，作为紧扣时代发展的企业文化再造升级的特色。最后，从策略角度将提升企业文化的举措落地，以实践检验理论构造，从企业文化建设的精神层面、制度层面、行为层面、物质层面，特别关注其短板层面，为建筑企业的企业文化具体建设提供落脚点。

8.1 企业文化之论道

自 20 世纪 80 年代以来，现代管理学意义上的企业文化理论从西方传入我国，并对我国企业的繁荣与发展、进步与开放，起到了较为重要的推动作用。善于学习的中国企业上下求索，经过多年的深耕实践与理论探索，涌现出了诸如海尔、联想、华为等一大批被世界市场所认同的、具有中国特色的先进企业文化。企业文化理论在潜移默化中逐渐引领中国企业走上更具科学性和时代性的发展之路，也成为众多谋求长远发展的企业积极探索和实践的指导理念；建筑企业概莫能外。如何结合自身实际，不断深化企业文化建设，打造独具特色的企业文化，是诸多企业始终探寻的重大课题；而对于同质化竞争极其严重的建筑市场而言，有特色的、能贯通的、可实施的企业文化尤为重要。对于建筑企业来说，其企业文化的根本之道在于强固企业之本，培育企业之魂，即通过坚守源文化之本，不断提升铸企业之魂；而其企业文化的生存之道则在于承接工程项目建设，搞好持续经营。因此，对于工程项目建设，文化先行可帮助相关决策者和管理人员点明项目之道，即通过先进的工程项目文化建设助力工程建设，从而与建筑企业的根本之道一起，叠加组合形成建筑企业的企业文化理念指引下的经营之道。

8.1.1 强固企业之本，培育企业之魂

"观乎天文，以察时变；观乎人文，以化成天下"这是《易传》中关于文化的说明，也在一定程度上被认可为是关于文化的最早论述。自古以来，我们就把文化放到治国的高度，这在极大程度上说明了文化的重要性。当今我国，党的建设中更有关于文化自信的表述。从古至今，文化对于文明建设、社会进步的贡献都不容小觑。对企业而言，企业文化是企业全体员工在企业发展过程中建设形成并共同遵守的最高目标、核心价值观和行为规范；是企业理念形态文化、制度形态文化、行为形态文化和物质形态文化的有机复合体，并且表现为企业的专有风采和独特的风格模式。从涵盖范文和具体表象上来看，企业文化包括价值观念、企业精神、道德规范、行为准则、历史传统、企业制度、文化环境、企业产品等。

一方面，建筑企业应以健康发展为目标，建设符合自身实际的企业文化。根据企业希冀从企业文化中汲取的力量差异，做出有针对性的理念更新。若关注企业文化具有的约束功能，建筑企业可更新、完善现有的管理制度和道德规范；若针对企业文化具有的凝聚功能，建筑企业则应强调以人为本，从而强化团体意识，使企业职工之间形成强大的凝聚力和向心力；看重企业文化的激励功能，就应该提炼共同的价值观念，从而使每个职工都能感到自身存在

和行为的价值，形成强大的激励；定位企业文化的调适功能，则应该重新理顺并对企业各部门、职工之间，企业与国家、社会、环境等各方之间进行调整和适应；利用企业文化的辐射功能，则应该重点关注企业的公众形象、公众态度、公众舆论和品牌美誉度等方面。上述对建筑企业文化的功能与表现联结的梳理，在一定程度上可以反映出企业文化其实就是一种以做大、做强、做优企业为基本内容的企业发展观点和经营理念；企业文化建设应紧紧围绕这一核心内涵的理解，搞好生产经营和服务，不断提高企业的经济效益，确保企业健康、稳步地持续发展。这是加强企业文化建设重要性和必要性的根本所在，是企业文化建设的唯一使命。

另一方面，建筑企业应以经营理念为中心，建设具有品牌特色的企业文化。企业文化是企业的软实力，与企业的雄厚资金保障、强大设备基础、众多精英人才、先进技术支撑等硬实力相比较，软实力更容易拥有持久的生命力和独特且很难复制的特性。对于企业来说，文化的影响力与推动力是其他任何因素所无法比拟的。简而言之，企业文化就是企业的灵魂，是企业活力的内在源泉，是企业制度创新与经营战略创新的理念基础，是实现企业制度与企业经营战略的重要思想保障，是企业行为规范的内在约束。

品牌形象既是企业文化的载体，又是文化的力量，深深地熔铸在企业的品牌之中。品牌就是企业的生命。面对日趋激烈的国内外市场竞争，只有全力打造形成企业的品牌并被市场所知晓与认可，才能使企业具备更强的竞争力，才能使企业在激烈的市场竞争中站稳脚跟并持续稳步地发展壮大。

随着时代的进步和市场经济的日臻完善，企业文化在现代企业经营中的巨大作用日益凸显。企业文化业已成为企业经营最深厚的基础和最根本的要素，现代市场竞争已越来越表现为企业文化的竞争。建筑企业有无深厚的文化底蕴，是否拥有博采众长又独具特色的企业文化，势必越来越深刻地影响企业的市场竞争能力，决定企业兴衰成败的走向和步调。

8.1.2 确立项目之道，助力工程建设

项目建设，文化先行。工程项目是建筑企业实施企业文化建设的窗口，也是展示建筑企业形象的具体影像。从表现形式上来看，建筑企业的工程项目水平代表着企业的施工软实力，影响着企业市场竞争力；从深层含义上来看，建筑企业的工程项目水平折射出了企业文化建设的水平和层次。之所以这么说，是因为工程项目水平是建筑企业的企业文化落地生根并发挥作用的输出体现。建筑企业通过将多年施工经验抽象成较为系统的、富有自身特点的核心价值理念，借助企业先进的文化，把企业发展愿景转化为全体员工的共同理想和事业追求，把企业精神转化为全体员工的行动指南，把职业道德转化为广大员工的行为规范，从而充分调动广大员工的积极性、主动性和创造性，使优秀的企业文化带动提升企业的核心竞争力，最终帮助企业在激烈的市场竞争中始终立于不败之地。由此可见，建设好项目文化之道，对

于完善中国建筑企业文化建设体系,为工程项目营造良好的建设氛围,增强团队凝聚力和向心力都至关重要。

①建筑企业应当认识到先进的工程项目文化建设,是提高工程项目管理水平的有效途径。从理解和取得实效的难易程度来看,文化管理是企业管理的最高层次,而工程项目是企业管理的基础工作,二者皆是企业经济效益的源泉。由此可见,二者在逻辑和实践上均具有一定的贯通性。建筑企业通过加强工程项目文化建设,一方面能够通过建筑企业核心价值理念凝聚员工力量、鼓舞员工士气,达到推动工程项目建设的目的;另一方面,秉持先进的文化理念,建筑企业能够优化项目资源配置,促进项目施工生产、安全质量和成本管理,推动项目管理向集约化管理转变;最后,先进的工程项目文化建设还能以科学的制度来规范项目管理行为,提高团队执行力,挖掘项目管理潜力,推进项目管理向精细化转变。工程项目文化建设的三方发力,势必能够帮助建筑企业提高其工程项目管理水平。

②建筑企业应当理解先进的工程项目文化建设,是推动企业文化在生产一线落地生根的重要举措。工程项目是建筑企业最基础、最重要的抓手,也是企业文化建设的主要阵地;毫不夸张地讲,工程项目是建筑企业文化建设的着力点和落脚点。建筑企业文化发展战略必须融入项目管理,才能充分发挥作用;必须要通过施工一线员工的实践检验,才能得到落实。建筑企业文化建设的主要践行者是工程项目的参建者,而企业的文化价值理念只有被广大一线员工所真正接受,并成为员工的自觉行为,才能成为企业的主导意识,才能取得预期的成效与结果。因此,从企业文化建设的价值体现来看,只有通过在文化建设引领下建设一项工程、开拓一方市场、培育一支队伍、树立一座丰碑,才能将企业文化的价值转化为经济效益。

③建筑企业应当明确先进的工程项目文化建设,是增强企业核心竞争力的基础工程。建筑企业在国内国际市场上的群雄逐鹿,拼的是质量、技术、速度,拼的也是文化。当前在企业竞争力的构建与培植方面,理论界和业界对企业文化建设都颇为关注:循企业根而形成的企业文化也是企业的市场竞争力,且以企业核心竞争力的基础工作形式存在。工程项目是建筑企业参与市场竞争的前沿阵地,建筑企业要想在这一激烈的竞争中立于不败之地,就必须重视文化建设。通过加强项目文化建设,紧密围绕工程项目建设工期、安全、质量、效益等目标,以企业价值体系为核心,以项目精神文化、行为文化、制度文化、物质文化建设为重点,使企业文化在工程项目广大员工中,在企业制度建设中,在企业整体表现上内化于心、固化于制、外化于行,推动企业文化在生产一线落地生根,推动工程项目管理水平不断提升,为企业又好又快又强地形成并巩固其核心竞争力提供科学、有效、系统的文化支撑。

④建筑企业应当坚信先进的工程项目文化建设,是打好施工生产攻坚战的迫切需要。集中精力打好施工生产攻坚战,既是贯彻落实国家加快基础设施建设,扩内需、保增长、保稳定战略部署的重大政治责任,也是中国建筑企业抓住机遇、迎接挑战、加快发展的客观要求。加

强工程项目文化建设，对于进一步形成抓基层、抓项目、抓现场、抓管理的强大合力，对于高起点、高标准、高质量地推进重点工程建设，对于进一步营造大干氛围，激发广大员工保工期、保安全、创优质、增效益的大干热情，全力打好施工生产攻坚战，实现生产经营各项管理目标具有重要的推动作用。建筑企业只有对文化建设有着坚定不移的信心，才能在实际建设中做真做实，才能发挥企业文化建设之于企业发展的真正作用。

总的来说，企业文化之道对于建筑企业而言，在于坚持企业文化是企业灵魂的理念，在于企业文化是构成企业核心竞争力的关键所在，在于企业文化是以工程项目为载体的企业发展源动力。在工程项目的文化建设中，建筑企业可以通过调动各种元素，多维度地建构企业文化宣传，使企业文化的触角在企业生产经营的全过程中实现全覆盖，让全员自觉成为企业文化的忠实执行者和践行者，创新开展丰富多彩的企业文化活动，打造企业文化优势基因，提升企业核心竞争力，实现从无到有再到强，从生存到优秀再到卓越的稳健跨越。

8.2 企业文化之度势

为使建筑企业科学可持续地发展，必须高度重视企业文化建设；建筑企业要立足企业实际，融合中华民族优秀的文化传统，培育形成具有中国特色的企业文化。新形势下企业文化建设应该聚焦于行业的现实特点和弊端，有针对性地分析进而找到革故鼎新的发力点。围绕国家和行业的大形势背景，建筑企业可进行适当的战略调整，重视和加快赋予时代内涵的企业文化创新建设。本节针对建筑企业在文化建设中面临的实际形势做如下分析。

8.2.1 现实特点与建筑企业文化需求

1）建筑企业特点决定建筑企业文化方面具有的文化管理跨度大、文化建设难度高、文化建设重要性更突出

①建筑企业具有空间管理跨度大的特点。建筑企业的生产分散性强、流动性大，包括项目经理部、工程队、工班等在内的施工机构随着单项工程或者整个项目坐落位置变化而频繁整体转移，且常年处于此种状态。对于主要从事铁路、公路施工的企业来说，工程规模相对较大的项目管区往往上百公里，点多、线长、面广。这一管理上的客观困难加剧了文化管理的难度，向前倒推则对文化假设形成了更高的要求。

②建筑企业具有人员管理跨度大的特点。建筑企业人员构成复杂，既有具有较高知识层次的各类管理、技术人员，也有大量的机械设备操作人员、水电工、车铣工、维修工等，更有大量流动性高的劳务人员，兼具知识密集型、技术密集型和劳动密集型的特点。个人成长环

境、受教育程度、生活习惯、性格特征等各有不同，从而容易形成复杂的文化交融或文化冲突，直接影响到企业文化能否为全员所接受。因此，在常年分散流动的空间，管理庞大复杂的员工群体，建筑企业的文化建设工作较其他行业的企业难度更大，需要配备更多的人力，花费更大的精力和财力，付出更多的艰辛和努力。

2）建筑企业所在的建筑行业特色决定建筑企业的文化构成要素具有独特性

建筑企业的主要业务范围在于土木工程、建筑工程、线路管道和设备安装工程及装修工程的新建、扩建、改建和拆除等有关活动。下面从成本、安全质量、诚信、责任担当与廉洁等方面来综合考察建筑企业文化要素的独特性。

（1）成本文化

建筑施工项目具有体积庞大、结构复杂、形式多样等显著特点，由此导致工业生产周期长、技术工艺难、流动作业多；业务的复杂性直接导致了成本亦具有复杂性。建筑企业的运营成本受设计、施工、验收等多个环节，以及市场变化、政策法规、自然气候条件等多种外部因素的共同影响。建筑施工常常需要多工种配合作业，多单位（如土石方、土建、吊装、安装、运输等）交叉施工，所用物资和设备种类繁多，因而施工组织和技术管理的成本控制尤为重要，如何实施低成本管理以达到效益最大化，始终是企业研究的重要课题和管理的重要环节，由此造就成本文化在企业文化中的重要地位。随着信息社会的快速发展，"互联网+"这股源头活水，不仅通过与各产业的融合升级再造了各行业的生产与运营格局，更为应用行业的成本控制提供了新思维。因此，从技术创新需求、组织管理模式到市场营销策略，建筑企业生产经营必须与时俱进主动进行全方位的自我革新。特别是具备综合施工能力的大型建筑企业，总体成本控制面临的对象更杂、内容更多、难度更大。在这样的环境背景和新形势下，建筑企业可以在客观分析自身特点的基础上，针对不同项目成本管理的实际，着手确立以精细化管理为核心的成本管理体系，力求在创效方面做文章，为企业有效实施成本控制提供新平台、新抓手。

（2）安全质量文化

由于建筑行业特点、作业人员素质、管理难度等诸多原因，建筑业成为众所周知的高危行业。建筑施工露天作业及高空作业多，并且经常要实施爆破、钻孔等作业。隧道施工经常伴随瓦斯、岩爆、涌水、溶洞等复杂地质，城市施工涉及繁忙交通、地下管网，高处坠落、坍塌、触电、物体打击、机械伤害等安全事故易发，建筑安全生产形势严峻；且在安全生产后还有安全使用、运维等方面的现实问题。因此，建筑企业的安全质量文化亦显突出。由于目前的科技手段还达不到物的本质安全化，通过控制物的不安全因素和人的不安全行为来实现安全生产活动的安全管理成为建筑施工企业一项重要而又棘手的工作。安全管理效能的发挥离不开管理的主体、对象，即管理者和被管理者，建筑企业的安全文化素质及其所在的安全文化环境直接影响管理的机制和方法。施工人员安全文化素质的提高，是不断推动安全文明生产、保护其在劳动中的安全和健康的关键。建筑企业可通过安全文化的建设，制定和完善安全管理制度，建立安全保障体系，并辅以加强安全宣传、教育和培训。建筑企业应致力于用安全文化的理念，提高员工安全生产意识，统一员工安全生产行为，增强员工安全生产防范技能，提升抵御安全事故的能力，提高企业安全管理水平，促进企业步入安全高效的良性状态，从而使企业得到持续稳定的发展。

（3）诚信文化

随着我国经济的发展，现代企业制度的确立，建筑企业之间的竞争越演越烈，越来越多的建筑企业开始注重自身企业诚信文化的建设，开始着眼于构建建筑企业诚信文化。要长期保持建筑企业的生机和活力，在保证不被市场淘汰的情况下，继续长久发展，做强做大，又好又快发展，必须要建立符合建筑行业特性且适合企业自身的诚信文化。在激烈的建筑市场竞争中，诚信是无形资产、是生产力，也是现代高度发达、高度文明的市场经济的核心竞争力。只有在市场经营活动中遵守诚信理念，建筑企业才能够高效益地可持续发展。如果缺乏诚信，在市场经营活动中做出损害客户利益的行为，即使在短期内获得一定的利益，但从长期而言，无异于自我毁灭。所以说，诚信理念关乎企业生死存亡与事业兴衰。此外，建筑工程产品涉及国计民生，并具有一次性和不可逆转性的特点，大量隐蔽工程除了有限的检查外，主要靠施工方的负责和自觉；一个项目的运作过程，涉及投标、履约、质量的终身负责，有大量的合同要面对地方政府、设计、监理、施工队伍，这就需要在从行动之初就用诚信文化来予以约束。"诚"是为人之道，"信"乃立业之本，建筑企业需要始终贯彻诚信理念，强化内部管控，创新管控手段，不断推进企业诚信体系建设，助推企业持续健康发展。

（4）责任担当文化

责任担当文化建设是深化建筑施工企业改革的内在需要。当前国内经济下行压力巨大，建筑施工企业不仅要在国家供给侧结构改革下寻求新的发展机遇，更要面临建筑工人短缺困境及建筑施工产业化的改革趋势。因此，建筑施工企业在发展过程中必须适应当前经济形势，主动改革，敢于担当，成为企业改革的急先锋。责任担当文化的建设，既是企业改革发展的内在需要，同时也是促成企业改革改制的内生动力。

建筑企业需要充分认识和牢固树立企业大责任理念，深刻理解企业履行责任是实现企业、社会和国家价值的长期行为，是提升企业核心竞争力的重要措施。按照企业责任理念重塑企业的愿景和使命，形成符合企业发展战略、经营业务和文化特色的责任观，使社会责任理念在企业真正扎根且扎得深、扎得牢。建筑企业履行社会责任的最佳手段就是将自身的企业优势与中国和谐社会建设的重要方面结合起来，如扶持弱势群体、保护环境、节约资源、尊重和维护员工和受服务方的合法权益，以及把社会和环境的因素融入企业的日常经营中。通过持续的努力，企业能够在创造经济效益的同时，切实处理好与相关利益群体的关系。

（5）廉洁文化

加强廉洁文化建设是建筑企业现实发展中面临的重要情势之一。建筑行业涉及的覆盖面广，资金周转数额大，而且名目众多，中间牵扯的利益关系更是错综复杂；一些关联交易、利益输送链条层出不穷，加之部分领导对"中央八项规定"精神置若罔闻，"四风"问题禁而不绝。如果没有正确的企业内部舆论导向和监管控制，很容易导致腐败现象的发生。从市场环境看，建筑行业僧多粥少过度竞争的特点明显，工程建设牵涉大量的物资设备采购招标、劳务分包，有些建筑企业为了完成既定目标，可能会铤而走险，采取一些非正规手段投标、中标，然后想方设法从工程建设中弥补其非正规手段花费的成本，从而导致腐败现象和行为的发生。从建筑企业内在需求看，企业要保持长久的生命力，经受住市场考验，必须铲除腐败的土壤，营造风清气正、干事创业的良好氛围。开展廉洁文化建设就是要约束相关责任人，引导广大员工培育良好的职业道德和行为规范，在企业内部树立清风正气，塑造企业内在的高尚价值观和高度责任感，从而展现企业良好的形象，形成企业发展的无形优质品牌。

8.2.2　战略形势与建筑企业行业发展

基于建筑企业的现实特点，厘清各个层面对企业文化的建设与养护诉求是企业文化萌生的最初起点，优质的企业文化还应当在满足上述基本需求的情况下，围绕企业、行业的战略形式，发挥以企业文化发展引领行业未来进步的作用。

一方面，日趋激烈的市场竞争刺激着建筑企业高度重视企业文化建设工作；在此背景下，建筑企业的文化意识普遍增强，文化理念与市场紧密接轨，并体现出全球性视野。中国经济的高速发展带动着基础设施建设如火如荼，建筑企业也乘势而起，迅速发展壮大，涌现出中国建筑、中国铁建、中国中铁、中国交建等一大批航母级企业，广厦控股集团有限公司、中天建设集团有限公司等民营企业也如雨后春笋般崛起，充满活力。建筑企业在成长发展的过程中，不断接受着市场的锤炼，接受着先进理念的洗礼；其对企业管理的探索也日益向深层次推进，对企业文化建设重要性的认识不断增强，并进行着努力探索和实践。凡此种种探索与实践，都是各个建筑企业在市场的博弈中不断总结、积累起来的，因此其文化理念的总结、文化行为的树立、文化习惯的养成，都体现着与市场紧密接轨的特点，充分体现出对市场需求的尊重、对市场规律的遵循，比如："今天的现场就是明天的市场""诚信、创新永恒，精品、人品同在"等文化，其实用性更为准确、强烈。

另一方面，在国家积极实施"走出去"战略、推进"一带一路"倡议，鼓励企业参与国际竞争的潮流中，中国企业越来越多地参与到国际市场竞争，建筑企业更是身先士卒。建筑企业在国际化的过程中扮演着重要角色，然而，各个国家意识形态及文化的不同，造成雇员思想认识、行为方式、沟通交流等方面出现障碍，这在一定程度上影响甚至阻碍了建筑企业的海外发展。建筑企业担负着践行国家使命的神圣职责，要想在世界舞台同国际各知名企业同台竞技，就必须高度重视加强海外文化建设，不断提升跨文化管理能力，为在海外实现高品质发展提供坚强保证。在此过程中，建筑企业不断总结、积累并形成与国际市场接轨的先进文化理念，树立敢于同国际先进企业同台竞技的勇气与智慧，培养尊重当地文化、注重环境保护的人文情怀，增强履行社会责任的意识。在先进文化理念的支撑下，我国建筑企业在国际市场上发展空间巨大，前景广阔。

此外，在经济新常态下，中央提出了创新、协调、绿色、开放、共享的新发展理念，国务院发布的《国务院办公厅关于促进建筑业持续健康发展的意见》从顶层设计上给建筑业指明了前进方向，也提出了具体要求。工程建设组织方式需要改革，工程质量安全需要提高，建筑产业现代化需要推进，从业人员素质需要提高，企业的发展战略、经营方针必须要与国家政策相衔接，必须要与经济发展机遇相适应。因此，建筑企业的文化建设要在传承中寻求创新，要在坚守中适时调整，紧紧围绕供给侧结构性改革主线，有力地推动企业在新常态下转型升级、推动建筑行业生产方式的升级改造。

8.2.3 文化守正与企业文化时代内涵

通过对建筑企业发展轨迹的追本溯源能够发现，诸如中国建筑、中国铁建等诸多企业，其前身皆具有军队血统；除此之外，历经国内市场大浪淘沙般考验的中国建筑企业大都具备优良的传统和作风，更有较为深厚的历史文化积淀。因此，在满足行业特点需求，引领行业发展的基础上，继承传统，发扬作风，坚守正道，不断创新，是新时代建筑企业推进企业文化建设的第一选择和必由之路。

（1）坚定传统及企业文化自信

新时代背景下，建筑企业若要谋求更高程度的发展，必须坚定对中国优秀传统文化的自信，积极践行文化自强的时代命题。优秀传统文化的底蕴，是中国建筑企业文化健康发展的母体。中华民族优秀传统文化博大精深，自强不息的奋斗精神、精忠报国的爱国情怀、天下兴亡匹夫有责的担当意识、舍生取义的牺牲精神、革故鼎新的创新思想、扶危济困的公德意识、国而忘家及公而忘私的价值理念等，积淀着中华民族最深沉的精神追求，能够增强企业做优秀中国企业的骨气和底气。对于置身日益全球化市场竞争的中国建筑企业来说，坚持中国优秀传统文化自信，是企业实施文化强企、更好地参与市场竞争的根和魂。

此外，在坚定对中国优秀传统文化自信的基础上，企业也应坚定对日益成熟的自身企业文化的自信践行，不断弘扬和繁荣企业文化，实现企业文化自强，是推进企业更快更好发展的必由之路。建筑企业扎根于中华文化的深厚土壤，已普遍形成爱国、诚信、愿景、使命、目标、规划、执行等独特的文化，在推动国家经济发展、规范企业社会责任等方面已发挥重要作用。

（2）坚守社会主义核心价值观

以正确的价值观为方向，才能沿着正确的方向不懈追求企业文化建设至最高层次。价值观是企业文化建设的灵魂、是员工心中的灯塔，更是企业文化建设的依靠。任何文化建设都是以某种价值观倾向为核心的，企业文化建设也不例外。经营思想的革新、企业综合素质的提高都要以某种价值观为指导，中外企业概莫能外。建筑企业要做到文化守正，坚守和践行社会主义核心价值观是首要任务。

一方面建筑企业应当把培育和践行社会主义核心价值观融入员工教育全过程。建筑企业对其成员进行文化教育时，可参考学校教育：坚持育人为本、德育为先，围绕立德树人的根本任务。在此基础上，分层、系统地把社会主义核心价值观：富强、民主、文明、和谐、自由、平等、公正、法治、爱国、敬业、诚信、友善纳入员工教育总体规划，贯穿于教育全过程，落实到教育各环节，覆盖到从各级总部到基层一线全体员工。用社会主义核心价值观引领企业思潮、凝聚企业共识。

另一方面，要把培育和践行社会主义核心价值观落实到企业改革发展实践中去。建筑企业在制定其各项政策，不论大小，不论长短都要落实社会主义核心价值观。诸如确立企业发展目标和发展规划、出台重大改革措施和各项规章制度、推进产经营和施工生产活动等，都要遵循社会主义核心价值观的要求，做到讲社会责任、讲社会效益、讲守法经营、讲公平竞争、讲诚信守约，形成有利于弘扬社会主义核心价值观的良好政策导向、利益机制和企业环境。

（3）赋予传统文化以时代内涵

新时代，企业更应该旗帜鲜明、理直气壮地传承和弘扬传统文化所传递的优质精神，并且按照新时代的新要求，赋予传统文化以新的更加丰富的内涵，与时俱进地推进企业文化建设的落地和全面发展。

①增强企业使命意识。发扬传统文化的优质精神，就是要坚持听党指挥的大局观念，发扬"支部建在连上"的优良传统，加强党的建设，坚定不移地执行党的路线、方针政策，坚持企业改革发展的正确方向，转变发展方式提升发展质量，在保值增值、转型升级、安全生产、节能环保、促进就业、改善民生等方面走在时代的前列，务使建筑企业无愧于"共和国长子"的称号。

②增强市场竞争意识。市场是企业赖以生存发展的土壤，业主和客户是建筑企业的衣食父母。发扬传统文化的优质精神，就是要发扬敢打必胜的顽强作风，把市场当战场，强化市场主体意识，增强市场竞争理念，按照市场规律办事，在激烈的市场竞争中敢于亮剑，千方百计提高市场占有率，为社会和公众贡献更优质的产品和服务，在日趋激烈的竞争中立于不败之地。

③增强科学管理意识。传统文化的优质精神在漫长的发展历程中经受住了高标准严要求

的考验。建筑企业在新时期要继续发扬此种勇争一流的进取精神，增强科学管理的意识，强化现代企业治理机制，大胆地吸收国内外优秀管理经验，让稳健经营、规范管理、注重细节、数据说话的理念深入人心，加大全面预算和责任成本管理、风险内控管理，加大资金集中和物资集中采购力度，加强信息化建设，依靠科学管理，提升企业盈利能力，从根本上改变管理粗放、产高利低等问题。

④增强高效执行意识。发扬传统文化的优质精神，就要加大执行力建设，坚持制度面前人人平等、执行制度没有例外，坚决维护制度的严肃性和权威性。以踏石留印、抓铁有痕的劲头，一丝不苟地把制度落实到每项工作、每个过程、每个环节，真抓实干，善作善成，扎扎实实推动企业发展。

⑤增强敢于创新意识。创新是企业生存发展、长盛不衰的生命源泉。发扬传统文化的优质精神，就应重拾破釜沉舟、转变观念、锐意改革、迎接挑战的勇气，树立勇于创新的思维与理念，坚定改革创新的信心和决心，破除阻碍企业发展的管理体制、运行机制和管控措施，创新技术与产品、管理与机制，加快创新型企业建设，实现新的跨越。

⑥增强艰苦奋斗意识。"兴家犹如针挑土，败家犹如水冲沙"，传统文化的优质精神中关于艰苦奋斗、以苦为荣的精神永远不能丢。建筑企业应大张旗鼓地教育职工艰苦奋斗，勤俭节约。应当坚决按照中央八项规定的要求，加大党风廉政建设和反腐倡廉工作力度，杜绝奢侈浪费等不良现象，在企业上下养成节约习惯、勤俭之风，培育艰苦创业、艰苦兴业的文明风尚。

⑦增强以人为本意识。要尊重个人的发展，调动个人的积极性，注重改善员工的生产、生活条件，更加关注员工的发展需求和职业生涯规划，更加重视员工的薪酬待遇、社会保障和健康状况，让员工共享到企业的发展成果，活得更体面、更有尊严。最终，反哺于建筑企业建设，建成人与企业和谐共生、共同进步的良好工作生态。

8.3 企业文化之谋定

习近平总书记在党的十九届五中全会上，明确提出文化强国战略，强调推进社会主义文化强国建设。建筑企业是国家基础设施建设的主力军和王牌军，肩负着国家富强和民族振兴的使命，可谓国之重器，堪当顶梁柱。作为经济社会组织的细胞，作为国家经济重要支柱，建筑企业必须随着内外部环境的不断变化，立足自身发展实际，不断对自身企业文化进行锤炼打造，在坚守中传承，在继承中发扬，取其精华，去其糟粕，再造升级、彰显特色，以期企业文化焕发出勃勃生机，引领企业扬帆远航，为文化强国做出自己应有的贡献。本节从建筑企业文化提升的建设路径、基本规律、主要内容，以及文化融合的特色海外战场等方面阐述，为建筑企业的文化提升提供参考与谋划建议。

8.3.1 识别企业文化提升的建设路径

建筑企业针对企业文化提升的建设，应该根据企业经营时候的文化沉淀、结合企业的历史背景、企业经营发展情况和行业特点等，对企业文化的现状和未来发展方向进行全面梳理。依据现代企业文化战略体系建设方法与作业经验，并结合企业自身实际情况和发展阶段特点，识别并优化企业文化升级建设路径。企业文化结构包括三个层次：物质层（外层）为形象文化；制度层（中间层）为制度文化、管理文化、生活文化；精神层（内层）为精神文化。在构成要素上，企业文化是由企业价值观、企业理念、企业目标、管理风格、结构制度、企业行为、企业形象要素组成，具体内部联系及复合关系如图8-1所示。

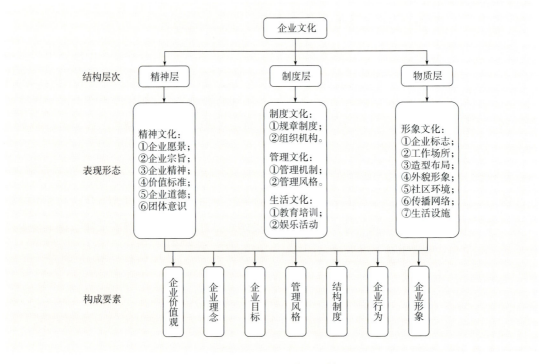

图8-1 企业文化建设的理论路径

1）营造文化建设氛围，加强精神文化建设

精神文化是指积淀于企业及其员工心灵中的意识形态，如理想信念、道德规范、价值取向、行为准则等，即内隐部分。对于建筑企业来说，精神文化的提升直接影响乃至决定了企业的制度文化和形象文化。

一方面，建筑企业自上而下营造精神文化建设氛围，使潜移默化地将企业文化精神渗透到员工的内心成为顺理成章的事情。企业的高层管理者必须从企业的发展战略中探索符合企业发展方向的文化精神，运用企业愿景、企业使命、企业宗旨、核心价值观和企业精神作为基本价值理念等，来检验企业文化建设的效果，及至找出存在的问题并予以改善，并将其转化为制度的建设。中层和基层的管理者应该强化对精神文化建设的落实，执行精神文化建设制度，带领员工向企业文化核心靠拢，营造精神文化建设氛围。

另一方面，建筑企业应加强对企业精神文化建设的舆论宣传，将企业文化的宣传融入员工的各项工作之中。谋划的触角可以伸得细一些：可以将企业团建与企业文化的普及宣传相结合，从而最大程度减轻员工对于接受并践行企业文化的精神抵触，探索多种途径进行企业文化舆论宣传，以浸透式的企业文化舆论工作引导企业员工对企业文化的情感认同，并培养企业员工正确的价值观。建立团体精神，培养员工与企业生死与共的价值观念，建立企业与员工血浓于水的深厚感情；引导并帮助员工树立企业就是我的家的主人翁意识；凝聚企业员工的思想，抓好精神文化层建设，合作互信；坚持诚信经营，树立品质第一的精品意识，最大限度地规范企业员工将企业文化外化的工作行为。

2）健全建设机制体系，加强制度文化建设

制度文化是指介于企业文化外层文化和内层文化之间的文化层次。优质的企业文化必须依赖于符合企业发展需求的制度，制度文化是精神文化的最终保障，包括企业的规章制度、组织机构等，其也是企业精神文化得以转化为实际经营成效的必要机制。为此，企业有必要通过完善各种制度来加强制度文化的建设。具体可从以下三个方面着手。

①建筑企业应建立健全组织领导体系和工作机制。建筑企业应坚定地把企业文化建设纳入企业发展总体规划，制定科学合理、员工认同、便于操作的企业文化实施纲要。明确企业文化建设的主管部门，形成企业文化主管部门负责组织、职能部门分工落实、党政工团齐抓共管、员工广泛参与的工作格局。通过聘任企业文化使者、企业文化故事征集、企业文化共识营造、企业文化培训等途径，增强企业文化建设普通职工的参与性等。

②建筑企业应明确企业各个方面的制度文化要求，将企业的发展方向、经营理念、对于业务或产品的质量要求、市场定位等进行明确的规定说明，让员工对于企业的发展意图以及后续制度文化的建设有清晰的理解和大致的把握。

③建筑企业应确立符合企业发展要求的奖励制度。为此，建筑企业可以在明确企业各方面的细化要求的基础上，针对企业的不同业务设立不同的业务奖项。如对表现优异的员工进行公开奖励、评选年度优秀员工、开展员工之间业务能力的评比等等，以此形成企业独特的制度文化，强化员工的集体意识，让企业的文化在推动企业经营活动的展开方面发挥更大的功效。

鉴于企业文化是项目管理的灵魂，而制度文化是企业文化落地的重要保障，因此，为使企业文化紧贴施工生产，项目公司应该坚持从施工生产的实际出发，不断完善各项管理制度，充分发挥企业文化的管理功能，促进企业文化与项目管理的全方位结合。具体可从以下六个方面入手。

①制定管理制度。建筑企业可围绕其常规工作的各个层面、内容，制定一系列制度，如制定安全生产管理、质量管理、文明施工管理、财务管理、消防保卫、环保卫生等多项制度，最终在不断查缺补漏后形成一套完整的制度体系。

②完善岗位职责。在各部门办公室、班组内悬挂岗位职责牌，在现场悬挂各种操作规程，使全体员工明确自身岗位、技术要求、操作流程和目标责任。

③完善奖惩制度。依据项目目标、岗位规范、工作业绩等内容，整合奖惩管理规范。具体制定和执行时需要注意：一方面在制定奖惩制度时要保证项目目标与员工目标、物质激励与精神激励相结合；另一方面在执行的时候要注意严格考核，奖惩兑现。

④完善员工行为规范。行为规范是企业文化最真实、最直接的表现形式，项目公司通过员工行为规范和激励约束机制，培育员工良好习惯。将员工的行为准则量化成为可操作的日常行为规范，把企业的价值观变成员工自觉遵守的行为准则，在岗位上忠实地执行、创造性地贯彻。

⑤加强员工素质教育。通过加强员工素质教育、政治思想教育和职业道德教育，强化企业文化灌输，增强员工对企业文化的认同感。采用多种培训方式，努力使员工培训工作更生动活泼、丰富多彩，扎实有效。通过培训，为员工提供交流沟通的平台，让员工了解企业文化的精髓，认识其重要性，使个人思想状态向企业精神状态靠拢，增强员工对企业文化的认同感和对企业的归属感和忠诚度，使员工将个人的前途与企业的发展联系在一起。

⑥整合礼仪规范。以开工庆典、办公和员工个人礼仪为重点，引导教育员工遵守礼仪规范，内鼓士气，外树形象，扩大建筑企业的对外影响力。

3）着眼内外精神面貌，加强形象文化建设

形象文化是指可见之于形、闻之于声的文化形象，即所谓外显部分。为适应新时代背景下建筑企业与国际化经营接轨的现实需求，必须通过加强外显的形象文化建设，通过优化企业形象文化的内部建设和外部建设，提升企业整体的精神风貌，从而提升企业的内部核心凝聚力及运转效率。

（1）企业形象文化的内部建设

顾名思义，企业形象文化的内部建设就是从企业自身的运营及管理方面进行的企业形象打造。具体而言可从以下五个方面入手。

①设立现代化的办公条件。办公条件直接体现了建筑企业对于精神文化建设的重视程度，也能够最直观地体现建筑企业的外在形象。因此，建筑企业需要开展形象文化建设，在自身的办公环境方面投入物质资金支持，增进员工对于企业文化精神的接纳与认可。

②科学合理规划施工区域。项目形象建设是项目文化建设特别是形象文化建设的有效载体和重要组成部分，工地是展示企业形象、彰显企业风采的窗口。项目公司的形象将直接关系

到企业形象及企业品牌。根据建筑企业统一要求，设计施工区域平面布置图，统一筹划、统一规格、统一制作，合理设置项目驻地，使整个工地条块分明、功能清晰、互不干扰，充分展示企业形象，营造出团结拼搏、健康向上的良好氛围。

③强化视觉系统的整齐划一。根据建筑企业有关规定要求，因地制宜建设工地文化，统一制作印有企业标识大幅标牌的大门，大门设置旗坛；围墙四周插上有企业标志的刀形彩旗；办公区设有系列图、表、栏、牌；施工现场有以抢工期、保安全、抓质量为主要内容的宣传横幅和醒目的安全质量警示、标志牌，给人以强烈的视觉冲击，留下深刻印象。

④对员工形象进行管理与建设。强化员工的优良外在形象与激昂向上的精神面貌。不仅要在员工的外在穿戴上进行统一管理，还要规范员工的工作作风，以服从大局、爱岗敬业的精神形象，展示企业文化的向心力。

⑤坚持规范作业文明施工。如果施工现场环境状况出现"脏、乱、差"，将极大损害施工企业的社会形象。所以，文明施工是文化的物质体现和外在表现。项目公司牵头各标段为作业人员分色使用安全帽，制作统一的工装、上岗胸牌；要求作业人员必须严格执行工序交接班和工完场地清制度，材料堆放在指定区域，堆码整齐，确保工地整洁卫生，井然有序。

（2）企业形象文化的外部建设

相对于企业形象文化的内部建设而言，外部建设则是通过对企业外在形象的塑造，直接发挥企业文化转化为经济或社会效益的作用，提升企业品牌的老百姓口碑以及社会影响力。为此，企业既可以从参与公益事业方面进行企业形象的宣传，还可以建立企业独特的文化标识，制定统一的员工工作装及公司办公用品，从而增强员工的归属感，并在对外活动及经营之中宣扬企业形象，扩大企业文化的外在影响力。

4）丰富多种宣传载体，全面推进文化建设

总的来说，建筑企业可以在精神文化、制度文化和形象文化三个层次上逐一突破；但为了避免木桶原理的短板效应发生作用，我们鼓励建筑企业对企业文化建设实施全面推进的谋划。

一方面，建筑企业应建立传播文化，对外树立企业形象。企业文化贵在认识，企业必须坚持不懈地抓好企业文化宣传与引导，加大对内、对外宣传。通过包括而不限于新闻媒体、内部刊物、建设网站等在内的渠道宣传，以多种形式突出项目工程采用新技术、新工艺、新材料的优势，宣传企业打造精品工程的决心与实践，确保安全生产并输出传递好经验，不遗余力在社会上为建筑企业的绿色、高效、可持续发展造舆论、造声势、造影响。通过多种媒体手段，宣传企业的价值观和相关信息，通过创办企业网站，用微信等新媒体及时发布、传递企业信息，宣传企业与产品。同时，利用传统媒体发行企业报纸，创新版面、贴近生活、增加信息量、图文并茂，提高报纸的可读性；合理利用橱窗，合理布局、丰富栏目、图文并茂，传达大政方针、重要资讯，发布公益广告，普及员工规范、公民道德、名言警句、企业精神等，打造企业文化，为员工了解企业信息和文化知识提供方便。

另一方面，建筑企业应围绕企业文化建设目标，开展岗位练兵、劳动竞赛、创建学习型企业等主题实践活动，展示员工良好精神风貌。这一举措将多种目标融于一个文化建设行动，从而最具全面性和系统性。建筑企业可通过大力选树和宣传企业先进典型与英模人物，以具体人物和事迹为突破口，最终营造出被员工从内心接受并从行动维护的团结进取的企业氛围和健康向上的企业风气。充分利用文化体育场所等各种文化设施，组织开展员工喜闻乐见、内容健康向上、形式丰富多彩的文体活动，提高员工文化素养。重视网站建设，将其打造为宣贯企业精神和展示员工风貌的重要文化阵地。通过演艺、出版、电视网络、手机等载体讲好建筑企业故事，把企业文化建设成果转化为文化产品，通过微电影及企业宣传片等传播企业文化，不断提升企业形象。

8.3.2 把握企业文化提升的基本规律

（1）制度是企业文化提升的基础

做好顶层设计，加强制度建设，是企业文化再造升级的前提和基础。

①作为中国共产党领导下的国有企业，要始终坚持党的领导，要始终做到听党话、跟党走，要深刻领会党的十九届五中全会和"十四五"发展期间关于文化建设的目标任务和举措，增强企业全员的文化自觉，坚定文化自信，积极推进高质量企业文化建设。

②要把企业自身的文化建设目标和推进社会主义文化强国建设目标相结合，科学制定符合发展需要的目标。此外，企业总部各业务部室在制定制度办法时，要把企业文化理念融入其中。如体现以人为本，增强员工的主人翁意识和社会责任感，尊重员工的首创精神，激发员工的创造性、主动性和积极性，确保制度的系统性、延续性，进而形成自身独特的企业文化管理制度。

（2）育人是企业文化提升的核心

人是企业的核心要素，企业文化建设离不开人的作用：既由人设计又由人维系。在很长的历史时期内，建筑企业的企业文化对奉献、服从等元素较为强调，且往往带有强制性甚至是军事化管理的色彩。局限于过去的时间段，此种文化能够促进企业的发展；然而，随着经济社会发展，社会主要矛盾发生变化，人的认识、需求都已发生变化。因此，随着新员工的加入，企业文化就要做出相应的变化。建筑企业可从人文关怀出发，不断加强对员工进行素质提升培训，培养学习型人才，督促员工学习，实现员工价值最大化。企业要为员工营造尊重、和谐、向上的工作环境，为员工搭建成长平台，打造高素质的员工队伍，形成人才聚集塔，促进企业和谐、健康发展。

（3）共识是企业文化提升的关键

思想是行动的先导，认识是行动的动力。企业文化要加强员工思想教育引导，只有达成共识，才能全员践行，从而起到潜移默化的作用。建筑企业要让员工真正认识到企业文化建设的重要性，并以实现以下转变、达到以下目标作为考核的重点：从要求做变为自觉做，将被动变为主动，自觉将个体融入集体，与企业同频共振、统一步调、同心同德同向、产生共鸣、形成合力。

（4）落地是企业文化提升的根本

企业文化建设不能搞一纸空文，将制度办法束之高阁，真正实现落地见效是建设的根本。建筑企业的企业文化落地可以从多方面开展和监督。

①相关责任人要重视文化建设并在践行环节做好示范。主管领导作为企业文化的倡导者、践行者和维护者，要亲自谋划、亲自部署、亲自推进，做到率先垂范，发挥示范带头作用。

②对企业文化的建设与提升要着力做到系统规划，持之以恒。文化建设是企业在管理过程中一种潜移默化的影响，必须从企业文化发展规划、实施纲要、工作体系、工作机制方面，系统地规划，并且持之以恒。

③要围绕企业中心管理工作，实现企业文化建设的有的放矢。离开企业中心工作，企业文化建设就成为无本之木、无源之水，要与企业生产经营管理有机融合，要同企业其他工作同规划、同部署、同推进、同落实、同检查。

④要全员参与，形成合力。企业文化建设不是一个部门、一个人的事，要形成党政工团齐抓共管、人人积极参与的格局，尊重员工的首创精神，发挥好员工的主体作用，鼓励员工广泛参与，积极践行。

⑤要与时俱进，不断创新。时代变迁，就要不断结合内外部变化，在实事求是、守正创新、行稳致远的基础上做好理念创新，不断适应新环境和企业发展新要求。

8.3.3 明晰企业文化提升的主要内容

（1）加强企业文化的体系建设

建筑企业应进一步构建企业核心价值体系和文化体系，逐步做到打破铁饭碗等文化思想；建立合理的竞争、考评、晋升、淘汰文化机制，从而激发员工干事创业激情和活力，为企业持续健康发展提供不竭的精神动力。

（2）突出传统革命精神的传承

建筑企业应精心组织、策划系列活动，提高企业社会形象，增强广大干部职工的自豪感、荣誉感；同时应大力弘扬革命精神，不忘企业身份、企业使命，传承红色基因，牢记使命担当，永葆忠诚本色。

（3）做好理念创新培育

在对原有的企业理念做好坚守传承弘扬的基础上，要进行理念创新，把各种文化理念，融入以国为荣、以法为循、以德为先、以企为家、以人为本和实干为要、业绩为先、执行为上、实现卓越的文化理念进行培育。

（4）提升国有企业品牌形象

要深入宣传建筑企业在肩负民族独立、国家富强、人民幸福安康等方面所做出的巨大贡献，广泛宣传建筑企业高、大、难、尖、新等重难点工程，大力宣传建筑企业在建设国家、服务社会、造福人民方面做出的突出贡献，让企业故事动人心扉，让企业形象真实立体。建筑企业应保持在主流媒体特别是央视、新华社宣传报道的优势地位，提升企业社会知名度和美誉度；做好精神文明创建及文明单位维护工作，抓好舆情管控，妥善做好突发事件的应急处置；加强近年来企业改革发展过程中形成的战略思路和管理理念的总结与提炼；加大对企业管理创新、科技创新、知识成果的传承与共享等。上述各层面的综合发力势必会拧成一股绳，让凝聚建筑企业国内外市场发展经验知识和心血智慧体系化、有形化，让这些宝贵的资产和财富薪火相传，照亮未来。

（5）丰富企业文化的内涵

企业文化建设的内涵就是切实做好企业员工的相互了解和沟通，强调协作与团队精神。项目公司坚持以人为本，铸魂育人，使员工在工作上有方向感，在情感上有温暖感，在事业上有成就感，在管理上有参与感，通过项目文化不断提高队伍的整体素质和凝聚力。因此，建筑企业应当在企业文化主框架之下，结合自身实际，大力发掘和建设子文化。对于建筑企业来说，可在谋划阶段重点加大以下子文化建设。

①加强班子文化建设。项目公司通过强化项目班子成员守土有责的思想意识，强化项目班子的权、责、利的制度建设。通过项目班子的有效管理，把企业对项目管理的各项要求贯彻到项目建设过程中去，形成项目建设目标和理念，引领员工思想；利用项目文化管理，推动项目施工和各项工作的顺利开展。

建筑企业领导班子是党组织领导下企业的"领头雁"，是新时代引领国有企业改革创新实现高质量发展的火车头。企业文化就是旗手文化，主要是班子文化，它是企业的风向标，其好坏直接影响着整个企业氛围。班子文化需要强化做事准则，做到善待职工，不负组织；率先垂范，正人正己；坚持五湖四海，唯才是用，不划圈划线。需要明确工作原则，做到在其位、管其事、谋其政、求其效；雷厉风行，真抓实干；坚持知行合一，不仅要听说如何，更要看做的效果如何。需要透明的工作方式，做到用简单的方式处理复杂的事情，说了就办，定了就干，对安排的工作跟踪到底。是非分明，权责清楚，不抹杀成绩，不纵容错误，绝不能干好干坏一个样。需要稳健的工作标准，做到整体工作创一流、单项工作争第一、特色工作出亮点、日常工作上台阶。需要严明的工作纪律，做到坚持原则不动摇、执行标准不走样、履行程序不变通、遵守纪律不放松；当日事、当日毕、日清日结、事不过夜。

②注重干部选拔文化建设。建筑企业干部选拔任用，必须严格遵守对党忠诚、勇于创新、治企有方、兴企有为、清正廉洁的好干部标准，为企选才，为党育才。坚持"党性＋德能"，

用好现有人才、引进紧缺人才、培养未来人才、干中辨才、火中识金、赛中选马，基层员工看技能、中层干部看德能、高层领导看胸怀、六分人才、八分使用、十分待遇等观点在建筑企业不只是口号，更是选人、用人的标准。要坚持正确的用人观，树立事业为上的用人导向，进一步拓宽用人视野，畅通选人、用人渠道，形成清朗的用人环境和科学良好的选拔机制，为建筑企业发现、选拔、锻造一支信念过硬、政治过硬、责任过硬、能力过硬、作风过硬的高素质干部队伍。

项目公司坚持以人为本、科技兴企的方针，用科学精神狠抓队伍建设，建立科学合理的激励约束机制，激发广大员工勇于争先、充满激情的工作状态。加强对人才队伍的教育和培训，通过项目职校、农民工夜校等培训，做到培训目标具体化、工作经常化，使项目青年员工和业务骨干的素质得到较大提升，激励全体员工爱岗敬业、顽强拼搏、无私奉献，培养出一支召之即来、来之能战、战之必胜的员工队伍。

③崇尚实干文化。空谈误国、实干兴邦，建筑企业作为国民经济发展的重要生力军，应当在企业文化的培植中形成崇尚实干文化，发扬实干精神，激发实干干劲的氛围。建筑企业的每一名员工，既要胸怀理想又要脚踏实地，把自己的事情做扎实，把改革发展稳定的任务落实好，要在企业上下大力弘扬真抓实干、埋头苦干的良好风尚。各级领导干部要带头发扬实干精神，出实策、鼓实劲、办实事，不图虚名，不务虚功，以身作则带领干部职工把各项工作做好，不辜负组织所托，不辜负职工信任。

④打造廉洁文化。堡垒从来都是最易从内部攻破，建筑企业领导干部特别是身处关键部门、关键岗位，掌握诸多资源和权力的领导干部，稍微出现思想滑坡、理想信念缺失，就会滋生腐败问题。因此，建筑企业的企业文化建设要在企业上下构建和营造廉洁氛围，加强廉洁文化建设，提倡廉洁自律、秉公办事、不徇私情、不谋私利、为人民服务、高质量做项目、清白做员工的精神。

8.3.4 拓展企业文化提升的海外战场

1）跨文化管理理念的培育与提升

建筑企业必须通过持续培育跨文化管理的先进理念来统一全员思想、引领管理行为。

（1）要坚持文化优先的理念

通过不断强化全员对文化因素以及跨文化管理重要性、必要性和复杂性的理解，建筑企业把文化因素前置于海外发展的各项活动。

（2）要树立文化平等的意识

既不能因为去到经济比较落后地区就产生优越心理，盲目自信；也没有必要面对先进的国际规则、国际标准产生畏怯心理，妄自菲薄；最好的方式是要做到互相尊重，互相学习，平等合作。

(3)要保持契约精神

要守诚信、讲规则、守合同、重信誉。人无信不立，建筑企业同样如此。走出国门，每个人代表的不仅仅是个人，不单单是企业一名员工，更代表着中国人的形象，要对人、办事讲诚信，以诚信赢市场、赢未来。另外，还要秉承利他为先、舍得为上、利他必利己、有舍必有得的海外经营价值观，将民心相通、平等互信、合规经营、互利共赢的原则放在海外发展的核心位置，与当地经济社会共生共赢、共同发展，扎实筑牢利益共同体、生命共同体与命运共同体。

2）跨文化管理机制的规划与运行

(1)建筑企业应该确立全球化导向的管理思维

进入国际市场，企业必须与不同文化背景下的政府、业主、监理和合作方打交道，面对更加复杂、严苛的国际规则、行业标准，实现全球范围内的信息和资源的整合应用。没有全球化的思维和视野，缺少全球化的资源整合能力，缺乏全球化的发展规划和管理设计，跨文化管理就会成为无本之木、无源之水。

(2)实施属地化、本土化的管理策略

建筑企业的属地化、本土化管理主要是充分利用东道国的人、财与物等资源进行生产经营和施工管理。其中，人力资源的本土化是最根本、最深刻的本土化。除了尽可能雇用本地员工、培养他们对企业的忠诚度以外，更重要的是聘用能够胜任工作的本地中高级管理人员，从而提高工作效率，大大降低人事成本。人力资源的本土化应该在进入市场之初就列入规划，确立具体目标，实施中要大胆任用，委以重任。以中国铁建为例，近年来，中国铁建累计培训当地员工超过30万人次，聘用外籍员工近50万人次。埃塞—吉布提铁路项目员工本地化率超过90%，累计雇用当地员工1万多人，包括力工、水电工、木工、水泥工、驾驶员、大型机械操作手等，中国管理人员不到50人，项目分包单位中方员工总数也不超过800人。

(3)推行"法治+人文"的管理模式

相对而言，中国企业注重以情为核心的伦理型管理，而西方则更注重以法为核心的制度型管理。跨文化管理必须两相兼顾，在发挥人本管理、人文关怀的管理思想优势的同时，强调坚持法制精神、契约精神。一方面，建筑企业应实现管理体系制度化，制定详细完整、可操作的程序、规则以及标准，包括员工激励制度、员工生产规范、员工考核制度以及员工休假制度等，保障管理活动高效有序推进。另一方面，建筑企业应充分考虑到不同文化背景员工的工作特点、生活习惯、心理需求，将员工的生命安全、职业健康、文化习俗因素考虑周全，并在管理实施中不断调整适应，从而避免各种可能的文化冲突。

3）跨文化管理过程的创新与推进

(1)在文化冲突的持续解决中推进文化融合

在海外市场的实际运作中，建筑企业面对各种各样的文化冲突是其实施跨文化管理的常态。面对冲突，要在承认、尊重文化差异的前提下，积极推进双方信息和情感的沟通交流，坦率澄清差异并努力找到解决方法。要充分了解双方需求，寻求共同利益所在，以积极姿态、有效行动达到双赢的结果。处理冲突要客观、公平、公正，不应该有任何民族偏见和偏袒行为。要坚持对事不对人的原则，从事实出发解决问题，禁止任何形式的人身攻击和人身侮辱。在处理方式上要尽量温和宽容，以制度、以情理服人，敦促各方维持理性平和的气氛。

（2）在广泛深入的交流互动中提升文化管理

文化的深刻性决定了文化交流的广泛性，这就对建筑企业管理者的智慧和想象力提出了考验。

①建筑企业可关注交流主体。一要确保企业内部不同国籍员工之间的充分交流，有意识地推进导师带徒、互帮互助、同吃同住同劳动等，营造良好的内部环境；二要积极推进与外界的充分交流，要列出对象清单，做好规划，定期拜会访谈、征求意见建议，掌握各方态度，不断调整自我、改进提高；三要注重加强高层互访，企业高管要走到前方，积极与外界各方开展交流互访。以埃塞铁路项目为例，最初相关管理人员为激励当地员工的积极性，决定以计件工资的方式发放加班费。然而实际推行中却发现当地员工很少有加班习惯，也未接触过计件工资的概念，故而拒绝加班。中方管理人员意识到这绝不是当地人懒和笨的问题，于是反复沟通，让他们明白计件工资带来的收益，并以加班员工收入大幅提升的事实作示范，使他们的态度很快转变，形成双赢。

②建筑企业可关注交流方式。一要开展业务对接、会谈商榷、商务谈判等直接交流；二要积极组织开展文艺晚会、球类比赛等文娱活动，利用好春节、中秋节、端午节和当地国家的节假日、重大宗教活动等契机，推进更深层次的文化交流；三是既要"走出去"，广泛参与当地的庆典、博览会等经济文化活动，又要"请进来"，热情邀请外部各方参加自己举办的各种活动，甚至请回中国，开展更有影响力的访问交流，加深了解。总而言之，在交流方式层面上看，建筑企业必须拓展思维，开阔思路。

（3）在积极履行社会责任中赢得认同

积极打造有责任、能担当的企业形象是取得最广泛的社会层面认可、推进文化融合的必要途径。建筑企业可通过属地化管理为当地人员提供更多的就业机会，提高他们的文化素质、工作技能；通过义务修路建桥、打井种树、提供医疗、免费咨询等，提高当地人员的生活质量；通过扶贫济困、捐资助学、捐建学校教堂医院等奉献爱心；通过抢险救灾、防疫抗疫等展现责任担当，用实际行动给当地民众带来实实在在的利益，推动当地经济社会发展，展现企业境界和情怀，赢得更多的理解和认同。

4）跨文化管理团队的打造与锤炼

（1）提高管理团队的综合素质

管理团队的素质要求包括企业忠诚度、业务熟练度以及丰富的实践经验，更重要的是能够应对多元文化冲突带来的风险冲击。教育培训是提高团队素质的基本途径。教育培训对象要做到区别对待、有的放矢：一是针对本国人员外派任职的培训；二是针对不同国家人员的培训；三是针对多元文化团队的组织与训练。教育培训内容包括基础语言、政治历史、地理环境、经济发展、文化习俗，以及法律法规、商业规则、商务谈判、商务礼仪等。教育培训的途径，可以通过公司内部培训，还可以组织邀请大学、科研机构、咨询公司等外部专业机构开展培训。一些企业开展的人际体验训练（模拟环境体验来感受文化的差异与冲突）值得借鉴。通过培训，不断提高管理人员的语言能力、管理能力、业务能力、外交技能、责任感，以及创造性、适应性和灵活性等。

（2）规范管理团队的言行举止

管理团队要通过规范言行来加强自我修炼，体现专业素质。要率先垂范，带领广大员工遵纪守法，落实企业的各项部署安排。要严格遵守项目合同约定，按章办事，忠实履约。要熟知拜会、谈判、宴请等各类商务活动的常识和禁忌，遵循商务礼仪。在语言交流、日常生活、协同工作、冲突处理等各种活动中，要带头尊重当地文化信仰和生活习俗。

（3）培养全球化的职业经理人

拥有一批全球化的职业经理人，是企业全球化的重要标志之一，也是当前中国建筑企业全球化发展的短板。全球化职业经理人，需要具备更为强大、更加综合的素质和能力。要培养其全球化的思维和视野，对企业内外形势能够宏观把控，对企业的整体规划和战略有更全面的了解。他们不仅要能够处理公司内部的人际关系，更要善于与外部各方关系打交道，能够做到对他人、对自我都具有深刻准确的认识，在不确定环境下拥有足够的勇气和决断能力。

（4）全力提升海外发展的五种能力

①提升市场开拓能力。建筑企业应对标世界一流，增强竞争实力，做大海外市场规模，锻造国际化竞争优势，擦亮海外品牌。

②提升商务法务能力。建筑企业必须摒弃重施工生产、轻商务合同的传统观念，强化变更索赔意识，抓好海外商务和合同管理。

③提升资源整合能力。建筑企业应面向全球配置资源要素，创新商业模式，实现全产业链经营和多元化协同发展。海外各公司、办事处、事业部、项目部是建筑企业各业务板块在海外发展的平台，要做好海外资源的统领统筹，使其发挥最大效用。

④提升海外风险防范能力。建筑企业在海外运营应"稳"字当头，既防"黑天鹅"，也要防"灰犀牛"，对早有预兆的风险性因素，必须给予高度重视，避免产生严重后果。

⑤提升项目管理能力。建筑企业要高度重视海外项目施工组织，强化技术与后勤保障，确保工期履约和项目创效；积极研究不同国家的财务、税务和外汇政策法规，提高技巧，规范运作，在依法合规的前提下，千方百计减少税费损失，实现效益最大化。

5）跨文化管理氛围的营造与传播

①要加强宣传教育与氛围营造。对中方员工，建筑企业应通过政策宣贯、座谈讨论、知识讲座等，让大家认识到跨文化管理的重要性，懂得基本常识，大力支持和积极参与到管理各项活动中去，形成人人参与管理、全员成就管理的良好态势。

②建筑企业应加强舆论引导和新闻传播。客观、及时、到位的对外宣传工作，是让外界认识和理解企业的重要途径。尤其要重视加强同当地官方的电视台、报纸等主流媒体的联系，增强传播的权威性；特别需要利用好微信、脸书（Facebook）、推特（Twitter）等新媒体，增强传播效率。除此之外，建筑企业还需努力广泛拓展传播渠道，通过投放广告、参加会展、组织联谊活动等多种方式，达到潜移默化的传播效果。

海外宣传一定要结合实际，综合识别各种影响因素和宣传禁忌，防止出现偏差、适得其反。注意把握好尺度，保持谦虚谨慎，不能调门太高；注意因国施策，把握好不同国家的民族心理、民众好恶，准确把握讲故事的角度和侧重点；注意做到大小项目一样重视，不但要抓住广受关注的高大上项目，也不能忽视小而美的项目；小项目短平快、争议较少、与当地民生息息相关，在民心相通方面更有影响力。注意培养内外无别意识，互联网环境下内外界限越来越模糊，一以贯之的文化更能助力建筑企业在国内、国外市场双开花，结硕果。

8.4　企业文化之施策

对于建筑企业来说，工程项目是市场竞争的前沿阵地，建筑企业要想在激烈的市场竞争中立于不败之地，就必须通过加强项目文化建设，紧密围绕工程项目建设工期、安全、质量、效益等目标，以铸魂、育人、塑形为主线，以企业价值体系为核心，以项目精神文化、行为文化、制度文化、物质文化建设为重点，使企业文化在企业员工中内化于心、固化于制、外化于行，推动企业文化在生产一线落地生根，推动工程项目管理水平不断提升，为实现企业又好又快发展提供文化支撑。

回溯过往，建筑企业在企业文化建设中取得的成就有目共睹。依据建筑企业文化建设具体践行的需求，建筑企业的文化建设路径依次分为理念识别、行为识别和视觉识别三个阶段。为引导其他企业系统性规划、建设企业特质文化，通过运用企业文化层次理论，结合本章的前序分析，在制度层与形象层中间补充行为层进行综合分析。企业文化具体构成如图8-2所示。

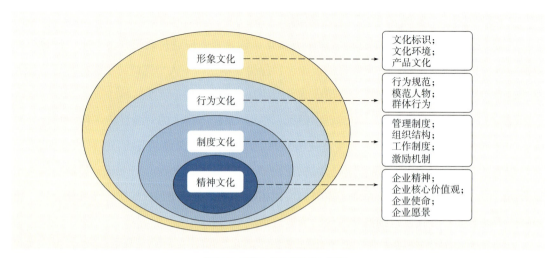

图 8-2　企业文化建设构成层次图

8.4.1　立足精神层面，制定完善价值理念体系

理念识别是确立企业独具特色的经营理念，是企业生产经营过程中设计、科研、生产、营销、服务、管理等经营理念的识别系统，主要包括企业精神、企业核心价值观、企业使命、企业愿景、经营宗旨、经营方针、市场定位、社会责任和发展规划等，属于企业文化的意识形态范畴。企业文化建设的核心是企业理念，需要根据企业所处的地位、环境、行业发展前景及经营状况，结合高层管理者对企业发展的考量，综合确定企业战略目标和经营理念。以中国铁建的价值理念体系建设为例，我们从精神文化体系中包括的企业精神、企业核心价值观、企业使命、企业愿景四个有机构成部分，从理念描述和内容释义两个层面展开系统分析，供中国建筑企业在完善其价值理念体系时参考。

（1）企业精神：逢山凿路，遇水架桥

释义：企业精神是中国铁建人共同的境界追求，是中国铁建对"工作中应持有的基本态度"的清晰界定。逢山凿路，遇水架桥，铁建人前无险阻；风餐露宿，沐雨栉风，铁建人前无困难。昔日的人民铁道兵，以"万水千山只等闲"的气概，勇往直前，所向披靡，征服了无数艰难险阻，留下了宝贵的精神财富。今日的中国铁建人，以"能打必胜勇争先"的魄力，永葆初心，继往开来，传承先辈的意志信念，唱响了澎湃的时代之歌。"铁血动脉"，流淌着我们的精神。无论何时，中国铁建永远是那支攻坚克难的铁兵劲旅，越是艰难险阻，我们就越有战斗力，就越有斗争精神，就越有胜利决心。几十万中国铁建人，不断向前进发，不断超越自我，不断刷新中国和世界的高度、速度、跨度、精度；心之所向，必将所往，前方险阻，化作通途，在祖国和人民最需要的地方，铁道兵精神永放光辉。

（2）企业核心价值观：诚信、创新永恒，精品、人品同在

释义：企业核心价值观是中国铁建在新时代发出的价值主张，是中国铁建对"以何种原

则行事"的有力声明。诚信是立企之本，是为人守信用、立企讲信誉；创新是动力之源，以思维引领、以能力制胜；精品是至高追求，是过程的精细、结果的精良；人品是发展的保障，对内体现为和合、于外体现为共生。"诚信、创新、精品、人品"既是根基，也是追求，在企业发展全过程中均发挥着重要意义与独特价值，无论发展到何时何地，四者相辅相成、缺一不可。

（3）企业使命：编织大地经纬，成就美好未来

释义：企业使命是中国铁建终极责任的体现，是中国铁建对"为谁做什么"的自我认知。大地宽广，经纬通达，中国铁建是大地经纬的编织者。美好无限，未来可期，中国铁建是美好未来的成就者。为更好地践行使命宗旨，中国铁建将持续聚焦于为客户打造满意服务、为员工拓展成长空间、为股东提供丰厚回报、与伙伴共建良性生态、为行业贡献卓越引领、为社会营造绿色和谐。

（4）企业愿景：最值得信赖的世界一流综合建设产业集团

释义：企业愿景即中国铁建全员期望看到的、愿意为之努力且通过努力可以实现的未来图景，是中国铁建对"未来什么样"的憧憬描绘。意味着中国铁建坚定"建筑为本、相关多元、价值引领、品质卓越"的发展战略，依托"8+N"（8是指8个重点产业：工程承包、规划设计咨询、投资运营、房地产开发、工业制造、物资物流、绿色环保、产业金融；N是指代新兴产业：城市运营、文旅康养、信息技术、新材料等。）产业布局，积极融入新发展格局。立足建筑主业，坚持多元发展，大力投入行业尖端技术研发，积极拓展与建筑产业链相关联、与主业发展相协同、与企业资源禀赋相匹配的业务领域，全面提升核心竞争力，深化建筑领域全生命周期服务能力，为国家和区域经济社会发展注入强劲内生动力。愿景的实现，意味着中国铁建将通过全球发展、行业地位、人才队伍、责任情怀、价值引领五个方面的卓越，赢得认可与信赖。

企业文化建设在建筑企业得以全面开展，与市场紧密接轨的价值观念、管理方针、经营理念等先进理念，有力地提升了企业的战略思维能力和市场竞争能力，被广大员工所认可接受，指导企业管理和施工生产，促进了企业管理水平的提高。统一规范的精神文化和形象，有力地凝聚了全员的精神和意志，展现了企业的时代风貌。

8.4.2 保障制度层面，规范化抓管理提质增效

行为识别是企业实际经营理念与创造企业文化的准则，对企业运作方式所作的统一规划而形成的动态识别形态。行为识别是以经营理念为基本出发点，对内建立完善的组织制度、管理规范、培训发展、行为规范和薪酬福利制度等；对外则是开拓市场调查，通过社会公益文化活动、公共关系、营销活动等方式来传达企业理念，以获得社会公众对企业识别认同的形式。

建筑企业应将企业自身已经形成的管理制度、特殊制度和企业风俗统一整理，形成具有自身特色的，符合本企业实际情况的内部管理制度，完善制度文化建设，制定相应的企业文化建设纲要，对企业文化建设工作进行系统规范，以对员工的行为产生导向与约束。

1）健全完善的员工管理机制

在前序设计的企业文化特别是完善管理制度的基础上，建筑企业还可以从以下几个方面寻求对策。

（1）健全员工考核制度

员工考核制度是制定薪酬机制的重要依据，不仅需要对影响实际经济收入的因素进行全面分析，还应结合不同岗位、工种的实际情况等多方面因素，制定具有针对性的考核制度，确保尽可能客观、全面地展现职工日常工作情况。

（2）坚持差异化的薪酬激励方法

在完善薪酬考核制度的基础上，适时采用全面激励法激励职工，坚持以正面激励为主，负面教育为辅，多对职工予以肯定与鼓励，注重对职工进行精神奖励，凸显激励的针对性，避免形式化。根据岗位的不同特点，设置有针对性的薪酬激励措施。

（3）建立创新激励机制

①提供行政经费支持，鼓励职工开展创新创效活动，并给予物质奖励。

②拓宽职工晋升渠道，破格提拔在企业生产经营做出重大贡献的创新型人才。

③提供平台、有效激发职工的创新思维，定期开展创新创效研讨会，增进职工间的沟通交流，激发职工创新创效灵感。

2）建立健全的安全管理制度

建筑企业的安全管理是生产经营活动中最重要的工作之一，为了保障整个施工过程中施工作业人员的安全与健康，生产建设工作的全面、全方位的安全，保证工程项目安全施工、文明施工，就需要建立健全的安全管理制度。在工程项目施工过程中，建筑企业要做到事前预防，做好风险预测和风险分析；事中控制，对施工的每个环节和过程进行严格检查和监管；事后补救，及时采取措施降低损失。

此外，应当对所有从事施工的人员进行系统的安全生产教育培训，特别是对安全生产工作全面考虑、全方位监管，马虎不得。建筑企业可考虑设立由项目经理领导的安全生产小组，设立专门的安全管理人员，明确各部门、各岗位的安全职责，加强安全监督检查，强化安全防范意识。同时，我们应当认识到，仅仅建立健全的安全管理制度还不够，还要将安全管理制度落实到实处，深入彻底贯彻执行，不能让安全生产只停留在制度上。

建筑企业应始终围绕安全文化，增强安全防范意识。应当严格按照相关法律法规，在工作中以安全第一、预防为主、综合治理的主导思想，常抓不懈、警钟长鸣、查缺补漏、梳理现存的安全通病，对症下药、整改到位。积极学习和系统总结同行业企业的先进经验，进而完善企业的安全生产保障体系及安全生产责任制度，从而规范安全生产管理工作，做到消除生产安全隐患，杜绝生产安全事故发生。树立安全文化，一方面可以完善企业的安全管理能力，提升企业形象，树立企业品牌，提高企业的竞争力；另一方面也有利于社会的稳定和发展。建筑企业从制度层面加强相关安全制度的建设、并从行为层面宣传、贯彻各项安全管理制度。

总之，建筑企业要不断加强安全方面的制度建设，针对企业欠缺相应规范的情况，出台相应管理规范、施工规范及应急方案。作为主管安全工作的安全办要落实安全生产责任书制度，层层签订，分解任务目标，明确企业管理人员、现场业代、项目部、施工作业人员的权、责、利，与项目部利润、管理人员工资挂钩，化被动为主动，使相关人员主动负责安全生产工作。

3）建立严格的质量管理制度

对于建筑企业来说，质量管理不仅关乎企业的信誉品牌，更关乎人民和社会的安全。为了确保每一个工程项目都能达到质量要求，企业必须有严格的质量管理制度和完善的质量管理体系。

企业的质量管理制度，应该包括技术和管理两个方面，内容应该完整、可行、统一。企业的质量管理制度重在实施，一定要严格按照质量标准施工，按照质量管理制度执行，权责分明，责任到人。建筑企业质量管理制度的制定，一定要按照国家对工程质量的要求标准，一定要结合企业自身的实际情况，实事求是，不能说一套做一套，搞形式主义。同时，已经执行的质量管理制度应该随着社会的发展、技术水平的提高、企业的重大变革，及时修改和更新，至少2~3年对质量管理制度进行一次修订。不断加强和完善质量管理制度，鼓励技术创新，严格质量管理，做到质量保障、过程精品。

4）建立完善的培训管理制度

21世纪最宝贵的是人才，人才的培养和有效利用对所有企业都很重要，建筑企业的人才流动很快，人才流失也尤其严重。为了更好地培养人才、留住人才、吸引人才，建立完善的培训制度保障优质的用人文化十分必要。

在培训方面，建筑企业要加大人力资本和专项资金的投入，同时注意合理控制成本，用最小的投入，获得最高的产出效果。培训制度应该与员工的职业生涯设计相结合，帮助员工实现自我价值，促进企业与个人的共同发展。培训制度要有系统性，从入职培训、在职培训和员工自我培训方面完善培训体系，从知识培训、技能培训、岗位培训、文化培训等方面完善培训内容。同时注意培训的权责划分、培训考核、结果反馈、组织保障。

针对员工的培训，要区别对待，分类培训，要有不同的培训内容和培训方式。对于工人，应该以技术培训和安全培训为主，在整个施工过程中，边工作边培训，既有前期入门培训，又有后续跟踪培训。对于技术人员，应以文化培训和经验培训为主，提高员工对企业文化的认知，培养员工对企业的认同感，加强经验培训，弥补他们在工程建设方面经验的不足，提高理论和实践双重能力。对于项目管理人员，要以系统性培训为主，定期进行培训，把培训重点放在对技术创新意识的培养和加强、对项目管理能力的提高上，使他们能够带领项目班组成员发挥创新能力，将技术创新、管理创新成功应用到项目建设和管理的实践当中。

5）推行革故鼎新，激励创新文化

随着社会经济的不断发展，专业化分工的不断深入，建筑行业的竞争也日剧激烈，因此，创新成为建筑企业核心竞争力的组成之一。建筑企业的创新意识或创新理念，是指企业文化的核心内容和企业群体意识形态的集中概括，是企业精神和企业价值观的最高表现形式。只有不断创新，不断适应形势发展的企业文化才具有生命力。因此，建筑企业要立足企业可持续发展的战略高度，激励企业的"创新"文化，通过行为层涉及的企业管理机制、业务模式、工艺技术等三大方面的创新，革故鼎新，推进企业的全面改革，提高企业效率，增加企业效益，做大、做强、做实企业。

6）加强廉政建设，弘扬廉洁文化

建筑企业加强廉政建设，要落实主体责任，全面推进廉政责任制建设，企业领导班子既是经营管理主体，也是廉政主体，廉政建设重责在肩，必须牢记于心、落实在行。

一方面，班子成员要切实履行"一岗双责"，按照"谁主管、谁负责"的原则，班子成员要严格按照责任划分，在抓好分管工作的同时，切实抓好分管部门和工作职责范围内的廉政建设工作，要管好自己、带好队伍，做到守土有责、守土尽责。

另一方面，建筑企业应强化监督机制。尚未建立廉政管理制度的建筑企业，应尽快着手建立、健全相关管理制度，尤其是针对采购、招投标、预算、工程管理等重点岗位、重点环节中可能出现的廉政风险点，要做出具体的流程规定，做到公平、公开、公正，明确违规行为的惩处措施。在重点岗位的选人、在用人方面，不仅要考虑其工作能力，更应该在品行上加以考虑。企业应当设立举报信箱，定期收集线索，并根据线索深入调查，发现一起违规案件，严查一起，绝不姑息。除此之外，各职能部门要履行好职能体系的监督管理责任。各职能部门要将廉政建设要求融入各项工作和专业管理制度中，切实履行协同配合职责，在执行制度、规范流程、重点监控等环节上下功夫，从体制、机制等方面推动企业廉政建设工作。

8.4.3 监管行为层面，对标建立行为规范系统

（1）完善员工行为规范，健全细化岗位职责

企业的行为，最终体现在每位员工的素养行为。企业文化建设只有化理念为行动，化行动为习惯，化习惯为结果，才能真正落地。文化的软约束力，须以制度和规范做保障，通过实施硬的制度，使员工潜移默化中养成行为习惯，才会形成软的文化。结合企业文化理念内涵，企业以行为航标，把企业价值理念具体化为员工行为准则和岗位规范，建立员工日常行为标准与规范，并通过各种渠道引导员工将此标准及规范应用到日常工作与学习生活中，养成良好的行为习惯。此外，将企业文化理念有效融入管理绩效与员工绩效的体系建设中，编制和明确干

部员工行为准则，修订员工奖惩制度，引导规范员工行为与企业文化理念高度统一。在各部门办公室、班组内悬挂岗位职责牌，在现场悬挂各种操作规程，使全体员工明确自身岗位、技术要求、操作流程和目标责任。

行为规范系统是理念系统在员工日常行为中的直接体现，包含企业作风、职业行为规范、公共关系规范、日常礼仪规范和团队活动等多项内容。建筑企业为满足战略发展与生产经营需要，可组织编制员工行为规范手册，内容包括准则标准篇、文明修养篇、制度条列篇，以及基本道德准则、员工文明公约、道路交通规则、现场环境治理、三室建设标准、社区文明守则、员工行为举止、和谐文明用语、社交礼仪常识、安全生产管理条例、环境保护管理条例、质量管理条例、职工处罚条例、社会治安综合治理、奖惩条例等。

（2）落实行为手册，规范员工行为

员工手册对外展示传播的是企业形象，传承的是企业文化，更是推行企业文化的有效管理工具，因此，建筑企业应当有自己的员工手册。建筑企业编制的员工行为规范手册，是员工工作和生活的行为指南，从行为方式和礼仪举止方面对员工作了详细的要求。因此，要通过文化宣传、专题培训等方式带领企业员工深入学习和落实行为规范手册的条例及要求，将行为规范理念植入到员工的脑海中，规范员工的行为，从而养成员工笃诚守信、品质至上、专业敬业、严守规范、持续创新、融合高效、协同联动、清正豁达、拼搏进取、绿色人文的良好行为习惯，培养员工养成尊重平等、真诚宽容、适度适宜、自律自省、协调、有序、适时、规范、随俗的良好礼仪习惯。

建筑企业应将依据自身的发展历史，企业简介、组织特点、独特的企业文化展现出来，将符合自身实际的制度和其他内容加入其中，使员工能够更好地了解自己的企业，更好地融入企业，更好地理解企业文化，增强企业凝聚力和员工的归属感。建筑企业亦可从加强企业员工职业道德建设，提高员工整体素质，维护企业形象的角度出发，完善已经形成的员工行为规范。

（3）注重四大行为模式建设，深入影响员工行为

四大行为模式通常是指领导行为模式、楷模行为模式、员工行为模式和公关行为模式。其中，在领导行为模式方面应注意，建筑企业的领导者要做企业文化的践行者、正言正行，作风严谨，真正做到言行一致，为员工做好榜样、标杆，从而带动企业员工积极参与到企业文化的建设中来；在楷模行为模式方面应注意，建筑企业鼓励楷模行为，对优秀员工不吝褒奖，树立全体员工共同学习和模仿的楷模，形成积极的气氛；在员工行为模式方面应注意，建筑企业要鼓励全体员工协同合作，同心同力，严于律己，遵守规章制度，积极响应，树立良好的个人形象，争做楷模；在公关行为模式方面应注意，建筑企业要做到与政府、与社会公众、与合作伙伴、与服务客户的良好沟通，树立企业良好的外部形象，创造良好的外部环境。

（4）模范人物行为对标，树立先进文化典型

一方面，建筑企业可下气力以固定周期或系列主题宣传劳动模范的先进事迹，激励职工

锤炼技能。模范人物行为也是行为文化的重要组成部分。在普通职工间弘扬先进劳模事迹，能够有效激发职工立足岗位、锤炼技能的干劲和韧劲，能够营造良好的竞技学习氛围，利于职工综合素质的提升和整体队伍水平的提高。

另一方面，建筑企业可将视野拓展至员工的后方家庭，以弘扬道德模范的感人精神和先进典型事迹为抓手，推动构建文明家庭。通过集体推荐和他人推荐的方式挖掘、推选道德模范和文明家庭，鼓励职工向身边的道德模范学习，坚持参加社区创建，坚持参加社会公益活动，增强社会责任感，踊跃参与社会扶贫济困活动，致力于建立相互友爱的人际关系，在职工队伍中形成良好的示范效应，彰显甘于奉献、服务社会的企业精神。

（5）加强文化活动建设，丰富主题活动形式

在行为文化上深化员工对企业的情感认同行为文化是企业文化的动态存在形式，从行为文化上切入，企业文化建设更容易被员工接受，也能不断地创造企业的物质成果。

建筑企业应该精心设计企业的文化活动，使其形式多样，内涵丰富，吸引员工，寓教于乐。例如：培育和展示员工创新成果，以鼓励员工创新；加强团队建设活动，以增强企业内部凝聚力；开展体育竞赛，以鼓励员工锻炼身体，拥有强健体魄；设置网络课程或举办专题讲座，提高员工技术水平；举办新年晚会、文艺演出、企业同庆，以丰富员工业余生活，给员工展示自己的机会，还能提升企业形象；举办各种表彰仪式，以树立优秀楷模；开设论坛、交流群、沙龙、座谈会等，以加强企业内部交流和沟通等。

此外，建筑企业可以汲取其他建筑企业的成熟活动，如深入开展合理化建议和我为改革发展献良策等活动，充分调动和发挥广大员工的主人翁意识与作用，深入开展好青年文明号、青年突击队、青年安全生产示范岗等青字号品牌的创建，以及先进班组的创建，充分发挥集体育人作用。组织开展"生日会"活动，加强员工沟通交流。开展困难职工群众的摸底排查，并做好帮扶工作。积极搭建文娱活动平台，丰富员工业余文化生活。进一步做好职业生涯辅导、心理健康指导等关爱工作。

8.4.4 体现形象层面，注重多维塑造企业形象

视觉识别是以企业标志、标准字体、标准色彩为核心展开的完整、系统的视觉传达体系，是将企业理念、文化特质、服务内容、企业规范等抽象语意转换为具体符号的概念，塑造出独特的企业形象。视觉识别系统分为基本要素系统和应用要素系统两方面。基本要素系统主要包括：企业名称、企业标志、标准字、标准色、象征图案等。应用系统主要包括：办公事务用品、建筑环境、产品包装、广告媒体、招牌、标识牌等。视觉识别最具有传播力和感染力，最容易被社会大众所接受。

1）做好特质文化标识，打造文化宣传阵地

企业标识是通过建立统一标准的视觉形象符号，将企业精神、信念等要素传递给全体员

工。在遍布全国如火如荼的各类工程建设工地上，能够发现不同企业各具特色的文化符号，比如企业标识、企业旗帜、宣传标牌、警示标牌等，看到的是着装统一、举止文明、风貌良好的建筑员工，处处体现着新时代建筑企业的良好形象，感受到暗藏其中的充沛活力。建筑企业普遍重视自身形象的建设，通过各种渠道和方式来提高企业的知名度和美誉度。每上一个新项目，企业都要投入大量资金，策划建设视觉识别系统，在项目驻地、重点工程、交通要道建设醒目的广告标牌、形象彩门，突出和强调企业识别标志，充分体现企业形象统一的标准化、正规化和企业形象的坚定性，以传递企业理念，争取各方的认可与支持。

（1）注重加强形象视觉识别系统等物质文化建设

为了进一步提升企业形象，建筑企业可大力推进物质文化建设，积极实施外增形象、内升品质举措。建筑企业通过严格落实企业形象视觉识别系统规范手册和管理暂行办法，在企业范围内进行推广运用，对企业的标志、名称、办公用品、宣传栏、指示牌、户外广告旗等统一要求，从文明施工、安全防护、环境设施三个方面对识别系统作具体的规范要求，统一标识，统一形象。同时把企业宣传手册作为企业宣传的重要手段，在日常商务交流、员工培训等活动中，积极从企业发展历史、资质荣誉、工程业绩等向外界介绍企业，展现企业蓬勃发展的强大实力和强劲势头，进一步加强企业的品牌影响力。

（2）科学合理规划施工区域

工程项目形象建设是项目文化建设的有效载体和重要组成部分，工地是展示企业形象、彰显企业风采的窗口。项目公司的形象将直接关系到企业形象及企业品牌。设计施工区域平面布置图，统一筹划、统一规格、统一制作，合理设置项目驻地，使整个工地条块分明，功能清晰，互不干扰，充分展示企业形象，营造出团结拼搏、健康向上的良好氛围。

（3）强化视觉系统的整齐划一

因地制宜建设工地文化，统一制作有企业标识大幅标牌的大门，大门设置旗坛；围墙四周插上有企业标志的刀形彩旗；办公区设有一系列图、表、栏、牌；施工现场有以抢工期、保安全、抓质量为主要内容的宣传横幅和醒目的安全质量警示标志牌，给人以强烈的视觉冲击，留下深刻印象。

（4）坚持规范作业文明施工

项目公司牵头各标段为作业人员分色使用安全帽，制作统一的工装、上岗胸牌，要求作业人员必须严格执行工序交接班和工完场地清制度，材料堆放在指定区域，堆码整齐，确保工地整洁卫生，井然有序。文明施工示例如图8-3所示。

（5）优化企业文化环境

文化环境指的是在企业内部，各种与企业生产经营相关的物质设施、建筑以及生活娱乐设施等，通常包含员工的工作环境与生活娱乐环境两部分。通过加强企业的设施建设，为企业员工提供良好的办公设施、生活设施及适量的娱乐设施，提高工作效率，增强员工幸福感。

a）　　　　　　　　　　　　　　　　b）

c）　　　　　　　　　　　　　　　　d）

图 8-3　文明施工示例

2）丰富企业文化传播渠道，丰富企业文化活动载体

（1）推进文化基地建设

建筑企业要高度重视企业文化内化和外化的传播作用，本着齐抓共管、系统推进的原则，把文化基地建设作为传播文化的辐射源，各部门、系统把握文化内涵和系统特色，上下联动、横向互动、齐抓共管、系统推进文化基地建设。通过建设企业文化教育基地、文化宣传长廊、安全漫画墙、班站文化园地等，强化对内对外的文化传播作用。持续推进集团公司企业文化教育基地、安全文化基地等文化阵地的建设和完善提升。坚持将文化基地建设融入企业管理，融入基层安全、生产和经营管理的各个环节，有计划地组织员工参观学习，充分发挥文化基地的教育培训、引领示范功能。要大力宣传企业文化理念，建筑企业通过大力宣传企业文化理念教育长廊、制作文化宣传栏、宣传板、劳模事迹展览、文化宣传灯箱、创建文化室和文化角等，强化企业文化理念宣贯和员工职业道德学习。此外，将企业文化建设融入基层生产经营管理的各个环节，依据各行业特点，有针对性开展活动，打牢文化基础，营造浓厚氛围。

（2）优化企业网站，丰富企业刊物

随着网络信息化的飞速发展，各类媒体日益发达，宣传手段日益多样化，为宣传工作提供了丰富的展示手段。建筑企业通过充分利用企业自身媒介资源和网站、微信、百度百科等传播手段，运用"互联网+"思维，广泛宣贯企业文化核心理念及其内涵，增进公众对企业品牌的认知、认同，实现企业品牌的价值转化。制作新版企业宣传片和宣传册，强化品牌文化传播，逐渐夯实企业品牌管理基础，发挥无形资产品牌的力量，助推企业科学持续发展。

建筑企业不仅通过加强企业网站的建设很好地展示企业的风采，提升企业的影响力，还可通过丰富企业刊物的内容，顺应时代、推陈出新，调动员工参与刊物的积极性。此外，多渠道开展企业文化宣传，如精心制作宣传画册、策划拍摄微电影宣传片、建立媒体战略合作，来取得社会广泛认同，讲好中国建筑企业故事，扩大中国建筑企业好声音。在此方面，中国铁建进行了大量有益的尝试，通过广泛的宣传，让广大员工全面认知辉煌历史和伟大业绩。他们建起的铁道兵纪念馆被中宣部确定为全国爱国主义教育示范基地、全国中小学生研学实践教育基地；与中央电视台联合制作的十集大型纪录片《永远的铁道兵》，与中国电影股份有限公司联合出品展现铁道兵、铁建人精神的庆祝中国共产党成立100周年的重点献礼影片《峰爆》等一系列影视作品，在社会上产生强烈反响；下属的中铁二十局建设了企业发展历程馆，编印了《军歌·军魂——永远的铁十师》一书，职工自己创作出版了《国家荣誉》《2020》《共和国长子》等纪实文学，多角度地向海内外讲述建筑类中央企业的精彩故事。

（3）自觉担当企业社会责任，打造更优品牌形象

建筑企业通过将精神文明建设、履行社会责任与企业文化建设深度融合，自觉担当央企责任，积极参加各类文化活动，彰显中国建筑业品牌形象。建筑企业普遍通过加强企业社会责任工作，将责任理念主动融入工程项目所在地经济社会发展，建设资源节约型、环境友好型项目；积极履行央企社会责任，热心参与社会公益活动，开展对外社企共建活动（如社区服务活动），规范慈善捐赠；成立公司志愿者协会，建立志愿服务长效机制，打造建筑企业志愿服务与社会公益品牌。

8.4.5 聚焦短板层面，全面推进企业文化建设

虽然建设成就有目共睹，但建筑企业的企业文化建设依然存在着诸多的问题和不足。主要表现在，过多地追求表层与形式，共性有余、个性不足；甚至许多企业的文化建设存在着口号式、公式化、雷同化、概念化的现象，缺少鲜明的特征，不能反映行业特性和自身的风格追求，给人以千篇一律的印象；缺乏持续推进、常抓不懈的机制。文化实践缺乏整体推进的规划和措施，缺乏持续的建塑机制和有效的评估、考核机制，当建设工作推进到一定程度之后便失去了目标，陷入茫然和混乱状态。企业文化建设与企业发展战略和经营管理之间还存在关联不紧、融合不深、体现不到位、相互脱节的现象；不同企业之间存在着发展不平衡问题等。

存在上述问题的原因，在不同的企业原因也不同，但最根本的原因，是对企业文化的内涵、本质及建设工作的规律认识不到位、不深刻，甚至存在理解上的误区。一些企业将企业

文化等同于企业形象识别,将建立企业视觉识别系统看成是企业文化建设的全部,有些人一谈到企业文化,就只谈企业标识、旗帜、牌子;一些企业就企业文化论企业文化,将文化孤立于企业战略、组织、团队等管理元素之外;一些企业则认为企业文化的关键在于设计,热衷于追求语言的华丽、口号的响亮、形式的美观,这正是文化雷同的原因;一些企业认为企业文化建设是企业文化部或者宣传部、工会等职能部门的事情,而没有把它与领导的责任、与全员的共同参与建设紧密联系起来。这些问题,都需要建筑企业在企业文化建设与提升的进一步实践中不断克服,加以解决,并在建筑企业海内外市场的经营绩效检验下得到最终确立和持续改进。

总的来说,建筑企业的企业文化塑造绝非一日之功,更非借助某一层面的提升就可以促成全面的改进。归根结底,建筑企业作为以建筑产品和服务为主要输出的经济组织,无论是从精神、制度、行为层面、还是形象层面,都应该始终坚持以工匠精神塑造为导向,恪守信誉、诚信和安全的底线,营造氛围、搞好礼仪,以打造专业特色品牌为文化建成目标,善思善学、善谋善为、善作善成。

用人要疑,疑人要用。

——邓　勇

参考文献

[1] 刘振鹏. 特大型建筑企业集团全国化战略分析与创新 [J]. 建筑施工, 2020, 42(05).

[2] 王廷珠, 纪瑞萍. 建筑企业的机遇、挑战及发展策略 [J]. 施工企业管理, 2020 (08): 53-55.

[3] 张龄, 黄鹏. 建筑企业差异化战略实施途径探讨 [J]. 中小企业管理与科技（中旬刊）, 2021 (07): 141-142.

[4] 刘翠玉. 新时代建设人才强国战略思想探析——深入学习党的十九届五中全会精神 [J]. 现代商贸工业, 2021 42(19): 1-4.

[5] 张福斌. 以文化引领企业创新革变 [J]. 建筑, 2019 (24): 24-25.

[6] 杨勇. 国有建筑企业干部人才队伍建设的探索与思考 [J]. 铁道建筑技术, 2018 (08): 124-127.

[7] 潘亮. 打造国企改革"江西样本"升级版 [J]. 国企管理, 2019 (17): 68-69+3.

[8] 钟开斌. 防范化解重大风险的五大能力要求 [N]. 学习时报, 2020-03-09, 005.

[9] 曾继红. 省属国有大中型建筑企业集团实施战略转型与商业模式创新研究 [J]. 经济师, 2019 (02): 280-281+283.

[10] 康庄, 李迎迎. 建筑产业集团发展实践与创新 [J]. 施工企业管理, 2017 (05): 47-49.

[11] 康庄, 李迎迎. 建筑产业集团发展模式探讨 [J]. 住宅产业, 2016 (01): 33-38.

[12] 徐睿. 关于做好建筑企业基层支部党建工作的思考 [J]. 中国集体经济, 2021 (17): 37-38.

[13] 宋津喜. 因势而谋应势而动顺势而为 [J]. 施工企业管理, 2019 (03): 28.

[14] 朱梓烨. 思维革命 2011—2015[J]. 国资报告, 2017 (12): 42-51.

[15] 陈奋. 弘扬"铁道兵精神"汇聚改革发展的强大动力 [N]. 中国铁道建筑报, 2018-07-27 (002).

[16] 陈石清. 新形势下企业发展战略创新研究 [J]. 北方经贸, 2021 (06): 125-127.

[17] 陈博宇. 企业战略管理的重要性与精准化探究 [J]. 现代营销（经营版）, 2021 (04): 152-153.

[18] 陈鑫范, 张泽诚. 我国推行EPC工程总承包模式的困境与对策[J]. 中国勘察设计, 2020 (11): 71-77.

[19] 王青军. 施工企业的采购与供应管理分析 [J]. 中国物流与采购, 2021 (08): 49-50.

[20] 张振华. 建筑工程施工技术的应用与创新发展 [J]. 工程技术研究, 2020 5 (10): 35-36.

[21] 罗静. 建筑施工企业人力资源管理面临的挑战及应对策略研究 [J]. 中国集体经济, 2021 (18): 112-113.

[22] 迈克尔波特. 竞争优势 [M]. 陈小悦, 译. 北京: 华夏出版社, 2005.

[23] 邓正位. 基于价值链理论的国内建筑施工企业成本控制体系研究 [D]. 成都: 西南交通大学 2009.

[24] 周盛世, 牟青, 房庆军. 建筑企业供应链管理的实现途径与方式 [J]. 企业经济, 2008 (08): 59-61.

[25] 李璇. 陕西七建公司经营战略研究 [D]. 西安: 西北大学, 2011.

[26] 推动智能建造和建筑工业化协同发展　促进建筑业加快高质量转型升级步伐 [N]. 中国建设报, 2020-11-20 (006).

[27] 巩云雪. 企业价值链成本管理研究 [D]. 大连: 东北财经大学, 2010.

[28] 殷富灿. 加强现代建筑企业整体经济实力　提升建筑企业生产经营管理能力 [J]. 科技与企业, 2013 (13): 28-29.

[29] 郭屹佳, 程伟丽. 基于行业发展视角探讨工程造价改革 [J]. 四川建材, 2021, 47 (04): 227-228.

[30] 陈惠琳. 建筑施工企业的供应链协同机制及其绩效评价方法 [J]. 武汉理工大学学报 (社会科学版), 2020, 33 (06): 122-127.

[31] 陈志明. 新形势下建筑企业分包管理问题剖析及对策 [J]. 铁道建筑技术, 2021 (04): 172-176.

[32] 殷富灿. 加强现代建筑企业整体经济实力　提升建筑企业生产经营管理能力 [J]. 科技与企业, 2013 (13): 28-29.

[33] 郭屹佳, 程伟丽. 基于行业发展视角探讨工程造价改革 [J]. 四川建材, 2021, 47 (04): 227-228.

[34] 岳亚南. 价值链视角下的建筑施工企业成本控制研究 [D]. 武汉: 湖北工业大学, 2019.

[35] 贾璐. 价值链视角下的施工企业成本管理研究 [D]. 青岛: 青岛理工大学, 2016.

[36] 陈亮. 建筑施工企业价值链分析与探讨 [D]. 杭州: 浙江大学, 2009.

[37] 谢楠. 价值链视角下路桥建筑企业的核心竞争力研究 [D]. 长沙: 中南大学, 2012.

[38] 曹婷. 基于价值链理论的建筑施工企业成本管理研究 [D]. 西安: 西安建筑科技大学, 2015.

[39] 吴应明, 余雄军, 仲维玲, 等. 大型建筑施工企业科技创新体系建设 [J]. 创新世界周刊,

2020 (02): 80-86.

［40］王斌. 建筑工程管理技术的创新分析 [J]. 中国管理信息化, 2020, 23 (20): 95-96.

［41］齐旭燕. 建筑施工企业科技创新管理 [J]. 建筑技术, 2012, 43 (04): 349-350.

［42］任杰. 基于新科技背景下建筑施工技术的创新与应用 [J]. 建材与装饰, 2018 (46): 10-11.

［43］田昉. 浅谈智慧工地中物联网技术应用 [J]. 智能建筑与智慧城市, 2021 (05): 84-85.

［44］翟凯, 王纪红, 王蒙. 智慧工地系统在施工现场安全管理中的应用 [J]. 建筑安全, 2021, 36 (05): 41-44.

［45］高宏伟. 智慧工地在工程建设中的应用 [J]. 山西建筑, 2021, 47 (12): 185-187.

［46］夏小刚. 智能建造背景下铁路施工企业技术创新实践 [J]. 建筑经济, 2020, 41 (08): 43-47.

［47］马晶梅, 赵文婧. 自主研发、技术改造与高技术企业创新绩效研究 [J]. 科技与管理, 2021, 23 (02): 1-7.

［48］毛志兵. 科技创新引领行业进入高质量发展新时代 [J]. 建设机械技术与管理, 2021, 34 (03): 45-50.

［49］王冰. 施工企业"项目群"管理模式研究 [D]. 北京：北京交通大学, 2020.

［50］杜奇睿, 程都. 中国企业境外"投建营一体化"模式的主要风险及对策研究 [J]. 宏观经济研究, 2020 (10): 32-41.

［51］郭创. 工程"EPC+O"实施模式要点探讨——基于流域水环境综合整治工程实践的分析 [J]. 重庆建筑, 2021, 20 (01): 18-20.

［52］田帅. EPC 装配式工程项目合同管理研究与实践 [D]. 北京：中国矿业大学, 2020.

［53］赵煊. EPC 模式下的工程项目范围管理成熟度研究 [D]. 成都：西华大学, 2020.

［54］罗微琦. 中小型 IT 企业项目管理成熟度模型研究 [D]. 昆明：云南大学, 2018.

［55］郭宇. 国有大型建筑企业的数字化管理问题研究 [D]. 北京：北京交通大学, 2020.

［56］殷彪. KH 建筑施工公司发展战略研究 [D]. 广州：华南理工大学, 2020.

［57］曲径. DY 建筑公司发展战略研究 [D]. 哈尔滨：哈尔滨工程大学, 2020.

［58］唐沁心. 桂林市建筑设计研究院发展战略研究 [D]. 桂林：桂林理工大学, 2018.

［59］孙宁, 刘笑, 宁延. 政府投资项目管理模式发展历程分析 [J]. 建筑经济, 2020, 41 (07): 54-59.

［60］韩绍洪. 工程项目管理发展历程评析 [J]. 施工企业管理, 2012 (07): 86-88.

［61］胡振华, 聂艳晖. 项目管理发展的历程、特点及对策 [J]. 中南工业大学学报 (社会科学版), 2002 (03): 229-232.

［62］赵鹏, 徐泽鑫. 智能建筑电气施工管理与质量控制 [J]. 智能建筑与智慧城市, 2021 (06) :136-

137.

[63] 刘海朝. 建筑施工进度管理与控制措施探究 [J]. 居舍, 2021 (10): 138-139.

[64] 胡婷婷. EPC总承包模式下装配式建筑管理模式探讨 [J]. 科技经济导刊, 2021, 29 (17): 81-82.

[65] 米丽梅. BIM技术在建筑工程施工设计及管理中的应用 [J]. 山西建筑, 2021, 47 (12): 188-190.

[66] 摆志强. 建筑工程施工现场管理与优化措施 [J]. 住宅与房地产, 2021 (15): 141-143.

[67] 练春雨. 建筑工程土建施工现场管理的优化策略 [J]. 居业, 2021 (05): 112-113.

[68] 商玉娇. 建筑工程施工管理存在的问题和对策分析 [J]. 四川建材, 2021, 47 (04): 204-205.

[69] 张劝, 汪小金. 项目经理的战略管理胜任力 [J]. 项目管理评论, 2020 (04): 58-60.

[70] 危文超, 李娟. 工程项目经理胜任力模型评价研究 [J]. 项目管理技术, 2019, 17 (06): 59-62.

[71] 周辉宇, 李瑞敏, 徐猛. 基于全生命周期的特大铁路工程外部性评价指标体系 [J]. 工程管理学报, 2021, 35 (01): 119-124.

[72] 吕益良, 常华峰, 连洁, 等. 企业全生命周期项目管理信息化平台建设探究 [J]. 中国信息化, 2021 (01): 72-73.

[73] 刘雪峰. 后疫情时代海外工程何去何从 [J]. 招标采购管理, 2021, (05): 56-57.

[74] 王曼. 跨国公司海外经营人力资源管理研究 [J]. 产业与科技论坛, 2021, 20 (07): 212-213.

[75] 李文涛. 新时期海外工程项目管理面临的挑战与对策 [J]. 住宅与房地, 2020, (30): 144-146.

[76] 刘春. 浅谈海外中资建筑企业的高质量发展 [J]. 工程建设与设计, 2018 (24): 255-256.

[77] 李胜会. 集成产业链价值链一体化优势"走出去" [J]. 施工企业管理, 2021 (02): 72-73.

[78] 杨海波, 姚合伟. 国际化背景下建筑施工企业核心竞争力构建与思考 [J]. 财经界 (学术版), 2019 (24): 57-58.

[79] 刘都群, 郭冠宇. 俄罗斯国防工业生产多元化发展研究 [J]. 飞航导弹, 2021 (05): 57-60.

[80] 曹月雷. 建筑企业海外发展现状下的项目属地化管理研究 [J]. 产业创新研究, 2020 (07): 94-95.

[81] 邓勇. 做好"后疫情时代"海外经营大文章 [J]. 施工企业管理, 2020 (09): 82-85.

[82] 张中革. 中国建筑施工企业国际化人才战略及其完善建议 [J]. 企业改革与管理, 2020 (01): 79-81.

[83] 王晓东. 加强风险管理推动企业海外项目高质量发展 [J]. 交通企业管理, 2020, 35 (04): 25-27.

[84] 张磊. 把握"一带一路"新机遇 [J]. 施工企业管理, 2017 (09): 25-27.

[85] 张利娟. 从施工一线走出的"全能领航人"[J]. 中国报道, 2018 (08): 65-67.

[86] 邓勇. 企业海外人才培养的几点思考[J]. 国际工程与劳务, 2019 (01): 81-82.

[87] 冯来刚. 中央建筑企业海外经营实践探索与战略思考[J]. 国际经济合作, 2018 (12): 29-32.

[88] 邓勇. 海外优先是企业发展的必然选择[N]. 中国铁道建筑报, 2018-11-20 (002).

[89] 邓勇. 如何理解"海外优先"[J]. 施工企业管理, 2019 (06): 30-31.

[90] 邴颂东. 施工企业创新引领带动国际业务新发展[J]. 中国电力企业管理, 2018 (07): 84-85.

[91] 《企业内部控制应用指引第11号——工程项目》解读[J]. 财务与会计, 2011 (03): 61-68.

[92] 王雁. 建筑施工企业财务内部控制问题及对策[J]. 山西财经大学学报, 2019, 41 (S2): 71-73.

[93] 郭建荣. 建筑施工企业的成本管理[J]. 山西财经大学学报, 2018, 40 (S2): 24-25.

[94] 安雪梅. 企业投资风险的分析和预测——对2009年我国钢铁企业投资风险的预测[J]. 企业经济, 2009 (03): 100-103.

[95] 左涛, 雷鸣. 新经济环境视角下加强建筑企业财务管理的路径——评《建筑施工企业财务管理》[J]. 工业建筑, 2020, 50 (11): 207.

[96] 高红霞. 建筑施工企业财务管理问题及完善[J]. 山西财经大学学报, 2020, 42 (S1): 29-30+33.

[97] 王雁. 建筑施工企业财务共享中心问题探究[J]. 山西财经大学学报, 2018, 40 (S2): 49-50.

[98] 范宁. 浅谈建筑企业应收账款管理[J]. 山西财经大学学报, 2015, 37 (S2): 79-80.

[99] 史丽红. 试论建筑企业资金管理[J]. 山西财经大学学报, 2013, 35 (S2): 28+42.

[100] 张洋. 施工企业资金管理风险及对策[J]. 山西财经大学学报, 2019, 41 (S2): 63-64.

[101] 潘勤华, 张锡锋. 我国建筑企业海外扩张中的融资创新[J]. 企业经济, 2010 (01): 164-166.

[102] 吴红艳. 浅析建筑企业集团的财务风险应对策略[J]. 财务与会计, 2013 (05): 54.

[103] 邓长斌. 建筑施工企业财务风险的防范[J]. 山西财经大学学报, 2020, 42 (S1): 31-33.

[104] 鲁帆. 建筑施工企业财务风险控制与防范研究[J]. 商业会计, 2012 (19): 106-108.

[105] 汪显东. 国有企业党建工作融入公司治理体系研究[J]. 社会科学家, 2021 (04): 88-92.

[106] 付景涛, 刘路瑶, 林涛, 等. 国企党建融入中心工作的路径规划: 信任理论的视角[J]. 海南大学学报(人文社会科学版), 2021, 39 (03): 106-114.

[107] 陈阳波, 李从玉, 王克. 以党建引领高质量发展的创新样本——中建八局首都体育馆改扩建项目背后[J]. 人民论坛, 2021 (Z1): 108-110.

[108] 程尉卿. 开创国有企业海外党建工作新局面[J]. 人民论坛, 2020 (17): 96-97.

[109] 于忠杰, 姜红胜. 以精致党建争创一流企业[J]. 红旗文稿, 2019 (19): 19-20.

［110］李明伟，宋姝茜．新时代非公企业基层党组织建设质量提升探究［J］．新视野，2019（05）：99-105．

［111］郝鹏．坚持用高质量党建引领中央企业高质量发展［J］．人民论坛，2019（12）：6-8．

［112］邵奇，吕立志．新时代国有企业党组织职能演变解析［J］．马克思主义研究，2019（02）：92-98+160．

［113］孙晋，徐则林．国有企业党委会和董事会的冲突与协调［J］．法学，2019（01）：124-133．

［114］强舸．国有企业党组织如何内嵌公司治理结构？——基于"讨论前置"决策机制的实证研究［J］．经济社会体制比较，2018（04）：16-23．

［115］郝海江．以党建工作推动国企高质量发展——构建国企外部项目基层党建"五嵌入"模式［J］．人民论坛，2018（18）：112-113．

［116］向勇．国企基层党建工作的"五同"模式及实践［J］．人民论坛，2018（10）：118-119．

［117］郑寰，祝军．也论党的领导与国有企业公司治理的完善——中国国有企业公司治理的政治维度［J］．经济社会体制比较，2018（02）：123-129．

［118］陈民强．落实管党治党责任　增强国企党建活力［J］．前线，2018（01）：94-96．

［119］冯军．"融合党建"让基层党组织强起来［J］．党建，2018（01）：62+64．

［120］薛小荣．对新时代提升"两新"组织党建组织力的新思考［J］．毛泽东邓小平理论研究，2017（12）：88-92．

［121］徐天兰，陈信凌．国有企业党建工作创新研究——基于习总书记"两个一以贯之"的分析［J］．人民论坛·学术前沿，2017（21）：88-91．

［122］钱欣．党建工作如何转化为生产力［J］．人民论坛，2017（31）：190-191．

［123］柳娟，田志龙，程鹏璠，等．中国情境下企业深度社区参与的社区动员、合作模式与绩效研究［J］．管理学报，2017，14（06）：884-896．

［124］刘贤文．新形势下强化国有企业基层党支部整体功能路径探析［J］．求实，2017（04）：32-43．

［125］程承坪．当前国企改革的方向：建立中国特色现代国有企业制度［J］．学习与实践，2017（02）：5-13．

［126］王爱华．国有企业党建工作新模式研究［J］．党建，2016（12）：42．

［127］宋方敏．把中国特色现代国有企业制度的"根"和"魂"落到实处［J］．红旗文稿，2016（22）：12-14．

［128］国家电网党校（管理学院）党建研究课题组．构建中央企业党建工作责任考评体系的思考［J］．党建，2016（10）：45-47．

［129］于芳. 新常态下强化国有企业党建工作 [J]. 财经问题研究, 2016 (S1): 78-79.

［130］杨名. 党团关系发展与企业党建带团建研究——以某中央企业为例 [J]. 青年探索, 2015 (06): 17-21.

［131］胡会国. 企业文化与思想政治工作的辩证关系 [J]. 山东社会科学, 2015 (S1): 38-40.

［132］陈劲, 焦豪. 战略管理：打造组织动态能力 [M]. 北京：北京大学出版社，2021.

> 建筑企业的核心竞争力是项目经理团队和项目团队。
>
> ——邓　勇